AF531886

Ulrich Holbein – **Jenseits im Nahbereich**

Ulrich Holbein

Jenseits im Nahbereich

Leserausch zwischen Märchenbuch und Weltroman

PalmArtPress
Berlin

Für Viera

Feuilletonschreiben heißt: Das Letzte und Tiefste so auszudrücken,
daß Lieschen Müller es für oberflächlich hält.
(*Literaturquiz: Von wem stammt diese Definition?*)

Inhalt

Haben Sie die alle gelesen?

Ein Scholar, vor tausend Jahren in China, liebte Bücher. Als Student litt er, sich wegen Armut keine kaufen zu können. Dreißig Jahre später konnte er sich alle Bücher leisten, kaufte viele, doch litt daran, sie mit seinen schwach gewordenen Augen nicht mehr lesen zu können.

Jahrtausende lang versanken Lesende in Pergamentrollen und Büchern, um in andere Welten einzutauchen, gern auch, um auf Gedanken zu kommen, die man nicht von selber hatte, oder um in Büchern und Welten ungefähr daßelbe vorzufinden, was außerhalb ihrer so ablief. Die lesen konnten, lasen gern, wunderbar unabgelenkt von Zeitungen und Filmen. Vor 200 Jahren kostete jedes Buch umgerechnet 200 Euro, und dann blieb auch kaum eins ungelesen. Fast alle kamen wegen Geldmangel nie im Leben an Bücher heran, außer mal an eine Bibel.

Inzwischen schaut die Lage besser aus – 13 Prozent der Deutschen schätzen ihren privaten Bücherbestand auf 10 Stück, 30 Prozent auf 11 bis 50, 22 Prozent auf 51 bis 100 Bücher. 31 Prozent besitzen mehr als 100 Bücher. Wer 30 Minuten pro Tag liest, verringert nicht nur sein Demenzrisiko, sondern lebt länger als einer, der überhaupt nichts liest.

Akademikerinnen sollen es sogar auf 300 Bücher bringen. Dann aber tauchen gelegentlich Büchernarren und Buchwürmer auf, die sich nicht mit Harry Potter und Grill-Bibeln begnügen und die Statistik nach oben zerren, punktuell. Studienräte, Sammler und Literaturkenner treiben das Bücherregal in Richtung Bücherwand. Ein Politiker namens Peter Altmaier rühmte sich, 3000 Bücher zu besitzen. Er scheint 3000 für eine imposante Zahl zu halten. Goethe besaß 6000 Bücher. Ludwig Tieck besaß

60.000 Bücher. Umberto Eco besaß 80.000 Bücher. Karl Lagerfeld schuf den Mythos, er hätte 300.000 besessen (hat er eine Null angehängt?). In legasthenische Betonwüsten finden sich verstaubte Oasen eingesprengt.

In ein Haus passen eigentlich nur 10.000 Bücher. Wer mehr aufstellen möchte, muß anbauen, Garagen einbeziehen oder ein Zweithaus eröffnen. Stalin besaß 20.000 Bücher. Hitler besaß 16.000 Bücher. Trump schlug nie im Leben ein Buch auf, wußte im Interview nicht mal ein einziges Bibelzitat zu bieten. Ein Vielleser kann, wie Arno Schmidt errechnete, in 75 Jahren bloß 5000 Bücher lesen. Hermann Hesse, der mal sagte, er hätte in seinem Leben manch zehntausend Bücher gelesen, muß sich also verschätzt haben. Denis Scheck liest pro Jahr 200 Bücher, besitzt aber bloß 5000.

Bereits als Zehnjähriger las und besaß ich mehr Bücher als meine Eltern. Sie neigten nur in Maßen zum Zweitbuch. Sie begnügten sich mit Daddy Langbein und Reader's Digest. „Die Ahnen“ standen ungelesen herum, von Gustav Freytag. In der Kinderbücherei am Entenanger durfte man leider stets nur drei Bücher ausleihen, nach drei Wochen oder wenigen Tagen dann die nächsten drei. Nachdem ich Grimms und Hauffs Märchen durchhatte, kamen Wilhelm Busch, Brezel, der lange Dackel, Mumin, Lurchi, Mecki, Pitti an Bord dran, Katzenburg, Zäpfel Kern, Latte Igel, Murkelei, Ameisen-Ferdl, Jim Knopf, Winnetou, Hugo Kocher, und sehr viele andere, Comics nicht mitgerechnet, alsbald dann Edgar Allan Poe, Ray Bradbury, Steppenwolf, Thoreau, Tschuang tse. Quasimodo las ich in zwei Tagen durch, quasi ohne Pinkelpausen, Raskolnikov in fünf Tagen. Die Brüder Karamasov dauerten drei Monate. Nichts zog mich komischerweise so hinein wie Adalbert Stifters nicht grad hochspannende „Mappe meines Urgroßvaters“, mit sanfter Gewalt. 45 Minuten lang saß ich in der 8, zwischen Kassel-Kirchditmold und Kassel-Baunatal, bis an der Endstation (VW-Werk) im entleerten Waggon der Straßenbahnfahrer mich aus dem Lesefluss rausholte: „Wollen Sie nicht auch aussteigen?"

Pro Lieblingsautor ein Gesamtwerk wegzulesen, dauerte, wenn er so alt wurde wie Thomas Mann, stets so etwa drei Jahre, ehe es dann im Tagebuch hieß: „Goethe fängt langsam an, mein Lieblingsschriftsteller nicht mehr zu sein." Laozi alias Laotse, Kafka, Novalis, Büchner ließen sich schneller durchkriegen.

Geliehene Bücher gab ich nur ungern und selten zurück.

Verliehenen Büchern trauerte ich lange nach.

Meine Mutter musste damit leben, daß ihr Erstgeborener ständig noch mehr Bücher sich zu Weihnachten wünschte oder anschleppte. Die Mutter meiner Mutter musste damit leben, daß ihr Mann von jedem Stadtgang Bücher mitbrachte, mit Hermann Löns die Haushaltskasse unverantwortlich ausdünnte, genau wie später ich Robert Crumb, Ravi Shankar, Gandhi, Heinrich Wackenroder einsammelte. Von Flohmärkten trug ich derart viele hinweg, daß stets zwei, drei runterfielen. Beim Aufheben fielen andere drei runter, sodaß ich stets ein Quantum 20 m voraustragen, abstellen, zurücklaufen mußte, um zurückgelassene Objekte hinterherzutragen, Schließfächer zu belegen, Leute bitten, mit Auto die Beute heimzuholen. Es ging mir wie den Jungsteinzeitlern, die so viele Maiskolben wegtrugen, daß stets einer runterfiel und sie nicht checkten, daß sie auf einen Kolben verzichten müßen, um die anderen tragen zu können.

Manche Bücher erwarb ich nur wegen eines komischen Titels, von Detlef Bieseke: „Wenn Adenauer Hunde geschlachtet hätte. Die Selbstverwirklichung des Hundes durch Beißen. Eine Aufzeichnung des Schreckens", Ararat Verlag 1986, das erste

Buch gegen den lebensgefährlichen Unfug der Hundehaltung, aktueller denn je im Angesicht ungenügend zurückgehaltener, als Herrchen-Verlängerung herbeifegender Ramboköter. Oder ich legte mir zu: „Luther und der Bergbau“, oder „Mit Gott arbeiten“, „Der Erleuchtung ist es egal, wie du sie bekommst!“, „Jesus in Indien, Schlesien und anderswo“, „Gedankenlesen durch Schneckenstreicheln“, „Du kannst sie nicht alle töten“.

Eine „Kulturgeschichte des Windes“, Tiamat, erwarb ich sofort, ohne es vorher prüfend anzublättern.

Manche Autoren las ich nur wegen eines berückenden Namens, Snorri Sturluson, Laurentius von Schnüffis, Jan Huizinga (leider bloß Heußinger ausgesprochen), Uriel Birnbaum.

Als Kunststudent hatte ich im Monat 250.- Mark zur Verfügung, die nur dann ausreichten, wenn ich keine Bücher kaufte. Falls ich mir in Darmstadt Lichtenberg zulegte, mußt ich ab dem 25. eines Monats fasten. Sobald ich in Tübingen Tausendundeine Nacht mir zulegte, 6 Bände, musste ich ab dem 20. eines Monats hungern.

Ich stand vorm „Gastl“, Ernst Blochs Lieblingsbuchhandlung in Tübingen, da stand im Schaufenster „Der Dom. Bücher deutscher Mystik“, 1980, Nachdruck von 1927, Frakturschrift, Seuse, Tauler, Baader, doch siehe: 450.- DM, restlos unerschwinglich. Ich las hinein in Jan van Ruesbroeck: „wenn Gott über das Hungerhaben der Seele hinwegfließt in einem Nichtgewähren“ – das sprang mich da an. Da wär ich gern drin versunken – ich litt, mir das alles nicht anschaffen zu können. Zwanzig Jahre später konnte ich es mir leisten, schaffte es mir kostengünstig an, kam kaum zum Lesen. Es stand dann so herum. Gewährt wurde mir dann gar nicht mehr viel.

Eins meiner Leiden, daß andere schneller lasen als ich, manchmal sogar noch mehr Bücher kauften. Schwester Antje bekam alle drei Tage 500 Romanseiten durch, falls nicht gar 700. Für Nabokovs „Gelächter im Dunkeln" brauchte ich drei Tage, doch ein anderer Vielleser brauchte nur drei Stunden dafür. Was hätt ich in der verplemperten Zeit noch so alles lesen können, oder gar schreiben. Andere lasen „Abu Telfan", empfahlen es mir – ich kam nicht dazu. Eine meiner Bücherwände versammelt Bücher zum Thema „Dringend zu lesende Bücher", doch die 5 m werden nie kürzer. Man kommt halt zu nichts.

Biografien, die ich las, meist rororo: Gandhi, Thoreau, Goethe, Adorno, Novalis, Proust, Kierkegaard, Hans Henny Jahnn, Arno Schmidt, Ravel.

Biografien, die ich noch unbedingt bald lesen wollte: Ovid, Voltaire, Talleyrand, Schelling, Fellini, Casanova.

Biografien, die noch etwas warten können: Nestroy, Ernst Toller, Ionescu, Nehru.

Welche Heine-Biografie kann länger warten, die von Max Brod, von Lew Kopelew oder die von Ludwig Marcuse?

Das Fass ungesehen bereitliegender Spielfilme und ungehörter Musiken mach ich jetzt gar nicht erst auf.

Unabdingbar zu lesen, für mein Hauptwerk, meinen Ulysses: „Weltchronik", das bunteste und schwärzeste Buch, das je herabgekommen oder hervorgestülpt würde: Olaf Stapeldons Starmaker, plus: „Die letzten und die ersten Menschen". Robert Silverbergs „Menschensohn", „Noch einmal leben", „Nach all den Jahrmilliarden".

Ungelesene Lieblingsbücher: Schellings „Clara". Kurt Laßwitz': „Aspira. Roman einer Wolke", Ewers' Alraune, „Der plötzliche Kollaps von allem", Micho Kaku: „Abschied von der Erde".

Was soll ich nach hinten schieben – tolldreiste Geschichten oder Gargantua und Pantagruel?

„Haben Sie die alle gelesen?"

Dieser Frage stehen Lesemonster wie ich tolerant gegenüber. Man lässt sie so über sich ergehen. Kommts denn drauf an, Bücher zu lesen? Genügt es nicht, sich positiv von ihnen beeinflussen zu lassen, ohne sich zu plagen mit Lektürezwang? Eine Viertelstunde über jedes zu reden, müßte doch vielleicht ausreichen?

Man kann sie sich auch unters Kopfkissen legen und auf Gedankenübertragung hoffen.

Abends nehm ich Jean Paul und DDR-Witze mit ins Bett, hoffend, daß eins davon funktionieren würde. Lebende AutorInnen mit ins Bett zu nehmen (Ulla Lenze, Ulla Hahn, Annegret Held), zögert man irgendwie. Doch stets mit mausetoten Klassikern zu Bett zu gehen, fühlt sich gleichfalls nicht ganz naheliegend an.

So oder so: Eine Küche ohne Bücher sähe so trostlos aus wie eine Kirche ohne Gesangbücher.

Unverhoffte Doubletten landen auf dem Klo, dem einzigen Raum ohne Bücher. Gäste können sich da was mitnehmen.

Viera las an meiner Stelle Heimito von Doderer, Bierbaums „Prinz Kuckuck", Anthony Burgess' „Fürst der Phantome", 870 Seiten, dann den kompletten Proust, 4000 Seiten, William Gaddis' „Fälschung der Welt", „Ada oder Das Verlangen", Jan Faktors Hodensack-Roman, 6 Bände Pu Songling, und erzählte mir, was jeweils drin vorkam.

Der Pressechef eines Kinderbuchverlags in Hildesheim schenkte mir ein Bilderbuch. Ein grünes Ungeheuer quälte mich durch grausliche zeichnerische Talentlosigkeit, keinem Menschen zuzumuten, vor allem keiner Kinderseele. Das erfolgreiche Machwerk hätt ich gern vernichtet und bekams nicht hin, vor lauter Hochachtung vor dem Wunder von Alphabet und Buchproduktion. Ab und zu taucht das schlechte Opus wieder auf und schockiert mich mit dem widerlich sinnlosen grünen Ungeheuer.

Es soll Menschen geben, die besitzen mehr Kochbücher als Bücher.

Ein Brieffreund namens Edzard Klapp (hoffentlich ein irreführender Deckname) sandte mir hilfreich 600 Fotokopien, eine seltene Biografie über Quirinus Kuhlmann. Ich bot dem edlen Spender an, mich zu revanchieren, ihm mein Homunmculusbuch zu senden. Da erschrak er zu Tode und lehnte das Gegengeschenk ab. Wenn seine Frau merken würde, daß eine Buchsendung ankäme, gäbs ein Unglück.

In Hamburg wohnt ein netter Mann, über achtzig Jahre alt. Seine liebe Frau verbot ihm, weitere Bücher zu kaufen. Denn er hatte schon mehr als genug. Leider geht sie nur allzu selten zum Friseur. Dann schmuggelt der trockne Schleicher oder Schwärmer Dinge ins Haus, tütenweise, Hugendubel-Tüten, Thalia-Tüten, und versteckt mit Herzklopfen (herzschrittmachergestützt) die Neuanschaffungen irgendwo hinter und zwischen Büchern.

Eine Putzhilfe aus Kasachstan, Olga, wußte, daß ich Schriftsteller sei, stand baff vor einer meiner Bücherwände und fragte: „Haben Sie die alle geschrieben?"

Wäre das zeitlich dringewesen? Hätt ich der Einfachheit halber „Ja" sagen sollen, in aller Bescheidenheit?

„Reinhard, ich halte es nicht mehr aus – die Bücher oder ich! Suchs dir aus!"

„Aber Renate, ich bin doch Lehrer, ich brauche diese vielen Bücher. Na gut, ich könnte ein wenig reduzieren."

Reinhard konnte nicht reduzieren und saß dann alleine zwischen seinen Büchern und F.A.Z.-Stapeln. Von seinen Cioran-Doubletten hätt ich gern eine geschenkt bekommen – er lieh mir nicht mal ein Drittexemplar. Übernachten konnte ich nie wieder bei ihm, da sein Gästezimmer von Büchern überquoll. Ihm wurde x-mal gekündigt, aus Angst des Vermieters, daß Zimmerdecken einbrechen könnten.

In Südtirol oder wo lag ich geplättet in einem Gästebett, hatte leider hochgeschaut zur Zimmerdecke. Die hing durch wie der Bauch eines Albino-Hängebauchschweins. Mitten hindurch lief breit und genau über mir ein schwarzer Zickzackriß, und obendrüber standen überfüllte Büchergestelle ohne Zahl. Warum sollte ausgerechnet in dieser Nacht die Zwischendecke runterkommen, mich unrekonstruierbar erschlagen und meine schönsten Buchpläne begraben? Mein Gastgeber, dem ich zerschlaucht übernächtigt entgegentaumelte, blieb knallhart: „Ein Statiker kommt mir nicht ins Haus!"

Ein Verlagsvertreter (Name mir bekannt) ging nachts mal austreten. Als er zurückkam, lag auf seinem Kopfkissen die dicke schwere Schuberkassette mit dem Gesamtwerk von Heimito von Doderer. Woran starb Dostojewski? Ein Äderchen platzte, weil er seinen Bücherschrank verrückte. So jedenfalls stand dies in einem Buch.

Die Wahrheit, daß alles Buchwissen zu nichts nütze sei und daß man lieber leben solle statt zu lesen, steht meist in nicht sehr überdurchschnittlichen Büchern.

Ein Buch über die Methode, Lesezeiten radikal zu verkürzen, schaffte ich mir leider nicht an. Natürlich besaß ich bald mehr Bücher als ein Mensch je auslesen kann, wüßte auch über ungelesene Dinge und ungelegte Eier zu reden, falls ich für Kurzfassungen Zeit fände.

Da ich nur selten in eine Großstadt kam, ließ ich mir auf gut Glück angekreuzte Buchtitel und Musik-CDs zusenden, kistenweise, beim Bärendienst, bei „Fröhlich & Kaufmann", bei Jokers. Einem Überraschungpaket bei Zweitausendeins entnahm ich zwölf Inseltaschenbücher – schönster Fund: Julius Meyer-Graefe über Dostojewski.

Auf einer Internationalen Buchmesse bot mir leider ein Verlagsmitarbeiter an, mir eine Ladung voller Mängelexemplare zu senden, gratis. Lediglich die Frachtgebühr von 120.- DM hatte ich zu entrichten. Diese Aktion bereute ich später. Da hupte tatsächlich ein LKW, den ich mir kleiner vorgestellt hatte. Ab sofort hatte ich auch Drewermann und Esoterik stapelweise im Haus, allein „Zanoni" von Edward Bulwer-Lytton in sieben defekten Exemplaren. Ab da platzte ich aus allerlei Nähten.

Bildbände und Kunstbände anzuschaffen – das versuchte ich abzubremsen (trotz Studium an einer HBK). Einen Sammelschwerpunkt – illustrierte Faustbücher – gab ich auf, nachdem ich Faustmuseen in Knittlingen, Düsseldorf und Frankfurt besichtigt hatte.

Mein Chinazimmer mit 600 gelben Chinabüchern blieb noch halbwegs übersichtlich, enthaltend all die schönen quellenden Urgründe und südlichen Blumenländer von 1920 bzw. 450 vor Christus. Ich baute keine Garage an, d.h.: Für jedes neuangeschaffte Buch muß ich aus dem Bestand zwei Backsteine rausbrechen, um es noch reinzubekommen. Eigentlich würd ich die drei Sprünge des Wang-lun gerne nochmal lesen, könnte aber in dieser Zeitspanne leider nicht den ungelesenen Wallenstein lesen. Tausend angebissene Brötchen liegen überall herum und verhindern, Dutzende eigener wunderbarer Buchprojekte voranzutreiben.

Morgenland, Orient und Orientalismus – ein weiteres Sammelgebiet, unweit von Mythologie und science fiction.

Daß ich Bücher nach Farben sortierte, ohne daß die Themengebiete auseinanderwanderten, weiße nach ganz oben, schwarze nach ganz unten, kam im Lauf der Zeit ein wenig durcheinander.

In einem eigenen Zimmer stellte ich nur alte Bücher auf, bis 1929, kein einziges neuzeitliches knallweißes Taschenbuch dazwischen, patristische Bibliothek von Irenäus, Justinian bis Tertullian, möglichst alles von Buddha, Georg Christoph Lichtenberg,

Jean Paul, Bogumil Goltz, Hugo von Hofmannsthal, Theodor Lessing, Sir Galahad, Wilhelm Bölsche, Karl Ludwig Schleich, Albert Vigoleis Thelen, Vladimir Nabokov. Entdeckungen erfreuten mich zunehmend seltener, zuletzt 2005 – Hans-Jürgen von der Wense, siehe Narratorium.

Nicht so schöne Bücher, die aber wichtige Inhalte transportierten, knallrote und knallweiße Taschenbücher, Reclamhefte, hielt ich geschlossen unsichtbar hinter einer Holzpalettentür, als wenns ein Giftschrank wäre.

Manche Rarissima besaß ich nur als Fotokopienstapel, säuberlich von Jojo eingebunden: Karl Birnbaum: „Psychopathologische Dokumente", 1920, „Das Werk von Richard Müller", 175 Bilder, 1921, dann ein Werk über Streitigkeiten zwischen Buddhisten und Taoisisten in einem bestimmten Zeitfenster der Mongolen-Herrschaft. Prof. Dr. Max Mikorey: „Phantome und Doppelgänger", 1952. Besonders selten von J.K. Wezel: „Meiner Gattin wirkliche Erscheinung nach ihrem Tode", 1804 – das fand sich in keiner einzigen Germanistik, zeitweise, auch nicht im ZVAB. Dr. Knöfel besorgte es mir aus einem Institut für Parapsychologie bei Freiburg, log für mich, bestach eine Dame mit Pralinen, nur um das für mich fotokopieren zu dürfen. Dann ein Werk auf Englisch über meinen Lieblingsmystiker Bayezid al-Bistami, erschienen in New Dehli, auffindbar in keiner einzigen Bibliothek weltweit, auch nicht als Microfish, auch nicht in Chicago.

Von lebenden, mindestens neulich noch lebenden Gegenwartsschriftstellern sammelte ich nur wenige nahezu komplett: Micky Remann, Peter Sloterdijk, Eckhard Henscheid, Robert Gernhardt, Ror Wolf, Peter Rühmkorf.

Ein weiterer, zimmerfüllender Sammelschwerpunkt: Panoptikum bunter Subkulturen seit 1880, Naturpropheten, Kohlrabiapostel, Wanderprediger, Hippies, Spät-Hippies, Rainbow-People, auch deren Zeitschriften, Humus, Grüner Zweig, Hanfblatt, die ich dann wohl dem Archiv der Jugendbewegung, auf Schloß Ludwigstein, vererben werde. Oft stolperte ich, als Dr. Ulkreich Papadorno und Öko-Dandy, über mein Spagat zwischen Hochkultur (edition suhrkamp) und Subkultur (Werner Pieper's MedieneXperimente).

22 Aktenordner mit literarischem Nachlaß von Eckard Sinzig – wenn ich sie verschlampe, geht er unter, ohne richtig aufgestiegen zu sein. Es wird wohl beim Heinrich-Heine-Institut landen; dank der Zuordnung Nordrhein-Westfalen.

Auf der Antiquariatsbuchmesse Leipzig blätterte ich auf: „Japanischer Humor", von 1908, voller Chromtafeln, wundersamer sprituellen Witz. Magisches Fluidum umfloß mich, derart, daß ich jeden Preis gezahlt hätte. Es kostete 250.- Euro. Soviel hatte ich nicht mit. Der Antiquar gabs mir vertraulich mit. Ich trugs am Busen als Heiligtum heim, mit Abstand mein teuerstes Buch, sogar sehr gut geschrieben. Inzwischen kann man es im ZVAB auch für 70 Euro bekommen.

Übrigens: Andere Leseratten trieben es noch doller als ich. Sie heirateten Frauen, die was gegen Bücher hatten. Ab einer gewissen Überfülle scheinen mache Gattinnen auszurasten.

„Liest du wenigstens Zeitungen?" – „Nö, nur die Todesanzeigen."

Ernst-Wihelm Händler, so munkeln Legenden, scheint mehr Bücher zu besitzen als ich. Wo finden sich Frauen, die das tolerieren, falls sie schöne Bücherschätze nicht sogar ganz toll finden können?

Auf Buchmessen bekam ich leider oft genau die Bücher geschenkt, die man nie selber kaufen würde; heißbegehrte hingegen mußte man kaufen oder abstauben.

Widmungsexemplare kamen zu liegen auf Rezensionsexemplaren, zwischen Videos, CDs, Mitschnitten, Filmotheken. Um

Bücher kostengünstig zu bekommen, wurde ich Literaturkritiker. Manche bekam ich nicht schnell genug durch. Manche bestellten Texte wurden dann doch nicht gedruckt, da ich nur das Themenfeld ventilierte und kein Urteil fällte. „Konkret", Magazin für Politik und Kultur, nahm fast alles, was ich vorschlug, mit Kußhand. Als Mozartfan schrieb ich einen Nachruf auf George Harrison.

Pro Semester, zudem, bekam ich gratis ein Paket zugesandt, mit der Gesamtproduktion des O.W. Barth Verlags, jede Menge Zen-Buddhismus, Kamasutra für Manager, Meditationsbücher. Man schien mich zu beobachten und erhoffte wohl, daß ich irgendwas davon rezensiere. Auf einer Buchmesse versuchte ich meine Wohltäterin zu identifizieren, kennenzulernen, und fand sie nicht.

Öfters schrieb ich eine Hymne, z.B. auf Anton Bruckner, um dann gescholten zu werden, etwas verissen zu haben. Paulus Böhmer wurde gefragt, wie er mit meinem Verriss seiner Langgedichte leben könnte, er aber freute sich über meine Hymne auf seine Langgedichte.

Vorwürfe ergingen, ich hätte mich über Rilke gestellt und ich sei Opfer meiner Rhetorik geworden. Wo fände ich eine Rhetorik, deren Opfer einer wie ich freiwillig werden wollen würde? Wurde „auch" Jean Paul, als milde auf Tieck, Jacobi, Novalis, Hoffmann hinabsah, Opfer seiner Rhetorik?

Bisweilen ließ ich Bücher von Dritten lesen, um mir erzählen zu lassen, was drinsteht. Manchmal, wie im Falle Laurence Sterne, kamen die Rezensionsexemplare postalisch erst dann bei mir an, als ich den Text bereits abgegeben hatte. Nicht, daß ich geblufft hätte. Schrieb ich über avantgardistische Musik, hielt man mich für einen Musikologen. Schrieb ich über den persischen Dichterfürsten Fariduddin 'Attar, hielt man mich für einen sanskritkundigen Orientalisten, aber gern doch, aber immer doch. Noch viel öfter aber wurde mir jede Kompetenz abgesprochen. SteinerianerInnen und Bratschisten nahmen mich streng ins Gebet, ob ich überhaupt berechtigt sei, bei Anthroposophie mitzureden und überhaupt Noten könne. Die einen sagten: „Erzählen will er, schreiben kann er", die anderen: „Mach hinne!" Vor lauter Lesen kam ich nicht dazu, anderes zu lesen. Einer meiner Verleger (Quiz: welcher?) will sich auf seinen Grabstein meißeln lassen: „Außer Lesen nichts gewesen."

Problem: Wenn ich mir jetzt schnell den „Der Prinz von Homburg" reinziehe, und Agnes Bernauer, und Moby Dick, dann geht bei meinem Tod noch viel mehr verloren, als wenn ich das alles gar nicht rezipiert hätte.

Bekanntlich könnt ich nie ein Buch fortwerfen. Neulich aber – unfaßbar – betrieb ich eine erste und einzige Bücherverbrennung. Einen documenta-Katalog, verdreckt, aufgeweicht, alle Seiten derart bombenfest zusammengeklebt, daß sich nichts mehr aufblättern ließ, übergab ich schaudernd den Flammen meines Holzofens. Er brannte endlos lang und erzeugte Unmengen Asche.

Ein Bibliotheksdirektor (inzwischen pensioniert) ließ seinen Blick über meine Bücherwände streifen, nahm nichts heraus, entzifferte nichts, als stünde da nichts Nennenswertes, und sagte sachlich: „Jedes dieser Bücher ist nur noch einen Euro wert." Medimops usw. führte zum Niedergang des Antiquariatsbuchhandels. Ich hatte aber im Schnitt das Zehnfache für jedes Buch gezahlt, 90 Euro für Döblins nie nachgedrucktes Wunderwerk „Giganten", 60 Euro für Teixeira de Pascoaes' „Hieronymus", übersetzt von A.V. Thelen. Um meinen bibliophilen Druck von Heinrich Heines Tanzpoem beneideten mich renommierte Faustsammler. Ich klagte mein Leid meinem Bamberger Antiquar Uli Simon, der mir sagte, er gäbe 2 Euro für jedes meiner Bücher. Hellte diese Info mein schweres Leben auf?

Buchstabennudelsuppe mit Udo, Oma und Kaba

„Bitte essen kommen!"

Kartoffelsuppe sah so aus, wie sie schmeckte, und schmeckte so, wie sie aussah.

„Kommst du dann bitte?"

Suppe, im Vorfeld von Königsberger Klöpsen sah wenig lockend aus.

„Du brauchst wohl eine Extraeinladung?"

Neben Quarkkeulchen, knusprig gebacken in der Pfanne, goldbraun duftend, zuckerbestreut, unsagbar köderhaft, mit Apfelmus, sah Graupensuppe so bläßlich aus, ohne Fettaugen, ohne Suppengrün, ohne Farbtupfer, ohne Lichtblick, Grau in Grau.

„Ich rufe nicht noch einmal!"

Erbswurstsuppe bot zwecks Abwechslung ein milchig-wässriges Grünlich.

„Jetzt wird gegessen, nicht gelesen!"

Einzig Gemüsesuppe zeigte ein wenig Petersilie sowie ausgelaugte Möhrenscheibchen.

„Die Hand gehört auf den Tisch!"

Ansonsten schwammen Muttis Suppen ungewürzt in ihren Tellern, als Unauffällige im Lande, stille Wasser, dampfende Aschenputtel, neutral ungewürzte Heimchen hinterm Herd.

„So, dann guten Appetit!"

Selbst Buchstabennudelsuppe schmeckte nach Kaumwas, so nach Weder oder Noch, farblich einsilbig, optisch unvorteilhaft, die ungültige Vorstufe einer richtigen Suppe, Vorsuppe durch und durch, diesseits jeder Extrawurst.

„Lesen hat Zeit bis nach dem Essen!"

Die Buchstaben machten die Suppe, in der sie schwammen, zum einzigen Essen, das man, statt es nur zu essen, sogar lesen konnte! Also handelte es sich doch wohl um die heimliche Königin aller Lebensmittel, eine wahre Wundersuppe, wie jene Steinsuppe, an deren Grund als ausstrahlendes Gewürz ein Stein gelegt wurde, oder jenes Bettelsüppchen, dessen Fettaugen von Sankt Peter mit Gold aufgewogen wurden.

„Muß das denn unbedingt jetzt sein?"

Der reiche Mann ließ sich extra viel Fett in die Suppe machen, so daß tausend Fettaugen zu einer einzigen dicken Blase zusammenflossen und der Fettsack bloß ein Goldstück bekam, der dürre Hungerleider aber 975.

Als Geist Gottes schwebte ich über den Wassern, genauer: pustete als pausbäckiger Sausewind über die Wellenbildung der noch viel zu heißen Suppe.

„Die Suppe wird kalt!"

Jahrtausende ward der abkühlende Planet von Waschküchendämpfen umhüllt. Jeder Regentropfen verdampfte sofort, fern aller Worte und Fremdworte wie „Aggregatzustand", „Ursubstanz", „kosmogonisches Labor", „Nährlösung", ein Dreiviertelstündchen vor Sonnenaufgang.

Am Anfang war sowohl der Buchstabe wie die Ursuppe, in der ein …   schwamm. Wenn ich den Teller um 180 Grad drehte – ein ∀. Aus der Tiefe hoben sich O und E und A, heiß durcheinandergewürfelt. Sie verdeckten einander. Kein Buchstabe hielt sich an irgendeine Zeile. Obwohl es nichts zu kauen gab, dauerte es länger, Nudelsuppe zu essen als Quarkkeulchen. Manche Buchstaben verloren, wenn ich die Suppe umrührte, einen Balken oder ein Beinchen, bevor sie von Zungenspitze und Gaumen zerdrückt wurden. Am Tellerrand strandeten, wie Muscheln auf dem Kniepsand von Amrum, E und K, sogar Y und X, noch ein E und noch eins, N und J und U. Bruchstücke sprangen hervor, Silben, Worthälften, Worte, ohne daß ich sonderlich nachhalf: OMA und KABA. Im Kreissymbol des Tellers erschienen Menetekel, weiterhin eßbar. Ein L fand zum U. Ein I gesellte sich hinzu. Ich aß ULI. Weisheit des Ouroboros: Iß dich selbst!

„Jetzt iß endlich –!"

Nur fanden sich leider weder Ö noch Ä, weder Ü noch untergetauchte I-Punktchen. Udo Quäl hieß UDO QUAL. Die Buchstaben flottierten und suppten umher. Die Suppe dampfte. Die Dreiwort-Sätze wuchsen.

„Wenn du nicht in fünf Minuten fertig bist –"

Durfte man heilige Schriften, bevor sie zur Buchform vertrockneten, einfach so reinlöffeln, als wenns bloß Nudeln wären? Noch bevor ich Vegetarier wurde, spürte ich instinktiv Scheu, im Fluß befindliche Worte in den Bauch des Pottwals zu transportieren, lebendige Buchstaben zu verunstalten zu unlesbarem Speisebrei und Darminhalt. Daher also meine spätere Hemmung in Würmelwig, Raiffeisenprospekte und BILD-Zeitungen zu zerknautschen. Um Ernährung zu betreiben, trichterte ich mir ein: „Das sind keine Tiere! Das sind bloß Würste."

Buchstabensuppe, wegen meiner Trödelei, gabs nur dann, wenn ich vorher versprach, beim Essen nicht zu trödeln. Jedes Mal versprach ich's hoch und heilig. Jedes Mal versuchte ich ernsthaft, Analphabet zu sein. Das ließen die Buchstaben nicht zu. U und O und A tauchten punktchenlos auf. UDO, OMA und KABA wußten nichts von meinem Gelöbnis.

„Jetzt aber Dalli!"

D und A und L und L strandeten nach wie vor am Tellerrand.

UDO, OMA und KABA brauchten kaum den Löffel, um sich unaufhaltsam zusammenzusetzen.

„Das war das letzte Mal, daß du Buchstabensnudelsuppe –“

Kalif Storch und Mutabor

Wilhelm Hauffs Märchen

Lamettageglitzer ... drei Holzengelchen, das eine auf einem Stern, das andere saß auf einer Mondsichel. Das dritte ritt auf einem Kometen. Aus einem Ostzonenpaket stieg ein Sandkuchen hervor, aus Ilmenau, zudem ein großformatiges Buch, bläulichgrün eingebunden, ungeheuer großformatig. Vorn drin stand in blauer Füllerschrift: „Meinem lieben Uli von Tante Brigitte. Weihnachten 1958". Im Titel stand „Märchen". Es enthielt Bilder – unglaublich dreidimensionale, bläulichgrün mystisch abgetönte, orientalische Gemälde. Trotzdem hieß es mütterlicherseits sogleich: „Dafür seid ihr jetzt noch zu klein."

Das merkwürdigste aller Bücher wurde auf Jahre hinaus fortgeschlossen. Es lag, sehr weit oben, im Kleiderschrankmassiv elterlichen Schlafzimmers, meterhoch, unerreichbar hoch, mein Urmodell unknackbarer Tresore. Wir hatten Jahrhunderte lang zu warten. Wir bettelten nie, nur gelegentlich.

Dann stieg ich nachts heimlich auf Leitern hinauf und schlug das inzwischen noch viel größerere Riesenbuch auf, förmlich zum Buch des Lebens herangewachsen, und wachte nicht auf, und fand hinein in ein Landschaftsgemälde, auf schlängeligen Wegen, auf denen Figürchen in wundersamen Lichtverhältnissen sich bewegten, lebensecht, nicht ohne Turban und Kaftan, bei näherem Hinsehen silbern, lamettaartig und bronzefarben aufblitzend, zwischen grüngoldenen Bäumen auf ihren Wegen durch Hintergrund und Mittelgrund filmisch vorwärtswandelten, wattebärtig und wunderschön.

Irgendwann, in echt, außerhalb des Traums, in kaum noch magieumwehten Zeiten, wurde uns das geheimisvollste Buch heruntergereicht. Halbwegs fieberhaft durchkämmte ich das Werk nach jenen Schlängelwegen und Turbanmännern. Tatsächlich blühten, bauschten und türmten sich hier und da Turbane, in Goldocker- und Zimttönen, grünbläulich koloriert, Kalif Storch, der kleine Muck, Zwerg Nase. Selbstverständlich blitzte nirgendwo etwas selbstbeweglich auf. Dennoch überboten die tiefenplastischen Bilder, immerhin durchaus halbwegs magieumflort, alle bisherigen Morgenlandquellen von Kasimirs Weltreise, Mickymaus und „Mecki bei Harun al-Raschid" und formten sowohl meinen Begriff von Zeichenkunst und Dreidimensionalität, sowie mein Orientbild, ja: Weltbild. Spätere Künstler wie Dali und Rembrandt maß ich alle an den Bildern dieser Hauffmärchen. Lange konnte keiner mithalten. Wenn man aber mal nachguckte, wer diese Bilder überhaupt gemalt hatte, stand vorn ganz klein drin: „Einband und Illustrationen: Gerhard Goßmann, Fürstenwalde". Das klang wenig imposant und weltbewegend. Unterbieter machten Kunstgeschichte, und keiner kannte meinen Malerkönig Gerhard Goßmann.

Im Kalif Storch ging es darum, das magische Wort „Mutabor" nicht zu vergessen. Mutabor grub sich mir derart ein, daß ich es unbedingt auf dem Sterbebett zu murmeln mir fest vornahm und es auch heute noch, naturgemäß vor mich hin alternd, vor dem Zugriff Alzheimers vollständig gefeit glaube.

Mit neunzehn Jahren dann stieß ich im Novalis (Becks kommentierte Klassiker) auf eine Passage – Heinrich von Ofterdingen bekommt von einem Einsiedler alte Bücher gezeigt. In einem fremdländischen, überformatigen Prachtband, förmlich dem Buch des Lebens, zwischen Sarazenen und Mohren, entdeckt er sich selbst, allerdings in altertümlich-mittelalterlicher Gewandung, und etliche Figuren däuchten ihn sonderbar bekannt – fast Punkt für Punkt erkannte ich meinen zwölf Jahre alten

Traum wieder. Hauff und Novalis schmolzen mir in eine atmosphärische Gesamtwolke zusammen. Nur hatte „Mutabor“ dann doch eine gewisse Entzauberung, und schlimmer noch, Säkularisierung zu überstehen, durch den arg biologistischen Begriff „Mutation“.

Alsbald, als ich mit zwanzig durch Griechenland reiste und in der Hitze teilnahmslos unberührt vor abgebleichten Säulenresten stand, erfaßte mich in der byzantinischen Ruinenstadt Mistras ein magischer Anhauch. In der schattigen Gewölbehöhle einer zerfallenen Kirche stand ich vor einem Gemälde, versunken mitschwingend, auf dessen Hintergrund ich plötzlich auf Schlängelwegen Sarazenen und Mohren wandeln sah, aus der Landschaft silberne und grüngoldene Reflexe hervorblitzen sah, nicht ganz so elegant hingezaubert wie bei Gerhard Goßmann, dafür aber allerbestens romantisch-mittelalterlich angeweht und eingefärbt, über Jahrhunderte hinweg meinen Kindheitstraum apokryph als vorauseilenden Byzantinismus enthüllend – als wenn Novalis in Mistras gewesen wäre.

Andere Kinderbuchillustratoren mußten im Lauf der Jahre zugeben, doch nicht ganz so hinreißend und genial zu sein, wie sie zunächst erschienen. Doch einerlei, in welchem Stadium ich mich nochmal zu Hauffs Märchen von 1958 zurückwandte: Die Großwesire, Mondsicheln und Minarette, gezeichnet von Gerhard Goßmann, blieben so staunenswert wie am ersten, allzu verspätet eingetroffenen Tag, wenn auch nicht ganz so überirdisch wie bei Novalis und im Traum.

Volltreffer unter neunundzwanzig Blindgängern: Komet im Mumintal

In der Leihbücherei am Entenanger lieh ich mir schöne Dinge aus: Katzenburg und Katzfischbucht. „Brezel, der lange Dackel", „Karlsson vom Dach", „Ebeker, der kleine Storch, der zu Fuß laufen mußte", „Die gefesselten Gespenster". Hinter die Buchtitel wurde das Leihfristdatum gestempelt, für 30 Pfennige pro Leserkarte. Also kostete die Ausleihe jeden Buchs bloß einen Pfennig.

Als ich die dreiminütige Karussellfahrt von Brüderchen Eberhard – für 30 Pfennig – sinnvoll kommentierte: „Dafür hätt ich dreißig Bücher lesen können", erhielt ich, mitten im Jahrmarktstrubel, eine mütterliche Standpauke.

Die grausliche Klassenlehrerin Frau Berninger erkrankte nie, außer einmal. Ihre Vertretung, Frau Stieber, eine schwarze Witwe, totenbleich, las uns was vor, eine Schulstunde lang aus „Komet im Mumintal". Magische Atmosphäre, trotz lebloser Stimme und beklemmender Friedhofstimmung, kam ungestört rüber: Mumin und Schnüferl verfolgten im Wald ein Seidenäffchen, und ein Schlängelpfad, wie der aus meinem orientalischen Hauffmärchentraum, verlor sich im Dickicht. Frau Berninger gesundete, und wir erfuhren nicht, wie die Mumingeschichte weiterging.

Allfreitaglich wurden auf einer Schulbank dreißig Kinderbücher ausgelegt. Absolut jeder Schüler mußte sich eins davon aussuchen und – für 5 Pfennige! – ausleihen. Jedesmal durfte und mußte ein anderer Schüler als Erster sich ein Buch wählen, im Rotationsprinzip. Nur handelte es sich sichtlich um fuddelige Ausschußware, Fünftklassiges, Reizloses à la „Ferien mit Oma" oder „Unsere Schule geht auf Reisen", kein Vergleich mit Entenanger und Pippi Langstrumpf. Immerhin gabs da ein einziges

Buch, das absolut jeden Schüler reizte und das jeder, der als Erster drankam, sofort und ausnahmslos ergriff: „Komet im Mumintal". Dieses Buch gab es selbst in der Leihbücherei am Entenanger nicht. Das gabs nur hier. Es lag nun jeden Freitag auf dem trostlosen Tisch, ein einziger Volltreffer, umgeben von neunundzwanzig Blindgängern, eine Perle im Mist, ein einziger leuchtender Köder in der durchweg und rundum unangenehmen schrecklichen Schule und Welt. Jahrzehntelang kamen andere als Erste dran, nie ich. Jedesmal sah ich meine Mitschüler mir „Komet im Mumintal" fortschnappen, mußte wieder eine Woche warten, und wieder eine Woche – welch Tortur und Durststrecke. Bei Frau Dr. Leipner wartete man mal zwei Stunden, hier aber schier ein Leben lang. Retrospektiv wartete ich als Kafka vor dem Gesetz und durfte nicht rein.

Eines schönen Tages kam ich als Erster dran. Besinnungslos, ohne Kunstpause, ergriff ich „Komet im Mumintal", spürte, wie ich mir den Haß all derer auflud, denen ich soeben „Komet im Mumintal" fortschnappte, saß auf den heißesten Kohlen meines Lebens, rannte heim, schlug „Komet im Mumintal" auf, versank darin und tauchte praktisch nie wieder draus auf, außer etwas später, wo dann doch noch anderes hinzukam.

Als ich erfuhr, daß man in Buchhandlungen Bücher erwerben könne, kratzte ich mitten im Jahr – fernab von Geburtstag und Weihnachten – meine gesamten Sparschwein-Ersparnisse zusammen und warf sie in eine ungeheure Anschaffung: „Komet im Mumintal", von Tove Jansson, mein allererstes selbstgekauftes Buch, gebunden mit grünem Schutzumschlag, für 6 Mark 80. Welch Buch der Bücher, in schönster Prägephase. Alles spätere konnte bloß variieren. Beklommen nahten Mumin und Schnüferl dem grübelnden Onkel Bisam, einem Kyniker, dem Urmodell für Diogenes oder Arthur Schopenhauer, der in seinem Faulbett über die Unnötigkeit aller Dinge nachdachte, wobei er nicht gestört werden wollte, und der hochexistenzielle Fragen nach bedrohlich näherrückenden Kometen abschmetterte: „Geh spielen, kleines Geschöpf. Spiel, solange du kannst."

Wandergesell Schnupferich, der Mundharmonika blies, wurde zum Urmodell für die Landstreicher Knulp und Lampioon, für alle Morgenlandfahrer und Wandervögel. Ein Komet, der auf die Erde zurast, wurde zum Präludium für die ökologische Apokalypse und das nukleare Nirwana aller grünen, biodynamisch und alternativbewegten Lebensphasen.

Wie Mumin durch einen entlaubten Wald läuft, dieses winzige Individuum einsam in übergroßer Natur – das lief frühzeitig auf Caspar David Friedrichs Wanderer über dem Nebelmeer zu.

Wie die Figuren auf Stelzen durchs ausgetrockene Meer stapfen, das präludierte bereits 1961 alle Schauder der ab 1974 herannahenden Klimakatastrophen.

Das Waldfest im himmelfüllenden Kometenlicht, bei fiedelnder Heuschrecke, ließ durch nackte Baumgeister vorausfühlen, daß er mal sowas wie Eros und Sexus geben würde und präludierte die verzweifelten Tanzfeste im Mittelalter, bei denen zehn Jahre später Goldmund mittanzte.

Der langgesichtige, spitzbärtige Zauberer aus dem Folgeband „Eine drollige Gesellschaft" sah bereits aus wie zwanzig Jahre später ich selber.

Daß beim schwimmenden Theater aus „Sturm im Mumintal" eine Treppe in der Luft aufhörte, gab einen Vorgeschmack auf potemkinische Kulissendörfer sämtlicher Couleur, auf Gaukelspiel der indischen Göttin Maja.

• *Tove Jansson: „Komet im Mumintal", Kinderbuch, erschienen 1946, auf Deutsch 1961.*

Wohin Lese-Abstinenz führen kann

Auf meiner Fußreise durch Südeuropa traf ich einen Opa, der sich nicht mehr schmerzfrei bücken konnte und der mir ohne Überleitung mitteilte: „Immer, wenn ich irgendwo auf der Straße einen Zettel liegen sehe, muß ich ihn aufheben und lesen."

Heimlich verachtete ich diesen Opa. Wie konnte man in so fortgeschrittenem Stadium noch so abhängig vom Lesen sein? Was konnte einer sich von herumliegenden Zetteln überhaupt erwarten? Würd auch ich in fünfzig Jahren immer noch nicht geheilt sein, gierig auf frohe Botschaften zu warten?

Drunten in Dolo, Potenza, St. Nova Siri, Rotondella und Latronico fiel mir dann irgendwann auf, daß ich meine Reiselektüre auf dieser Reise bereits mehr als einmal durchgelesen hatte: „Alexis Sorbas", „Lampioon küßt Birken und kleine Mädchen" und „Die gläsernen Ringe".

Nachschub blieb aus. Irgendwann wurde mir das leicht unangenehm. Erneut griff ich zu den drei zerlesenen Taschenbüchern und begann immer wieder von vorn, in bunter Reihe: im knallvollen Brindisi zum zweiten Mal die klosterstillen gläsernen Ringe, und ihr „Bekenntnis zum Geistigen" (Klappentext von Hermann Hesse), im hochsommerlichen Dubrovnik zum dritten Mal den Landstreicher Lampioon, der durch eingeschneites Friesland stapfte, und in Edirne und Istanbul nochmal Alexis Sorbas, der gegen Türken kämpfte. Je mehr ich allmählich, eigentlich gegen meinen Willen, die Drei auswendig lernte, desto lästiger wurden sie, desto angenehmer wäre geworden, wenn irgendwo mal ein Buchladen mit neuen Büchern in Sicht gekommen wäre. Nachdem ich jedes Buch vier- bis siebenmal gelesen hatte, entsorgte ich die fuddeligen Objekte.

Nun aber fiel ich in ein Loch.

Die Reise ging weiter. Reiselektüre fehlte. Reiseeindrücke und Reiseabenteuer genügten offenbar nicht. Die überbunte Reise konnte nicht ganz einspringen für fehlende Reiselektüre. Vermutlich hatte ich jederzeit meiner Lesesucht gefrönt, dies aber nie als Problem bemerkt, weil ich immer was dahatte. Jetzt wär ich meilenweit für einen Zettel gelaufen, um ihn aufzuheben, atemlos alles zu lesen und wieder zu lesen. Hocherregt saß ich fest, im Keuschheitsgürtel des Lesetriebs. Lesbares zeichnete sich nirgendwo ab. Wochenlange Abstinenz machte mich erst kribbelig, dann fertig. Türkische Gügülürü- und Boskylükülüry-Schilder zu entziffern, gewährte nur unzureichende Wonne.

Dann endlich geschah was. In einer Absteige am Bosporus, barfuß, ohne Rucksack, Schlafsack, Identy Card, lief ich beschwipst über eine Veranda. Lampions glühten mückenumschwirrt. Schaumkronen glänzten in der Finsternis. Dumpf hing ich im Korbstuhl, streichelte eine Katze, da fiel mein Blick auf ein Insektenspray. Ich grapschte die Sprühdose, drehte die mehrsprachige Gebrauchsanweisung an mir vorbei – ein Blitz oder auch Peitschenhieb ging auf mich nieder, als urplötzlich deutsche Sätze sich aalglatt ablesen ließen. Schon versank die Welt in ausgehungerter Lesewut:

„PERYSAN schützt vor Insekten …“

Jedes Wort eine abgerundete Köstlichkeit für sich …

„Langzeitwirkung …“, „ …wasserstabil …“, „ …hautpflegend …“

Jedes Wort eine Frucht, ein Pfirsich, überquellend von Mangosaft.

„Getestet vom Tropeninstitut Antwerpen.“

Diese vier Worte – getestet ... vom ... Tropeninstitut ... Antwerpen – entfesselten eine Orgie an Fernweh, obwohl ich doch noch viel weiter weg herumlief als bloß in Antwerpen.

„Insektenschutz-Lösung zum Auftragen auf die Haut."

Herrlichkeit des Lesens warf mich um, Wollust blanken atomistischen Entzifferns, egal was, Hauptsache, Buchstaben schossen zusammen zu Worten:

„Arzneilich wirksame Bestandteile."

Absolute Panazee gegen alles und jedes Übel dieser Welt! Jetzt konnten Alexis Sorbas, Manfred Hausmann und Luise Rinser einpacken gehn! Da kam kein Goethe mehr mit, kein Dante! Kriebelmücken und Moskitos stachen mich unbemerkt. Möglicherweise sprachen mich Kellner an. Ich aber las: „6,3 g Ethyl-3-propionat! Fettalkoholethoxylat! Citronell-Öl! Anwendungsgebiete: PERYSAN hält Insekten (Stechmücken, Fliegen, Bremsen, Zecken, Kriebelmücken, Moskitos usw.) von Mensch und Tier ab –"

Falls ich hervorguckte aus meiner Trance, mich umsah, mit vermutlich jenseitig schimmernden Augen, niemand zurücksah, versuchte ich, den Aufkleber von der Dose abzuziehen – irgendwie ging der Zettel sogar ab. Ich rollte ihn in meine Tasche, als einziges Gepäckstück dieser Reise. Wir mußten in Istanbul noch fünf Tage auf einen Ersatzpass warten, Ich überbrückte die Tage mit gelegentlichen Wiederholungsstudien:

„Dosierungsanleitung und Art der Verwendung: Soweit nicht anders verordnet, gleichmäßig auf alle gefährdeten Hautpartien auftragen. Bei Nachlassen der Wirkung – wiederholen."

Erlösende Effekte ließen leider schnell nach. Bereits beim zweiten Mal, genaugenommen, fühlten alle Hinweise, daß PERYSAN nur äußerlich anzuwenden sei, sich ein wenig egal an. Nur ein fernes Echo der einmaligen Initiation in die Weihen plötzlichen Lesens, nach langer Wartezeit, kam noch an mich heran bei den Worten:

„Nicht ins Gesicht sprühen, sondern von Hand auftragen. Arzneimittel unzugänglich für Kinder aufbewahren. Stundenlanger Schutz. Für Kinder geeignet. Frischer Duft."

Eine Woche später gelangte ich nach München und konnte wieder ganz normal Bücher lesen.

Warum ich Theosophie lieber lese als Surrealismus

Wie lange dauerte der Surrealismus? Wo hängen die Uhren von Dali? Was für Aufgaben stellte André Breton der Kunst? Surrealismus umarmt den Illusionismus. Kubismus lehnt ihn ab. Wie lange dauert die Befruchtung? Wo ist Dali begraben? Wie unterscheiden sich Dandyismus und Dadaismus? Dada, erlöse uns von der Normalität! Hat er das schaffen können? Klebte er viel zu nah an seinem braven Gegenteil? Gagaismus versucht Dadaismus hinter sich zu lassen – wird er es schaffen? Gabs, bevor es Dada gab, bereits Dada, und wenn ja, ab wann? Absurdes Theater handelt nur partiell mitten in Absurdistan.

Surrealismus ruft seit längerem, falls nicht seit ewig: „I'm not, what I am!!!" Auch damals, in seiner Golden Era, 1924, glich er kaum sich selber. In seinem Output finden sich, auf Schritt und Tritt, so epochemachende Stellen wie diese: „Viel noch wäre zu sagen, aber ich wollte nur beiläufig ein Thema berühren, das für sich allein eine sehr lange Studie und eine sehr viel strengere Behandlung erforderte; ich werde darauf zurückkommen."

Pfui, und sowas mitten im Nervenpunkt des Surrealismus! Alles Langweiler! Nirgendwo zeigte sich ein Dadaist, der auch nur ansatzweise dadaistisch aufspielte! Hugo Ball saß an der Quelle und verkündete bloß dubiös biedere Sätze: „Der Dadaist liebt das Außergewöhnliche, ja das Absurde. Er weiß, daß sich im Widerspruch das Leben behauptet und daß seine Zeit wie keine vorher auf die Vernichtung des Generösen abzielt. Jede Art Maske ist ihm darum willkommen."

Schön wärs. Wer der Maske positiv gegenübersteht, hat keine auf. Bebrillte Trockenfurzer finden Humor sehr wichtig. Normalhumor scheint das Gegenteil bizarren Humors zu sein.

Daß bei Ionesco ein Fußgänger in die Luft steigt, seine Familie unten steht und kishonartige Kommentare losläßt, das will befremden, so absurd wie möglich, und bleibt bloß fad und egal und bloß humorvoll.

Kein Wunder, daß Surrealismus, Dadaismus und absurdes Theater, diese Drei, von Anfang sich gezwungen sahen, anderswo sich auszutoben, als bei denen, die sich selber als Surrealisten feierten. Dali, immerhin, guckte lang nicht so neutralgrau aus der Wäsche wie Breton, was aber soll an seiner weltberühmt zerfließenden Taschenuhr surreal sein?

Spielratzprodukte gehören doch seit Jahrtausenden zur Routine jeden Anfängers. Im Erzhüttenwesen und bei Vulkanausbruchreportern fällt pausenlos flüssig Quellendes auf, das bei etwas anderen Temperaturen steinhart wäre. Eine Uhr, die davontropft, verblüfft nicht schöner als ein Camenbert, der nicht zerläuft. Uhr und Käse liegen zu nah beieinander, als daß sie Gegensätze sein könnten. Päpste, Päpstinnen und Gegenpäpstinnen würden vor Schreck in die Hosen machen, sobald sie wirklich einmal von Gott angehaucht würden. Surrealistinnen und Surrealisten kämen aus vollgemachten Hosen kaum noch heraus, wenn einmal ein Weichkäse, nicht ohne Zifferblatt und Zeiger obendrauf, reell zerflösse. Surrealisten sind was anderes gewesen, Wollschweber ohne den Stachel der Hummel. Der surreale Impuls und die surreale Funktion fand keine rundum genügenden Repräsentantinnen, züngelte in der Gegend rum und wurde ganz anderswo fündig.

In Dornach, London, Paris, Den Haag, Kristiana, also Oslo, stellte sich ein eingeweihter Doktorhutträger vor eine Schiefertafel und glaubte Wort für Wort alles, was er da seiner Zuhörerschaft aufband. Dr. Steiner lehrte das wild zerzauste Ineinander von vier Wesensgliedern, das Gegeneinander von Luzifer und Ahriman, ferner, daß Juden öfter an Diabetes erkranken würden als andere Völker, daß das Ich im Blut ausgebreitet sei. Es ging um vom Ätherleib abgeschnürte Wesenheiten, und darum, daß das Ich des Minerals vom Arupa-Metalplan aus dirigiert wird, und darum, daß das Selbst sieben Selbste aus sich heraussondert, um als achtes zurückbleibendes eine höhere „Entwickelung" durchzumachen, und daß der Affe zur lemurischen Zeit noch gar nicht da gewesen sei und vom Menschen abstamme, bzw. von „heruntergekommenen und abgefallenen Menschengestalten" – das wertet jeden Zoobesuch zu einem würdigen Kondolenzbesuch auf. Beim Gehen über Wiesen, auf der Herbstzeitlose wachsen, spürte der Vater der Anthroposophie die Präsenz dämonenartiger Gestalten, känguruhförmig mit Entenfüßen, also dieselben ahrimanischen Wesenheiten, die man trifft, wenn man den Toten folgt, und in einem Vortrag in Torquay, 1924, forderte er seine Zuhörerschaft auf, ebenfalls durch Wiesen mit Herbstzeitlosen zu gehen und jene Wesenheiten zu schauen, pro Herbstzeitlose eine Wesenheit.

Das kann bis zu unglaublicher Gedankenlyrik sich steigern: „Nächtlich also werden wir eine sehr eigentümliche Gestalt."

In einem Vortrag über das Johannes-Evangelium im Verhältnis zu den drei anderen Evangelien, besonders zum Lukas-Evangelium, Kassel, 1909, heißt es: „Wenn Sie ein Pferd zum Beispiel mit hellseherischem Bewußtsein betrachten, werden Sie sehen, daß weit über den physischen Kopf und in ziemlich anderer Gestalt, als dieser ist, der Ätherkopf hinausragt. Wenn ich Ihnen aufzeichnen würde, was für ein Gebilde der Elefant über seinem Rüssel und über dem Kopfe hat, würden Sie recht erstaunt sein über die Wesenheit eines solchen Tieres."

In einem Vortrag über das Pfingstfest des seelischen Zusammenstrebens und des Arbeitens an der Vergeistigung der Welt, Köln, 1908 heißt es: „Ebenso ist das Gefühlselement, das zwischen Schäfer und Schafen spielt, Nahrung für Salamander."

„Das Verhältnis der Sternenwelt zum Menschen und des Menschen zur Sternenwelt ist doch real da, ebenso wie das Verhältnis des Menschen zu dem Ochsen, an dem er vorbeigeht und dessen Fleisch er dann ißt."

„Wenn Sie die Eier der Tiere anschauen, so müßen Sie sich sagen: Da drinnen sind die Mondenkräfte."

„Das Unkraut hat ein anderes Ich als der Weizen. Die beiden Iche stehen nicht gut miteinander, aber sie haben beide ihr Ich im Mittelpunkt der Erde."

„Wenn die Leber die Wirklichkeit sehen würde, so würde sie die Därme brennen sehen."

Salvador Dali, statt an brennende Giraffen zu glauben, malte sie bloß. Dr. Steiner aber brachte Tausende dazu, an brennende Därme zu glauben.

Dieses Mißverhältnis zwischen Surrealismus und Surrealismus, jenem, der umsonst welcher zu sein versucht, und jenem, der beleidigt wäre, wenn man ihn so nennen würde, ging bis heute weiter, Tendenz steigend, und keiner hats gemerkt.

Meist müßen nicht mal Theosophie, Esoterik und Verschwörungsgeschwurbel herbeischweben, um die Surrealismen zu toppen. Mysterien finden, statt im Goetheanum, gern auch mal auf dem Hauptbahnhof statt. Sobald auf ARTE eine Buñuel-Retrospektive läuft, oder Antonin Artaud, verdirbt das Banner, unter dem sie segeln, vieles bis alles. Jede Tagesschau erscheint surrealer, dieses Augenspiel mit dem Teleprompter, die fensterhafte Einschleusung der Korrespondenten, die Reihenfolge der Beiträge, Tarifverträge, Bosnien, Schweinepest, der unheilbare Wahnwitz der Wettervorhersage.

Daß bei Ionesco Nashörner über die Straße laufen, das erscheint doch stinknormal; absurd wirds erst dort, wo Rentenempfänger mitten in der Zivilisation der Wohnblocks und Parkplätze in ihren Blutpfützen liegen. Die ausgedachten Abweichungen von der Realität, mit der phantasiebegabte Gegenwartsautoren in ihren Notlösungen zu schwelgen versuchen, bleiben kümmerlich gegen den schönen, weil fast ungewollten Surrealismus der Zahnpastareklame, wo die beißfreudige Patientin, die schon wieder nicht an Paradontose leidet, sobald sie die Praxis verläßt, aprilfrisch und kraftvoll in einen Boskop beißt – als hätte je auf der Anmeldetheke beim Zahnarzt ein Apfelkorb gestanden! Oder als ließe sich je durch das Angebot von Kauwaren ein Busfahrer beschwichtigen, oder als ließe sich je die passive Passagiermeute im Omnibus von einer hochgehaltenen Lenorflasche in unbändig hingerissenes Staunen versetzen.

Selbst Durchschnittsreporte geben oft mehr Surrealismus her als fast jeder Surrealismus, bei sachlichster Berichterstattung, und sei es über profane Nahrungsmittelherstellung: „Froschgene arbeiten in Bakterien, Leuchtkäfergene in Hundeherzen, Schaf- und Kuheuter fungieren als Pharmafabriken."

„Neue Gaumenfreuden erschließt das aus Kaninchenmuskeln extrahierte Enzym Aldolase zur Erzeugung des Ananasaromas Furaneol."

„Dickungsmittel gewinnen die Speisemacher bisher aus Krabbenschalen, sogenannte Antischnurrmittel für Biskuitteig aus Menschenhaar."

Hier muß keiner absichtlich ausrasten, sich mit Ach und Krach Haarsträubendes abringen.

„Forscher in Singapur beschießen Beutelmelonen mit Erbgut."

Wird in solchen Formulationen nicht manch ein Himmelstor aufgetan?

Warum ich Sachbücher lieber lese als Sprachkunstwerke

Wer Sprachkunst mag, der sollte doch wohl um Sachbücher und Tatsachen einen Bogen machen, oder? Wer Witz und Geist und Kunst liebt, möchte sich doch lieber Dichtkunst und Romankunst zuwenden, oder?

Aus grölendem Volksmund stieg sie auf, die Poesie, sublim in a-moll, sensibel und kulturbeflissen, und steigt weit hinaus über Hausfrauenpoesie, Zahnarztgattinnenlyrik, Druckkostenzuschußprojekte und Emanzengospel. Ihr Duft mag kreativ zusammenhängen mit ihrem Sound – und nicht zuletzt mit ihrer Syntax. Wer täglich in biologischen und gesellschaftlichen Sachzwängen festhängt und die Blutwurst des desolaten Lebensvollzugs kaut, könnt abends, sonntags oder einmal jährlich doch mal Dichtung genießen!?

Nur zeigten sich schon bald Probleme und Symptome. Gedichtemachen ließ für alle Beteiligten selten sich ganz vermeiden, z.B. für Dichterinnen. Das hatte Folgen. Seit Dichtkunst ausstarb, vermehrte sich die Lyrik. Sie roch, sowohl von hinten wie von fern, hochgenial nach Lyrik. Auf eine Lyrikleserin kamen alsbald 365 Lyrikerinnen. Künstlerkassen, zwischen Schweigepflicht und Redeschwall, platzten tonnenweise aus den Fugen, oder Nähten. Einzig Dr. Ulla Hahns erster Lyrikband verkaufte sich 18.000 x. Einzig Herta Müller wurde in 50 Sprachen übersetzt.

Bange Frage am Wegesrand: Was kann Büchnerpreislyrik schon Umwerfendes melden?

„Als ich heute von dir ging / fiel der erste Schnee / und es machte sich mein Kopf / einen Reim auf Weh. (Dr. Ulla Hahn)

Große Namen, kleine Köpfe. Leberwürste läßt man andre Leute machen. Liebeslyrik macht sich selbst, dank hochbegabtem Kleinhirn. Wollen Denkerinnen niemals dichten? Dichterinnen könnten doch mal denken!? Bitte nicht! Sonst nervt dann nur Gedankenlyrik.

„draußen fiel der erste schnee, wir waren / die allerletzten, späten gäste. (Jan Wagner)

„Gras liebe ich tief genug für seinen Karpfen im Maul / des Teichs die Weide, die liedlosen Pfauenaugen / Tag und Nacht.“ (Sylvia Geist)

Lieber Kitsch als überhaupt keine Kunst?

„Die Sehnsucht, aufzugeben, Jahr für Jahr / Verlangt nach einem Zwischenhalt der Gräser.“ (Thomas Kunst)

„Dafür mein Dank. Von ganzem Herzen sag ich danke / Für eine Welt voll seltsam surrealer Härten. / Für eine Zukunft, die nie eintrat, eisern ausgesperrt.“ (Durs Grünbein)

Lieber Niveauschund als Hormonschwund?

„Meine großmutter war berühmt für ihr rezept / der champignons farcis, sie schloß es in / ihr grab.“ (Jan Wagner)

Plötzlich fand ich diesen Vers medioker, statt pervers. Welpenschutz für Kinderreime? Artenschutz für singuläre Künstlerinnen? Können Organisten tolerieren, daß Lyrik oft nur auf Kamm, Melodika und Blockflöte bläst?

Daß kurz vor Dachaus Wiederkunft Frau Lyrik arg sublim nach Stehsekt klingt, schier edelschwul, nach Gleitcreme, Salmonellen und Nutella, das hat noch keine Sprachgewalt gebremst.

„Ich ahnte wohl: Jedes Gedicht, das ich schreibe, vermindert die Angst und schafft Platz für Mut und Lebensfreude.“ (Dr. Ulla Hahn)

Kaum flieht man von der Lyrik zur Belletristik, landet man bäuchlings in Ambitionsprosa. Dann beginnen Longlistromane meist so: „Unsere Mutter, die sprach nur mit der Wäsche und mit Babys.“ (Sylvie Schenk)

„Es war das Muster meiner Verirrung und das Muster des Entsetzens im Gesicht meiner Mutter.“ (Herta Müller)

„Meine Mutter passt in keinen Sarg.“ (Daniela Dröscher)

„Meine Mutter starb diesen Sommer.“ (Elena Fischer)

„Ich habe meine Mutter wieder und wieder sterben lassen.“ (Angelika Klüssendorf)

„Nachdem sie meine Mutter mit Blaulicht weggebracht hatten, ging ich in den Hof.“ (Terezia Mora)

Da hilft es auch nicht, ein Mann zu sein: „In unserer Familie gab es keine Wörter für den Abschied. Mein Vater hatte keine und meine Mutter auch nicht.“ (Sepp Mall)

„In meiner Erinnerung ist alles still, kein Geräusch zu hören, Teile fliegen durch das Innere des Wagens, Muttis Schlüsselbund …“ (Thomas Olah)

„Mutters riesiges Muttermal auf dem linken Handrücken“ (Kim de L'Horizon).

Da hilft es auch nichts, wenn statt Mutter mal Papa dasteht: „Wenn du das hier liest, Papa –“ (Necari Öziri)

Infofülle hält sich hier in Grenzen. Keine Lupe findet ein Atom Welthaltigkeit, Weltwissen oder Weltfülle. Schlichte Sachbücher hingegen fahren Kleinodien ganz anderen Kalibers auf: „Im gleichen Jahr, als man die Virusnatur der Tabakmosaikkrankheit entdeckt hatte, wiesen in Deutschland Löffler und Frosch die Filtrierbarkeit des Erregers der Maul- und Klauenseuche nach.“

„Inzwischen haben Professor KULLENBERG und seine Mitarbeiter versucht, noch tiefer in die ‚Seele‘ der betrogenen Hautflüglermännchen einzudringen.“

Kurz: Sachbücher rezensierte ich öfter als Lyrikbände und Gegenwartsromane.

„Diese blaugefärbten Personen sind an einer dicken Zentralscheibe aufgehängt, die von zahlreichen Innenhautkanälen und Luftröhren durchzogen wird. An der Spitze des gut fünfundzwanzig Zentimeter langen Wesens stehen als waagrechter Kranz angeordnet drei bis vier Glocken von vier Zentimeter Länge; über dem Kranz befindet sich eine winzige Ersatzglocke. Die Deckstücke stoßen aneinander und bedecken die ganze Achse; jede Personengruppe besitzt eine unfruchtbare Schwimmglocke."

Sowas stammt, statt aus Hanser-Belletristik, aus Grzimeks Tierleben. Poesie wanderte ab in andere Ressorts. Benoit Mandelbrot, offiziell Mathematiker, in Wirklichkeit Dichterfürst, der das Paradies in lauter kleinen Stückchen über seine Schriften ausstreut. Seriös kreist er bloß um seine Wissenschaft, ohne nennenswertes Sprachgefühl, das bei professionellen Sprachschöpfern immer gleich penetrant wird. Glanzlichter keimen auf, deren Göttlichkeit auf der Zunge zergeht wie selten eine Spitzenstelle: „Wir wollen nun eine Folge zufälligen Quarks mit abnehmender Dimension D konstruieren, wobei jeder Quark im vorangegangenen eingebettet sein soll."

Ob Mandelbrot will oder nicht, seine Forschungen arten in überfröhliche Wissenschaft aus.

„Lineare Schnörkel sind grobe Modelle für lineare Polymere und Flußläufe, Schleifenschnörkel modellieren Küstenlinien und Baumschnörkel Flußbäume."

Sowas erfüllt, wenn auch bewußtlos und nachträglich, frühromantische Forderungen nach Universalpoesie. Kalte Wissenschaft trägt mehr poetischen Zündstoff in Bauch und Busen als die Poesie, die auf Anleihen angewiesen bleibt. So handelt es sich bei den Metallbäumen, auch damals schon wundersam fraktal gebaut, aus denen in Klingsohrs Märchen der Garten des Eispalastes besteht, laut Anmerkungsteil um Metallabscheidungen in blättrigen Bildungen, bei Kristallpflanzen um pflanzenartige Kristallisationen, wie sie sich durch Lösung von Zink und Kupfer herstellen lassen. Mandelbrots Schlüssel und Figuren brauchen vor dem geheimen Wesen nicht wegzufliegen.

LiteraturkritikerInnen loben unterdessen Lars Gustavsons teilweise surrealistischen Zugriff.

Das Brillengesicht des Fachmenschen wirft Mandelbrot nie ab: „Als nächstes untersuchen wir die verknoteten Peano-Kurven-Klumpen. Nehmen wir ein entwickeltes Teragon und bedecken die Zellen links von der Kurve mit Kupfer, die anderen mit Plast."

In Sachbüchern über Mimikry wimmeln Worte wie Kleptoparasitimus, Saugfalle, Klebetröpfchen, Auslöserhaare, Beutespektrum, Fangbügel, und beneidenswerteste Zitate:

„Die Borstenanordnung wird auch von den Orchideen nachgeahmt, so daß das Insekt tatsächlich versucht, sich mit der Blüte, genauer, mit dem Labellum, zu paaren. Es stülpt sogar den Kopulationsapparat aus und betastet das Labellum. Dabei kommt die Grabwespe mit den Pollinarien in Berührung, die sich sofort an ihren Körper anheften."

Benoit Mandelbrot: „Im Spezialfall, wenn der Küstengenerator weder Schleifen noch baumelnde Glieder enthält, ist das entstehende Bild eine derandomisierte und systematisierte Variante eines groben Modells aus Klumpen, die nur auf ‚Knoten und Gliedern' basieren."

Ein simples Werbeheft aus der Branche der Hundeartikel-Industrie, „Hundeprozentig", zog alle Register, bot eine Riesenpalette poetisch kläffender Terminologie auf, eine Welt für sich: Kau-Artikel wie Kau-Bumerangs, Soft-Beißrollen oder 15 cm lange echte Ochsenziemer aus Ochsenpenis, wahlweise Kalbsziemer, Dental-Kong-Zahnpflegespielzeug, Zahnstein-Entferner, dritte Zähne für Hunde, Schonkost für den älteren Hund,

Mineralstoffergänzung, Knabbertips, Büffelhaut-Kauröllchen, Knochen-Test-Paket, Trockenpansen, gebissstärkende Trockenfütterung, Vollwert-Basis-Aufbaunahrung, Diätnahrung für den empfindlichen Hund, Geflügelwurst, Welpenwurst, Pansenwurst, Algenpreßsaft, der viel Testhund-Schweiß gekostet hat, gegen Haarausfall, Ekzeme und Liegebeulen, bei Darmstörungen täglich einen Teelöffel Moor, bei Herzproblemen Schachtelhalmtee.

Sachbücher über Schnüffelstoffe, Langzeitschnüffler, Träume aus der Schnüffeltüte, Textil-Fachwörterbücher oder auch das Köderbuch von Eckehard Wiederholz geben mehr poetische Worte her als literarische Schlüsselwerke. Terminologie des Fotografen Serge von Holbeck, Power-Zoom und Einbeinstativ, oder aus der Terminologie von Sieglinde Holl, die ein Buch des mystischen Titels „Aktuelle Ketten" verfaßte, Perlenstränge, Knotenschlaufe, Perlkappen, vorgefertigte Schucknadel und vor allem Quetschperle.

„Den Kettelstift durch die Öse führen, vorher Klebstoff in die Tulpe geben. Mit der Kettelzange ziehen Sie den Kettelstift fest durch die Öse, so daß alle Perlbänder fest in der Tulpe sitzen."

„Nicky, das stufenlos verstellbare Halstuch für den modebewußten Hund, Kuschel-Hygiene-Kissen, Thermo/Nässe-Hundedecken, Iso-Matten aus beißfestem Recycling-Gummi, Anti-Rutschmatte, Freßnapf-Unterlagen, DOGPLACE-Sicherheits-Schondecken, DOGGURT, Ökofusselroller, Knabber-Schutzspray, Zwingerzubehör, Liegebrett, Gesundheitsinsel, Anti-Floh-Rotor-Entwirrungskämme, Entfilzungs-Shampoo, Handschermaschinen, Garten-Auslaufsysteme, Hartholz-Apportierblöcke, Telepfiff, die akustische Verknüpfung, Schilder: „Hier wache ich!" Oder: „Wenn Hund kommt, flach auf den Boden legen und auf Hilfe warten." FLEXI-Rollautomatik-Leinen, FCKW-freies Anti-Dog-Spray, unverwüstliche Transboxen, galvanisch veredelte LÜFTI-Frischluftgitter, Sicherheitsgurte für Hunde, Eckenschutz-Pumpspray ohne Treibgas zur Abwehrmarkierung pinkelnder Fremdhunde, Rüden-Abwehr-Pumpspray, Hunde-Slips in 6 Größen zur Vermeidung von Hitzeblutverschmutzung seitens läufiger Hündinnen, mit Slip-Einlagen, Kottüten mit 2 Pappschabern, fellschonende Gesundheitswürger mit Schnellverschluß, Soft-Maulkorb mit Schnell-Schnapp-Verschluß, DOGSIGNAL-Blinki, das Sicherheitsherz, Lederhalsbänder mit verdeckter Flohschutzlasche, Splitterpinzetten, Hals-Schutzkrägen.

„Beispielsweise löst ein roter Wattebausch bei Rotkehlchen Angriffsverhalten aus."

„Die lappig erweiterten Schreitbeine wirken wie Blütenblätter."

„Möglicherweise ist eine andere Fangschrecke zu einer echten Täuschblume geworden."

„Die unverdaulichen Überreste sammeln sich im blinden Ende der Röhre an."

Doppelkopfmutanten, Mausbiber und Mächtigkeitsballungen

Perry Rhodan, Erbe des Universums

Mit fünfzehn Jahren, kurz nach meiner Tibor-Phase, bevor ich auf „Fiesta" stieß und lange nicht merkte, daß Hemingway wenig zu mir paßte und dringend von Novalis abgelöst werden wollte, hatte ich eine anrüchige Perry-Rhodan-Phase zu durchleben, monatelang.

Es gelang mir, Vati anzuspitzen und zu erwärmen, so daß er öfters die Hefte in eigener Sache kaufte – ich las dann kostenlos mit. Wie ich, der ich nicht wußte, daß es Klassik gibt, bei Beatles und Bee Gees atypisches, sprich: klassisches Instrumentarium heraushörte und mich drauf stürzte, auf das Fagott in „Hey Bungalow Bill", oder auf die Klarinette in „When I'm 64", so warf ich mich im Perry Rhodan, dem Erben des Universums, weniger auf den Krieg der Sterne, Doppelkopfmutanten und bekämpfenswerte Marsmenschen, als auf poetische und unmilitärische Aspekte: den Planeten Wanderer, der als mittelalterliches Weltbild, also in Käseglockengestalt, durchs Universum trudelte, oder auf den Fühlroboter Tar Szazor, oder daß irgendwo die Zeit so langsam abtroff, daß eine einzige kleine Fußbewegung 6 Stunden dauerte. Bald gerieten Perry Rhodan und Gucky, sein Mausbiber, gründlich in Vergessenheit und machten – nach Hemingway & Novalis – Nietzsche, Dschuang Dsi, Lyrik des Ostens, Kafka, Rilke, Mann, Adorno, Bloch Platz.

1994 stand ich dann in der Knesebeckbuchhandlung Berlin und sah ein Perry-Rhodan-Lexikon stehn und schlug plötzlich bei W etwas nach, bei „Wanderer", und erfuhr, daß dieser 8000 km lange Kunstplanet einem an der Äquatorlinie durchgeschnittenen

Planeten gleicht, und daß sich unter einer Kunstsonne eine Mischfauna tummelt, wie im Vergleichsfall von Prof. Grzimeks Serengeti, und daß das Ganze der Wohnsitz der Superintelligenz ES sei, wodurch tiefenpsychologische Assoziationen freiwurden. Nicht nehmen ließ ichs mir, gleich mal bei ES nachzusehen und erfuhr alldort, das sei eine Mächtigkeitsballung, d.h. ein Potential aus den Bewußtseinen eines uralten Volkes: „Das Geisteswesen zeigt sich zu makabren Späßen aufgelegt und setzt Rhodan eine Frist von 20000 Jahren, in denen die Menschheit beweisen soll, wozu sie fähig ist." Mozartüberbietung? Vergeistigung? Datentransfer in eine zukünftige Superintelligenz hinein? So oder so, Es stellte nur eine von x Superintelligenzen dar, die zusammen ein Zwiebelschalenmodell bildeten, und schon wanderten die Bewußtseine von 20 Milliarden Terranern in ES ein, zum Teil später wieder als sog. Konzepte abgestoßen, im Rahmen des „Plans der Vollendung", der evolutionäre Sprünge weiterer kosmischer Geheimnisse einbaute, während ES sich auch mal zurückzog, um eine neue Identität auszubrüten, und das Zwiebelschalenmodell, das Völker nach ihrer Fähigkeit, interstellare oder intergalaktische Raumfahrt zu betreiben, oder kläglich am Heimatplaneten kleben zu bleiben, weitere Nachguckwörter wie Kosmokraten und Materiequellen in die Debatte meines gärenden Nachvollzugsversuchs warfen. Weit und breit keine Anhaftung am Trivial-Hautgout, der den gleichnamigen Kioskheftchen anhaftete, sondern: Auf einem Storchenbein stehend, ließ ich mich von der spontanen Deflagration von 4 Milliarden Tonnen „Paratau" zur Dualfusion von Bewußtseinssplittern, die zu Intelligenzfeldern zusammenschießen, weitertreiben, schlug mal Band 3 auf, sah mal bei A nach, wie „antitemporale Gezeitenfelder", mal Band 5 auf, sah mal bei Z nach wie Zelldusche, und während seriöse Qualititätsautoren bloß ambitioniert ihre irrelevanten Mißliebigkeitsgefühle in sog. Sprache kleideten und sich Buchhändlerinnen bereits irritiert, kontrollfreudig oder gelangweilt nach mir umsahen, sah ich hier eine abnorme thematische Blastula zu einer eigenen Raumzeit-Gesamtwelt von durchaus hyper-hinduistischer und mega-gnostischer Boden- und Uferlosigkeit aufquellen, multikomplexer als das Weltsystem von Daniel Paul Schreber, meinen bescheidenen I.Q., der turmhoch, ja: lichtjahrweit über Trivialliteratur schwebte, praktisch überfordernd, aushebelnd – nie ging die Zange weiter auf.

Fürst Myschkin oder Prinz Hamlet? Nie ohne Abschaffel!

Leider schaute ich zunächst noch lange nicht so frühreif drein wie der junge Hugo von Hofmannsthal. Der schrieb sein Debüt „Der Tod und der Tor" bereits mit neunzehn, das ich immerhin mit neunzehn dem Bücherschrank Onkel Eckarts entnahm und auf der Gästematratze in Jena las. Meine Torschlußpanik bekämpfte ich mit Spätzünderlektüre, nicht gleich Theodor Fontane. Immerhin hatte ich bis zum Werther-Stadium noch zwei, drei Jahre Zeit. Den Idioten von Dostojewski las ich zum Glück bereits mit zwanzig. Fürst Myschkin hatte – beruhigenderweise – immerhin vierundzwanzig Lenze auf dem Rücken. Endlich fand ich einen Mitstreiter, der wie ich als Milchgesicht herumlief, als Naivling, Lulatsch, Memme, eingesenkt wie ich in profanste Umwelt, in seinem Fall ein Getümmel aus Wodkanasen, bepickelten Quasselstrippen und TB-Patienten, in meinem Fall Darmstädter Fachschülerinnen der Sozialpädagogik, Juradozenten à la Golla, hintertückischen Hauswirten namens Heinz Egli, und snobistischen WG-Genossen wie Huth und Eckel, die das Lesezeichen in meinem rumliegenden Idioten, trotz 1 m entfernter Hauptverkehrsstraße, von Tag zu Tag weiterwandern sahen, derweil sie im Abgas und Stadtlärm das I-Ging studierten.

Wie konnte Dostojewski seine zerbrechlichste Figur mit solchen Widerlingen in einen Stall sperren?

Raumgreifend machte sich die Bagage im Buch breit. Ich aber wartete nur immer drauf, daß sich die Tür öffnen und Fürst Myschkin eintreten würde. Am liebsten hätt ihn aus den Klauen seiner Ansprechpartner befreit, zur Not mit Waffengewalt. Die kamen ihm dauernd in die Quere, ich aber konnte sie kaum unterscheiden, hoffentlich nicht aus Unaufmerksamkeit! Grawila und Ganja verwechselte ich ständig, genau wie Rüdiger Schildknapp und Rudi Schwertfeger aus „Doktor Faustus". Dann belehrte ein Figurenverzeichnis mich, daß Ganja die Koseform von Grawila sei. Trotzdem avancierte der Idiot von Dostojewksi sofort in meine Lieblingsbuch-Riege, hinter und über und neben den Reden und Gleichnissen Tschuang Tses, Eckermann, Faust, Nietzsche, Spengler, Hamlet, Hofmannsthals Märchen von der verschleierten Frau und nicht zuletzt Dschuang Dsi.

Die „angeborene Unerfahrenheit" des Fürsten tats mir an. Fürst Myschkin trat, statt bloß als tumber Tor, als doppelbödig strukturiertes Lebewesen in die Petersburger Salons. Seiner Naivität war er sich derart bewußt, als spiele er sie. Lächelnd strich ich mit Bleistift – nicht mit Kuli – die verräterischste Selbstaussage Myschkins an: „Vielleicht habe ja auch ich meine besonderen Absichten dabei."

Klatschmaul Herbert Müller, der auf meinen Befehl, nein: Empfehlung, sofort den Idioten las, erkannte sich im schmierigen Beamten Lebedjiew lustvoll wieder, eindeutig. Er bestritt gierig, daß ich und Myschkin Ähnlichkeiten hätten. Er schalt mich, wenn ich mich recht erinnere, „Möchtegern-Myschkin". (Andere tauften mich Müsli-Mystiker.) Ich sei zwar ebenso tollpatschig, zugegeben, habe zwar keine Vase, aber manch eine Henkeltasse zerdeppert, z.B. die seinige, an der ihm sehr viel lag, nicht aber sei ich, Müller zufolge, moralisch so makellos wie Myschkin, und ohne Fürstentitel, und – ätsch – aus einer Arbeiterfamilie. Herbert sah eher Hamlet in mir. Why not? Das kam mir gleichfalls nicht ungelegen. Nur klappte es mit der edlen Melancholie nicht so richtig, aus physiognomischen Gründen. Im WC-Spiegel wollt ich mein Antlitz überprüfen, skeptisch von einer Visage beäugt.

Sich selbst sah Gierschlund und Sexmolch Herbert als Horatio, untertänig lauschend – und mich – über Hamlet hinaus – als Adrian Leverkühn, schon meiner täglichen Kopfschmerzen und Schein-Askese wegen, um die mich Herbert oft beneidete. Bloß Lebedew zu sein, fand er peinlich. Aber mit dem sekundierenden Dr. Serenus Zeitblom konnte er sich identifizieren, wenn auch nicht ganz so familiär, paritätisch und angenehm unpromoviert wie mit Abschaffel. Herbert und sein Freund Günter lasen pausenlos Abschaffel, jahrelang, und mit Lust. Trister Angestelltenalltag – Herberts, Günters und Abschaffels Welt. Ich hingegen – mir genügten nicht mal Nietzsche und Dschuang Dsi restlos. Bei Familiengeburtstagen und an Silvesterabenden machte ich mich unbeliebt, als Fremdkörper mit Leidensmiene, also tatsächlich als dämlicher Prinz Pickel-Hamlet auf der Erbse. Alle Gutgemeintheiten parierte ich mit schräg milieusprengenden Aphorismen, stellte meiner armen, pulloverstrickenden, kreuzworträtsellösenden Mutter unanswered questions à la: „Wann trampst du nach Rußland?", oder auch: „Was guckst du so hinter der Nase hervor?"

Von Dostojewski wußte ich nichts, spürte aber: Wer eine Seele so von innen heraus vorzeigt, der kann im Innern nicht anders sein. In Fürst Myschkin muß er sich selber geschildert haben. Ein Er statt ein Ich hat er nur gewählt, um am Schluß zugrunde gehn zu können, genau wie Werther. Sofort nach der Idiot-Lektüre besorgte ich mir die rororo-Monografie „Fjodor M. Dostojewski" und hatte nun das Faktum zu schlucken, daß Dostojewski und Myschkin sich fast so sehr unterschieden wie Herbert und ich. Der empirische Dostojewski schien lang nicht so sympathisch, viel aggressiver, auch oberflächlicher zu sein als Myschkin, der wiederum nie und nimmer Spieler geworden wäre. Auch kreiste Dostojewski ständig, wenn auch nicht ganz so exzessiv und ausschließlich wie Albrecht Dürer, um Gulden, Dukaten, Weisspfennig und Stüber, so doch ziemlich lästig um Rubel und Werst, die ich nicht nachrechnen mochte. Wenig Gemeinsamkeit zwischen Dostojewski und Myschkin: Auslandsaufenthalt, Epilepsie, mehr nicht. Lief Myschkin nur als das Wunschbild seines Autors herum? Für ein Idol verhielt er sich viel zu empirisch.

Wenn aber weder ich noch Dostojewski ein wirklicher Myschkin sein durften – wer denn dann? In meinem Darmstädter Biotop hielt ich sehr umsonst Ausschau. Ich hatte 60 Nummern im Adreßbuch und keinen Myschkin dabei. Alles voll unverfälschter Softies und Schwulis, netter Leute, sensibler Männer, Sozialpädagogen, Lehrer, aber null Myschkin. Zeitweise versuchte ich Fürst Myschkin auf den sanften Eberhard zu projizieren, der sich weder hiergegen wehrte noch den Idioten las und der oft nicht grad mit myschkinförmiger Sanftheit reagierte, wenn ich ihn hamletartig zusammenstauchte.

Alsdann ging ich an Schuld und Sühne, die ich in der Tannenkuppenstr. 19 in vier Tagen durchlas. Da kam leider kein Fürst Myschkin drin vor, genauso wenig wie in den Dämonen, obwohl alldort die Generalsgattin Lisawéta Prokófjewna Jepántschin in praktisch unveränderter Resolutheit und Schlagfertigkeit als die Generalswitwe Warwára Petrówna Stawrógina waltete. In den Brüdern Karamasow, im Sechswochenpraktikum im Internat Beeversee bei Hückeswagen nahe Gummersbach wacker durchgelesen (während Herbert Müller Henry Fieldings Tom Jones auslas), kam dann deutlich ein vergleichbarer Myschkin vor, eine weiterführende Variante, diesmal nicht als rückfallgefährdeter Privatier, sondern als Mönch, also als ein rundum gereinigter, verklärter Myschkin. Doch, vergleichsweise, blieb Aljoscha Karamasow schemenhaft, unangenehm eindeutig, allzu christlich eingebunden, schier so körperlos, konstruiert, prinzipverkörpernd wie Narziß minus Goldmund, oder wie der noch x-mal homöopathischer dosierte Friedrich Geist aus Dr. Steiners Mysteriendramen. Aljoscha, auf dem Weg zu einem noch viel reineren, christusförmigereren, myschkinhaftereren Myschkin, verlor Myschkins Bestes, dessen ausgesparten dunklen Fleck, pathologische Anteile, sowie dessen etymologische Herkunft, statt von Mystik, von Mäuschen. Auch Hans Karl, der Schwierige, bei wiederum Hofmannsthal, beschränkte seine Myschkinähnlichkeit auf unmännliches Zögern. Er zeigte sich sonst wohl eher taoistisch gespeist.

Irgendwann nahm ich Abstand von dieser angekränkelten, unerreichbaren Romanfigur. Ich begnügte mich, unsympathischer, dafür facettenreicher strukturiert zu sein, vielleicht sogar fähig, eine fiktive, mehr oder minder myschkinförmige Figur auf glaubwürdige Beine zu stellen. Reinhold nannte ich sie, der nun in Ichform vor sich hinstammelte, sich ständig für sein Dasein entschuldigte, stets im Sinne einer Figur in den Muminbüchern: „Verzeihung, ich habe geheiratet."

Dann lenkten ganz andere Gestalten mich von Myschkin ab, Ravi Shankar, Schopenhauer, Kafka, Ewald Rumpf, Joseph und seine Brüder, die ich dann auch bald wieder gegen Adorno abtauschte – hab ich keinen vergessen?

Kaum aber führte mein Weg über Darmstadt, nochmal und immer mal wieder, las Herbert immer noch Thomas Mann, redete immer noch von Abschaffel. Ich bombardierte ihn, grantig wie Hamlet, mit Klassikerversen: „Was das meinige war, leider das deinige blieb's."

Standardwerke, nassgeworden

Hegels Phänomenologie des Geistes –
Clarks Heinrichs Magie der Pilze

Hegel und Kant gehörten ja wohl zu einem Muß. Bloch versank bereits mit sechzehn darin. Ich schob's noch mit 26 vor mir her. Kaum aber rang ich mich durch, die Phänomenologie mir endlich nun anzuschaffen, unabhängig davon, ab wann ich dafür reif sein würde, und zwar als dickes fettes Ullstein-Taschenbuch, stand überall hinten aufgedruckt: DM 14,80. Ich wußte aber genau: Es hatte jahrelang stets DM 9,80 draufgestanden. Innerhalb von Stunden entwickelte ich mich peinlicherweise zum Panikkäufer. Von einem Osiander zum anderen hetzte ich: absolut überall – auch bei Gastl – kostete es bereits DM 14,80, genau wie in meinem tief erschütternden Traum, worin ich ein Hefestückchen kaufen wollte, und bei jeder Sekunde Zögern verdoppelte sich sofort taxometerartig der Anschaffungspreis. In einer kleinen Buchhandlung, die bald pleite ging, fand ich tatsächlich ein vergilbtes Exemplar für DM 9,80 stehn und legte es mir sofort zu. Weil man im Philosophieseminar der Bursagasse die lange Einleitung las und sich den Rest sparte, übersprang ich die Einleitung und bohrte mich – auf einer Sitzbank des Schlosses Tübingen – sogleich in die erste Seite, die mich durchaus aufkratzte. Dann aber hatte Doro Zimmerpflanzen gegossen und irgendwie Hegels Phänomenologie des Geistes mitgegossen. Das Buch, ohnedies unbändig dick, quoll um 70 Prozent auf, also fast durchaus auf doppelte Dicke an. Trocknungsprozeduren halfen wenig. Das Buch blieb völlig deformiert. Jede einzelne Seite wellte sich muldenreicher als die thüringische Kuchenspezialität Huggelbuggel, die ich später mit Hugendubel etymologisch illegitim zusammenwarf. Hegels wahnwitzige Unverständlichkeit erhöhte sich um ca. 70 Prozent. Einzelne Bünde und Seiten lösten sich aus der Heftung. Die verquollene Phänomenologie versuchte ich bei der getrockneten Lektüre stets auf Normalmaß virtuell-mental runterzurechnen. Das ging irgendwie nicht. Der Akzidenz des Buchzustands wurde zum unverhandelbaren Ingrediens des Buchinhalts. Begossen stand ich vor dem hochreflexiven Hefeteig und kam nicht rein. Jahre später – in der Viera-Phase – legte ich mir eine normale gebundende Ausgabe zu. Der schien dann aber irgendwas Entscheidendes zu fehlen. Viera begoß zum Glück absolut niemals meine Hegelbücher.

Dann aber geschah was. Meine kostengünstige Neuanschaffung „Die Magie der Pilze. Psychoaktive Pflanzen in Mythos, Alchemie und Religion“, von Clark Heinrich (der klang ja schier wie der Perry-Rhodan-Autor Clark Darlton, der eigentlich Karlheinz Soundso hieß), wollte ich in angemessener Umgebung lesen, angestiftet hierzu von den merkwürdigen Mykologen Hudhud Geerken und Waldgong Bauer, und zwar im Wald, in einem guten Pilzjahr wie diesem, innerhalb des Myzel-Hexenrings einer Fliegenpilzgesellschaft.

Viera und ich holten unsere Räder raus, schnallten das Buch auf den Radständer, pumpten ein wenig herum. Ich rannte nochmal rein, da rief Viera von fern durch die Naturidylle: „Es ist etwas Schreckliches geschehn!“

Das Fahrrad, am Brückengeländer angelehnt, hatte den Neigungswinkel geändert. Das Buch rutschte in den rauschenden Wildbach. Wir holten es sofort raus, barfuß, begannen mit Trocknungsversuchen. Das Ding quoll hegelianisch über sich selbst hinaus, vergrößerte sein Volumen um ca. 70 Prozent. Einzelne Bünde und Seiten lösten sich aus der Heftung.

Die Leichtverständlichkeit Clark Heinrichs wuchs leider nicht mit. Aber irgendwie störte die Gequollenheit des Hardcovers bei Lektüreversuchen doch gar sehr.

Alle Jahre wieder: Nie wieder Buchmesse!

Von x LKWs vollgestunken, 6 km am Straßenrand gelatscht, über plattgefahrene Igel und Benzinpfützen gestiegen, dann Ausweiskontrolle – galt ich etwa als zwielichtiges Element? –, schließlich abgesetzt in Tübingen-Lustenau, reingelaufen in die Altstadt, am Neophilologikum vorbei, um schließlich mit zusammengerolltem, im Weltraum getesteten Folienschlafsack durch unsanierteste Gäßchen zu schreiten, sandalenlos vorbei an intakten Trinkbrünnchen, Blumenkästen, am Antiquariat Heckenhauer, allwo ich den alten Buchhändler fragte, ob er Hermann Hesse noch gekannt habe: „Aber selbstverständlich! Auf diesem Stuhl da hat er immer gesessen."

In der kopfsteingepflasterten Burgsteige, in der ich im letzten Abendrot, das streifenweise einfiel, zum Schloß hinaufstieg, trat just vor sein filmreifes (Zwerg Nase!), Weichzeichner-Braunfilter-Fachwerkhaus, mit Grauputz zugeputzt, ein noch älterer Mann, keiner der üblichen Senioren, kein älteres Semester, alles andere als ein Opa – ein würdiger Greis, im höchsten Alter, ein Zitat von 1820, wenn nicht 1776, Typus: Leo Tolstoi, aber gemalt von Ludwig Richter, sehr archetypisch, mit sehr klaren Augen, blickintensiv, wasserblau: „Von wannen, junger Freund, kommst du?"

Aus Nordhessen kam ich.

„Wo führet dein Weg dich hin, mein Freund?"

Ich trampte just nach Kalabrien.

„Hast du schon eine Bleibe für diese Nacht?"

Ich, der stets erst ab Sonnenuntergang improvisierte, hatte tatsächlich noch keine Unterkunft.

„Dann sei mein Gast. Wenngleich ich soeben auf dem Weg zu guten Freunden bin; doch komm nur mit, auf daß wir mitsammen ein Stündchen dort plaudern. Mein Name ist übrigens –"

Als ich Jan Helmfried Luckwald siezte, wurde er zornig.

Wir wandelten selbander durch die dämmernde Unterstadt, zu Familie Läbble. Sunhild, Baldur und Kriemhild Läbble mußten soeben zu Bett. Wir bekamen ganz normale Neuzeitwürstchen, die Helmfried seitlich abbiß; vorn fehlten viele Zähne, oder auch alle. Helmfried sprach viel in Versen, die ihm einfach so zuflogen, und Herr und Frau Läbble würden morgen früh in ihrem VW zur Buchmesse starten. Wohin? Nach Frankfurt.

Damals konnte ich Pattloch und Patmos weniger unterscheiden als Schlegel und Schelling. Zwar spürte ich gewaltiges dichterisches Wollen, lebte ganz meiner weltabgewandten, von Celan und Brecht arg unbeleckten, asklepiadäischen Oden-Kunst, die eher nach Klopstock roch, nämlich diesseits – oder auch jenseits – von Feuilleton, HNA, Barsortiment, Druckkostenzuschuß, Paperback (falls Hardcovers 1976 schon so hießen), hatte kaum das Wort „Blechtrommel“ irgendwo gehört, zugunsten von Tschuang Tsi, Novalis, Studiosus Anselmus und Angelus Silesius.

Nun stand ich, mit Völkerkundler Jan Helmfried Luckwald und den Baha'i-Broschüren-Verlegern Läbble an einem Nebeneingang der Buchmesse Frankfurt am Main, sandalenlos, ohne Manuskript in der Hintertasche, mit Weltraumschlafsack. Im Trubel vorgelagerter Büchertische boten allerlei Aktivisten, APO-Typen und Kommunisten Thesenpapers, Maobibeln und Lumbeck-Flattersatz feil. Ein Genosse machte uns frontal an, pockennarbig, bebrillt (Typ: Strelnikoff aus Dr. Schiwago). Er wollte unsere Unterschriften, wurde sofort sauer, weil wir zögerten. Zwanglos sprach Helmfried ihn an, nicht ohne Lächelfältchen: „Darf ich dich bitten, Freund, mir einen Vers von Friedrich Hölderlin aufzusagen …“

Strelnikoff errötete aggressiv, bis in die Akne hinein. Helmfried forschte weiter: „Was aber hast du deiner Mutter zu Weihnachten geschenkt?“

Strelnikoff war mit seinen Alten verkracht. Helmfried sagte ihm Zeilen auf:

Des Vaters Liebe
Gab dem Sohn die Flöte,
Des Sohnes Zorn zertrat sie in dem Sand,
Nur, weil der Sohn
Den Himmelston der Flöte,
Doch nicht zur rechten Zeit
Den rechten Ton
Fürs Herz des Vaters fand!

Strelnikoff drehte sich nach hinten um, wo ein Wind an den roten Drucksachen zerrte. Helmfried posaunte behaglich: „Ei der Daus! Was für ein linder Wind! Himmlisches Kind! Geschwind, geschwind! Ein bourgoiser Wind, nicht grad gleichgesinnt!"

Er half aber trotzdem mit, die Kampfbroschüren festzuhalten. Mit allerlei Charme und reimender Rhetorik brachte Helmfried uns, allen Warteschlangen zum Hohn, trotz mangelnder Fachbesucher-Legitimation, an der Eintrittskasse vorbei – überaus kostenfrei! Er duzte in anonymer Meute selbst angejahrteste Leute. Er übte sein freundliches Mundwerk, sein loses, zwischen streamline-Typen als leibhaftiger Moses. Auf zwei Wachmänner, denen ich als suspektes Subjekt instinktiv ausgewichen wäre, schritt der kühne Dichter zu: „Meine Herren, warum, im Lande der Denker und Dichter, so ernste Gesichter?"

Er erntete Zustimmung, ehrfurchtsvolle, statt Paßkontrolle.

An einem Ausland-Hallenstand saßen Damen, die aus verschiednen Ländern kamen, weißblond alle vier, Jan Helmfried Luckwald baute sich vor ihnen auf: „Sie, Verehrteste, kommen aus den Niederlanden – einverstanden? Sie hingegen, gnädige

Jeanne d'Arc, aus Dänemark, und Sie wiederum, verehrtes Fräulein, kommen auf anderen Wegen – aus Norwegen!"

Pro Ländernamen jauchzten die erkannten Damen auf. Alles stimmte punktgenau. Nun wandte der Greis sich mit galanter Verbeugung zu Dame Nr. 4 und sagte ihr in artigen Reimen, z.B. dem Reimwort „festband", auf den Kopf zu, sie komme aus – Estland. Unfaßbar, aber es stimmte. Beifall erfolgte, für solch ethnologische Erkennungskunst.

3 m weiter schlenderte eindeutig Peter Handke vor uns her, dessen Existenz ich trotz meiner rigorosen Spätromantik irgendwie mitbekommen hatte. Damals war er sich noch nicht zu schade für Buchmessenbesuche, in modisch bläulich tailliertem Samtanzug. Sein Solo-Spaziergang mündete in einem Kreis aus Bürotypen – Verlagsleuten? –, die ihn alle wunderbar freundlich begrüßten, mit ausführlichem handshaking (falls das damals schon so hieß), ehrerbietig bis unterwürfig, aber wohl auch nicht recht wußten, was man nun miteinander anfangen solle – Helmfried stellte sich vor der Gesellschaft auf, die hilflos und hocherregt den puterrotköpfigen Nachwuchsstar im Kreis umstand, führte einen tiefen Kratzfuß aus, bis sein schlohweißes Haupt fast den Beton berührte, um alsdann mich an der Hand fortzuziehen, ein Häusle weiterzumarschieren.

Hinter einer Stellwand oder Rückseite zog er aus seiner Jacke eine Tupper-Dose hervor – welch Stilbruch! Er erwartete allen Ernstes, daß wir nun zu zweit aus diesem türkisgrünlich-weißlichen Behälter gemeinsam Grießbrei löffeln würden, mit zwei ebenso türkisgrünlich-weißlichen Kunststofflöffeln – uff! Irgendwas, aus meinem ausgehungerten Zustand heraus, stammelte ich über meine Brei-Phobie, diverse Kindheitstraumata, und ließ den zahnlosen Greisen solo mümmeln.

Alsbald ließ er mich allein, für eine halbe Stunde. Er wollte nur mal in der Norwegen-Abteilung seinen „alten Freund Max Tau" begrüßen, so einen milchbärtigen Grießbreiverweigerer wie mich da offenbar nicht dabeihaben. Allein weiterwandelnd, erkannte ich zunächst Karlheinz Köpke, sodann: Klaus Kinski, dessen wilden Erdbeermund mir Herbert oft vorgespielt hatte – welch gemeißeltes Gesicht! Auf hyper-markanter Lippe – eine ganz normale Zigarette! Angewidert blickte er hinweg übers irdische Getümmel! Das floß links und rechts vorbei an dieser blaurasierten Kompakt-Arroganz. Keiner wagte ihn anzusprechen – Helmfried hätts gewagt! Eine kostbare Episode tropfte nicht hernieder aus dem platonischen Reich der Eventualitäten.

Dann Aufruhr – ein Batallion von dreißig Bullen, und über den Mützen der Kohorte sah ich – Cassius Clay! Kulturschock – den gabs wirklich!

Später saßen wir beengt in einem Messe-Shuttle. Helmfried monologisierte hemmungslos, vor x Insassen, was mir doch etwas peinlich zu Buche schlug, da irgendein Passus drin vorkam wie: „Beim Adolf ist das doch auch gegangen" (das enge Zusammenrücken), oder so ähnlich.

An Familie Läbbles Baha'i-Stand wurde Helmfried seltsam abwesend, zog ein Röhrchen hervor, warf sich zitternd zwei Pillen ein, kam wieder etwas zu sich und murmelte: „Wir müßen uns beeilen. Ich habe Krebs."

Nun schlug die Abschiedsminute. Er kam heran an mich, unangenehm dicht; mein Gesicht verschwand in seinem Bart, er küßte mich entzahnten Kiefers – aufs Auge! Uff!

Von Filicudi aus, 1978, sandte ich ihm nach 74 Tübingen, Burgsteige 8, eine Kunstkarte mit äolischem Inselblick, die an meine Heimatadresse in 35 Kassel zurückkam, mit angekreuztem Vordruck-Schema: „Empfänger verstorben".

Zehn Jahre lang entging mir, daß die Buchmesse jährlich neu stattfand.

Dann hielt früh um 7 ein VW-Bus, voll mit Öko-Broschüren, auf meiner Landkommune, und ein gemäßigter Lambrusco-Strelnikov namens Bernd frug mich: „Willste mit zur Buchmesse?“ Er lud irgendwas ein oder aus, lud mich ein, ein Platz sei noch frei. Ich aber schrieb gerade am trochäischen Epos, mochte nicht weg, mußte das Haus hüten, die kostbaren Orientteppiche, Liese und Alma melken, Willi füttern. Ich blieb da. Immerhin hatte ich einen Moment geschwankt. Der Bus fuhr an der Bauschutthalde vorbei zur Buchmesse 1981.

1987 fuhr ich dann mit Viera und Ewald absichtlich zur Buchmesse. Eine Fachbesucher-Bescheinigung wußten wir nicht vorzuweisen. Ewald behauptete: „Wir sind Schriftsteller!“

Die Dame lachte galant: „Ich glaubs Ihnen!“

Dauerkarte für jeden: 12.- DM. 30 Minuten rollten wir auf Gleitbändern, ehe überhaupt ein erstes Buch in Sicht kam; das Ganze eine Welt für sich, mit eigenem Postamt, eigenem Kinderhort. Schulklassen, durchgeschoben, dazumal noch nicht befallen von Pottermania, ZDF-Geräteparks, Kabelträger, Stau im Mittelgang. Vorlese-Marathon fand statt im Zirkuszelt. Statt Peter Handke, Klaus Kinski, Karlheinz Köpke, Max Tau und Cassius Clay sah man jetzt, in veränderter Zeit: Erich von Däniken, Peter Härtling, Elke Heidenreich, Guido Knoopp (mit Händy!), Peter Härtling, Rudolf Scharping, der um 11 bei Piper sein sollte, wo dann aber stattdessen Reinhold Messner sich einfand, Peter Härtling, Mario Adorf, braungebranntes Urgestein, umschwänzelt von anämischen Frisurhelmen à la Rita Süssmuth in resopalfarbenen Hosenanzügen. Statt APO, Marx, Rotbuch, Frauenoffensive – Spießrutengewandel durch lange hellbläuliche Sarasvati-Versand-Riegen, Hare Krishna, Dr. Steiner, Lucy Körner, Taoasis, Werner Piepers MedieneXperimente, Erbauungskalender, Kriemhild Lämmles boomenden Baha'i-Stand, Franz Alt. „Wie erkenne ich meine innere Stimme?“

Eingetaucht in Sargassomeere aus Satzfetzen:

„It's fiction. There are three exposés and I like all of them. We had some talks, I want go to Rowohlt."

„– nicht am Stand ... müßte aber jeden Moment kommen, Sie können sich gern setzen ..."

„Vor allem hab ich dabei meinen PC kennengelernt."

„Ich mein, ich weiß nicht, wer Sie sind, ob Sie die Kompetenzen ..."

„– das Problem is, ob ich das von hier aus hinkrieg ..."

„– Ihr geistiger Hintergrund, wo kommen Sie her?"

Zögernd lernte ich Suhrkamp und S. Fischer unterscheiden.

„Und wie war so die Auflage?"

„– geb Ihnen die Nummer meiner Agentur."

Auf der ganzen Buchmesse kannte ich nur einen einzigen Buchhändler, Herrn Rohde, aus Remsfeld, den ich in acht Stunden siebenmal wiedertraf: einmal mit Aktentasche, dann mit gerissenem Griff, wegen einer Börsenblatt-Doppelnummer, dann mit repariertem Henkel, dann mit neu gerissenem Henkel, dann ohne Aktentasche, dann wieder mit usw.

„– mit 25 Titeln vertreten!"

„– werde pro Tag honoriert."

Abends trug ich ins Tagebuch ein: „Vor Schreck, jetzt mein Manuskript anpreisen zu sollen, mußte ich auf ein Behindertenklo."

So ab 1987 hieß es dann hier und da: „Da ist wieder der Mann mit dem bemalten Köfferchen." Einmal auch mit blauem Rucksäckchen, das ich aber bald wieder, weil Trendforscher Matthias Horx mir sagte, daß ich mit Rucksack im Trend liege, abtauschte gegen das bemalte Köfferchen. Alsbald: Erste Publikation in der Edition Curt Visel, Memmingen. „Das ist der Durchbruch!"

1988 traf ich in den Belletristik-Hallen alle drei Stunden einen Bekannten, 1989 alle zweieinhalb Stunden, 1992 alle zehn

Minuten. Plötzlich hockte ich mit Gabriele Wohmann und Albert Sellner im Lesezelt und las Helmfried-Luckwald-Stories aus „Die vollbesetzte Bildungslücke“ vor. 1988 verdiente ich 240.- DM im Jahr, 1993 siebenmal mehr als ich brauchte. Stoßzeiten, in denen ich alle 2 Minuten drei Kulturträger auf einmal traf, unter anderem Herrn Rhode, schwollen nicht ab. Zwischen all den Begegnungen null Zwischenraum, sich einzuprägen, wen man da soeben traf – usbekisches Roulette: Dr. Martin Ebel (3 x begegnet), Delf Schmidt (2 x geplaudert, 1 x zugenickt, 2 x ignoriert), Frau Brackmann (1 x), Curt Visel (1 x), Robert Schindel (1 x), Frau Mikula (zum 2. Mal), Axel Matthes zum 3. Mal, Dr. Holger Horstkötter und Peter Härtling jeweils zum 6. Mal. Pro Buchmesse kam das Rohde-Symptom zum Zug: Einzelne Betriebsnudeln traf oder sah man, entgegen jeder Wahrscheinlichkeit, penetrant oft wieder, an völlig unvorhersehbaren Punkten des Mega-Hallensystems.

„Außerdem haben wir ja auch noch'n ganz schönen Adressenstamm!“

Dort schon wieder der! Termini wie Werbekosten, Kritikererfolg, Backlist und Mischkalkulation häuften sich bedrohlich. Leute, die letztes Jahr noch bei Piper bzw. DVA standen, sah man jetzt bei Hanser oder Aufbau, und vice versa – ewiger Stoffwechsel! Aufmacher, Leitartikel, aktualisierte Gesamtverzeichnisse, Vorschauen, Sonderdrucke, Kostenlosigkeiten, Probe-, Beleg-, Frei-, Rezensions- und persönliche Leseexemplare nahm man so mit. Plastiktüten zogen immer hängender an immer ausgeleiertereren Handgelenken. Sonntags gabs schon den SPIEGEL vom Montag. Novitäten – kosmisch gesehen – relativ irrelevant blätterte ich diagonal durch, und dekonzentriert. Mit Lesebändchen! Ratlos versank ich in Standardwerken über Yoga, Löffel und Postkutschen. „Wie werde ich Bill Gates?“ „Der Ruf der Flöte“.

Da – Günter Grass ging einen Kopf kleiner neben Peter Härtling her, genau auf eine Bratwurstbude zu! Die Kollegen taten sich Senf auf die Totschlagwurst, da zog die Wurstverkäuferin eine Kamera hervor und knipste den weltberühmten Grass. Peter Härtling ließ es sich gefallen, daß sie ihn nicht erkannte und mitnahm. Er kam nicht mit drauf.

Plötzlich Freudenschreie! Kontakte! Pantomimische Wiedererkennungsszenen, Händeringen von Roll- zu Rolltreppe! Lachsalventausch mit Heike Bräutigam! Hochbelesene Topmodels allüberall! Kaum angekränkelt von ernstgemeinten Selbstzweifeln am eigenen Hormonspiegel, angesichts des uferlosen Brahmsbart-, Helmfried-Luckwald-Bart-, Prophetenbart-, Patriarchenbartgewölls des Verlegers Klaus Schöffling. Evidenz begeisterte plötzlich: Nirgendwo fielen jene 30 Prozent der Deutschen auf, die zugeben, nie im Leben ein Buch aufzublättern. Nirgendwo häuften sich so wenig kleinkarierte Großhirne wie hier auf der Internationalen Buchmesse in Fräncfört am Main! Nirgendwo zwielichtige Elemente! Null Brutalität – außer da vorn die Sicherheitskräfte, die den generellen Bücherklau kleinerhalten sollen, und die Lamenti der Pressereferentinnen: „Wenn ich hier eine Stunde sitz, sehe ich, wie sich da langsam die Buchreihen leeren …"

Welch I.Q.-Kumulatio! Vor allem, wenn man die x Kochbuchverlage abzieht! Auf Schritt und Tritt hagelte es weltberühmte Grand Old Women! György Konrad! Quoten-Queens! 325 Verlage nur allein aus London! Aus China! Verlagshäuser aus Ländern, deren Namen man noch nie vernahm: aus Ramadala und Asuranibanipal! Lybischer Stehimbiß! Die Welt ist schön! Alles glühte bunter, unhomogener und un-uniformer als auf US-Buchmessen, allwo in die silbergraue Business-Atmo, laut Denis Scheck, null Paradiesvogel und Künstlertyp sich hineintupft. Zuzüglich seelenvolle Verlagsleiter alter Schule! Adoleszent-idealistische Germanistikstudenten und Einmannverleger in Zeugen-Jehova-Schlips und Schale! Drei Sekunden nach dem Zücken meines Terminplaners faßt mir ein Jeans-Freak lachend an die ausgestopfte Schulter: „Haben Sie nicht was verloren?!“ Ein Bündel Hunnis, 400.- DM, die er einfach so hätte einsacken können.

„Oder ist sonst noch'n netter Ullsteiner da?“

Oder diese Nachtwächter, die kein Jan Helmfried Luckwald mehr aufheitert. Oder diese unterbezahlten Kontrollorgane, die streng und bös die Waschzettelverteiler filzen, ob sie sich beim Austeilen auch wirklich nicht auf die Nachschubstapel setzen, statt 10 Stunden zu stehn. Nur überboten dort vorn von Neandertalern, mit Krawatte und Handy: der Leibgarde Helmut Kohls, der noch ungünstiger aussieht als bis vor kurzem in jeder Tagesschau, wo man den Foto-Ausschuß mildtätig beiseitetat, x-mal massiger, seeelefantiger, unumstößlicher, unglaubwürdiger, zwischen all den Vertriebschefs, die zivilisiert bis geistvoll aus der Wäsche guckten, optisch seltsam deplaziert zwischen Dichterphilosophen und Handelsvertretern. Kohls arg kleinformatige Bodyguards, die eher er beschützen müßte, stoßen demütig herantretende NDR-Paparazzi mit Ellbogen weg, im Action-Kino-Stil, auf daß der Jahrhundertkanzler ungestört in Grassessays blättern könne, 3 Sekunden lang, mit Zunge im Mundschlitz, und dem Kommentar: „Das is aber kleingedruckt!“ Es handelte sich natürlich um nichts Kleinergedrucktes als die Schrifttypen aller anderen Druckwerke. Dann lieber noch die Preis- und Hoffnungsträger mit DDR-Background, im technizistisch-rationalen Einheitslook, Brille, ausgeschabte Nacken, harmlos, kleinwüchsig, mundfaul, Schwundköpfchen, die Kosovo-Betroffenheitslyrik von sich geben, Ambitionsprosa, frustriert sich Döner Kebab reindrücken, weil keiner sie beweihräuchern mag, wenigstens erkennen. „Gucknwer uns noch was anderes an, oder?“

Handshaking aus dem Würfelbecher. Wen treff ich, wenn ich in Gang H eintauche, statt in G? Bunte Reihen und rätselvolle Chronologien: Dr. Erna-Vera Krueger-Bückert, Wolfgang Hohlbein, Gertrud Höhler, Werner Fuld, Alissa Walser, Dr. Holger Horstkötter. Unerforschliches Koordinatensystem, mitten in der LyrikerInnenschwemme! Als I-Punkt ein wortwörtlicher Postum-Canetti! Zuzüglich zwei, drei fernwandelnde Doubletten, die man schon 4 ½ mal wiedertraf! Einmal davon in Gestalt eines noch schwarzhaarigeren Canetti, bei Verlagen aus Bologna – in 10 Jahren kann der die heutigen Wiedergänger ablösen, als Spätwerkcanetti! Immer indolenterer Info-Hagel: selbst die 109 ermordeten Autoren, die 79, die mit Morddrohungen belästigt wurden, die 566 inhaftierten, reißen ab 16 Uhr kaum noch vom Hocker, zwischen Ansprechpartnern, Entscheidungsträgern, eifersüchtig umschlichen, Literaturgeschichtemachern, Großkritikern, die aber stets aus dem Diskurs mit Herta Müller grundsätzlich nicht hervorsehn oder nach denen man in allen Zentral-Kreuzwegen und Sachbuch-Hallen umsonst den Hals reckt, zum Ausgleich für instinktives, semitraumatisches, weiträumiges Umgehen bestimmter Verlagsschiffe, deren mitmenschförmigen Abschreckködern namens z.B. Fellinger, an denen man blutschwitzend vorbeibuckelt, dann doch noch, zwischen gezielten und ungezielten Grußverweigerungen, genau vor den Bug läuft, von einem Fett- in noch fettere Näpfe, von Wechsel- zu Wechselbad, kein Wunder, daß vor jeder Buchmesse sich pünktlich ein obligater Nasenpickel anbahnt, oder gar eine Kerato-Konjunktivitis epidemica, die ich hinter mafiöser Hornissen-Brille versteck: Everybody's Darling mutiert zu Mr. Hyde. Immer schwächer wallt Mitleid auf, beim versehentlichen Blick in Kleinstkajüten, in denen bebrillte Muttitypen desolat gelumbeckte Normalgurus hochhalten, mit flehenden Lesezeichen: „NEU!"

Die übermenschlichen Grand Old Men von heut früh depravieren ab 17 Uhr 30 zu Normalgesichtern, rausgegriffen, eingeflogen, niegesehn, Marke Hollywood, um die man sich im Irrwahn anhäuft, als wenns exakt jene Promis wären, die sie leider sogar zu sein scheinen, in der stetig verdickten Luft fortgeatmeter Sauerstoffmoleküle.

„Ich zeigs noch eben dem Chef. Er ist eben besetzt, aber ich – Augenblick bitte!"

„– ein Jahrmarkt der Eitelkeiten, ein Rummel, daß einem der Kopf platzt!"

Trinkvermeidung, um als verschwitzter Weltgeist kein WC aufsuchen zu müßen und dort womöglich dem Ansprechpartner, dem man tagelang erfolgreich auswich, was vorzunotdürfteln. Dr. Meier heimsuchen, um dessen Mundgeruch auszuweichen, abgurkende Figuren, die puzzleweise nur einen großen, unerfüllbaren Wunsch gebären helfen: „Nix wie raus hier!" Licht, Luft, Palmengarten! Flucht in die Publikumsflaute der Religions- und Schulbuch-Verlage, nur semi-metaphysisch angehaucht. Über allem nervt, Jahr um Jahr, dieselbe Frauenstimme: „Zigarötten! Zigarötten!" Flüche und Schwüre häufen sich allüberall: „Nie wieder Buchmesse!"

Verläßlich gefolgt von morgenfrisch parfümierten Stehauffrauchen, erhebenden Gestalten, versöhnlichen Lichtblicken für den Zwischendurch-Hunger, und augenklimpernden Pressedamen. Klett-Cotta! Antje Kunstmann! C.H. Beck! Zusammenführung wandelnder Lexika, um zu testen, wer noch imposantistischer als der andere zu brillieren fähig sei.

Abends folgt dann die Quartiersuche, extra zwecks traditioneller Improvisationskunst unanvisiert, betont ungeregelt.

Bio-Preßmasse dampft Messe-Shuttles, beklebt mit Reich-Ranicki, und Sonderbahnen im Schraubstock, renommierte Rowohltautoren im Café Laumer, Maritim, Deutscher Hof und Bertelsmann-Empfang, mit eingesprengten Zwischenräumen – Mario Adorfs Präsidenten-Suite –, absolut jede Kneipe, Nobel-Restaurant, Freßbaracke, zugespachtelt bis zum letzten Trittbrettfahrer. Kopfweh, das sich steigert, wetteifert mit Perspektiven, die amourös aufblitzen – 22 Uhr 15! Notlösungen und Verflossene, angeklingelt: „Bitte sprechen Sie nach dem Piepton". Adressbuchverluste plagen. Schließlich wird Dr. Holger Horstkötter aus dem Ehebett hervorgeklingelt, der mich, wegen überbelegter Gästezimmer, extra in sein Wochenendhäuschen kutscht, mit Mantel überm Nachthemd, relativ wachgeredet, irgendwo bei Aschaffenburg, 45 Minuten durch inkurabel trostlose Vorstädte, Flach-, Brach- und Schuttland, angeregt über Walser (Robert!) disputierend, Startauflagen, Post- und Vertreterkonferenzen, Ausschneidedienste, SWF-Bestenliste, sinkende Auflagen, Finanzierungsmodelle, Gesichtskontrollumgehung beim S. Fischer-Empfang und deren Schlemmer-Service „Willy Meyer". Dann liegt ein Ferienhäusel im Mondlicht, Pfahlbau-Veranda, Holzsteg mit Ritzen, Wölkchenbeilage, Waldhorizont mit See – der Halbmond, den ich bei späterer Rückerinnerung als Vollmond seh, derart tief im Nachtsee, daß dadurch in ihm ein leuchtend Ei zu zittern scheint, Panoramakuppel mit Mond, und quer durch den Weltraum, worin kein einziger Schlafsack getestet wird, die Ritzlinien von Enten, die verspätet quer durch alle abstrakte Schwärze schwimmen. Nun schnell mich auf die Pritsche ablegen, ab 5 wach, nirgendwo eine erlösende Zimmerpalme, doch rausschleichen hieße, Herrn Dr. Horstkötter eventüll aus nun wirklich verdientem Schlummer reißen. 5 Uhr 45 doch noch raus, leise, vorbei an einer Nachtvisage, die brillenlos hochschreckt, den Rest der Nacht hellwach gehalten von nebelhaftem, bruchlos weiterlaufendem Buchmesse-Bombardement:

„Und wissen Sie, was ich in meinem Buch vertrete?"

„- wohne in dem allseits beliebten Arabella."

„- kennen uns über eine gemeinsame Nachbarin, die '82 im Börsenverein meine Nachbarin ..."

„Wären Sie bereit, mich da einzuführen?"

„Das ist wieder schwierig. Ich würde Sie mal einladen in unser Haus, Raum Bielefeld."

„Wie verbleiben wir denn da sinnvollerweise?"

Delf Schmidt immer noch im Gespräch mit Herta Müller? Reaktivierung längst stabilisierter Souveränitäten: Hat sie mich aktiv ignoriert oder bloß aus Versehn nicht gesehn? Diese beleidigte Blutwurst, nur weil ich sie nicht prompt wiederkannte, an ihren diätresistenten Jahresringen, trotz Luchsauge und Adlerblick. Wenn sie auch binnen 12 Monaten ergraute. Nur – seit wann hat Herr Rhode was gegen mich? Was da immer so hervorschimmert, ohne Erholminute, aus dem unspezifischen Rolltreppenabfluß: das Handschmeichler-Haupt des kontalentierten Alban N. Herbst! Überhandnahme der Non-books – Globen, Landkarten, Maskottchen. Dann wieder Dr. Pütz, Axel Haase, Peter Härtling, Dr. Müller! Daumenkino Döner Kebab fressender Sekundärkontakte rollt ab. Freigelegte Elmex- und Aronal-Gebisse, die sich in Abschiebepraxis üben: „Wir telefonieren!" Begrüßungsszenen an Schwulenverlagen, superherzlich und hyperromantisch sehnsüchtiger sich in die überwimperten Blitzblau-Strahlaugen sehend als je Romeo und Julius, süperbe Entfusselung herrlicher Jackettkrägen, hochkultiviert abgespreizte Ringfinger! Wo sind die 400.- DM abgeblieben? Bodenlose Forschungsgebiete, die unästhetisch in endlose, von

Dr. Horstkötters Automatik-Weckuhr durchzirpte Alpträume hineinführen.

Ab 9 Uhr 20: Warteschlangen, Termine, Smalltalk, Abhakungen, Lesezelt, Kunsthalle, Peter Härtling, Dr. Pütz. Soso, erst auf die buddhistische Wiederkehr des Gleichen schimpfen, und dann doch wieder voll dabei sein!

„Mein Gott, was is das fürn verschnarchter Verlag!"

„Es gibt total wenig Leute, die gut schreiben."

„Vielleicht läuft er ja hier rum, der neue Kafka, und keiner erkennt ihn."

„Lassen Sie den Kohlehydraten Zeit, Ihr Gehirn zu erreichen!"

„– mein Presseausweis schon dreimal geklaut worden!"

„Diesmal aber rechtzeitige Quartiersuche, nur wo?"

In summa: Auf zur nächsten Buchmesse! Wohin sonst?

Wimmelbilder aus Urmuttermilch und Göttinnenblut

77 Prozent aller Romanleser sind Frauen – Männer lesen Sachbücher. Barbara G. Walkers Lexika sind Sachbücher, worin es lebendiger wimmelt als in Romanen, von Druidinnen, Tempelhuren, AssyrerInnen, HeidInnen, Psychopompen, Vorvätern (Vormüttern?) und abgedankten Ahnengöttinnen: Sophia, Anima Mundi, Fata Morgana. Okeanos, prähindostanisch, schwappt quer durch zahllose Brüste der Isis Multimammia. Losgetretene Gigant-Zyklen entrollen sich am blutroten Faden des Lebens. Die blasse christliche Kruste über dem strudelnden Farbenkosmos germanischer Feenhügel wird durchleuchtet, abgeschält von Panorama, der Göttin des Überblicks. Wie die DämonInnen das Milchmeer quirlten, so quirlt Barbara G. Walker, Panoramas jüngste Tochter, Querbezüge: Da kommt der Klapperstorch als Seelenvogel geflogen. Aladins Wunderlampe und Jahwes „Es werde Licht" („Die Öffnung für den Docht wurde in der Position der Klitoris plaziert") kontaktieren so kurios und – auch für allzu männliche Männer – plausibel miteinander wie Abraham und Brahma. Bei ArchäologInnen taucht oft ein noch älterer Schädel auf, getreu dem Moloch der Vordatierung: Biblische Sintflut kopiert als Nachwehe vormesopotamische Urfluten. Jesus kommt bloß vom Fließband einer Endloskette im Frühling zerfetzter Götter, Attis, Tammuz, Mithra, Melchisedek, Adonis, Osiris. Profan-Verballhornungen stehen heute noch als Vogelscheuche in Schrebergärten nutzlos herum. Der strenge nur-männliche Logos gehört eher in die entmythologisierende Vorsokratik. Er wahrt nicht das unterkühlte Flair der Abstraktheit. Er wird im blütentreibenden,

wenn nicht schwabbelfreudigen Panorama zurückdatiert auf Hermes' Logos spermaticus, also selber in ein Reich fruchtbaren Wimmelns, inclusive abenteuerlicher Wildwuchs-Erklärungen inspirierten Synopsenwahns. Panoramas rahmensprengende Sachbücher, ihre programmatische Umdeutung mythischer Überlieferungsströme, wühlt ständig in derselben Wunde: der feministisch unerträglichen Ausdünnung ehedem weiblichen Götterhimmels durch kollektive Transsexualität in Richtung Mann: Mama wurde Ma, Magog und Mammon. Die vorislamische Mondgöttin Al-Lat wurde zum überbetont maskulinen Allah. Urmutter Eva, die Gebärerin Jawhes, wurde umgepolt zu Jahwes Geschöpf, Dryaden zu Druiden. Ein allesumfassendes Sonnenemblem wie die sanskritene Swastika (deutsch: So sei es; hebräisch: Amen) wurde depraviert zum Hakenkreuz. Und siehe, die patriarchalische Entzauberung durchseelter Blütenparadiese hat auch auf die Autorin abgefärbt, die ihren Text mit Schemazeichnungen begleitet und die die wahnwitzige Milch- und Honigfülle ihrer mütterlich spendabel fließenden, sprießenden Abweichmythen wissenschaftlich absichert, mit Hekatomben akribischer Quellenhinweise, zwecks Einschüchterung immerwacher, arg unweiblich bebrillter Skepsis, bis hin zur globalen islamischen Waste-Land-Erosion. Skepsis wird laut, sobald Apostel Paulus ein vollgültiger Eunuch für das Himmelreich gewesen sein soll, oder Petrus nur deshalb kopfunter gekreuzigt worden ist, auf daß er eine mythische Parallele zum phallischen Geist Petra bilde, der die befruchtbare Erde pflügt.

Der Mann im Mond – heißt er wirklich Juno?

Wurde der Krug der Pandora wirklich nur durch einen Übersetzungsfehler zur Büchse?

Hängen Glamour und Morgana etymologisch tatsächlich so zusammen wie Kundalini und Cunnilingus, Elfe und alive,

Jesus und Jason, Thomas und Tammuz, Maja, Moira und Maria, Geist und Gast, Astarte und Ostern, Kastor und Kastration?

Wieso werden hier – derweilen in allen andern Mythologiebüchern Behemot nie als Elefant, stets als Nilpferd rangiert – Behemot und Ganesha, der Vater Buddhas, verschwägert?

Enthält Barbara G. Walkers geheimes Wissen viel Hokuspokus? Kommt Hokuspokus wirklich von hoc est corpus meum?

Solche Fragen bleiben eng, kleinlich, männlich. Sie vertrocknen neben dem Urstrom weiterfabulierender mythenbildender weiblicher Urkraft. Neben Panoramas alchimistisch destillierter Info-Dichte klingen ihre Kollegen, Rivalen, Vorgänger wie Joseph Campbell geradezu klatschbasenhaft: „Betrachten wir das Vasenbild der Abbildung 9" oder: „Der Leser erinnert sich vielleicht an die in meinem vorigen Buch wiedergegebene Ursage –" Oder so unerotisch abgemagert, infogeizig wie Kröners „Lexikon der Götter und Dämonen", worin nicht nur Zebaoth, Justizia, Tohu, Bohu, Vitzliputzli, Sanctus spiritus fehlen, sondern vor allem Panorama. In ihrem Sammelbecken aber, melting pot, Kläranlage und Kompaktlandschaft, entsteht Raumgefühl, Bedeutungsvolumen, neben dem Normalemanzen und Standardmännchen in ihren untranszendierbaren Zwangsjacken verblassen. Allenfalls kann hier Disneys „Hercooles" mithalten, dessen aktualisierte Witz- und Kitschfiguren immerhin eingebettet wurden in psychedelisch aufschießende Großraum-Freskomalerei, plus nicht zu verachtende Leuchtkraft, durchaus Metaphysik des Schwebens, Fittichrührens und Herumswitchens. Maja, die Weltenweberin, heißt, außerhalb ihres Sanskrits, zum Glück nicht nur Mogelpackung, Pseudomorphose, also in Panoramas Fall byzantinisch fabelnder Eklektizismus in Lexikongestalt, sondern Maja heißt vor allem Pegasusreiten. Barbara G. Walkers Kunst besteht darin, manch reguläres Kunstwerk mit ihrer ich-losen Tendenzkunst sowie angenehm kunstlosen Darstellung überbunter, kunstsinnigster Zusammenhänge hinter sich zu lassen. Andererseits hat unweibliche Aufklärung auf die präzis überbordende Walker abgefärbt: daß sie skandinavischer Trolle herleitet aus der Tendenz, in Felsen Gesichter zu projizieren, stellt sie in die Tradition nüchternbleibender Mythos-Sympathisanten wie C.G. Jung, für die Gott immer nur „psychische Realität“ bleibt. Dadurch wird die Walkerin fast wieder ausgetrieben aus ihrem erregenden Avalon, getreu ihrem Satz beim Stichwort „Buch“, Lesen erzeuge eine magische Wirklichkeit, die zwar „nur in der Phantasie“ existiere, dennoch lebendig genug sei, „um die reale Welt auszusperren, solange der Vorgang des Lesens andauert“. Ausgesperrt werden hier weder Frau noch Mann noch Hermaphrodit, endlich alle drei überwölbt und hinterfangen von einer anatomisch sinnvollen Hybridform aus Sachbuchautorin und Großer Göttin.

- *Barbara G. Walker: Das geheime Wissen der Frauen. Ein Lexikon. Zweitausendeins, 1993, 1215 Seiten, 44.- DM, oder auch: dtv, 1995, 39.- DM.*
- *Barbara G. Walker: „Die geheimen Symbole der Frauen. Lexikon der weiblichen Spiritualität“, aus dem Amerikanischen von Eluan Ghazal, gebunden, 725 Seiten, Sphynx Verlag, München, 1997, 39,80 DM.*

Spiritualität zum Anfassen und Mitmachen

Barbara G. Walker verbessert die Ritualarbeit von Frauengruppen

Es war, als hätt der Himmel die Erde still geküßt, und als hätte daraufhin der Himmel auf einmal so irdisch ausgesehn …

Nachdem Urmutter Barbara G. Walker ihr Haupt-Leda-Ei gelegt hatte, „Das geheime Wissen der Frauen", nach dreißigjähriger Schwangerschaft, wurde dieses ihr Chef d'oeuvre sekundiert von kleineren, auch auf Deutsch erschienenen Publikationen über Tarot, die Kulturgeschichte der weisen alten Frau und weibliche Symbole (1996). Dann aber wurde Luzifera aus dem himmlischen Himalya bunten Pleromas ausgetrieben. Alsbald sprach Namenszauber und Sphärenmusik aus Medusa, Medea, Mensa, Melusine, Lilith und Amazonenkönigin Kleite (= Klitoris) nicht mehr für sich selber, sondern die Göttin auf Erdenbesuch mußte eigene Formulierungen finden, um praxisbezogen spirituelle bzw. postmoderne Frauengruppen und Workshop-Leiterinnen anzuleiten.

Im „Geheimen Wissen" blieb der Elfentanz in Avalon. Sobald Anwendungswert hinzutritt, die lebendige Umsetzung in heutige reelle Kontexte, wenn also im Zeitalter Düsseldorfer Quotenfrauen auf einmal Gebieterinnen aufstehen, AssyrerInnen und GöttinnenanbeterInnen (BabylonierInnen statt Tagesmütter, alias BabysitterInnen), wird alles so merkwürdig goldglanzlos, empirisch, bieder, flach. Panorama, die Göttin des Überblicks, wird zu Profana, zur Göttin der Entweihung. „Wir" betreten dann, nicht ohne zeremonielle Gewänder, einen mandalageschmückten Gruppen-space. Miss. Walker zündet ganz normale Räucherkerzen an, schmückt den Altar und rät allen Frauen, ausdrücklich nur diesen, denn Männer dürfen sich hier nicht einmischen, so als ob noch die verschmusteste männliche Memme für die patriarchalische Erbsünde haftbar zu machen und die ärgste Giftnudel und uneinweihbarste Klatschtante würdig sei, in den Muttikan der Großen Göttin Natur einzutreten: „Ringsum an den Wänden können Sie Bücherregale für feministische Publikationen und Nachschlagewerke aufstellen, Stereoanlagen für meditative Hintergrundmusik, Vitrinen zum Auslegen von Kristallen und anderen Kontemplationsobjekten und Gefäße für jahreszeitliche Blumen, Räucherwerk oder geweihte Lampen."

Gleichwie die männlichen Priester die heiligen Mutterbräuche entweihten, so werden dieselben nun durch Ikea-Altäre entweiht, wie der Kölner Dom als Pferdestall der Selbstverwirklichung, oder die mythische Vase als kreativer und emotionaler Kochtopf. Vorn auf dem Cover schweben noch einige Genien, Anima und Femina um einen allzu symbolischen Rosenstrauch der Erkenntnis, weiß und nackt wie Lukas Cranach-Frauen, nur viel flächiger, designmäßig spritzpistolenhafter. Wenn dann aber innen fünf- bis fünfzehnköpfige Frauengruppen sich zusammenfinden, zum Kennenlernen ihre Namen zu singen veranlaßt werden, die dann von der Gruppe liebevoll nachgesungen werden, um alsdann matriarchale Märchen sich zu erzählen, in denen Cinderella über Ecclesia und Nobilita siegt, wird jeder maskuline Voyeur ausschließlich allzu empirische Kursteilnehmerinnen erblicken, auf mitzubringenden Isomatten, die sich das aus höheren Sphären heruntertröpfelnde Sanskritwort „digambara" kaum merken können, auf Deutsch „himmelsbekleidet", oder auch „nackt". Doch kaum einigt sich die Gruppe, rituelle Nacktheit zu praktizieren und zu diesem Anlaß die Heizung höher zu stellen (denn wer hat schon ein absolut voyeurfreies Paradiesgärtlein zur Hand?), schon werden Schwangerschaftsstreifen, Hängebrüste,

Blinddarmnarben, Rettungsringe, Krampfadern spirituell interessierter Alleinerziehender aus den Trainingshosen gepellt, um bestenfalls in FKK-Atmo (hosenlos, statt unbebrillt!) um Altar, Feuer und Birke zu tanzen, statt ohne Erdenrest als Elfenreigen.

Glattes, Dralles, Pralles, sozusagen Schönes, selbst der Archetyp der schönen Nonne, überlebt nur im Porno-TV. Einerseits überlebt die antike Fruchtbarkeitsorgie im Safer-Sex-Sauna-Nachtclub, andererseits kann dessen liebloses Gerammel im dionysischen Gelage, außerhalb von dessen Fresken und Dithyramben, in natura nicht absolut anders ausgesehen haben. Also wird Barbara G. Walker nicht profanisiert oder vulgarisiert. Denn auch authentische, mehr oder weniger römisch-griechische Nymphen können auch nichts anderes als tanzen, summen, Schwingungen und Dankbarkeit spüren. Auf verbalem Terrain neigen sie nicht zu Bennlyrik und Baalexpressionismus, sondern zu ebenjenen Sprechgesängen, die Barbara G. Walker für ihre Frauenrituale vorschlägt: „Heil, Kelch, Träger von lebenden Wassern, Durstlöscher, Gefäß der Liebe, Wiege der Geburt. Wir grüßen dich."

Spiritualität heute macht also immer noch mit Kelch, Stab, Schwert, Herd, Amuletten, Reliquien, Pentagrammen und Gral herum, wächst atmosphärisch und ästhetikmäßig immer noch nicht über Fidus, anämischem Animismus, anorektische Waldorfmalerei und Wahrspruchwortklopferei hinaus. Sie gerät in die Nähe erfolgreicher Leitfäden und Lebensberatung, à la Betty Dodson: „Sex for One, Die Lust am eigenen Körper", allwo Frauengruppen im Wochenend-Intensivkurs zu gemeinsamem Vulvavergleich per Diavorführung und MM (= meditatives Masturbieren) geführt werden (pazifistischer als die allgemein tolerierte und geübte SM-Kultur) (Hermes, laut Barbara G. Walker der Erfinder der Selbstliebe, führte einen von Schlangen umwundenen und massierten Heroldsstab mit sich), oder auch von Frauenliteratur wie „Philosophie für Kinder“ von Daniela G. Camhy, enthalten in: „Was Philosophinnen denken“, herausgegeben von Halina Bendkowski und Brigitte Weisshaupt. In der Einleitung betont Barbara G. Walker, tiefste Spiritualität entspringe tiefstem Denken. Zugleich plädiert sie für spielerische Rituale, also für weichen Stahl; denn starr typisierte Abläufe, die man weiblich aufweicht, dann immer noch Rituale zu nennen, zeugt nicht von tiefstem Denken.

Von den Wutritualen, Monster-Partys und Aktionsgruppen der in San Francisco wirkenden Hexenmutter Starhawk distanziert sich Walker eher. Sie will keine Hexen ausbilden, keine patriarchalischen Satansmessen zelebrieren, sondern einen grünen sanften Mittelweg beschreiten, für all die harmlosen, religiös unbefriedigten Hausfrauen, die gern Kräuter sammeln, ihre Puppen mitbringen und sich gern ihr bodenlanges Ritualgewand selber nähen, nach der mitgegebenen Nähanleitung. Zwar wird kein heidnisches Fest ausgelassen, Lichtmeß, Halloween, Frühlingstagundnachtgleiche, Sommersonnenwende, es ergehen Anrufungen und Prozessionen. Urzeit, Vorzeit, „alte Kulturen“ steigen auf. Was aber stillschweigend beiseite gelassen wird – jeder Anklang an Le sacre du printemps. Nirgendwo muß auf dem Weg nach Mekka eine Ziege geschlachtet werden, keine Jungfrau geopfert. Wer mit möglichst uralten Praktiken liebäugelt, darf sich angenehmer Ermäßigung hingeben, heimlicher Aufklärung, die von der Autorin sogenannte „Ethik der Toleranz“. Das Kapitel „Schlangenessen“ riecht, vom Titel her, noch ein wenig nach Opferblut. Innen wird zum Glück bloß Teig spiralig ausgerollt.

„Grüne oder rote Lebensmittelfarbe kann hinzugefügt werden.“

Statt ein Stierhorn erklingt also beruhigenderweise immer nur ein CD-Player. Umkränzt dies alles wiederum mit quasitiefer

Terminologie wie „lebensspendender Dunkelheit“, „heiliger Scheu“, „Mysterien von Leben und Tod“, allerlei unausjätbarer Klages-Aushub und Treibgut, eifrig und unreflektiert durchmischt mit ebenfalls fast schon urvertraut sozialpädagogischem, märcheninterpretatorischem Jargon, ja Predigt-Usus wie „Neuorientierung“, „eigener Bestärkung“ und „Verinnerlichung uralten Wissens“.

Die Feuergöttin wird um kreative Emotionalität gebeten.

Im „Geheimwissen der Frauen“ streiten sich Thomisten, Scotisten und Augustinianer, ob beim Sturz des Luzifers die meisten Engel mitgestürzt seien, oder obengeblieben, eine Frage, die bei Barbara G. Walkers brauchbarem Ritualbuch lauten müßte: Wieviel Geheimwissen versandet in den empirischen Fruchtbarkeitstänzen von Bürokräften und Medienbeauftragten?

Es war, als hätt der Himmel die Erde still geküßt, und als hätte daraufhin der Himmel auf einmal so irdisch ausgesehn …

- *Barbara G. Walker: „Die spirituellen Rituale der Frauen. Zeremonien und Meditationen für eine neue Weiblichkeit“, aus dem Amerikanischen von Marita Böhm, 295 Seiten, Sphynx Verlag, München 1998, 32.- DM.*

Breitwand-Welten von Pu Songling und Ror Wolf

Bleiche langnasige Zwerge können das Erwachen gelber Riesen kaum noch verschlafen. China und Europa – Wuchtbrumme und Minizwerg. Chinesisch-europäische Größenverhältnisse: Die Titanic ging als kleiner Fisch unter, neben dem über jedes Ufer tretenden Stausee des Chang Jiang, worin bereits im Vorfeld – auch ohne alle bevorstehende Dammbrüche – achthundert titanicförmige Fabriken und über hundert – zum Teil über zehntausend Jahre alte! – historische und religiöse Stätten untergehen.

Der Dreißigjährige und der Achtzigjährige Krieg (1568–1648) zwischen den Niederlanden und Spanien verzwergt neben dem Dreihundertjährigen Krieg der Dschou-Dynastie, gleichwie der Mega-Corpus abendländischen Schrifttums rein mengenmäßig zum Bodensee schrumpft, neben dem Pazifik chinesischer Literatur, worin Pu selber wieder nur als Welle untergeht.

Theodor Storm schrieb 57 Novellen. Goethe schrieb eine Novelle. Pu Songling alias: Pu Sung-ling (1640-1715), einer der x chinesischen Goethes, schrieb 431 Novellen in 18 Bänden. K'ui-hsing, der Gott der Literatur, hat auf dem europäischen Kun lun (der altchinesische Olympos) kein Pendant. Bevor Poesie erfunden wurde, hierzulande, hieß (bis 1905) ein Pflichtfach jeder chinesischen Beamtenprüfung – Lyrik.

Martin Buber und Richard Wilhelm übersetzten 1910 und 1911 je sechzehn Stücke aus Pu Sung-ling. Inzwischen liegen seine 440 Geister- und Liebesgeschichten komplett auf Deutsch vor, und – neben Ror Wolfs wohlfeiler Werk-Kassette der Frankfurter Verlagsanstalt – Ror Wolfs Raoul-Tranchirer-Ratgeber-Tetralogie: Pu und Wolf, dick wie Zettels Traum und Kempowskis

Echolot, zwei erratische Klötze, übertönt vom Eintagsfliegengestöber jener Schmalspur-Novitäten, die in den Fußstapfen der Altwelt-Dinos Wolf und Pu eigentlich untergehn müßten, hineingebombt von deren Bronto-Eiern, von umgerechnet neun Bänden, erschwinglicher und nötiger als jede Autoreparatur, neun Mammutmeteore, Doppelfluß ohne Ufer, Doppelozean der Märchenströme.

Die Legende geht, Pu und Wolf hätten in daoistischer Gelassenheit sich hingesetzt, um die Erzähl-Rohmasse vorbeikommender Leute ein wenig auf sich einwirken zu lassen, oder auch das Idiom und Odeur aus Hauspostillen und Nachschlagewerken von 1880, wie etwa „Der gute Ton in allen Lebenslagen".

Wolf-Welt und Pu-Welt blättern Panorama-Kaleidoskope auf: Raoul Tranchirer erläutert einer Welt ebendiese Welt, enzyklopädisch, fängt pro Band erneut bei A an, eine Versatzstückwelt, immer wieder anders zusammengeschoben, in der pro Stahlstich ausgehbereite Gentlemen – mit Rose im Knopfloch – sich in feinschraffiertem Baedeker-Grönland bewegen, statisch distinguiert, zwischen damals brandneuen, anwendungsfreudigen Fernschreibern, Projektionsapparaturen, Streckbetten, Gasometern, zwischen Eiszapfen, durchnummerierten Kristallen und Vorzeige-Manschetten, die sich unter Radiolaren-Nachthimmel stapeln und auf Dünndarme herabhängen – und nebenan bei Pu Songling? Auch da schleichen sich in die Ausgangsmodelle familiärer Geselligkeit suspekte Anzeichen ein: Mädchen stehen mit solcher Schönheit im banalen, abgedichteten Alltag, derart von woandersher geholt, daß es sich eigentlich nur um Blumengeister handeln kann.

Permanent besteht ein begabter Scholar, der immer wieder aus Schandong stammt, die Aufnahmeprüfung. Nirgendwo kommt lächelnd ein seltsamer Dao-Priester mit Knotenstock vorbei, ohne einem geizigen Obstverkäufer die Birnen fortzuzaubern. Ein Riesenbild über das damalige sowie jedes China setzt sich, so ganz nebenbei, zusammen, allwo man den Puls an beiden Armen zugleich zu messen pflegt, oder wo man mit bürokratischen Tricks das Verbot, Gelehrte zu prügeln, aufhebt und von Reispudding betrunken wird.

Hier wie da, bei Pu und Wolf, wird Aberglauben wahnhaft ausziseliert, hier wie da in Kulissen gestochert, um dämonisch verquere Welt in den Griff zu bekommen. Raoul Tranchirer vertieft sich in die neutrale Deskription und Analyse ihrer Knötchen, Schnörzelchen, Wölbungsverhältnisse und Hülsenfrüchte und verückt hierbei etliche Größenverhältnisse, bis zwischen polierten Grazien und Herrenhalbschuhen mit der Lupe zu suchende Ozeandampfer vorbeiqualmen und im Auge des Studenten Fang Dung aus Tschang-an Pupillenmännchen hausen, nachdem eine belästigte Dame ihm eine Handvoll Schlamm ins Gesicht warf – was unterscheidet Pu und Wolf?

Ihr Überformat schonmal überhaupt nicht, sowenig wie ihre Kleinteilgreiferei. Daß sie permanente übliche Strukturen durchbrechen? Ihr Famlienstand? Keineswegs. Umgeben von Figurengewimmel aus Gerichtsschreibern, Distriktvorstehern, Kultusministern, Unkrautjägern, Nebenfrauen, Schutzgöttern, schrieb Pu Songling die Zeile nieder: „Einsam ist das Licht meiner erlöschenden Lampe." Hier hat – der von Rivalen, Vorgängern, Entdeckern, Schiffsreisenden, Trauergästen, vornehmen Ladys und Dienstboten umwimmelte – Raoul Tranchirer den Trost parat: „Alle großen Taten werden in der Einsamkeit geboren, alle großen Charaktere geformt, alle guten Triebe befördert. Alle schlechten freilich auch."

Unterscheidet Wolf und Pu ihr unidentisches Jahrhundert? Wohl kaum. Denn Wolf wird von allen Nachfahren seines angeblichen Hauptwidersachers, des Konkurrenzratschlägers Klomm, übel vorgeworfen, daß in dem von Klomm neidvoll abgewerteten Jahrhundertwerk Raoul Tranchirers gewisse aktuelle Stichwörter nicht zu finden seien: weder Arbeitslosigkeit, Internet noch Einschaltquoten, stattdessen so unbrauchbare, unbrisante Absonderlichkeiten wie Knieschwamm, Filzmalz, Heerwurm, Geißelbeize – statt Völkermord bloß „Desinfektion", statt Analphabetismus „Personen, stumme", statt endogene Depression bloß „Kummer", lauter allzu zeitlose Antiquiertheiten. Pu Songling wird vom Kindlers Neuem Literatur Lexikon, zwischen Aleksandr Puskin und Jaroslav Putik, vorgerechnet, alle pu-typischen Motive seien bereits x Dynastien vorher vorhanden gewesen. Wolf und Pu, sehr weit unten wurzelnd, ragen ins 20. und 21. Jahrhundert.

Raoul Tranchirer, wenn er nachts aufwacht, knipst Licht nicht an, zündet es an. Dennoch bewegen sich selbst seine veraltetesten Ratschläge auf der Höhe auch dieser Zeit. Neuere Erkenntnisse schleichen sich in seine Altertümelei ein, zum Beispiel, daß bald die Ozeane wegen steigender Sonnentemperatur verdampfen werden. Pu Songling erzählt Geschichten über speziell heutige Standardprobleme wie Rinderwahn, Mieterschutz, Kampfhunde, Prüfungsstreß, Pädophilie, Mobbing, Protektion, Versagensängste, Kriminalitätsbekämpfung, marode Finanzhaushalte, schwule Akademiker. Minütlich hagelt es abendländische Parallelen, shakespearische Verwechslungskomödien: Herr Dschou im Wendeng-Distrikt der Provinz Schandong schläft mit seinem Jugendfreund Tscheng einmal im selben Bett und wacht ohne Bart auf, nämlich als Tscheng; eine Riesenschildkröte wird so rachedurstig verfolgt wie hierzulande Moby Dick; ein Mann, als wäre er Josef K., wird eines Morgens von zwei Männern abgeholt; und unter dem angenehm unauffälligen Titel „Die anregende Pille" betätigt sich ein Mann aus Dji-ning als Zauberlehrling, nutzt nämlich die Pinkelpause des Dao-Priesters, um eine Überdosis von dessen penisvergrößernden Substanzen zu essen, wodurch sich sein gelbes Glied zum dritten Bein auswächst und der solchermaßen priapisch Begnadete gepeinigt als Dreifuß weiterleben muß: „Mit eingeschrumpftem Hals humpelte er nach Hause. Seine Eltern konnten sich seine Veränderung nicht erklären." Welch schönes Seitenstück zu den Fußkünstlern und Frauentorsi in den Wolf-Collagen, und zu Tranchirers Definition des Gehens als horizontaler Fortbewegung, bei der jedes Bein abwechselnd den Rumpf stützt und vorwärtsschiebt, derweilen das derweil freischwebende Bein am Rumpf baumelt, ehe es einen Schritt später gegen den Boden gestemmt wird, über dem das andere Bein solange zu baumeln hat. Stellen bei Pu könnten von Wolf sein: „Eine Reihe von Häusern wurden in kurzer Zeit vernichtet und dem Erdboden gleichgemacht. Haut, Fleisch, Haare und Blut regneten vom Himmel herab." Tranchirer hingegen äußert sich über Pu: „Unser gelber Freund sitzt im Mondlicht und trinkt warmen Reiswein, er trinkt schwärzlichen Tee und verzehrt seine Ahnen, schweigend sitzt er mit gläsernen Nudeln in seiner gelben Umgebung."

Pu Songlings Welt summt als wuselnde, zwitschernde Haus-, Hof- und Gartenlandschaft, die jederzeit, trotz aller Chrysanthemen und Schmetterlinge, osmotisch in vermeintlich Un- und Überwirkliches umkippt, das sich von der Realitätsfolie oft überhaupt nicht unterscheidet, oder kaum, dies nicht nur in Häusern, die zugig leerstehen, bevorzugt an vertrauten, unverdächtigen Orten, im engsten Kreis – subkutanste, homöopathischste Anzeichen genügen –, gern nach dem Motto: „Der Feind in meinem Bett", allwo das arg- und harmloseste Familienmitglied genau jener Fuchsgeist sein könnte, der dann oft sogar mitspielt wie in Europa Hexen und Juden, die sich selber anzeigten.

In Dsun-hua wurde ein juristisches Verwaltungsgebäude von einer Fuchsplage heimgesucht. „Wenn man sie wegjagte, kamen sie noch zahlreicher." Nachdem die dort amtierenden Beamten die Sippe schließlich erfolgreich ausgeräuchert hatten, wobei ein Fuchs entwischte, ging die Eingabe eines alten Mannes bei der Beschwerdestelle ein, seine gesamte Familie sei durch Brandstiftung umgekommen.

Diese Unterwanderung mühsam hochgehaltener Kulturmenschheit und Humorkruste durch überschwappende Natur wird in Raoul Tranchirers Bruchwelt omnipräsent: Tapire, Rocheneier, Schwimmblasen, Warane und Geier überfluten den Wintergarten höherer Töchter, illustrieren, zelebrieren, fixieren und perpetuieren von alters her aktuelle Schlagzeilen: „Rückkehr der Seuchen", oder „Rückkehr der Wölfe".

Raoul Wolfs Welt liegt da als eine Ruinen- und Mondlandlandschaft, ausgeblasen, larvenbefallen, anorganischer Horror, überwimmelt von allzu organischem Terror. Mittendrin sollen unfrei versteifte, anständig gekleidete Kulturträger ihre Leber vor Kälte schützen und als Gegenmittel scheinheilige Gegenstandsforschung genießen, allerlei wissenswerten Ablenkungskrempel, Infos, daß Afrika sich mit elf Zentimetern pro Jahr auf Europa zubewege, daß Chinesen – laut der eventuell unzuverlässigen Quelle Klomm – Enten besprängen, um ihnen beim Ejakulieren den Hals zu durchtrennen, oder daß das zwölfstündige Üben einer Chopin-Etüde die Arbeitsleistung eines Dampframmbocks erbringe, nämlich 700 Zentner auf die Tasten lege.

Das kann alles den Riß quer durch Natur und Welt kaum noch überkleistern.

Wo sie nicht überschwappt, bricht die Natur von innen her auf: Geschwulste und Geschwüre durchsetzen die gedunsene Leber. Tschen Hau-feng aus Ming-dschou in Setschuan hatte einen Mann zu Gast, der trotz Hitze seinen Turban nicht abnahm und hinter dessen Ohr Tschen Hau-feng, als der Gast einschlief, etwas entdeckte: „Da sah er, daß sich hinter seinen Ohren eine tiefe Höhlung, größer als ein Kelch, befand. Sie war durch zahlreiche Membranen unterteilt, und die einzelnen Vertiefungen waren wie bei Fensterrahmen durch Sparren voneinander getrennt. Außerhalb dieser Sparren hingen dünne Häutchen herab, die das Innere verhüllten, das völlig leer schien."

Auch an Löchern des Lebens, die an richtiger Stelle sich öffnen, hängt wenig Heil. Die bei Raoul Wolf sich überall öffnende Mundhöhle, zuzüglich Zungengrund, erstickt am wuchernden Formulierungswahn, der nichts undefiniert läßt und tausend unaushaltbare, aber zutreffende Definitionen über definierte Köpfe auskippt, als Hausapotheke, die zur Plage wird und laut der Zeitungspapier als zerknüllbare weiche Masse, zum Abwischen tauglich, der Mund hingegen als ein im unteren Teil des Gesichts gelegener Querspalt zu betrachten sei. So wird hier in offenen Wunden und Mündern des Selbstverständlichen geisterhaft gestochert.

Raoul hält sich für einen der bedeutendsten Menschen unserer Zeit. „Denn bei aller Realität, die uns auf jeder Seite entgegenweht, der ungeschminktesten Wiedergabe der Wirklichkeit, sind seine Artikel derart von einem allerfeinsten Dichtungsäther durchdrungen, daß sie bleibenden Wert behalten werden in der Geschichte des Wirklichkeitswesens."

Pu hingegen stellt sich mit Unterstatement am entferntesten Eckpfeiler von Raouls Größenwahn auf: „Was mich betrifft, so habe ich nur das ärmliche Lichtchen des herbstlichen Glühwurms, das vom Glanz der Berggeister meiner Zeit weit überstrahlt wird. Ich bin wie der sich verbreitende Staub des wilden Pferdes, dessen Anblick selbst die Gespenster zum Lachen bringt."

Das Lachen ist hinwiederum, eine unter dem Einfluß heiterer Gemütsbewegungen zusammenkommende Reihe eigentümlicher Atmungsbewegungen, die aus einer schnell hintereinander folgenden, kurzen, stoßweisen, mit einem schallenden Ton verbundenen Ausatmung bestehen – wer wird unter solchen Umständen noch unbelastet und ungelähmt lachen mögen? Das Fazit aller Tips lautet immer wieder: „Zur Beseitigung des Überbeins leisten die zur Aufsaugung angesammelter Flüssigkeiten dienenden Mittel fast nichts."

Sinologen tun dar, Pu Songling habe seine uneleganten Vorgänger verfeinert. Pu sagt im Vorwort: „Meine Begabung kann nicht mit der vorhergehender Schriftsteller verglichen werden, die in so eleganter Form das Übernatürliche beschrieben haben." Das könnte vom Duktus her von Raoul Tranchirer stammen, der nicht mit Seitenhieben auf den qualitativ angeblich so viel schwächeren Klomm spart und sich selbst den Ratschlag gibt: „Möge er sich vor den Abwegen warnen lassen, auf die sein halbasiatischer Nachahmer Klomm geraten ist." Halbasiatisch?

Dabei outet sich Raoul Tranchirer selber als Dao-Priester: „Wir sollten uns in den Hintergrund setzen, damit die Aufmerksamkeit der Welt nicht auf uns gerichtet ist; nicht die Welt soll uns, wir sollten vielmehr die Welt beobachten. So durchschaut man die Welt, die Welt uns jedoch nicht. Für die Welt wird der, für den die Welt kein Geheimnis ist, ein Geheimnis sein. Man wird beginnen, ihn zu bewundern, auch im Hintergrund."

Das drückt der zu Lebzeit unveröffentlichte Pu Songling so aus: „Daß mich jemals einer kennen sollte, ist eine Sinnestäuschung, wie man ihr im Dunkel des Waldes oder im nächtlichen Gebirge begegnen mag."

Pu Songlings Werkausgabe bietet ein Stichwortregister. Allein zum Thema Wölfe bietet Pu acht Geschichten, zum Thema

Wassergeister elf, zum Thema Seelenwanderung dreizehn, zum Thema Ehefrau über zwanzig.

Raoul Tranchirers vier Bände sind selber ein einziges gigantisches Stichwortregister.

- *Ror Wolf/Raoul Tranchirer: Band I: „Vielseitiger großer Ratschläger für alle Fälle der Welt"; Band II: „Welt- und Wirklichkeitslehre aus dem Reich des Fleisches, der Erde, der Luft, des Wassers und der Gefühle"; Band III: „Letzte Gedanken über die Vermehrung der Lust und des Schreckens"; Band IV: „Mitteilungen an Ratlose", Anabas Verlag Gießen, 1997, pro Band gebunden, 128.- DM, farbige Broschur 48.- DM; Paperback 29,80 DM.*
- *Pu Sung-ling: Band I: „Umgang mit Chrysanthemen"; Band II: „Zwei Leben im Traum; Band III: „Besuch bei den Seligen"; Band IV: „Schmetterlinge fliegen lassen"; Band V: „Kontakte mit Lebenden", jeder Band 62.- DM, zusammen 2642 Seiten, 436 Holzschnitte von 1886, übersetzt von Gottfried Rösel, Verlag Die Waage, Zürich.*

Ungedruckte Favoriten

Träumen, Lesen und TV-Gucken zeigt Nachteile: daß mir Fertiggerichte vorgesetzt werden, Blickwinkel aufgezwungen. Alle Schwerpunkte setzen sich anders, als ich sie setzen würde. Was im Leben nie vorkommt, seltener, als ein Blitz in einen Käse einschlägt, Pistolengefuchtel ad infinitum, erhebt noch das realistischste TV wahnhaft zum Zentralproblem, das für alle zivilisierten Menschen alle paar Minuten akut wird.

Wieso träum ich nie von Fariduddin 'Attar oder daß ich ungedruckter Ergüsse lese, aber regelmäßig, daß ich kurz vor Mittlerer Reife stehe und Axel Dippel mir ins Scrotum kneift? Kaum träum ich, daß ich dringend austreten müßte, träumen Millionen Schläfer ebenfalls, daß sie dringend austreten müßten. Kaum glotz ich im verschneiten Brackwede eine übergrün strotzende Filmdoku über japanische Perlenfischerei und Seepferdchen, werd ich in jeder Sekunde, in der ich selig und einsam über Kaktuswälder oder Korallenriffe schwebe, Millionen oft unsympathischer Mitglotzer absolut gleichgeschaltet, hock ich im Gleichschritt der perzipierenden Hirne, eingespannt in allseits extrem identisch abrollende Entzifferungs- und Verarbeitungsmechanismen, ein verschwindendes Reaktionsbündel unter 3 Millionen Reaktionsbündeln, und das will ich eigentlich nicht. Das wäre mir viel zu unintim. Diese landesweite Simultanität, kaum angekratzt von Tausenden von Zappern, die pro Nanosekunde dazukommen und abwandern, zerrt an meiner selbstherrlichen Nervosität.

Da guck ich mir lieber alles später auf Video an. Da haben zwar ebenfalls 3 Millionen Axel Dippels mitgeglotzt, mitgelutscht und über Korallenwäldern mitgeschwebt, jetzt aber, nach Sendeschluß, sitzen alle, die vorhin noch dabei saßen, nicht mehr dabei.

Auch auf DIE ZEIT kann ich mich donnerstags nur schwer konzentrieren. Bei jedem Artikel spür ich, daß da soeben x Tausende mitlesen. Garantiert noch bei jeder Zeile lesen vielleicht sogar Dutzende mit, Wort für Wort. Das stört doch sehr. Das macht mich rasend. Die schockierenden Zahlen meiner tausendköpfig mitlesenden Doppelgänger kann ich nur ausdünnen, wenn ich DIE ZEIT erst Wochen, besser noch: Monate nach ihrem Erscheinen lese.

Erst bei Büchern darf ich aufatmen. Im „Musibatname“ hat seit Tagen – vielleicht Monaten, ja Jahren! – in ganz Nordhessen wahrscheinlich keine einzige Seele gelesen. Fariduddin 'Attar und ich dürfen ganz ungestört beisammen sein. Aus oberflächlichen technischen Gründen kann nur ich ihm zuhören, er mir zur Zeit nicht so sehr. Doch kann uns das kaum irritieren, zumal ich gern eins meiner Credos mit einem von Micky Remann tausche: „Das Bewußtsein, dieser ideelle Gesamtozean, schwappt über die Dämme der Soloperson und ist Beweis dafür, daß alles geht, was ein Mensch für unmöglich hält, weswegen er es am besten lieber doch für möglich halten sollte. Zur Zeit liegen beispielsweise transpersonale Traum-Kooperativen schwer im Trend bei uns auf dem Somnamboulevard, Traumtausch ist der Saisonhit und oft hört man die Frage: ‚Bei wem läßt du träumen?‘ “

Im Dante und Kafka hingegen, deren Magnetismus aus dem sinnlosen Rein- und Rauszappen kafkaferner, schmatzender Neueinsteiger und Abspringer besteht, lese ich nur nachts nach 3 Uhr. Das hilft aber wenig, weil alsdann – frisch gestärkt – die ganzen New Yorker Steppenwölfe zuschlagen und sich auf den umdröhnten Weg zu Käfkas castle machen.

Da bleibt für meine einsamen Ansprüche eigentlich nur eins: die Jagd nach höchst Seltenem, Vergriffenem. Nur kann ich mir als Archäologe nie sicher sein, ob die eigene Ausgrabung

– Robert Hamerlings „Homunculus"-Epos von 1888 – nicht soeben von zig anderen Totengräbern ausgebuddelt wird. G.I. Gurdjieffs „Beelzebub", Edward Bulwer-Lyttons „Zanoni", Paul Gurks „Tubuz", Olaf Stapledons „letzte und erste Menschen", Micky Remanns „Solarperplexus", alle sieben in Kindlers Literaturlexikon sträflich ausgespart, sind noch viel zu sehr im Umlauf für meinen Geschmack.

Nichts gegen Gruppensex, aber das Wort Breitenwirksamkeit finde ich obszön.

Um ganz sicher zu gehen, daß beim mystischen Selbstgespräch mit mir selbst, wobei ich als Dialogpartner wechselnde Lieblingsautoren einsetze, kein Unbefugter seinen Rüssel reinhängt, um inkompetent mitzuwichsen. Da bleiben nur zwei, drei Literaturgattungen übrig:

Erstens der Privatbrief, der bis in Aufklebsel und Beilage hinein ausschließlich mir, als dem alle paar Sekunden ausgetauschten Quasi-Vizechef des ganzen ideellen Bewußtseinsozeans, etwas zu erzählen hat, in seiner unverkrampften Unliterarizität so ganz nebenbei ernorme Quanten an Lebendigkeit, Lebensfülle und sogar Sprache losläßt und auf diese Weise inkognito zu großer Literatur wird. Die schlechtesten, zweitkürzesten Briefe, lendenlahm, kümmerlich, unelegant, rechtschreibfehlerreich, fax- und e-mail-geschädigt, erhalte ich von BerufspoetInnen, hingegen die genialsten, längsten Briefe von Lehrern, Gitarrenlehrern, Yogalehrerinnen, Krankenpflegern, Apothekern, fernhintreffend, chrysostomusianisch, durchseelt. Zwei Sätzen aus Liä Dsis wahrem Buch vom quellenden Urgrund höre ich immer wieder zu, sobald ich sie mir immer wieder vorlese: „Be Ya war ein guter Zitherspieler. Dschung Dsi Ki war ein guter Zuhörer."

Osho alias Bhagwan berichtete von seinem Freund Masto, einem Ravi-Shankar-Überbieter, einem wahren Anti-Gutenberg und Ravi-Shankar-Überbieter, der jedes seiner Instrumente lebenslang nur vor einem einzigen ganz bestimmten Zuhörer spielte. Erst wenn dieser Zuhörer verstarb, durfte ein anderer Zuhörer auf dem Zuhörerkissen Platz nehmen.

Zweitens, das unveröffentlichte Manuskript. Es erschöpft sich urgroßväterlicherseits oft darin, mit Kriegserinnerungen identisch zu sein, weiblicherseits mit gereimten Schönschrift-Murxepotanien-Märchen, nicht ohne Scherenschnittbeigaben. Hier wie da, sowohl bei Oralchirurgen wie Sozialpädagoginnen, die teilweise an der Realität leiden, entsteht pausenlos Jahreszeitenlyrik, die in ihrer sprachbewußten Hausbackenheit den hochsensiblen Standard dieser Zeit nur selten unter- und überbietet. So ist wie immer das Leben: Neben den Publikationen, die sich bei mir türmen, versehentlich mitgenommen auf Trödelmärkten, neben den Grabbeltisch-, Mängel-, Rezensions-, Widmungsexemplaren renommierter Verlage und Namen, deren mangelnde Druckreife ich nur aushalten könnte, wenn es Manuskripte wären, ja, mit denen ich mich alsdann optimal versöhnen könnte, weil sofort der Hauch des beinahe Untergehenden über ihnen hinge, jene Weihe, die selbst noch über einem Axel Dippel aufglimmt, sobald er auf dem Sterbebett röchelt; – neben all diesen edierten Massen hüte ich einige Manuskripte von lebenden Geistern, an drei Fingern abzählbar, die die übliche Unverwechselbarkeit einleuchtend hinter sich ließen, gleichwohl nicht mal zum Geheimtip avancierten und die die Publikationsgeilheit sprachloser, intelligenzloser, visionsloser GegenwartsautorInnen mit genau der umgekehrten Tendenz ausbalancieren, mit dem merkwürdig schwach ausgebildeten Drang, alle erreichbaren Rotationsmaschinen zu durchlaufen, sich auszustreuen in alle Lande, um dem ganzen Planeten mitzuteilen, daß bekanntlich der Akt des Schreibens ein doppelter sei, und daß mir, nachdem ich Helmstedt an einem kühlen Novemberabend verlassen hatte, ein Stein vom Herzen gefallen sei.

„Sie war die Gelassenheit in Person."

„Er stand hinter mir wie aus dem Erdboden gewachsen."

„Dann zündete er sich eine Zigarette an."

„Als er ins Zimmer zurückfand, war der Bildschirm grau und wie tot. Durch eine Rollofuge strömte sehr weißes Licht, in dessen sich zum Boden hin erweiternder Bahn Staubpartikel schwirrten."

In solcher Weltliteratur hebt sich der Unterschied zwischen Neuerscheinungen und Abstellgleisdisketten auf (alias Schubladenmanuskripte).

In meiner Micky-Remann-Kiste ruht die Typoskript-Kopie „Somnamboulevard", 60 Seiten. Die lief schon mal als Kolumne in der taz. Das weiß keiner mehr. Die erreichte nie die Buchform. In meiner Eckard-Sinzig-Kiste ruhen die ersten Lieferungen der Genitivita „Wessen Leben", angelegt auf 8000 Seiten, die in der Tat noch absolut keiner kennt, außer ich und ein Lehrer in Hamburg, der an dieser Stelle vermutlich nicht genannt werden möchte. Rund um den „Somnamboulevard" spüre ich jenes Flair, das zwischen 1932 und 1950 Walter Benjamins „Berliner Kindheit im neunzehnten Jahrhundert" umwoben haben muß. „WL" hingegen atmet eher jene Aura, die Hans Henny Jahnns „Fluß ohne Ufer" zu jener Zeit gärend ausströmte, als ebenfalls noch keinerlei Verlag in Sicht kam.

Eckard Sinzigs Leben, siehe seine Genitivita, besteht – statt Bücher zu signieren und Dankesreden zu halten für Büchnerpreise – aus einem wahnwitzigen Wust filmreifer Snapshots. Er schildert eine Nachtquartiernahme auf einer himalayischen Trekking Tour, zwischen Bergsee und 1000 m hoher vereister, vollmondbeschienener Steilwand, die per Spiegelbild den 3000 m hochgelegenen Bergsee um 1000 m vertieft – eine Lichtdetonation zwecks Vernichtung des Konzeptes „Nacht". Er erstellt Tabellen seiner Ex-Geliebten, mit fiesen Kurzcharakterisierungen. Er fragt sich, wieso diese wahnsinnsgeladene, hypernervöse, zirkusbunte, orgiastische Welt, sobald sie zeitgenössische Literaten zeugt, nicht elegante Bestien, rotzfreche Kotzbrocken, zehndeutige Veitstänzer, Monster auswirft, sondern lieber den Typus „netter Junge von nebenan", der den Anschluß ans fetischbehexte, mordselige, tollwütige Geschehen verpaßt hat? Er schildert seinen Ehrgeiz, in jeder Stadt die desolateste Gastwirtschaft herauszufinden, das geschmackloseste Interieur, den mißlaunigsten Wirt. Nachts träumt er von trichterförmigen Wunden im Oberschenkel, aus denen ein Samurai mit Schöpfnetz ein Seepferdchen hervorzieht, das bei genauerem Hinsehn ein Grünspanhelmlein trägt. Eckard Sinzig schleppt den Wahnsinn der Nacht unausgewickelt in den Tag hinüber. Micky Remann entwickelt Methoden, den Albträumer und Trübträumer unter sich liegen zu lassen, Träume nicht willenlos über sich ergehen zu lassen, sondern mitzulenken, taghelle Elastizität usw. hinüberzuführen ins sonst oft so dumpfe Traumreich, das sich in den Regionen luziden Träumens – wundersam aufgehellt zum bengalisch illuminierten Somnamboulevard, durch den Micky Remann allnächtlich wandelt. Nicht über Träume schreibt er, sondern aus dem Traum heraus, magisch über den ständig ineinandergeblendeten Bewußtseinszuständen schwebend, in beide hineinsehend, aus beiden hervortauchend, als strecke das zerebrale Traumorgan alle Windungen offen von sich. Das Bewußtsein vergleicht er einer Mehrwegflasche, die sich stets für das Getränk hält, mit dem sie just gefüllt ist:

„Unter Neurokonstruktivisten nennt man solche ontologischen Loopings ‚selbstreferentiell'. Zu deutsch: Morgens wird der Wachzustand in die Bewußtseinsflasche gegossen, erklärt sich für ‚wach' und bleibt es solange, wie sich die Pulle als wach referiert.

Das macht sie in der Regel bis spätabends, wenn im Rahmen der großen Umwälzung des Flascheninhalts drei Liter Traum-Bewußtsein abgefüllt werden. Ich sage ‚in der Regel', weil, wie wir wissen, bei Pinkelpausen im Schlaf der Saft des Träumens kurz mit dem Saft des Wachens vertauscht werden muß."

In seinem „Nocturne d'urine" geht es hochluzide um Träume mit voller Blase und in „Traumkörper on-line" um Erektionsträume; denn Augen- und Genitalmuskeln sind die einzigen, die während der ablaufenden Träume nicht ruhiggestellt werden, aus evolutionären Gründen; weil strampelnde Träumer schnell zur Beute ihrer Jäger würden. Wieso fallen schlafende Affen nie von den Bäumen? Warum ist es im Traum nie ganz dunkel? Auch wird in „Wunderkrankheit im Windkanal" dargestellt, wie man Symptome, Verlauf und Therapie von psychosomatischen Querelen in der Traumform auskundschaften kann, ohne gleich den Echtzeit-Körper reinzureißen. In summa: Mind-Fahrt statt Mondfahrt.

So packt auch Eckard Sinzig ab und zu Koffer, fliegt aber nicht 10.000 km weit weg, sondern geht von seiner Zweitwohnung aus bloß 50 m weit um die Ecke in ein Hotel:

„Ich gehe ins Bad meines Einzelzimmers und breite meine Toilette-Artikel auf der Glasablage aus, die so ähnlich aussieht wie die Ablage in meiner Zweitwohnung. Ich studiere die championfarbene Streifentapete, die im selben Bauhaus gekauft wurde wie die championfarbene Streifentapete in meinem Zweitheim. Ich schalte das Fernsehgerät ein, das etwas kleiner ist als mein Gerät, aber dieselben Programme sendet. Ich betrachte die gebrechliche Klobürste, die lilagrauen Noppen des strapzierfähigen Teppichs und denke: ‚Ha, alles bekannt!' Schließlich krieche ich ins Bett. Und hier nun beginnt der Unterschied, denn das Bettzeug ist so körnig-steif, wie nur das Bettzeug in Hotelbetten sein kann, die nächtlich Verkehrsgeräusche haben einen offizielleren Klang, und im Laufe der Nacht kommen die ganz anderen Träume, in denen die guten und bösen Geister alle so aussehen wie der Nachtportier unten, der aus Mostar stammt und daheim seinen Sliwowitz braut, obwohl er behauptet, Moslem zu sein."

Sinzigs Erleuchtungen bestehen, statt aus esoterikkompatiblem „Alles ist eins", aus schwarzen Erleuchtungen, der fiesen Erkenntnis, daß es sich beim offenen Meer bloß um fettbestrichene Haut handelt. Sobald ihm zwischen verfetteten Abzugsrohren und Mahnbescheiden seine Ehen, vier Simultan-Kebsen, zwei Berufen, TÜV-Termine, BfA-Termine, seine exzessiven Zahnarzttermine, Mietparteienprozesse, samt knotigem Umbau der Schilddrüse, über den Kopf wachsen und er zu seinem Hausarzt geht und er diesen abgekämpften, resignierten Leidensmann vor sich sitzen sieht, hat er Mühe, dem Impuls zu widerstehen, das Sprechzimmer abzuschließen, den Mann zu umarmen und gemeinsam mit ihn zu weinen.

Beide Dichter sind keine Betriebsnudeln. Weder Frankfurt noch Leipzig – auf keiner Buchmesse sind sie zu finden. Remann berauscht sich lieber an der Nüchternheit von Sanitär- und Heizungsmessen. Er perfektioniert – statt ununterbrochen weitere Bücher zu schreiben – Unterwasserkonzerte. Sinzig findet den Status des Nur-Literaten einseitig, legt ab und zu zehnjährige Schaffenspausen ein, bereiste 166 Länder, arbeitete sich ins Chefmanagment europäischer Tochterfirmen multinationaler Kikkoman-Konzerne hinauf. Seine Gedichte und Bilder druckt er auf eigene Rechnung in Luxusausgaben, kiloschwer, altjapanisch bestempelt, dann aber – diesseits jeden Vertriebssystems – ängstlich bedacht, deren gestapelte Existenz geheimzuhalten. Micky Remann wiederum verschickt Manuskripte nur dann, wenn er hierzu dringend aufgefordert wird, ja, schreibt nur, wenn man ihm was aus der Nase zieht. Ich schwang mich zu seinem selbsternannten Agenten auf, versuchte „Somnamboulevard“ bei Haffmans und Schöffling anzupreisen, begann von Ab- zu Absage zu leiden, mußte mich brieflich vom Autor beruhigen lassen. Den Verlust seiner ungedruckten Sachen belächelt er daoistisch.

Micky Remann, den ich am Bahnhof von Bad Sulza traf, wo er sein patentiertes LIQUID SOUND-Projekt dirigiert, wartet mit Blickintensität auf, wie ich solche bei Buchmesse-VIPs noch nie bemerkte. Dichter und Denker schauen heut bloß so unverträumt, bieder und schweinchenfarben aus wie Otto Dippel. Remann sieht wie ein Erwachter aus, allerdings ein schief, nämlich mit Vogelnase erwachter Hermes psychopompus, durchaus mit greifbarer message, mit Guruqualitäten, wenngleich ganz bartlos – allenfalls erinnert solcher Blick an den Blick gewisser Gesundheitsapostel.

Von Sinzig liegen nur zwei Foto vor, in Umlauf gebracht von mir, worauf er leider nicht wie ein tollwütiges Monster aussieht, seriös in Schale, ein Chefetagen-Profi. Brecht sah ja auch nicht so schlimm wie Baal aus. Aus Sinzigs „WL“ geht hervor, daß in dieser Schale ein Geist wohnt, der sich mit seiner irdischen Hülle nur bedingt überlappt. Er wirft sich selber krötige Verquetschtheit des Ausdrucks vor, idiotische Dramatik im Blick, aufmüpfige Proleten-Arroganz. Andere klagen über ihre Glatzen, Sinzig über zu dichten Haarwuchs.

In seiner Genitivita berichtet er, er habe seine Mimik zum Gegenstand seiner Studien gemacht.

Wer immer Remann und Sinzig auch sein mögen: keineswegs Newcomer, angejahrte Hasen mit namhaften, verjährten Reverenzen: Remanns „Globaltrottel“ erschien 1984 im Rotbuch Verlag, 1990 bei S. Fischer, Sinzigs vergriffene „Idyllmalerei auf Monddistanz“ 1965 bei Rowohlt. Seine Horrorburleske

„Jungfrauenhatz" taucht immer seltener im Antiquariat auf. Wer nun mich verdächtigt, diese Autoren besäßen keine verifizierbare Existenz – es gibt sie wirklich. Sie sind nicht unbekannt geworden, sondern unbekannt geblieben – nicht ganz. Man will halt lieber Botho Handke kennen.

Micky Remann las in Apolda aus seinem „Ozeandertaler" vor, vor elf uneingeweihten Irrläufern. Als Honorar bot ihm der Kulturverein 50.- DM an, die er auf 45.- DM runterhandelte.

Was ich an ihnen bewundere: daß sie mir stilistisch an die Schulter reichen. Sie sind in vielem konsequenter als ich. Es wäre aussichtslos, sie miteinander bekanntzumachen. Beide lesen nicht nur keine Gegenwartsliteratur, auch mich nicht, sondern – wie ich weiß oder ahne – mehr oder weniger überhaupt keine Bücher, lieber im Buch des Lebens – woher aber haben sie dann ihren enormen Wortschatz? Doch wohl nicht von Paul Scheerbart, dessen Stimme Remann in öffentlichen Séancen herbeichannelt? Doch wohl nicht von Louis-Ferdinand Céline, den Sinzig schlürft?

Plötzlich spüre ich, daß ich nicht mehr allein bin mit meinen kaum gedruckten Favoriten. Ich habe Textstellen, die ich bis vorhin ganz für mich allein hatte, prostituiert, sie herabgezerrt aus den hehren Höhen himmlischer Ungedrucktheit in die Regionen von Druckereilärm und Peep-Show. Ich habe unbekannte Dichter, die sich nie dafür hergäben, bloß ein unverlangtes Manuskript unter unverlangten Manuskripten zu sein, hiermit aufgefordert, nicht „Nein!" zu sagen, wenn ab sofort mehrere Verleger um Ungedrucktes flehen. Ich habe mich unweise wie Ravi Shankar in Aufnahmestudios vermarktet, statt zweckfrei unter religiösem Feigenbaum dem Sitarspiel des unerhörten Masto zu lauschen.

Zunehmend leide ich, auf die schiefe Bahn geschoben von Sinzigs wollüstiger Misantrophie, an meiner Unlust, Gegenwartsliteratur zu lesen, die immer nur wieder – seitdem Autoren mit ihren

Zielgruppen zusammenschmolzen – Schweinekot vor die Säue werfen. In meine Lust, Manuskripte zu lesen, die besser sind als zweitbeste Bücher, schleicht Angst sich ein, daß Sinzigperlen und Remannperlen vor die Hunde gehen könnten, statt auf dem üblichen Weg vor Säue geworfen zu werden. Denn mit den Säuen ist es so: Viele Säue ohne Perlen, aber keine Perlen ohne Säue: Ohne Sonne, die Perlen wie Säue bescheint, und ohne Säue, die an den Perlen kurz herumschnüffeln und herumschmatzen, kommt kein trübes Kügelchen auf den Gedanken, per Glanzsteigerung Perle zu sein. Endlich könnte dieses Gleichnis sein Hinken abwerfen.

Falls mein jubelndes Gerücht zähflüssig verpuffen und Eckard Sinzig und Micky Remann als Autoren weiterhin absolut unbekannt bleiben sollten, werden sie wenigstens als festgelegte Inventarstücke meines subjektiven Mentalmuseums weiterleben, unbekannt verzogen, als umbenannte Romanfiguren meiner ungedruckten Bücher. Denn auch ich betrachte mich als Autor, weitgehend im Ungedruckten schwelgend, angesichts täglich anfallender, unbeobachtet in den Wind gesungener Textmassen, für Dritte viel zu hochtrabend. Hier und da gerinnt ein herabklatschender Tropfen, eingesperrt in einen Beitrag, und gibt sich der Suggestion hin, Hanfpapier sei haltbarer als die fleischerne Trägerbasis meines Kopfkinos, und das atombombensichere Literaturarchiv Marbachs sei – im Hinblick auf kosmische Verfallsdaten – eine langlebigere Eintagshummel als mein bißchen punktuelles Geträllere.

- ***Eckard Sinzig:*** *„Kopfpunktierer, Herztranchierer", Eremiten-Presse, Düsseldorf, April 1997.*
- ***Micky Remann:*** *„Der Globaltrottel. Who is who in Kathmandu?", Rotbuch Verlag, Berlin, 1984; Neuauflage in Werner Piepers Medienexperimenten, 1995.*

Und dann und wann ein Mordkarussell

Können literarische Serienkilller noch schockieren?

Jeder sollte x Söhne und Rivalen zeugen und töten, kraft ewig singender Instinkte. Liebe und Tod steigerten und entfärbten sich zu Sex und Mord, also umgerechnet zu weltweit 160 Überschuß-Babys und seit 1945 zu ½ Milliarde Kriegstoten, mehr als Weltkrieg 1 + 2 zusammengenommen, die die vielköpfigen Werke der Liebe kaum unterlaufen. Tornados, Earthquake, Mosambik, alles keine effektiven Aderlässe, kein Regulativ der Mutter Natur contra Überbevölkerung. Im Alltag schlägt Greuel-Statistik kaum durch. Trotz Sozialkontakt-Überangebot, trotz Kriminalität, von Speed Queen bis Dieter Zurwehme, wird so selten in Serie gekillt, daß mans „fast nie" nennen kann, nämlich zu 80 Prozent in den USA. Germany hat pro Tag bloß schlappe sechs Mordopfer beizutragen, weniger als Manhattan pro Nacht, auf 80 Mill. potentielle Mörder so gut wie null. Steine-auf-Autos-Schmeißer, Pferdespießer und Amokschützen, die unbeliebte Lehrerinnen (sowenig deren Hand ausrutschte) zunehmend niedermähen, verjüngen sich stetig. Lehrer in Köln, Bonn und Ulm, statt sich hinter Schiefertafeln zu flüchten, klagen über die Normalität beamtenhafter Schüler. Lehrer laufen praktisch nie Amok. Sobald tatsächlich mal einer durchdreht, meldet kleinlaut die HNA auf 120 Schuß drei Verletzte, zwei davon leicht. Immerhin, seit 1900 hat Deutschland 60 Serienkiller produziert, die Namen tragen wie Mathias Kneißl, Ferdinand Gump, Eduard Gänswürger, also dem Archetypus Räuber Hotzenplotz gehorchen. 40 Prozent aller Kinder in Schweden glauben, jeder stürbe durch Mord. RTL und VLB brockten dies ein, mit Buchtiteln voller Hammermörder, einsam tötenden Frauen, Mädchenmördern, Kino-Killern, Iceman-Murderers,

Mörder in Weiß, schwarze Witwen, Retortenmörder; Schreie, die keiner hört; Mörder wie du und ich, und andere Täter. Da knüpft man an ehrwürdigen Bibeln an: Ilias, Mahabharata, Nibelungen, Dante, Shakespeares Richard dem Grausamen. Holde Kunst überzieht fiese Realitäten mit Süßstoff. Hohe Kunst hält Schritt mit immer üblerem Weltlauf. Ausgedachte Morde wandern ab in Freitagskrimi und WARHAMMER 40000, alias Groschenheft. Seriöse Literatur wurde stubenrein, salonfähig, wohlgesinnt, nett, ein Mainstream aus Befindlichkeitsprosa.

Zornige junge (rapid ergrauende) Männer, die wie Rainald Goetz Bundespräsidenten Genickschüsse an den Hals wünschten, gingen in freche junge Titanic-Freaks über, die immer wieder Engholm in die Badewanne legen. Young men wie Bret Easton Ellis, mißlaunig unterkühlt, lockern mit härtesten Kicks kaum die Indolenz auf. Allenfalls Urs Allemann konnte eine erboste „Babyficker“-Leserin erzielen, die dem ungefährlichen Autor einen außerliterarischen Farbkübel über Kopf und Brille kippte. Über Wiener Blutorgeln will sich keine mehr aufregen. Böse alte Männer erhöhen derweil ihre Mordraten: Thomas Harris' schweigende Lämmer, Oliver Stones Natural Born Killers, Bertrand Blier. Denn Mord ist ihr Hobby. Unsenil überrollen sie Nabokovs Diktum: „Dichter töten niemals.“ Bloß 1 Prozent aller Amokläufer sind Rentner, 0 Prozent Rentnerinnen, nur 36 Prozent über 40 (erstes Maximum beim Amoklaufen: 23).

Die drei literarischen Mörder Dr. Hannibal Lecter, Cor Bonta (James Bond?) und Baudouin Treuttel werden konterkariert von Patrick Bateman (Batman und Norman Bates amalgamierend?), dem 26-jährigen Mörder des 33-jährigen Bret Easton Ellis. Bonta hat was gegen die Welt, weniger gegens Töten als gegen die Welt, betreibt Mord als kultische Weihehandlung; Treuttel mordet, weil er Frauen nicht ohne BH ertragen kann; Bateman foltert und zerstückelt zwischen Job, Videoverleih und Geldautomat, weil jemand als Penner, Japaner, Scheiß-Nigger, Nutte oder Tunte herumläuft, als „genetische Unterklasse", bzw. verächtlicherweise Kleider trägt, die nicht von Armani oder Hugo Boss sind („Jesus, könntest du dich bitte rasieren!"). Also exakt umgekehrt als damals in Easy Rider-times, wo junge Schlabberlook-Träger zu den Opfern normal angezogener Vätergeneration wurden, töten jetzt parfümierte Yuppies runtergekommene Ex-Hippies und Oldies samt Köter. Variiert werden nicht Verbrechervisagen wie die von Charles Manson oder Johann Eichhorn, dem Schrecken des Münchner Westen, die vermutlich sofort – sobald man sie wacker nach der Goethestr. fragt – zum auskunftsfreudigen Normalbürger mutieren, sondern eher Normalbürger, nette Männer von nebenan, alte Lieder von der Banalität des Bösen, das schief hervorblickt hinter des Strafverteidigers Lebenserfahrung: „Keinem Mörder, den ich vor Gericht sah, sah man es je an, daß er ein Mörder war" (siehe „Die Haarmann-Protokolle"). Literarischen Mördern sieht man es nun erst recht nicht an. Sie variieren den klassischen Ästheten und Dekadent, antiquarisch kaum noch erhältlich, Nachfahren Jean Des Esseintes', dem Dandy des Joris-Karl Huysmans, 1884, der süperb in Preziösi- und Exklusivitäten schwelgt, in Orangennüancen, Blaufuchsfellen, florentinischer Dalmatika, byzantinischen Monstranzen, echtem Velinpapier mit Wasserzeichen, wie Patrick Bateman in Platin-American-Express-Karten, Parfümflakons wie Xeryus, Tuscani, Obsession, Polo, Grey Flannel, Antaeus, und Eckard Sinzig in Katalogen konträrer Mordopfer: schöne Schwarze und häßliche Weiße; verarmte Gräfinnen und neureiche Galeristinnen; junge Beamtinnen und alte Studentinnen; dickbrüstige Tierpflegerinnen und flachbrüstige EDV-Spezialistinnen; verdorrte Matronen und dralle Ehefrauen; blutarme Krankenschwestern und brünstige Krebspatientinnen. Alle diese irrealen Mörder entstammen parkettsicherer Bildungsschicht, ästimieren und präferieren teure Weine, Cerutti-Unterwäsche, Enrico-Hidolin-Seidenslipper, Baumwoll-Einstecktücher von Paul Stuart, Hugo Boss oder Ashear Bros. Bateman überbietet Des Esseintes' russisches Roggenbrot, Trüffelkraftbrühe, ambraduftende Schokoladencrème, Blutpfirsiche, Traubenmus, Herzkirschen mit Monkfish, Sashimi, Thunfisch-Cappu, Zitronensoufflétorte, Schwertfisch-Terrine, Austern im Kartoffelmantel, Tortillas aus blauem Mais mit Wachtelfüllung, Waldorfsalat, Apfelbutter, Weizenkeime, Sojamilch, Zahnseide, Valium, Xanax, Nuprin und Halcion, die er mit Diät-Pepsi schluckt. Cor Bonta kennt sich angeblich aus in Kybernetik, Biochemie, Informatik, Ethnologie, Orientalistik. Mit Untersuchungen zur sozialen Herkunft der Täter deckt sich da nichts. 94 Prozent der Amokläufer haben keinen Schulabschluß – nur 5 Prozent sind weiblich.

Gucken Mordpoeten die falschen Filme? Sie übertragen die Info, KZs und Brahms schlössen sich nicht aus, aufs normale Leben, schmeißen also Cello spielende Parteimitglieder, Memmen und Schreibtischtäter, die zu wenig Mumm und manuelle Geschicklichkeit hätten, um in eigener Person einer Fliege was zuleide zu tun, in einen Topf mit Metzgern, die sich gern Hände schmutzig machen und denen das Schweinewürgen etwas gibt. Doch seit „Ein kurzer Film über das Töten“ oder Hitchcocks „zerrissenem Vorhang“ und deren These, daß ein Opfer praktisch nie sofort mausetot ist (bis hin zur Zahnprothese, die dem grundlos erwürgten Taxifahrer in den Matsch fällt); seit „Falling down – ein ganz normaler Tag“, wo Hitze, Stau, Fliege und aggressives Klima in beliebiger Laufkundschaft auf austauschbaren Straßen Michael Douglas ausrasten lassen, ja, selbst seit Derrick alias Sherlock Holmes, müßte sich herumgesprochen haben, daß mordende Psychopathen nie und nirgendwo mit Schlachtermesser durch Endlosgänge hinter ihren Ex-Frauen hergaloppieren, qualvoll verdrehten Auges, mit der freigelegten Zahnleiste Jack Nicholsons, umdröhnt von Filmmusik, Lustmord als TV-Phantom, eingebrockt und ausgerollt von Stephen King. Mordpoeten ahnen kaum, daß echte Serientäter unhappy sind, Serotonin schlucken, um dem nächsten Anfall auszuweichen. Auch wenns keiner glauben will: Wer nicht mordet, verpaßt wenig. Kickspender Nr. 1 manch einer einsamen Kindheit: Abknallerei. Thomas Mann über Moses „Er tötete früh im Auflodern, deswegen wußte er, daß Töten zwar köstlich, getötet zu haben, aber höchst schrecklich ist, und daß du nicht töten sollst" – das fußt noch anrüchig auf Blutromantik. Erleichterung, die spürbar werden soll, sobald man sog. Feinde wegrasiert, stellt sich allenfalls ein, wenn man eigene Fäkalien entsorgt, statt fremde Kacke. Das Faktum, daß Killer immer nachlässiger vorgehen, um endlich entdeckt zu werden, wird auf Opfer projiziert, die laut Sinzig wie Blumen ihrem Gepflücktwerden entgegenjapsen.

Das Böse, statt auf leisen Sohlen zu kommen, kräht: „Achtung: ich töte! Alle mal hergucken!" Cor Bonta planscht im Blut wie sein sprachmächtiger Autor in ebenso saftigen Vokabelwonnen: „Brüllend und absamend, brüllend und bombardierend, in allen Tonlagen der Brunst jubilierend und Magma, Kokken, Protoplasma, Urschleim und stellare Fruchtkeime auswerfend, schoß er wahllos in die Runde – schoß in die Kronen der Palmen, schoß in das Schwimmbecken, schoß in den taghellen Mond, schoß in die Sonne, schoß sich den Weg ins All frei, wo die feixenden Irren wohnen, deren Waffe und Nahrung das Feuer ist." Jenseits von Nachladeproblemen, nicht aber jenseits von Fantasy-Kasperletheater. Auch Dummys,

Papiertigern, Plastinauten ließe sich so hinterhertrauern wie dem via Selbstjustiz von Humbert Humbert hingerichteten Clare Quilty (der denkbar hautnah erlebteste, glaubwürdigste, geradezu sinnvollste literarische Mord!), wenn all diese Aufblaspuppen vor ihrer Abschlachtung ein wenig Gesicht bekämen. „American Psycho“ schockiert (ein wenig), indem der Autor den aerobicgestählten Opfern kurz vor Vivisektion und Ex schnell noch ein wenig Kolorit und Realitätsgrad verleiht.

Wenn wenigstens bei diesen Exzessen Kunstwerke herauskämen. Der Running Gag der verstreut in „American Psycho“ herumhängenden Les Misérables-Kennmarke bleibt blöd symbolisch. Das Rundum-Töten im „Mordkarussell“ bleibt, mangels Bodenhaftung, Pantomime, Behauptungsprosa. So depravierte Nabokovs Maxime, durch finessenreiche Obszönitätsvermeidung sexuell zu erregen, zu vorpsychologisch, vorkritisch, vorkopernikanisch, präjoycesch ungemischter Palette. Watteau-Gemälde wurden zu Linolschnitten, schwappend von 2-D-Vorzeige-Graus, und der guten alten Abzieh-Erkenntnis, daß Blut nicht echter ausieht als Theaterblut. Maxime: Nirgendwo ein Müllcontainer ohne Leichenteile.

Nichts gegen Überzeichnung, Inhumanismus, Elefanten in Porzellanläden, erfrischende Untergänge von Kultur durch Natur und Unnatur, doch müßte im TV auch mal anderes herbeizappen lassen als ausschließlich Blutiges. Daß eine Tussi, der man die Zunge rausschnitt, bei der anschließenden Zwangsfellatio nicht zubeißt, bleibt in „American Psycho“ dauerhaft sinzigesk.

Je dicker die Tube, desto geringer der Schock. Die coole Teilnahmslosigkeit des Unsympaths Patrick Bateman wird in seiner Generation auf kaum andere Affekte stoßen als auf ein ebenso cooles Schulterzucken. „Sie trägt allen Ernstes einen sackartigen, undefinierbaren Sweater – definitiv kein Designerteil-, vermutlich um zu kaschieren, daß sie keine Titten hat, und Scheiße, was nützt es, daß sie ganz hübsche Augen hat?“ Ein wandelnder Kleiderständer – einzig besorgt um die ruinierte Maniküre – schlägt zu. Jedes Bewußtsein, Residuum einstmaliger Seele, nur noch Durchgangs- und Registrierstation für Markennamen. Doch obwohl auch dieses Buch die omnipräsente kollektive Sättigungsschwelle kaum perforieren kann, wird im lebendig gebliebenen Leser möglicherweise ein letzter Zipfel Emotion hervorgekitzelt, vom Verdacht, daß Autor und Mörder sich nicht äußerst unterscheiden; beiden gönnt man nicht die Kiwi-Sorbets noch die Duplak-Vollgold-Rolex, verachtet das triste sog. „Ficken“ und wird zu unschönen Reaktionen verleitet: Wer damals bei Heinrich Manns „Untertan“ den Impuls spürte, dem Widerling Diederich pro dessen Lebensregung einen Arschtritt zu verpassen, könnte beim Anblick Patrick Batemans Rübe-ab-Gedanken hegen, den Mörder in sich entdecken, ihm via Schlagbohrmaschine quer durchs Bubigesicht fahren mögen – immerhin ein Lektüreerlebnis. Wie lassen sich solche Typen verhindern? Da wiederum gibt Monsieur Treuttel einen Tip: „Wenn ein Kind geboren wird, sollte man ihm als erstes gleich in die Fresse hauen. Am besten direkt auf die Fontanelle. Damit es gar nicht erst Schlimmes anrichten kann.“ Der Mörder aus Volker Dobersteins harmloser „Schule des Bösen“ verübt mit sieben seinen ersten Mord.

Leider basiert mörderischer Rambazamba-Ringelpitz auf dem realiter oft vorhandenen Ur- und Grundgefühl zivilisierter, ansonsten unschuldiger Mitbürger, die beim Anblick von Massenansammlungen sich verklemmt ausmalen, wie man Getümmel plattmachen könne. Nur sehen zu mtv-Zeiten, neben dem Cutting-Streß der Bonnie & Clyde-Neuauflage und -Überbietung „Natural Born Killers“, die Mordapotheoten oder auch MMs (= Möchtegernmörder) un poco ungelenk aus, lahm, nicht grad hardboiled. Sie machen sich flächendeckenden Mordens schuldig, plus linear-flächigen Primiv-Erzähltons u.ä. Undelikatesse. Plastische Hände fahren plastische Mordwaffen ohne dranhängendes zweidimensionales Subjekt durch plastische Architektur; der eigene Tod läßt sich nur noch am Lebensenergie-Zählwerk ablesen, oder am vorfabrizierten Todesschrei vom Band.

Bei Jean-Baptiste Grenouille lag kein Grund vor, warum die berochenen Schönen abgemurkst werden mußten, um Düfte freizugeben. Die Studenten aus „Cocktail für eine Leiche" hätten sich via Dostojewskilektüre viel ersparen können. Dr. Lecter und seine monochromen Ablegerlein meucheln und murksen bedauerlich diesseits von Raskolnikow herum. Kleine Lichter lernen aus der History so wenig wie Staatenlenker.

„Funny Games" bekam es hin, nochmal das Unmögliche zu realisieren: zu schockieren, mit entgegengesetzem Kochrezept: Einbruch scheinbarer Harmlosigkeit ins noch Harmlosere, minimalistisch meditative Bilder, Low Budget als Tugend. Die Kanüle, die aus ärztlichen Gründen den Arm des Totmachers Fritz Haarmann sticht, löst existenziellere Schauder aus als der Meterstand undosierten Blutpegels. Die Aufschlitzung eines Köters (in „American Psycho") nimmt mehr mit als die summarische Abräumung ausgedachter Anonym-Staffage. Tresorbüchsen, Geldrollen und „obszön riechenden Geldzähler-Schwämmchen" des Kassierers Cor Bonta hauen brechreflexlösender rein als später der Doomsday herumfliegender Köpfe, zwischen dem Roastbeef und Räucherlachs des Frühstücksbüffets.

Wer nach solcher Reizkost zu Pier Paolo Pasolinis „Sodom und Gomorra" zurückkehrt, oder zu Guillaume Apollinaires „Die elftausend Ruten", oder gleich zu Gründungsmitglied Marquis de Sade, findet in deren Massakern (den Folgen monotheistischen

Rückschlags) und Gruppensex-Orgien (dem pluralistischen Pendant zum Serienmord) heutige Konstitutionsmankos damals schon vor, vollzählig: physiologisch unbeleckte Abwesenheit von Hemmschwellen und Refraktärphasen; mangelnde Motiva- und Relation zwischen Opfer und Täter bzw. Sexobjekt und Ficksubjekt, ausbleibende Wechselbäder, Umbeleuchtungen, Umkippmomente. Das Basisproblem jeder Pornobranche: Womit füll' ich die Pinkelpausen zwischen Coitus und Coitus? Golfschläger, Korkenzieher, Tiffany-Kerzenhalter aus Sterlingsilber, lederne Terminplaner, Designer-Kataloge, mit Gel und Thompson-Mousse zurückgekämmte Haare und „Nett, dich zu sehn"-Smalltalk aus „American Psycho" läßt man sich als Lückenfüllsel nur gefallen, weil jeden Moment der nächste Mord erfolgt.

Nicht einmal das „Massaker in Drückeberg" aus U. Holbeins „Warum zeugst du mich nicht?", worin alle historischen bzw. künftigen Massenmorde ultimativ ausgereizt, prophetisch geröntgt wurden, konnte das Gemetzel am Schluß von Robert Schneiders „Luftgängerin", allwo man im Panzer durch Massen fährt, ursächlich verhindern, noch Franzobels Fleischwolf-Exzesse, noch Josef Haslingers „Opernball"-Massaker, wo gut getimt E-Literatur und Tagesschau-Realität um die Wette massakrierten, zuungunsten des japanischen U-Bahn-Giftgas-Gurus, der es bloß auf drei- statt wie der Roman auf vierstellige Zahlen brachte.

Rein formal halten Hannibal & Co. diesen Standard nicht ein. Sie töten unpfiffig vorbei an originelleren Massenmordmethoden, an Batman-Horrorburlesken, wo Joker Jack Nicholson ein Lokal ausräuchert, um eine bestimmte Lady per Sauerstoffmaske, weihnachtlich verpackt, dem Kollektivtod zu entheben. Selbst im Nachbarfach „Schwerer Raub" wurde vom Kaufhaus-Erpresser Dagobert einfallsreiche Kriminalität obligatorisch gemacht.

Stattdessen fuchtelt Bonta leider bloß vorsintflutlich mit Kalaschnikow, schnödem Piffpaff, Pfui-Bääh-Schlitzischlitzi, wie unsubtil und unburlesk, Bateman immerhin mit Bolzenschußmaschine. Entsprechend peinlich die Resultate, für nachapokalyptische Verhältnisse arg peanutförmig, auf Derrick-Ebene bewältigbar mit Bergungswannen, polizeilichen Überstunden, und 20 kg Streusand – „wo waren Sie gestern zwischen 9 und halb 11?" Bereits bei den frühesten registrierten Amokläufen handelte es sich um militärisches, gern tausendköpfiges Gruppenamok, wie 1503 in Calicut, Südindien. Nur ebenfalls Unbeleckte, die in der Mottenkiste so hinterwäldlerischer Genres wie Kriegshymne oder Mordroman verharren, können immer noch auf altmodische Blutspritzer reinfallen.

In summa: Aus effektiven Amokverbänden wuchsen isoliert durchknallende Singles privatistisch hervor, Steppenwölfe, Strangers in Night-City, Ästheten im Armani-Look, nein: in der Zipfelmütze der Vorgestrigkeit, ausgeworfen aus dem Kollektivgewusel der Gattung, nutzlos, uneffektiv, um im Zeitalter nachmetaphysikalischer Gasförmigkeit, Kernphysik, geno-, omni- und demozidaler Aktionen, schwarzer Koffer weiterhin von privatem Blutrausch zu träumen und als Einzeltäter am Hebelgesetz festzuhalten – Mechaniker! Grobmotorik! Atavismus total! Poeten als Nachzügler. Auslaufmodelle, die ihre historische Liquidation problemlos überleben und unterhalb jeder Mindestquote weiterballern. Heute hat man gefälligst Global Player, wenigstens Invasionsbiologe, Immunologe, Epidemologe, Virologe zu sein, 100 kg-Milzbrandbomben über Manhattan loszulassen – 3 Mill. Tote pro Bombe erzielbar! Pro Knopfdruck. Auslösbar von indolenten Pickelträgern, 18. Nein, wahrere Helden sind heute nicht jene Papua-Krieger, die erst dann heiraten dürfen, wenn sie eine Kopf-Trophäe beim

Häuptling abliefern, sondern Deserteure, die selbst auf Feiglings-Niveau die Größe buddhistischer Aussteiger gewinnen, auch dann, wenn das Rad des Leidens die Nestflüchter doch wieder einholt. 60.000 serbische Deserteure lassen hoffen, auch dann, wenn sie nicht weniger banal und harmlos aussehn als die kümmerlichsten, pickligsten Repräsentanten zeitgemäßen Mordens: Heckenschützen, Nulpen, Spanner, Söldner, MMs und andere Bankbeamte.

- *Lothar Adler: „Amok. Eine Studie", belleville Verlag, München, broschiert, 125 Seiten, 2000, 34.- DM.*
- *Eckard Sinzig: „Das Mordkarussell. Eine Horrorburleske", Achilla Presse, Hamburg, 1999, 42.- DM.*
- *Bret Easton Ellis: „American Psycho", Roman, 549 S., Kiwi Köln, 1991, 16. Auflage 1999, 24,90 DM.*
- *Bertrand Blier: „Der Dessousverkäufer. Bekenntnisse eines Mörders", vgs Edition, Köln, gebunden, 301 Seiten, 1999, 39,80 DM.*
- *Thomas Harris: „Hannibal", Hoffmann und Campe, 1999, 49,90 DM.*
- *Thomas Brasch: „Mädchenmörder Brunke", Suhrkamp Verlag, 1999.*
- *Polizeireport München, 1799-1999, herausgegeben von Michael Farin, 516 Seiten, belleville, 58.- DM.*
- *Volker Doberstein: „Die Schule des Bösen", Roman, Elfenbein Verlag, Heidelberg, 199 Seiten, 1998, 32.- DM.*
- *James Ellroy: „Stiller Schrecken" (Silent Terror).*
- *Ed Gein: A Quiet Man (Psycho, The Texas Chainsaw Massacre, Derangend. Das Schweigen der Lämmer), 390 S., belleville München, 1996, 39,80 DM.*
- *Peter und Julia Murakani: „Lexikon der Serienmörder, 450 Fallstudien einer pathologischen Tötungsart", 352 Seiten, Ullstein TB, 2000, 16,80 DM.*
- *„Die Haarmann-Protokolle", herausgegeben von Christine Pozsar und Michael Farin, rororo-Sachbuch, 1995.*
- *„Der Vampir von Düsseldorf", Die andere Bibliothek im Eichborn Verlag, herausgegeben von Roswitha Kaever, 48.- DM.*
- *Karl Berg: „Der Sadist. Gerichtsärztliches und Kriminalpsychologisches zu den Taten des Düsseldorfer Mörders Peter Kürten", 24 Abbildungen, belleville Verlag, München, 126 Seiten, 1998.*
- *Karl Jaspers: „Heimweh und Verbrechen", 34.- DM.*
- *Georges Bataille: „Gilles de Rais. Leben und Prozess eines Kindermörders, aus dem Französischen von Ute Erb", Merlin Verlag, 381 Seiten, Leinen, 7. Auflage, 2000, 48.- DM.*
- *M. Gleich/D. Maxeiner/M. Miersch/ F. Nikoley: „Life Counts. Eine globale Bilanz des Lebens", Berlin Verlag, 287 Seiten, 44.- DM.*
- *Franzobel: „Scala Santa oder Josefine Wurznbachers Höhepunkt", Roman, 395 Seiten, Paul Zsolnay Verlag, 2000, 39,80 DM.*

Gesäss und Gesicht – zwei aussagefähige menschliche Körperteile

1998 staubte ich ein Buch ab, über den menschlichen Popo. Ich schlug es auf und fand es nicht schlecht. Doch ich kam nicht dazu, es zu rezensieren, oder wenigstens durchzulesen. Wunderbares Thema, doch kein Funke sprang über. Was hätte ich schon melden können über den Hintern? Das Buch lag herum und wartete auf mich.

1999 erschien dann ein Buch über das menschliche Gesicht. Ich schlug es auf und fand es nicht gut. Hochwichtiges Thema, unverzichtbar, doch kein Funke sah aus, als könne er aufglimmen. Doch als ich das Gesäßbuch hinzuholte und beide im Wechsel mir antat, schlugen sofort verdoppelte Funken hoch, sprangen über – mir fiel was ein, und ich tippte ein Doppelporträt nieder:

Kaum jemand hat Aids. 276 Bücher über Aids sind lieferbar – hingegen fast null Bücher über Gesäß und Gesicht. Jeder, der so herumläuft, trägt beide, obendrauf und hintendran. Diese zwei Hübschen liegen und hängen im Doppelpack mal wieder zu nahe, um ein doppeldeutiges Thema herzugeben. Willensstarke Kinne und flache Gesäße können sich kaum um Physiognomie kümmern, aus Zeitgründen. Gesäße machen an oder törnen ab, statt überdisziplinär beleuchtet zu werden. Das muß nicht so bleiben.

Gesäß und Gesicht haben nun jeweils ihr Buch gefunden und sind also auch erkenntnismäßig im Vormarsch, in bedeutsamer Reihenfolge: Eines Tages erschien ein Buch über das Gesäß. Es stand im Raum, separat und einsam. Kam es sich unvollständig vor?

Ein Jahr später erschien ein Buch über das Gesicht und rundete das Gesamtbild ab. Beide Buchcover gehören zueinander wie Gesäß und Gesicht. Beide zeigen Hautfarbe.

Die Autoren gehen unterschiedlich heran. Jen-Luc Hennig und Jonathan Cole unterscheiden sich fast so sehr wie Gesäß und Gesicht. Zweiteres wird von x Gesichtsmuskeln bewegt (Cole nennt deren Zahl nicht). Das Gesäß hingegen besteht nur aus zwei Glutäen (Pobacken), nicht weiter unterteilt, die größte zusammenhängende Fleischmasse des menschlichen Körpers. Cole knüpft sachlich an, als farbloser Musterschüler an Oliver Sacks erfolgreichen Fallgeschichten, erzählt Storys von Mitmenschen, die als Blinde, Autisten, Möbiuspatienten Probleme mit ihren Gesichtern bekamen. Henning hingegen kreist derart lustvoll und obsessiv ums Gesäß, bis es dank Querbezügen und Weiterungen vom Homo erectus bis zur Mona Lisa kaum Themen übrigläßt, die nicht mit ihm zusammenhängen, also bis das Gesäß die Welt umfaßt und den dranhängenden Autor absorbiert.

Das Buch über den unindividuelleren Körperteil befleißigt sich – ohne „ich" zu sagen – einer individuelleren Sprache: Jean-Luc Hennig schreibt süffig, farbig, gewandt, elegant, ulkig, zitiert Montaigne, Bataille, Sartre, Novalis, Morris, Beuys und Dali, den beim Anblick von Hoden metaphysischer Enthusiasmus überkam, gerät schier ins Aphorismusfähige: „Der Anblick einer einzelnen Gesäßbacke ruft im Bewußtsein ein irritierendes Gefühl des Ungleichgewichts hervor."

Cole hingegen, seines Zeichens Neurophysiologe, zitiert bloß Wittgenstein, sparsam, allenfalls Aristoteles, Darwin und Oliver Sacks. Er kann seine Herkunft aus Schul- und Hausaufsätzen auf keiner Seite verbergen – „Ich befaßte mich mit psychologischen Darstellungen des Gesichts, Arbeiten aus der Soziologie und der Verhaltensforschung. Je mehr ich las, desto mehr machte ich mir Gedanken zum Mienenspiel." Er verbleibt, trotz angestrebter Subjektivität, in Berichtston und Sekundär-Jargon: „Ich hatte überlegt, ob Mimik und Stimme verschiedene Facetten emotionaler Information weitergeben. Es gibt Arbeiten, die diese These stützen. Klaus Scherer ist der Ansicht, die Mimik würde eher –" Immer nach der Maxime: „Es ist interessant, darüber nachzudenken."

Wer die Reihenfolge der Erscheinungsdaten einhält und mit naßgelachtem Gesicht aus dem Lesespaß des Gesäßbuchs auftaucht, wird das Gesichtsbuch etwas trocken finden. Wer oben anfängt und sich von David menschlich anrühren und auch schockieren läßt, könnte anschließend das Gesäßbuch unseriös finden, feuilletonistisch, seicht. Sage mir, welches der Bücher du liest, und ich sage dir, ob du ein von der Krankenkasse anerkannter Therapeut oder ein geiler Bock bist, dessen Sinn für Kunstgeschichte auf jedem Gemälde ein Gesäß entdeckt.

Bei Hennig finden sich x Querbezüge zum Gesicht („Gesäße können erheblich unter den dazugehörigen Gesichtern leiden –", „Die Ohrfeige ist also gleichsam die Ausgeburt der Wange.") Leider nicht vice versa: Bei Cole finden sich null Hinweise auf die Existenz des Gesäßes. Das spricht, bei aller Fleischkumulation, nicht gerade für dessen insgesamtes Übergewicht.

In summa: Obwohl am Gesäß als Phänomen nicht viel dran ist, wird mehr herausgeholt aus ihm als aus dem doch wohl brisanteren Themenfeld Gesicht, das ebenfalls mehr hergäbe, wenn die Bücher ihre Autoren tauschten. Gesucht wird also ein Autor, der die Hälften, von Brandstifter und Biedermann grausam auseinandergerissen, Zahl und Wappen, davon befreit, sich kraft fehlender Anschlußbuchsen einer ebenbürtigen Synopse zu verweigern, und sie hilfreich wiedervereinigt, also Coles und Hennigs Material-Steinbrüche destillierte und unter Einbezug weiterer Körperteile eine Gesamt-Naturgeschichte des Körpers hinlegte und hierbei, philosophisch und stilistisch, nicht gar so gesichtslos bliebe.

Andererseits sollte keine Seele den Sachbüchern vorwerfen, daß sie in ihrem Sachbuchstatus verharren. Nicht jeder, der mal ein bißchen interessiert sein will, kann sogleich als Wittgenstein oder Bataille in Untiefen sich ergehen und sich von seinen kostbaren Themen hinaufreißen lassen ins mehr als Überdurchschnittliche. Immerhin läßt auch hier die Brisanz und Relevanz des blanken Stoffs dessen Transporteure, diese Störenfriede ihrer eigenen Elaborate, zeitweise vergessen. Wunderbar wahnwitzige Infofülle – daß Glasaugen so seelenhaft wirken können wie Augen, da der Ausdruck von den umliegenden Muskeln erzeugt wird und nicht vom Auge selbst (Cole) oder daß Frauen, die sich Pobacken aus Silikon zulegten, diese, wenn sie sich hinsetzen, oft in Richtung Oberschenkel abwandern fühlen (Hennig) – rollt anregend hinweg über Platitüdenstapel: „Zur Geltung kommt die Rundung des Gesäßes jedoch vor allem in der Bewegung“ oder: „– ein einziger Blick auf ein Gesicht verrät uns soviel über einen anderen Menschen.“

Nicht nur Jean-Luc Hennig produziert – ohne hierbei Literat sein zu müßen – teilweise wahnhaft irreale Sätze – „Die linke Gesäßhälfte ist weit vom Herzen entfernt, hat vielleicht noch nie etwas von der Existenz dieses Organs gehört und strahlt daher auch nichts anderes aus als die rechte“, „Ein nicht zu vernachlässigendes Detail stellt allerdings die Tatsache dar, daß die Pobakken – anders als die Brüste – nicht über Nippel verfügen“, „– wie zum Beispiel siamesische Zwillinge, bei denen sich auch die Anzahl der Gesäßbacken verdoppelt.“ Sogar Jonathan Cole erzielt – ohne davon viel mitzukriegen – auf den drei, vier Seiten über die Evolution des Gesichts bei jedem sensiblen Gesichtsträger ebenjenes platonische Staunen, nein: jenes Rückenrieseln, ja: heiligen Schauder, den Konrad Lorenz auf ein Residuum von Sträubung der Rückenmähne zurückführte, zwecks Umriß-Vergrößerung, und zu welchem Cole nicht neigt, in jenen Passagen, die zwar im Gegensatz zu Schopenhauer sich um die Frage drükken, warum man mitten im Gesicht Augenbrauen trägt, oder im Gegensatz zu „Peter Moosleitner's interessantem Magazin" keineswegs die Resonanzraum-Theorie und die Knautschzonen-Theorie in Sachen Evolution der Nase ventilieren, dafür aber endlich mal das bei Oliver Sacks, der das Buch klappentextlich ausgerechnet „ungewöhnlich" nennt, abgeguckte, penetrant sich „ich" nennende, arg zum Nachdenken neigende, zutiefst subjektlose Ich angenehm beiseiteläßt und in sachbuchgemäß gebotener Sachlichkeit darlegt, daß an der Unterseite vom bohnenförmigen, fünf Wochen alten Fötus drei Ausbuchtungen erscheinen, die bei Fischen zu Kiemen werden, bei Säugern zu Stirn, Gesicht und Kehle, wobei sich der erste Bogen hochwölbt und zum Gesicht wird. Die wachsenden Bögen schieben sich vor, verschmelzen an der Mittellinie, bilden einen Schlauch, aus dem Därme und Lungen hervorgehn. Schon quellen Muskelschichten, Ringmuskeln, Faserbündel auseinander hervor: „Zwei weitere Entwicklungsschritte ermöglichten flexible Lippen, Wangen und damit Gesichter.", „Nachdem Riechen und Fühlen nicht mehr die dominanten Sinnesorgane waren, wurden auch die langen Gesichtshaare entbehrlich und die Muskeln, die sie kontrolliert hatten, für andere Gesichtsbewegungen frei."

Unterdessen sollte – laut wiederum dem Gesäßbuch – noch viel Zeit vergehen, bis sich der haarige und nicht sehr ansprechende Hintern des Urmenschen zu dem nackten, weichen und zarten Po entwickelte, wie wir ihn schätzen. Bei Cole resultierte die Hirnvergrößerung des Urmenschen auf der Rückbildung der Kieferstruktur, wodurch Masse für ein größeres Gesicht freiwurde.

Bei Hennig resultiert dieselbe Hirnvergrößerung auf Proportionsveränderungen, also vor allem aus der Gesäßentstehung, während allerlei Vorfahren von den Bäumen stiegen. „Die Affen hingegen, die es bekanntlich vorzogen, auf den Bäumen zu bleiben, mußten auf die rundliche Ausformung ihres Hinterteils verzichten, was sie allerdings nicht sonderlich störte."

„Zusammenfassend läßt sich also sagen, daß das Gesicht in der Theorie des Geistes und der Entwicklung sozialer Intelligenz als Vorläufer höherstufiger kognitiver Funktionen und vielleicht sogar des Bewußtseins eine Rolle spielt."

- *Jean-Luc Hennig: „Der Hintern. Geschichte eines markanten Körperteils", Aus dem Französischen von Sabine Lorenz und Felix Seewöster, gebunden, 231 Seiten, vgs Köln, 1998, 38.- DM.*
- *Jonathan Cole: „Über das Gesicht. Naturgeschichte des Gesichts und unnatürliche Geschichte derer, die es verloren haben", aus dem Englischen von Ulrich Blumenbach, gebunden, 293 Seiten, Antje Kunstmann Verlag, München, 1999, 39,80 DM.*

Drinsein in der Arche Noah der VIPs

Kompakt-Kaleidoskop, 4000 Biografien, 2000 Fotos

Drinsein oder Nichtdrinsein, das wird die Schicksalsfrage aller VIPs und User sein, in- und außerhalb von TV, Internet und Lexikon. Wer nicht drin ist, hat wohl ein Ellenbogen- oder Lobby-Defizit, oder brachte es halt bloß zur IP oder UP (= unknown person), oder die Personalabteilung hat wie olympische Nobelpreis-Kommitees, Jurys und letzte Instanzen partiell versagt, Palmen und Anstecknadeln falsch verteilt, Gegenpäpste und heimliche Könige nicht pünktlich erkannt, Glücksnullen ins Spotlight von Kanon und Pantheon gehoben.

Drinsein heißt auf Darwin-Niveau: Survivel of the Fittest – und auf höherer Ebene: exklusiv gerettet sein in einem Himmels-Surrogat, in digitale Immortalität transportiert von Noahs Arche oder Harenbergs Personenlexikon des 20. Jahrhunderts.

Draußensein heißt: ausgemendelt von Darwins Selektion, im falschen Zug gesessen haben: Titanic, Estonia, ICE, Concorde – wahlweise Papierwolf-Orkus oder normalsterbliche Biomasse.

Ins Harenberg-Elysium – eher Panoptikum als Gelehrtenkalender – konnten von 12 Milliarden, die zwischen 1900 und 1999 unerkannt den Globus überwimmelten, 4000 herausragende Köpfe aufgenommen werden, Gandhi, Stalin und Picasso immer vornweg. Gleichwie die Renaissance auf bloß achtzig Schultern basiert haben soll, so sähe es ohne diese 4000 Namen in Politik, Kultur, Wissenschaft und Sport weltweit arg mager aus, von Arafat und Aragon bis Frank Zappa und Graf Zeppelin, zueinanderkomponiert vom ABC, das gern Fußballer und Neutöner zu Platznachbarn macht: Helmut Schön und Arnold Schönberg. Andererseits müßen bei 4000 Namen auch x taube

Nüsse, blinde und schwarze Passagiere mitlaufen, knapp dem Sieb der Zeit entschlüpft, bevor sie als Spreu zurückbleiben.

Wer die 1. Auflage 1992 mit der 3. Auflage von 2000 vergleicht, lernt die Instanz einer solchen Enzyklopädie als dynamischen Organismus sehen, der wie die Personalliste von Konzernen und Klangkörpern rasantem Stoffwechsel unterliegt. Zelluläre Neuzugänge wie Ignatz Bubis, Roman Herzog und Alfred Biolek können in der nächsten Auflage schon wieder ausgemendelt sein. Sichtlich wurde redaktionell hart gepokert, den 1992-Corpus von 5000 VIPs auf 4000 abzuspecken, dennoch sich als einwanderungsfreudig für neu anbahnende Namen zu erweisen (Christiane Nuesslein-Vollhard, Angela Merkel, Jodie Foster), oder für schnellwüchsige Phänomene, die sich 1992 noch der Computertomografie entzogen (Bill Gates, Saddam Hussein). Zum Ausgleich mußten etliche Köpfe ihre Platzkarte wieder abgeben, aus bereits glücklich erreichter Walhalla: Theo Waigel, Hans Eichel, Jörg Haider, Erik Ode, Horst Mahler, Bazon Brock, Fritz J. Raddatz, Ulla Hahn, Reinhold Schneider (dem 1992 das Foto von Dieter Schnebel zugeordnet wurde). Friedrich Naumann wurde verdrängt von Michael Naumann. Helmut Markwort verdrängte Mark Twain. David Letterman besiegte Theodor Lessing. Cees Nooteboom konnte 1992 noch nicht dabeisein, da ihn Marcel Reich-Ranicki derzeit noch nicht gelobt hatte. 1992 wie 2000 fehlen die – neben Hitler – berühmtesten Deutschen Horst Tappert und Fritz Wepper, die von einer halben Milliarde Chinesen im Supermarkt eher wiedererkannt werden als Helmut Kohl und Steffie Graf. Sharon Stone, James Cameron, Jesco von Puttkamer (im Gegensatz zu Heinz Haber), Benoit B. Mandelbrot, Katja Riemann, Udo Samel, Dieter Wedel, Sir Simon Rattle, Lars von Trier, vielleicht gar Wolfowitsch Schirinowski, die auch jetzt schon drin sein könnten, scheinen sich für spätere Auflagen aufzuheben. Anders als

Wladimir Putin, der schnell noch die Hürde des Redaktionsschlusses (1.7.2000) nahm. Hoch anzurechnen hingegen sei Harenberg der Mut, nicht jeden renommierten Schwundkopf prompt zur Crème de la Crème zu rechnen: Wer Henryk M. Gorecki oder Guildo Horn sucht, bekommt Al Gore und Gyla Horn geboten. Manche Berufsgruppen kommen leichter rein als andere: Da pro 700 writers nur ein composer aufkommt, kommen mittlere Entitäten wie Erik Satie, Gottfried von Einem, Manfred Trojahn (anstelle von Ciacinto Scelsi, Conlon Noncarrow, Helmut Lachenmann) über Gebühr zum Zug, und vice versa: so austauschbare wie präsente Autoren (Max Brod, Joseph Brodsky, Golo Mann u.s.v.a.) übertönen singulär leuchtende, aber ersatzlos rausgefallene Erstrangigkeiten wie Hans Henny Jahnn - wohl der grausamste Verlust bzw. Fauxpas! –, oder sträflich übergangene wie William Gaddis, Albert Vigoleis Thelen und Carl Barks, diese um 500 Jahre zu spät seliggesprochenen Spätheimkehrer. Kurt Gödel und Victor Klemperer sind inzwischen drin.

Im „Who is who?" bekommt nur jene VIP ein Foto, die Geld hinlegt. Bei Harenberg liegen die Foto-ja-nein-Kriterien verborgener zutage. Nicht-Foto suggeriert auch hier: kleinere Bedeutung. Sobald alle VIPs einheitlich mit Paßfoto vertreten wären, könnte Protest loshageln: welch Unding, Tennisspielerinnen und Slip-Creatoren (Martina Navratilova und Nino Cerutti) so groß abzubilden wie Mao Zedong und Jean-Paul Sartre. Indem aber die Fotos der 2000 Foto-VIPs recht verschieden groß sind, werden Hierarchie-Reflexionen angeregt: Womit haben Vladimir Nabokov, Doris Day und Bill Clinton ein kleineres Foto verdient als Hellmuth Karasek, Hans Mayer, Coco Chanel und Mark Spitz (9 Goldmedaillen), Arno Schmidt ein 6 x kleineres als Carlo Schmidt? Die Fotoverkleinerung bei Marcel Proust, Reinhold Messner und Leo Kirch zwischen 1992 und 2000 fällt kaum auf. Der Fotoverlust bei Joseph Ratzinger, Ephraim Kishon, Ernst Bloch, Ernst Jünger, Jürgen Habermas, Sir James Fraser hängt weniger an Kurswertschwankungen als an wachsenden Layout- und Platzproblemen bei globalem VIP-Boom. Dafür schwoll das Fotoformat von A.N. Kossygin, Johannes Bobrowski, Frida Kahlo und Aki Kaurismäki unverständlich auf. Bernhard Grzimek, Bernhard Minetti, Eugène Ionesco und Paul Hindemith hingegen schrumpften, vom Foto her, nicht im mindesten auf ihr wahres Maß.

Alle diese Berühmtesten der Berühmten, von Fassbinder zu Faulhaber, leiden am Bonmont des (arg paßfotoklein abgebildeten) Karl Kraus: „Ich bin berühmt, es hat sich nur noch nicht herumgesprochen." Charles Ives und Alexander Zemlinsky sind bei Musikern berühmter als in Architekturkreisen oder in Zimbabwe, Rudolf Zenker auf politischen Arenen und in Kabul nicht so bekannt wie bei Chirurgen. Grömaz Copperfield ist zwar stellenweise fast so berühmt wie Toyota, Tamagotschi, Teletubbies, aber da die Berufsbezeichnung Magier weder ins Ressort Ballett noch Anglistik fällt, wird er selbst von so einem prachtvollen, nützlichen, vielseitigen wie Harenbergs Personenlexikon ignoriert, im Gegensatz zu Claudia Schiffer und Harald Schmidt. Zwar kann man sich mit Tempelpriestern in Tiruvannumalai über Hamlet unterhalten, aber hier im Knüllwald hat keiner je was von Einstein gehört, kein Wunder, daß Harenbergs Albert Einstein gebieterischer als jede andere Epochal-VIP das Cover ziert, in einsamer Größe, Triumph des Geistes: keinem auf den Nägeln brennen und trotzdem Number one sein! Wie Heino, den zwar 59 Prozent aller Deutschen als ihren Lieblingsmusiker definieren (Mozart nicht mal 6 Prozent), den aber in China und Chile niemand mitsingt, sowenig wie fast alle anderen, von Egon Schiele bis Grete Schickendanz.

Jacob Burckhardt (1818-1897), deshalb im Personenlexikon des 20. Jahrhunderts nicht enthalten, doch landete 1992 sein

Konterfei bei Carl Jakob Burckhardt, 1891-1974) gestand in seinen Ausführungen über historische Größe bloßen Erfindern und Entdeckern wie Althan, Jacquart, Drake, Daniel, für die man im 20. Jahrhundert Manfred von Ardenne, Thomas A. Edison oder Alois Alzheimer einsetzen könnte, nicht den Rang „großer Männer" zu (wie damals VIPs hießen), „auch wenn man ihnen hundert Statuen setzte". Burckhardts Paradebeispiel vom ersetzbaren Columbus und unersetzlichen Raffaelo übersetzt sich heute so: Wären Einstein und Dali als Baby gestorben, würde es Relativitätstheorie samt Atombombe und Urknall ohne Verzug trotzdem geben, nicht aber Dalis zerlaufende Uhren. Ohne Benz und Daimler käme heut niemand zu Pferd zum Büro.Irrelevante Techniker werden durch andere Techniker ersetzt, doch Großtaten von Künstlern wie Andy Warhol, James Joyce, Karlheinz Stockhausen – zur Strafe für ihre Berühmtheit! – nicht im mindesten wie Benz-Daimler das Gesicht ihres Jahrhunderts geprägt, mangels Masse, Auflage, Quote: 2 Milliarden gucken halt allenfalls der Beerdigung von Lady Di zu, 3,7 Milliarden der Sydney-Olympiade. Was stimmt nicht am Gesamtprinzip VIP?

Andererseits möchten stets wieder millionenköpfige Megatrends sich in Einzelköpfchen und Paßfotos fokussiert sehen, die plausibel und einschüchternd hervorstechen. Anbetungsbedürfnis und Drang, alle vom Sockel zu stoßen, rennen um die Wette.

Wer möchte nicht alle Horden-Mitglieder von Angesicht auswendig kennen?

- *„Harenberg Personenlexikon. Daten und Leistungen", Harenberg Lexikon Verlag, Dortmund, 1410 Seiten, zahlreiche Abbildungen, gebunden, Leinen, 1992.*
- *Harenberg Personenlexikon. 4000 Biografien aus dem 20. Jahrhundert, Harenberg Lexikon Verlag, Dortmund, 1088 Seiten, 2120 Abbildungen, 110 Leben-Werk-Tabellen, Leinen, gebunden, 2000, 98.- DM.*

Rein oder raus? Sein oder Dabeisein?

Nobodys Leiden im Haifischbecken unfreier Marktwirtschaft

Jedes Spermium hängt 2.000.000 geißelschlagende Mitbewerber ab, um dann als Nobody, als wenn er ein Virus wäre, austauschbar ins geile Ei sich einzubohren, mit Büchsenöffner, mit Brechstange, ohne zu klingeln – Hausfriedensbruch! Ethisch kaum zu rechtfertigen, dieser sexuelle Übergriff, dieser verzappelnde Omnizid am Wegesrand!

Anfangserfolg im Leben kann keine und keiner später dann nochmal hinbekommen. Zwischen 9. Monat und 89. Lebensjahr, hageln, nein: tröpfeln leider nur noch partielle, sporadische, winzige Teilerfolge, zwischen Durststrecke, Durchhänger und Rückschlag. Leistungskurse laufen auf Quotenjagd hinaus. Klassenprimus und Schulsprecherin mutieren schnurstracks zu Quotenqueen und Poptitan. Ausnahmetalente müßen damit leben, daß sie von Talenten kaum abweichen. Unikate, unersetzlich bis dorthinaus, kommen dann selber vom Fließband. Jahrhundertfiguren leiden sich krumm, daß sie selbst postum keinen Nachruf in irrelevanten Printmedien ergattern, wenigstens 5 Zeilen.

Solchem Kindergarten auf Lebenszeit durfte z.B. auch – ich mich unterziehn, als Mensch, Kunstmaler und Mann. Andere litten daran, daß sie als kleinere Gestalten herumliefen als ich. Ich litt an Raumausdehnung durch Längenwachstum, also, daß meine schier unnötige Corpuslänge anderen Leuten die Sicht nahm.

Einmal bat höflich ein Fotograf mich: „Könnten Sie mal kurz aus dem Weg gehen?"

Ahnte er nicht, daß er mich als sein eigentliches Zentralmotiv total verkannte?

Um nicht peinlich hervorzuragen, hob ich in Mathe und Deutsch null Finger.

The Flying Dutchman trat an, in der Arena der Mitbewerber, gegen den testosteronstrotzenden Jäger Erik. Kierkegaard mußte im „Tagebuch eines Verführers" erst den Nebenbuhler Eduard ausstechen.

Nein, ich übertreibe und wohne keinesfalls in Berlin. Lieber würd ich in Leibkrämpfen mich winden, als in Warteschlangen von Bratwurstbuden auf die Hinterköpfe von Stiernacken zu schauen.

Meine Umtaufe in Ulkreich Heulpein würde nur einen Spielratz aus mir machen. Ein ernstgemeinter Ulrich Holbaum ließ sich nicht durchsetzen. Ein Vertipper machte einen reizvollen Ulrich Holabum aus mir. Würd ich mich je im Leben erholsam abnabeln können, von Wolfgang Hohlbein und Durs Grünbein? Wenn Marbach mich würde schlucken wollen, o je, dann müsst ich unweit von Ludwig Hohl und Franz Hohler abhängen (von ihnen separiert von Curt Hohoff), als Zellennachbar von Hans Egon Holthusen, in der Sardinendose oder B-Ablage, Steiß an Kopf, Wange an Backe, atombombensicher eingeschweißt, mitgehangen, abgetropft, odemlos, ad infinitum. Man käme nie mehr raus, man stiege nie mehr auf, bei 16 Grad Grabeskälte, aus solchem Limbus und Massenpurgatorium.

Heinz Holbein, der den ersten Sohn meines Vaters zeugte, saß auf einer Dienstreise mal zwischen drei Monteuren namens Heinrich Bein, Heinz Hobein und Herr Rehbein, dessen Vorname dem Großhirn Heinz Holbeins entfloh, auf Nimmerwiedersehn.

Bang nimmt dessen Sohn das „Deutsche Literatur Lexikon, Band XX, „Hohler-Hubensteiner" zur Hand, herausgegeben von Lutz Hagestedt, De Gruyter Verlag 2013.

Wird diese Arche Noah einen wie mich enthalten?

Nie kauf ich Platzkarten, denn meine Ethik verlangt von mir, keinen Fanzaruta Kafuka (japanisch: Franz Kafka) von seinem Fensterplatz zu vertreiben. Meine unnachahmliche Bescheidenheit – nein, ich übertreibe und wollte eher sagen: Meine nette Bescheidenheit verlangt von mir, keine Ansprüche zu erheben. Paßt es zudem zu einem Eremiten wie mir, dann in einem Kollegium zu landen, irgendwo als Gruppenmitglied zwischen Entitäten wie Frerich Hokema, Herbert Holba (1932-1994), Jupp Holbach, Herbert Holden, Nelly Hobein – laß o Ewigkeit, laß mich sein! Welch Verkehrsaufkommen!

Locke nicht mit Trittbrett, Klappsitz und Nischendasein!

Urplötzlich aber, wirklich total unverhofft, stolperte ich, zwischen Rainer Holbe und Else Holczabek, über – zack! – „Ulrich Holbein". Bescherte mir das einen Kick oder einen Schock fürs Leben!? Sogar richtig geschrieben wurde ich, ohne h, durchaus ausführlicher bedacht als z.B. Fritz Holder, Hans Holderud, Alice Holdheim und Gerhard Holdheim. Schier fühlte ich Enttäuschung, daß ich solch Schattenkabinett überstrahlte, unauftaubar versunken, alphabetisch festgeklopft unweit von Hans Holdsch und Adolf Holdschmidt, der es fast genauso wenig in Wikipedia hineinschaffte als fast alle anderen, im Gegensatz zu Adolph Goldschmidt.

Bei Dr. Fritz Block, in der Brückner-Kühner-Stiftung, bekam ich ein weiteres Buch in die Hand und durfte drin blättern: „Kleines Kasseler Literaturlexikon" – klein? Es handelte sich um ein sehr großes Lexikon, einen Backstein, kiloschwer, monumental, darinnen mehr als 450 Autoren zusammengetragen, vom Mittelalter bis zur Gegenwart, akribisch ausgebaggert, optimal aufgeschichtet, ein jeglicher mit Kasselbezug, geboren alldort, ständig oder zeitweise dort wohnhaft, oft gestorben alldort, Söhne der Stadt, Töchter der Stadt, unverbrannt, ab sofort unvergessen, im Fahrwasser verlängerbarer Ewigkeit. Der Bogen spannt sich von mittelalterlicher Legende, frühneuzeitlichen Kompilationen und Predigten über aufklärerische Robinsonaden, klassizistische Lyrik, romantische Schauerromane, realistische Erzählungen bis hin zu modernen Frauenromanen, Kriegs- und Antikriegstexten, Pop- und Kriminalliteratur, interkultureller und Reiseessayistik – und damit ist das Spektrum der Textgenres noch nicht abgedeckt. Es gilt nämlich Kassels Literatur in ihrer Breite und Komplexität zu entdecken.

Welch Gestaltenfülle – welch Figurenschwemme!

Da fehlte keiner und keine, aber auch nicht einer und eine. Jeder tauchte kurz nochmal auf, eingefügt in diese allumgreifende Arche, die nichts ausließ. Sogar Hausfrauenlyrikerinnen fehlten nicht. Bang näherte ich mich dem Buchstaben H, wie damals in der HBK, Menzelstraße, ausgewählt unter 120 Bewerbern als einer von 6 Zugelassenen, wo ich alphabetisch im Gang ins Sekretariat hineingerufen wurde, neben dem nicht ganz untalentierten Mitstudenten Erik Hoffmann. Nun stieß ich auf Buchstabennachbarn wie Henriette von Hohenhausen und Mary Holmquist. Mich selber – fand ich nicht. Ich schien nicht drinzustehn. Hatte ich mich überblättert?

Ich fand mich nicht.

Andere hätten mich auch nicht gefunden. Nicht durfte und konnte angenehmen Dabeiseins ich mich erfreuen. So soll es jedem Floh ergehn! Bevor ich aus dem Lexikon nicht heraussah, fand ich nicht hinein. Stattdessen sprang mir Johann Gottlob Holtzapfel volle Pulle ins Gesicht, vermutlich ein Vorfahr unseres Bäckers Holzapfel, damals in der Schillstr. 12, Ecke Hafenstraße, Kassel-Bettenhausen. Holzapfel hatte Mühe, sich in Wikipedia festzuhaken, aber bei Wehrhahn schwimmt er problemlos mit. Nirgendwo ein Leuchtturm, der 999 Glühwürmchen verblassen ließ. Vor lauter Heu fand ich bei H, statt eine Nadel, noch mehr Heu.

Vor lauter Plankton sah ich den Pottwal nicht.

Keinerlei Name glomm auf, der mit meinem in jeder Silbe identisch gewesen wäre! (Fritz J. Raddatz – falls den einer kennt – erwähnt in seinen „Unruhestiftern" tendenziell sämtliche Zeitgenossen, mit einer einzigen demonstrativen Aussparung: Marcel Reich-Ranicki – falls der irgendwer gewesen sein könnte.)

Konnte mich da was jucken?

Ging die Schmach und Affenschande am musculus glutäus maximus ungerührt mir vorbei?

Brüllte da der Narzißt in mir auf?

Im Narratorium, einem gleichfalls allumfassenden Erzähllexikon von Ulrich Holbein, 1008 Seiten, erschienen in Kassel, nein: in Zürich, tritt ein Erleuchtungsguru in ein Sufikloster ein, doch die Sufis werfen den einzigen wahren Sufi recht bald wieder aus dem Kloster raus.

Karl Kraus, Wien: „Kaum meldet sich ein Geist, heißt es: Wir sind komplett!"

Wie peinlich, wenn ich als weltweit einziger Ausnahme-Kasseler, tatsächlich in diesem Lexikon drin säße, festgezurrt, integriert wie manch eine AusländerIn, zwischen 400 Kollegen und Kolleginnen, die es fast alle nie geben wird und nie gegeben hat – nie! Falls letzten Endes nicht – ich sie verewige. Andererseits hat es sie nachweisbar gegeben. Sie lebten ein Leben lang auf Wehrhahn zu.

Wie ich mich kenne, denkt unsereiner eher in Jahrmilliarden und lächelt dementsprechend auf diesen schwachbesetzten Hohlraum hernieder, olympisch oder google-earth-mäßig, mitten im niedrigkarätigen, überfüllten Kleintierzoo Rammelsberg in Kassel-Wilhelmshöhe … Sein oder Dabeisein!?!

Ahnte Frau Prof. Dr. Nikola Roßmann nicht, daß ich eigentlich als Hindu in ein Lexikon über Beteigeuze oder Sulawesi gehörte und mich hierzulande, am allzu hausbackenen Gesäß der Welt, nicht würde integrieren wollen, sondern mit Geräusch zum Fenster streben?

Kaum sprang ich vom falschen Dampfer meines Lebens, saß ich im falschen Film.

Nichtdabeisein half auch nicht viel weiter.

Hätte Nichtexistenz schöner zu mir gepaßt?

Selbst im Himmel würde mir nicht zu helfen sein.

Selbst im Elysium würde mir übel als Ekzem nachgehn, daß ich zwischen Kassel-Bettenhausen, Waldau, Losse, Lohfeldener Rüssel und Kassel-Kirchditmold von Schule zu Schule flog.

Welt, gute Nacht!

Falls ich ihr abhanden kam, hätts beinah einen gegeben, der sich nicht vermissen wird.

Selbst im Nirwana würd ich recht dicht am Notausgang sitzen mögen.

- *„Kleines Kasseler Literaturlexikon", herausgegeben von Frau Prof. Dr. Nikola Roßbach, im Wehrhahn Verlag, Hannover, 900 Seiten, gebunden, 35 Euro und 82 Cent, 2018.*

Auch ihr seid mehr Pferde als Götter

Indische Mythologie, neu aufbereitet

Wen viel Hintergrundswissen nicht stört, wird Calassos Mythologica nicht überladen finden. Altindische Götterquanten lassen sich von altindischer Askese kaum eindämmen. Wer nichts Bunteres kennt, für den wird „Ka“ nicht blaß sein, und Calasso nicht unzuständig. Schon kann der Klappentext jubeln, „Ka“ sei als gelehrte Abhandlung und zugleich Roman „etwas wirklich Neues“ (Salman Rushdie) und das beste Buch, das je über indische Mythologie geschrieben wurde (Wendy Doniger), so als hätte es nie Milorad Pavićs „Chasarisches Wörterbuch“ gegeben, nie die unterm Reimgebimmel indisch wimmelnde Prä-Antike aus Faust II und „Pandora“, nie die blutig watschelnden Dämonen aus Alfred Döblins „Manas“, goldene Burgen im Himmel, Eisenburgen auf der Erde, figurenübergossene Mondlandschaft und Tempelanlagen, nie Thomas Manns „Vertauschte Köpfe“, Hindu-Mythen, humanisierend und humorisierend umfunktioniert in seelisch durchwärmte Kunstwerke für höhere Ansprüche (wird Weltenmutter Kali herabgezogen, sobald Mann sie „resolut“ nennt?); und nie Adolf Holtzmanns „Indische Sagen“, 1849, die Richard Wagner und Friedrich Hebbel über Friedrich Rückerts Brahmanenweisheit stellten, apokalyptische Szenarien in schöner Metrik: „Wie nun der Mond am Himmel verschwand, da wuchsen keine Kräuter mehr, und auch die Menschen wurden schwach und nahten ihrem Untergang“.

Mythen lassen viel mit sich machen, bis hin zur Fantasy-Verwurstung, wo Kurma, die kosmische Schildkröte, auf meteoritenperforiertem Panzer vier Elefanten trägt, sowie die Welt, und sich in Terry Pratchetts bizarrer Scheibenwelt vervielfältigt zu x Schildkröten, die stets neue Multi-Welten abzustützen beginnen, ein gar nicht so unplausibel mit dem Urknall parallelisierter Vorgang. Immerhin, Calasso fährt auf der amplifizierenden, poetisierenden Romantik-Schiene Karl Gjellerups, Heinrich Zimmers und Nikos Kazantzakis' nicht weiter, sondern umschifft bewußt die Skylla und Charybdis aus Bildungsballast und absichtlich anzustrebender Erzählereinfalt, bringt nüchterner als Heinrich Zimmer indologisch abgesicherte Data und Basis-Infos (daß das Mahabharata dreimal länger als die Bibel oder Buddha in Kapilavastu geboren sei), diakritische Zeichen, Ausspracheanleitung, Kursivdruck aller Sanskritbegriffe – nie würde er wie Helma Marx Lotos und Lotus verwechseln. Kalevala-Schöpfer Elias Lönnrot und Snorra-Edda-Vater Snorri Sturluson kompilierten bloß. Roberto Calasso will mehr. Seine Neu- und Andersfassung soll, statt auszuwalzen, ventilierend vertiefen, durchdringen. Und vice versa: Dr. Lönnrot und Snorri Sturluson retteten orale Tradition; Calasso reiht bloß auf, was indische Mythen sowieso bekanntermaßen hergeben: Milchmeerquirlung, König Soma, Krishna-Bukolika, Sakuntala, Gosaliputra, Mara contra Buddha – niemand fehlt (außer allenfalls Bodhisattva Avalokiteshvara).

Was tat die Flüsterrunde Sanskrit-Amerikanisch-Italienisch-Calasso-Ummodelung-Deutsch, als vorchristliche Palmblattnotate zu Zeiten digitaler Textverarbeitung runtergeladen wurden, der abgelegenen Original-Substanz an? Sind Sätze wie „das Meer ist mein Zeuge“ oder „noch leuchtete die Sonne des Gesetzes“ O-Ton unverfälschter Veden und Upanishads oder gehorchen sie bereits dem Ossian-Syndrom kundiger Archaisierung? „Auch der Himmel nützt sich ab“ – wenn das bereits wörtlich im Urtext stünde, oder bei Kafka, schlüge das relativ weltsprengend ein. Falls es von Calasso stammt, tönts einfühlsam, pseudomystisch, apokryph, geschönt. „Sowie die Götter geboren waren, erhob sich eine Staubwolke“ – da tönt zeitloser Volksmund oder Weltgeist, ohne Abstriche, einerlei, ob von Calasso, Kafka oder Elefantengott Ganesa fixiert. „Die Natur füllte sich mit Lymphe und schwoll an“ – das reicht Raoul Tranchirer an die Schulter, oder Woyzek, der jeden Tag ein Loch in die Natur macht. „Die Zehn Mädchen hatten sich nämlich mit den fünf Steinen verschworen“ – ihren alchimistischen Glanz kann solchen Stellen keiner nehmen. Nur machen seriöse Quellenangaben noch kein Weltgeist-Organon. Es entsteht die Kalamität, daß man lesend den vom Autor in Gänsefüßchen gesetzten Mythoszitaten („Lopamudra läßt ihren Mann ausrinnen, den Weisen milcht die Unweise, daß er keucht“, „– die Flüsse, die truglosen, die das Auge haben groß werden lassen“, „In alten Zeiten tranken sie im Sichtbaren zusammen, nun tun sie es im Unsichtbaren“) mehr trauen zu müßen glaubt als den nicht minder originalmythisch scheinenden Selfmade-Passagen. („Das ist die entscheidende Gebärde: erwachen.“) Spürsinn erwacht, Bildflut und Zutat auseinanderzuhalten.

„– denn von dieser Urszene stammt die Welt ab“ – da werden eher Inkompatibilitäten gekittet, als daß Freud und Rg-Veda überglücklich koinzidierten. „– auf dem Altar der Vagina –“ – da hebt aller neuzeitlichen Mythenaktualisierer Crux ihr dräuend Haupt: soll man Koitus sagen oder Liebesvereinigung? Das eine zu klinisch, das andre zu kunstgewerblich. Nichts gegen die Schlange im Paradies, aber beim Versuch, ungenügenden Verstand zugunsten unerreichbarer Naivität loszulassen, landet der im Mythenschatz der Menschheit grabende Autor, samt seiner Übersetzerinnen, bei dunklen Gestalten, äußerstem Wagnis, unermeßlicher Weite, blutigen Kriegen, sinnlosen Opfern u.ä. Flauheiten. Ansonsten aber: alles gut lesbar, sehr gehaltvoll, anregend, intelligent, instruktiv, profund, nicht übel, solide gearbeitet, überdurchschnittlich, sympathisch, ein gutes Buch, ein beachteter Autor, schöne Bildbeigaben von 1914 bis 1672. Daß diesmal der überdicke didaktische

Zeigefinger und Wir-Ton aus der „Hochzeit von Kadmos und Harmonia" („Wir dürfen dem Verlust vieler mythischer Geheimnisse nicht allzu sehr nachtrauern –"), die 1990 keiner monierte, sondern jeder eifrig feierte, angenehm fehlt, wird zwar der Verbreitung des Buchs Grenzen setzen, hebt aber „Ka" ästhetisch weit über „Kadmos" hinaus. Wenn halt nur nicht weiterhin ein Hauch Gustav Schwabscher Adaptionsambition – plus mögliche Trivialisierung des Mythos – damoklesschwertmäßig über jedem Satz schwebte. „Siva lächelte dazu, lachte, schwieg, sprach von etwas anderem, änderte seinen Griff um Parvatis Körper –".

Mißliche Aporie: angeregt und unbefriedigt von „Ka", sehnt man sich nach den wahren Quellen, ungekochten, unvorgekauten Brahmanas und Sutras, findet im seinerseits vielfach überpinselten Urmythos und Urgrund, statt unverwässerter und unverbesserter Weisheit pur, klobig unverdauliche Herb- und Fremdheit, Opferformeln, Regelwerk, Begriffschaos, und die Botschaft, daß der Mond sein Mondsein verliere …

Immerhin: Das Mahabharata, weil in ihm eine Wunderwaffe vorkommt, eindeutig als Atombombe erkennbar, greift weit voraus. Calassos retrospektives Hindustan, das bei ihm stets nachcolumbianisch Indien heißt und das auch schon in Urzeiten von Bauingenieuren wimmelte, verharrt in vorindustriellem prajala (= upanishadischem Tiefschlaf). Allenfalls regt sich, wenn Siva (= Shiva) und Parvati durch Türen schreiten, leise Skepsis, ob es im alten Indien bereits Türen gab. Immerhin hat Siva auch Mikroben geschaffen, und von der „chemischen Reinheit König Sisupalas Hasses" ist die Rede. Adharma wird mit Illegitimität übersetzt! Urvasi, die Ahnin der Monddynastien, hat eine Altstimme. Ohne Anachronistica keine Aktualität?

„Das Bewußtsein erdrosselt langsam das Leben." Wie fast jedes Reflektieren fast jedes Erzählen. Calasso reflektiert, daß dem so sei; erzählt, um zu leben; doch verkniffne, kaum hamletkompatible Gedankenblässe gewinnt Eigenleben, das dann wieder das Leben erdrosselt, Wissen herbeikarrt, Querbezüge aufführt, „Ka“ mit Kafkas K. assoziiert, vedische Wasser mit Prousts feunes filles parallelisiert. Ohne Aktualisierung keine Literatur?

Jedenfalls schreit jede Verkopfung nach Ausgleich und Gegengift, zur Not Kitsch. Mythen-Lapidarität muß mit sublimer Botanik bekleidet werden, mit strahlender Schönheit, wunderschönen Frauen, tadellosen Gebärden, kurz: mit reiner Poesie: „– weil sich über ihr Herz ein Vorhang aus Tränen senkte.“, „– als wären Innen und Außen aus demselben Stoff, den der Wind sacht bewegte“ – da tönt hörbar nicht Urmythos & Company, da raunt und hirtenflötet Nachdichtungs-Flair auf Rabindranath Tagore-Etagen. Ob als Denker oder Dichter: statt gequirltes Milchmeer – verdünntes Wasser. „Dieser Sieg kommt einer Niederlage gleich“, steht im Mahabharata. Probleme über Probleme.

Wohl dem, der sich das von Calasso sogenannte „Geistige“, in dessen depravierter Gestalt als literaturkritische Kränkelblässe und Mäkelsucht, nicht in den Lesegenuß fahren läßt, und in die ungestörte Freude an Exotica wie dvitya, sampad, trsna und vasativari. Wohl dem, dem es ohne Allergie gegen Tonfälle gelingt, in „Ka“ O-Ton, aktuellen Diskurs, selbstverordnet durchgezogenen Quasi-O-Ton und erzählerisches Normal-Süßholz nicht als vermanscht zu empfinden, sondern als synthetisiert zu erkennen, unbelastet von Hegel, der bereits Ovid Unursprünglichkeit anlastete. Der Vergleichsfall des rätselhaft sperrigen „Manas“, von Döblin, bleibt doch arg schwerverständlich, bei aller Saftigkeit spröd und herb. Auch in „Ka“ strotzt alles von Bildern und Sätzen, die dem chasarischen Adam Ruhani (= Adam, dem Vorläufer), dessen sieben Stufen auf der Vernunftleiter das Maß seiner Verspätung zu sich selbst bilden, wodurch die Zeit geboren ward, an gewisse Sprossen reichen, mit asymmetrischem Ornament: „Alles hat seinen Ursprung in einem Pfeil, der mit vollem Bewußtsein auf zwei sich paarende Antilopen abgeschossen wurde; alles endet mit einem Pfeil, der ohne jegliches Bewußtsein auf eine Fußsohle abgeschossen wurde, die mit den Ohren einer Antilope verwechselt worden war." Manche Stellen könnten sogar fast von Döblin sein: „In dem gleißenden Licht spürte Pururavas, wie ein fremdes Wesen ihn anfaßte, abtastete und demütigte." Neben wundersam orphischen Kompaktismen wie „Er wußte nicht einmal, ob es ihn gab oder nicht", „Die Wasser hörten sich sein Geschrei ungerührt an", „Der Asket hat immer eine Frau zur Seite", oder: „Verletzen ist schlimmer als töten", finden sich Urmythen neueren Datums, nach denen man in den per Fernleihe auffindbaren Mahavastus sicher lang suchen müßte: die Geschichte von Ganga, Sivas omnipräsentestem Seitensprung, Ganga, die überall tropft, selbst noch im Speichel; die Geschichte von Mrtyu, dem Tod, der Todin, die 15 Millionen Jahre auf einem Bein meditierte, dann das Bein wechselte und noch mal 20 Millionen Jahre meditierte; oder die Mahabharata-Geschichte, wie Yudhisthira, der älteste der Pandavas, von Indra abgewiesen wird, weil er einen Hund mit in den Himmel nehmen will. Oder auch die Geschichte, wie Yasoda ihrem als Dreckfresser verleumdeten Söhnchen Krsna in den Mund und dort im Miniaturformat die ganze Welt sieht, wie im Aleph, u.a. auch die Affensprünge Krsnas von einem Weltall-Ast zum andern. „Die entführten Kühe, die gefangenen Ozeane, der verlorene soma – das alles ist in einer anatomischen Einbuchtung verborgen, da, wo eine Strömung verstopft ist und zwischen den Windungen einer Schlange herauszusickern beginnt." Millionen Säue, tausend Perlen, doch leider auch immer wieder zentnerweise Neuzeitintellektualität, die den quasi-uralten Rededuktus verunziert, und das mixt sich dann so: „Es gibt auch eine Ähnlichkeit, die im Gegensatz besteht." Fürs

Reflexionsniveau von heutzutage zu dünn; für mythische Äonen zu rational-platitüdös. „– uranfänglicher Autismus –", „Die Substitution, die die Wunde des Tauschs ist –", so nistet Aufklärung im Mythos, wie der kalte Buddha mitten in der Welt der Dämonen, an die er nicht glaubte.

„Doch unermeßlich war seine natürliche Autorität". Bei aller Überreflektiertheit verstrickten sich „Ka" wie „Kadmos" unbedarft in exakt jene Probleme, die jeder Pfarrer übersieht, wenn er archaische Floskeln unvariiert fossiliert und hierbei aktuell aufpeppt: „Als aber die Zeit erfüllet war, wurde Jesus immer konkreter." Oder von denen das populäre Mythenbuch von Dr. Helma Marx nichts spürt, wenn sich dort die meditierende Parvati mit Shiva „paaren" will (wie im Zoologiebuch) und also Kama bittet, den Gott der Begierde, Shiva an dessen „eheliche Pflichten" zu erinnern. Doch „Ka" kann sich trösten – Kollegen aus Asien gings wenig anders: Auch Shri Aurobindos „Savitri"-Epos strotzt von Parabionten und Amalgamen aus Ratio und Metaphernlust, allen Lapsi der Reflexion, also vom Pfad göttlichen Urgeschehens, ungeborenem Seinsstoff, Ufern mysterienreicher Flut – eine bodenlose Null erfüllte die Welt. Aurobindo singt vom alten Konto des Leidens, Calasso nennt Kühe die überall zirkulierende Währung der Landschaft – omnipräsentes Dollar-Kalpa, einwechselbar in Cents und Äonen. Bereits in der „Harmonia" hieß es: „Zwischen den Göttern besteht ein Geben und Nehmen, eine strenge Buchführung, die die Zeiten durchzieht."

Spuren eingeschlichener Verkopfungs-Fauxpas, Aurobindos und Calassos Methode speisend, können sich bis hinab in Psycho-Jargon steigern: „Lange respektierte Garuda ihr Schweigen". „Buddha akzeptierte die Analogie als etwas Offensichtliches.", „Die Götter kannten die Gefahren der Intensität". Es hagelt Selbstbehauptungen sowie „schreckliches Mißverständnis". Beim erhebenden Anblick von Gargi in ihrem Gewand, der schönsten Theologin, zu denken: „Das hat sie sicher selbst gewebt", klingt eher nach Selbstverwirklichungsmilieu von 1974 als nach indischem Archaikum. „Er fuhr fort, sie anzurufen" – so hören frühe Hymnen sich im Telecom-Zeitalter an, dies nicht nur außerhalb Italiens. Neben glossariumsreifen Apsaras, Asuras, Kauravas wimmeln Äquivalenzen, Axiome, Thesen, Reflexivpronomen, Rituale und andere „elementare Tatsachen": alles von Vasista, Varuna u.v.a. problemlos benutzte Termini – wer in Mythenbüchern von Visionen und gar Halluzination redet, begeht Blasphemie, oder? Nicht jeder vermag schönen alten Mythos, via vordatierter Alltagssprache, in plausibler Synthesis zu verlebendigen, so vollplastisch wie Arno Schmidt in „Pharos", „Kosmas" und „Enthymesis", allwo Insomnia hervorschaut, die nächtlich lächelnde Göttin mit der krankhaft hohen Stirn und ein Engel sofort 1 Stern nach einem Dämon warf. Calasso steht dann – bei allem mahabharataeischen Wildwuchs – fern jeglicher Döblineskidität da, weniger verwandt mit Italo Calvinos „Cosmicomics" als eher mit Peter Brooks bekömmlich internationalisierter Mahabharataverfilmung, 1988, wenn nicht mit drewermannförmigen Gemeindehelfern, die in einer Melange aus Therapeutismen und Pastoralitäten Buddha als Wagnis und Herausforderung begreifen. Faust sehnt sich in Abiturientinnenaufsätzen nach Grenzüberschreitung, Woyzeck bedient sich eines restringierten Sprachcodes. Siva und Zeus können keine stabile Partnerschaft aufbauen.

Welch Schauspiel, einem Hochschultypus zuzusehn, der alles, nur nicht farbschwach und unfrisch sein möchte, ein Rationalist, der unbedingt glauben will, ein Diskursgeübter, der zu dichten glaubt. Erst die Deutung, dann die Dichtung. Von außen herangehn, als käme man von innen. Vorwissenschaftliche Weltdeutung, in entzauberter, entmythologisierter, also remythisierungsdurstiger Zeit umkreist von überwundener, voll präsent bleibender Wissenschaftlichkeit. Zivilisierte Liebäugelei mit möglichst ururalten Urszenen. Umso verwunderlicher, daß es Milorad Pavić gelang, den Professor abzustreifen. Roberto Calasso, der ihn in schönen Rätselworten wie „im rechten Auge war Indra" ebenfalls losließ, sitzt ansonsten oft im prominenten Riß, der durch die Schöpfung läuft: sehnt sich als konstitutiv Verkopfter nach Unverkopftheit wie kama (= Verlangen) bzw. ein personifizierter Lingam nach tapas (= Glut, Askese) – ein urindisches Paradox. Keinesfalls also reiht Calasso an Pagoden aus echtem Gold gutgemeinte, illegitime An- und Neubauten, Emblem-Fresken in koloriertem Grauputz, sondern die heiligen Veden ihrerseits, trotz ihrer Versmaße, philosophieren übel verkopft herum, ungeachtet angeblicher Morgenröte, bohren sich ein in Thesensalat, daß sowohl Freude wie Aether Brahman sei, und daß, wer in der Sonne wohne und wer im Purusha wohne, ein und derselbe sei und das Nichtseiende den Prajapati gebäre. Auch Buddha trat partout nicht auf als delirierender, sondern vernunftbetonter Typus, mit rationeller Erleuchtung. Calasso betätigt sich also nicht als inadäquater Parasit, sondern kongenial als Brahmane, als „Hüter des Esoterischen", als affinitätsgedopte, paritätisch inspirierte Dualseele, kein Wunder im indisch-italienischen Diwan und Eiapopeia, allwo so oder so Samsara und Nirvana jederzeit im All-Einen des Brahman aufgehn, ganz bruch- und nahtlos, Ka wie Calasso, und vice versa – bis hoffentlich keiner mehr störend nachfragt, ob ein Satz wie „Tod versank bis zu den Hüften in der Substanz der Sonne" gute alte 2800 Jahre alt ist, oder aus ungefähr dem letzten Jahrzehnt des zweiten Jahrtausends nach Christus stammt.

- *Roberto Calasso: „Ka", aus dem Italienischen von Anna Katharina Fröhlich und Marianne Schneider, gebunden, 477 Seiten, Suhrkamp Verlag, Frankfurt, 1999, 64.- DM.*
- *Helma Marx: „Das Buch der Mythen aller Zeiten, aller Völker", gebunden, 639 Seiten, Styria/ Diederichs, 1999, 49.- DM.*

Akzeptabel oder auszuspeien? Dürfen Menschen Menschen beurteilen?

Carl Zuckmayer als Belastungszeuge

In jedem Klein- oder Großraumbüro weiß jeder ganz genau, ob obendrüber nette Chefs sitzen, oder gar „ganz liebe", oder halt die üblichen Kotzbrocken. Das geht bis hinauf in höchste Chefetagen: Dante & Company. Dante Alighieri steckte etliche Busenfeinde und Mitchristen aktiv in Dantes Hölle. Er spielte also Weltenrichter von eigenen Gnaden, statt demütig leidend die Augen niederzuschlagen, als fehlbares Menschenkind.

Diese tränenreiche Tradition setzte sich ungut fort. Geheimreporter Carl Zuckmayer spielte Dante – und das 1943! Er schied Böcke von Schafen. Er teilte heterogene Zeitgenossen systematisch in Positive ein, und in – man rate bitte ... ja, genau, richtig geraten: in ... Negative. Genauer: erstens in Zuverlässige, vom Nazi-Einfluß Unberührte, Widerstrebende (Peter Suhrkamp, Grete Wiesenthal, Gerda Müller u.a.), und zweitens in Nazis, Nutznießer, Ranschmeißer, Kreaturen (Bruno Brehm, Friedrich Sieburg, Heinrich George u.a.).

Differenzierter Blick merkt bald, daß sämtliche herumlaufende Leute nicht ganz glatt in einer dieser zwei Gruppen aufgehn. Also wurde Gruppe 3 eingerichtet: schwer einsortierbare Sonderfälle (Hans Fallada, Gustav Gründgens, Wilhelm Furtwängler u.a.) – Vorsicht vor jedem Sonderbehandler ... und allen Sonderbehandelten.

Gruppe 4: Indifferente, Undurchsichtige, Verschwommene, Fragliche (Hans Franck, Theo Lingen, Kasimir Edschmid u.a.), also noch nicht genugsam ausspionierte Individuen. Macht man das? Darf man sowas?

Nulltes Gebot: Teile nie kostbare unersetzliche Seelen, Geister und Menschen nach irgendwelchen enggefaßten Kriterien in Akzeptable und Auszuspeiende ein! Auszuspeien aus deinem Mund! Maße dir alles an, nur dieses nicht. Bei vergrößertem Wissensstand könnte Gruppe 4 gestrichen werden – und wohl auch Nr. 3.

Andererseits machen das minütlich alle Menschen so, ganz unweigerlich. Denn Kot und Rosen duften eindeutig unterschiedlich. Von Karl Kraus bis Harald Schmidt, der sich viel zu gut ist, und viel zu weit oben residiert, um auch mal „TV total" mit Stefan Raab zu gucken: Alle wissen stets ganz genau, wen sie zu verhöhnen haben oder tendenziös zu kennzeichnen. Gott selber gab sich nicht zimperlich, seinen Geschöpfen ein Kainsmal auf die Stirn zu stempeln, die göttliche oberfiese Frühform des Judensterns.

Denn man will doch gern wissen, mit wem man's zu tun hat.

Karl Kraus hat annährend 100 Prozent aller anfallenden Menschen aufgespießt, verhohnepiepelt, unmöglich gemacht in Ewigkeit, von Hans Müller, Alfred Kerr, Hofmannsthal, über Grasfresser Tolstoi, bis Heinrich Heine. Aber an Shakespeare, Nestroy, Strindberg, Altenberg ließ er viele gute Haare. Eckhard Henscheid poltert jeden Promi in Sack und Asche, von Edmund Stoiber bis Gertrud Höhler, Ruis Linser bis Günter Graß, feierte jeden als Dumpfnuß, Kackspecht, TV-Zombie und erledigten Fall ab. Aber einige abzählbar Wenige rührt er nie an: Verdi, Italo Svevo, Robert Gernhardt, Ror Wolf, Fritz Weigle, Brigitte Kronauer, F.W. Bernstein. Wieso die einen dauerhaft verschonen und die andern permanent attackieren? Warum nicht mal umgekehrt? Wenn schon versäckeln, dann absolut alle! Nicht zuletzt bitte sich selbst. Ausgerechnet der kommt bei Satirikern oft erstaunlich gut weg. Nicht jeder mag Selbstdenunziant sein. Sei doch wenigstens so konsequent und tragikumwittert wie Diogenes, der mit seiner Lampe keinen einzigen Menschen fand. Wie kleingeistig, unzuverlässig, suspekt, wenn Diogenes plötzlich aufgejauchzt hätte, er hätte Menschen gefunden.

Carl Zuckmayer hat in seinem Geheimreport kaum einen ausgelassen und alle denunziert. Heinz Rühmanns Frau charakerisierte er „Landplage". Immer so von oben herab wie möglich: Von Gottfried Benn vermutet er impertinenterweise, „daß ihn auch kommende Wandlungen nicht mehr verändern dürften." Hans Rehberg nennt er bedenkenlos „Schubiak", Hans Blüher „gealterten Wandervogel und intellektuellen Schweißfußapostel". Bei berühmten, „nicht unbegabten" Dichterinnen wie Ina Seidel und Agnes Miegel diagnostizierte er mundfertig „Hirnvernebelung", „mysteriöse Verblödungszustände", erwog „mangelnde Drüsentätigikeit". Da ging mit dem Gutachter der Dichter durch – nicht nur da. „Billinger ist ein degenerierter Bauer, ein parfümierter Landmann, ein dörflicher Decadent."

Wer der Rubrik „Gesinnungsschwein" entkam, kann kaum erleichtert aufatmen. Wer will schon herumlaufen, gebrandmarkt von Zuckmayers Stempel: „Einwandfrei!"? Mustergültige Arbeit und „hohes geistiges Niveau" zugesprochen bekommen, wie Dr. Claassen – wer will das durchhalten? Von solchem Getier will ich nicht mit Lob befleckt werden! Allein in einer Aufzählung Vorgeführter namentlich mitparadieren zu müßen, tastet deren (und unser aller!) Menschenwürde eklatant an. Schlangestehn – na gut, nicht vor der Rampe, aber an der Bushaltestelle. Andererseits: Wenn Auschwitz überall ist, warum dann hier nicht? Familienähnlichkeit von Opfern und Tätern bringt doch immer wieder Einstellungssyteme durcheinander. Sowohl der „Reichsgletscherspalte" und „schwer hysterischen Person" Leni Riefenstahl wie Hitler schiebt Zuckmayer „beiderseitige Impotenz" zu.

Ein heißes Pflaster – denn nun rangiert Zuckmayer selber unter der Rubrik „Denunzianten". Ihm wurde etwas angekreidet, von … mir. Andere haben gelobt; ich habe nicht gelobt. Ich habe Dante gespielt. Ich habe mich vergangen an einer wertvollen Menschenseele, einmalig, unersetzlich, unsterblich, obendrein an einem großen Autor. Hab zudem mich versündigt an Goethes überregionalem Weisheitswort: „Was wir verstehen, das können wir nicht tadeln." Ich habe getadelt. Ich habe geurteilt. Ich bin eine Gauck-Behörde. Ich bin ein Zuckmayer. Ich bin ein Mensch mit meinem Widerspruch. Ich bin ein Schwein. Ab mit mir in Dantes Hölle! Ich hätte schweigen können, und ich habe gesprochen. Meine Herren und Damen Geschworene, ich bitte um die Höchststrafe. Zieht vom Leder! Macht mich fertig! Laßt die Schärfe des Hexenhammers auf mich niederwuchten! Beurteilt mich! Mit Zuckmayerscher Eloquenz! Zuckmayer contra Zuckmayer!

Aber ich will mich bessern. Es soll gewiß nicht mehr vorkommen. Nur werd ich das nicht hinbekommen, sowenig wie jeder. Keiner wird im Klo ein angenehm berührtes Gesicht aufsetzen können und zum Ausgleich bei Rosenduft kotzen wollen. Kein Hecht kann es unterlassen, seinen Mithecht entweder zu beißen oder zu begatten, so zwischenstufenlos wie möglich. Sowas geht frühestens im Dao oder Nirwana – und auch da nicht so recht. Sonst wärs kein Nirwana. Wie schön wäre eine Kaste wahrhaft Kastenloser! Also nicht allerunterste Kaste außerhalb des Kastensystems, sondern drüberschwebend, dazwischenschwebend, nirgendwo faßbar. Oder wenn der Blick und die Urteilskraft so diffizil sich subtilisieren ließe, bis sämtliche Menschen in der Kaste der „schwer Einsortierbaren" landen könnten und dort unberührbar würden.

Mein unerreichbares Fernziel: ein wunderbar Uneinsortierbarer zu sein und zu werden – und zu bleiben.

Andererseits will man immer wieder wissen, mit wem man es eigentlich zu tun hat.

Nur gibts da ein Problem, ein erkenntnistheoretisches. In jedem Urteil wohnt leider auch ein kleiner übelriechender Wahrheitskern. Zuckmayer hätte Hans Reimann schwerlich „geborenen Leichenfledderer" nennen können, wenn der nicht irgendetwas an sich – !? Vielleicht sind tatsächlich alle TV-Zombies … nichts als TV-Zombies?! Hans Rehberg womöglich einfach nur – ein Schubiak?!??

Trotzdem, o Mensch – keinesfalls darf am Übel, Menschen einzuteilen, festgehalten werden. Denn tief in jedem Neonazi wartet irgendein weicher Kern auf Zuspruch und Trost. Hinter jeder blütenweißen Weste des Raubtier-Kapitalismus kann jeden Moment ein schwuler Mohr hervorbrechen. Also Vorsicht, Freunde!

Ehe die planetare Selbstvergasung ultimativ zugreift – wollt ihr nicht doch mal ein wenig netter zueinander sein? Müsst ihr immer alle Gemeinschaftskundelehrer via Pump Gun umknipsen, allen netten Leuten Antijudaismus nachweisen, Domino-Bauklotztürmchen mit Karacho zum Einsturz bringen!

Seid doch endlich mal raus aus eurem Alter!

Entwachst dem Kindergarten eurer Sandkastenfeindschaften!

Sonst kommt der gute Onkel mit der Moralkeule und brät euch eins drüber! Haut die Naziglatzen, bis sie platzen!

Herzliches Beileid – wo waren Sie gestern zwischen 19 Uhr 31 und 20 Uhr 42? Bewährung kann leider nicht gewährt werde. Zuckmayer, Carl – vortreten! Im Sinne der Anklage – schuldig. Ich verurteile Sie allesamt zu soundsoviel Tagessätzen! Auch Sie dahinten – und erst recht – Sie, da vorne! Abzüglich Schuldmilderung. Ab in Dantes Hölle! Der gute Franz ist auch schon da! Zusammen mit Egon Krenz, Saddam, Sharon, Arafat, Hans Rehberg, Hans Reimann, Hans Grimm, Milošević, Möllemann, diversen Mullahs, Steuerhinterziehern, Stasi-Spitzeln, Al-Qaida-Führern, Reemtsma-Entführern, Pleite-Milliardären und Literaturpapstmördern! Die sind aber alle soeben auf Freigang. Die Weltgeschichte ist das Weltgericht. Obwohl – man könnte stattdessen so viel Schönes machen, und Gutes tun.

- *Carl Zuckmayer: „Geheimreport", herausgegeben von Gunther Nickel und Johanna Schrön. 527 Seiten, gebunden, Wallstein Verlag, Göttingen, 2002, 32 Euro.*

Ein Bilanzprüfer auf dem Zauberberg – planierter Monte Verità

Wie oft schreien Mythen nach Entzauberung? Sobald Normalverbraucher, die auch mal ihre wilden Jahre hatten, im Stau stehn, Wurst essen, Kreditkarten wechseln, sehnt sich ein hoher Prozentsatz nach 1969, ja, noch weiter zurück: zu jenen Langbärten um 1900, die im Tessin ein Naturkostleben hochzogen, legendenumwoben, vegetarisch, nackt, antialkoholisch, und jahrelang kaum scheiterten. Der Monte Verità stieg auf zum auratisch leuchtenden Urmodell für x Utopien, Groß- und Landkommunen, Ökotopia, bis hin zu FKK, Greenpeace, Peta. Doch Patina aus Märchenzeit glüht verlorener und schöner als bei Sozialexperimenten wie Findhorn, Auroville, Rajneeshpuram, Utopiaggia, Damanhur. Der magische Magnet Monte Verità bietet Sympathisanten, die alle im Grunde ebenso leben möchten, aber nie tatsächlich so leben wollen, weiterhin, wenn auch nur noch museal präsent, ein Nostalgiepaket aus Jugendstil, Lebensreform, seltsamen Persönlichkeiten. Andere, verdächtig sehnsuchtsfrei, haben jede Utopie längst durchschaut, dank mangelnder Affinität, lassen sich's aber nicht nehmen, genau jene Mythen zu entzaubern, denen sie naturgemäß fremd bleiben müßen und wollen.

Das sogenannte „Sanatorium der Sehnsucht“ wirft, kraft Titel und nudistischem Altgold-Cover, einen Idealköder für Asconafreunde aus. Innen aber, in gut recherchierter Mogelpackung, lauern Zentralheizung und Inventurliste aseptisch rein merkantilbetriebswirtschaftlicher Perspektive. VWL-Mann Schwab liefert eine Betriebsgeschichte der Produktidee MV, quadratisch, sachlich, gut. Wer sich an Bettenbelegung, Kurpreisen, Verlustzonen,

Immobilienspekulation, Investitionskostendeckung begeistern kann, wird vom Buchhalter-Report optimal bedient. Fremdenverkehrsmanager, Hotelbesitzer, Krankenhaushistoriker mögen erwarmen am Faktensalat der Doktorarbeit. Das Naturkost-Hospital wird in eins gesetzt mit dem Begriff Monte Verità überhaupt. Dr. Schwab nennt die kulturelle und geistesgeschichtliche Rennaissance „Projektionsfläche", „Fluchtpunkt aller Südenklischees", „Resonanzraum", „Referenzpunkt auf unserer intellektuellen Landkarte", „Bühne". Naturpropheten wie die Gebrüder Carlo und Gusto Gräser subsumiert er unter „Sonderlinge", „Utopisten", „verschrobene Sektierer", outet sich also als Spießer. Selbst Hans Arp, Else Lasker-Schüler, Hermann Hesse, die die Fama des Monte Verità in die Welt trugen, blieben „numerisch unerheblich". Herzerhebende Querbezüge zu Dadaismus, Theosophie, Okkultismus, Anarchismus, Sonnenkult, Feuer- und Nackttänzen bleiben unerwähnt oder unterbetont.

Pragmatismus, Technizistik & BWL, wogegen die Künstlerkolonie des Monte Verità focht, obsiegten vom ersten Tag an. Weltverbesserer und allzu konsequente Naturisten wurden abgeschoben. Gründervater Henri Oedenkoven reinkarnierte verdünnt in Dr. Schwab. Reinkarnationen damaliger Naturapostel hingegen müßte man im heutigen Business mit Lupe suchen gehn. Bitte nicht nur Subkultur-Spinner vom Sockel holen! Legt auch den benachteiligten Typen der Hightech den Finger aufs Manko! Ausgerechnet in einer Rentnerberg-, statt Wahrheitsberg-Ära, die ohnedies an Sehnsuchtsschwund leidet, wird eine letzte Enklave, statt als Gegenwelt, als genau jene Welt enthüllt, von der sie sich abzusetzen versuchte. Hut ab vor kritischem Abstand, wer aber dermaßen sein Defizit zum Kriterium erhebt, unterliegt dem Hegeldiktum: dort rechtbehalten, wo die Sache nicht ist.

Variiert wird ein welthistorisches Problem: daß jede Aufklärung stets das Beste dessen, was da entthront wird, nicht mitnimmt. Wer akribisch die Preisliste des Badewannenporzellans studiert, kann sich ums ausgeschüttete Kind nicht kümmern, trotz aller profunden Fußnoten. So ließe sich der Weimarer Musenhof aus Sicht herzoglicher Küchenmeister aufrollen, und die History des Cabaret Voltaire anhand abgezählter Eintrittskarten rekonstruieren. Scheuklappen als Basis, um überhaupt aufklären zu können. Ohne blinde Flecken keine Entmythologisierung.

Warum aber ziehen Musentempel, Ideen-Laboratorien, Dichterdenkergefilde stets so viel Amusische an?

Stabszahlmeister, Finanzexperten, Geschichtspolizisten, Banausen begeben sich auf Morgenlandfahrt, Elefanten im Porzellanladen, Ochsen vorm Harfenspiel, Schweine, die Perlen runterrechnen – trockner Blick contra Fantasie-Überschuß. Rationalismus-Ursünden wider (schein)heiligen Geist. Pausenlos am laufenden Meter produziert jedes Industriezeitalter graue Herren, gegen die Michael Ende in „Momo“ umsonst focht, von Romantikern „Seelenkrüppel“ genannt. Richard Wagner, Michel Friedman, Guido Westerwelle sind in erster Linie Antisemiten, Kokser, Schwule, Buddha Psychopath, Freud Reduktionist, Wunder des Lebens nur Biomasse, das Flaggschiff in eine punktuell bessere Welt bloß das Produkt von Theatrali-, Sakrali-, Mythologisierung, „Supermarkt der Projektionen“, nichts als eine Touristikfirma, die trotz aller Kompromisse nicht florierte. Roboter machen Ätsch: Idealisten denken auch nur ans Geld. Jesus warf Händler aus dem Tempel; Schwab aber schmeißt Priester raus, samt Tabernakel, Krypta, Altar, paktiert mit den Händlern, genauer: der Touristikbranche Ascona, insofern ein Novum.

Weiterhin wünschbar bleibt, im Zeitalter hapernder Wiederverzauberung, eine etwas allseitigere Kulturgeschichte des

Monte Verità, die dann wieder den Dr. Schwab zur desolaten Fußnote relativiert. Unterdessen muß seine Verfahrensweise genügen. Für Uneingeweihte mag sie plausibel klingen.

- *Andreas Schwab: „Monte Verità - Sanatorium der Sehnsucht", 286 Seiten, gebunden, Orell Füssli Verlag, Zürich 2004, 29,50 Euro.*

Von der Seelenkunde aktueller Sachbücher

Die beiden weitgehend unbestiegenen Non-plus-ultra-Supergebirgsmassive, auf denen zur Buchmesse 1997 immer nur wieder ich herumkraxelte, drängten wochenlang alles zurück, was mich woandershin ziehen oder schubsen wollte. Es ging um Pu Songlings Liebes- und Geistergeschichten (sogar Weltliteratur-Profis hatten nie von diesem chinesischen Edgar Allan Poe gehört, sahen im Kindler nach und staunten, daß es diesen Autor, den man für meine Erfindung hielt, tatsächlich gab), sowie um den vierten Band der Raoul-Tranchirer-Tetralogie, von Ror Wolf. Erneut verschob ich meine Lesepläne, seit Jahren schwelend, die Sehnsucht, endlich einmal zweckfrei Proust zu lesen, Ada, Rumi, Dali, Scheerbart, Gurdjieff, Gryphius, Geisterhaus, Schnabels Insel Felsenburg. Sogar Bücher ließ ich liegen, die mit Projektdienlichlichkeit winkten, Valéry und Plotin, die ich im Hinblick auf mein Hirnwixer-Projekt lesen zu müßen glaubte, oder auch Georg Simmels „Ästhetik der Schwerkraft“ und Günther Anders' „Ketzereien“. Meinem Zappelblumen-Projekt zuliebe hätte ich dringend „Wie schütze ich meine Seele vor Psi-Angriffen?“ studieren sollen, um meiner „Mytho-Spirale“ willen archaisches Schrifttum noch und nöcher. Bald erwischte ich mich, tagelang, an vordringliche Unwichtigkeiten gedacht zu haben, an einen Artikel in Peter Moosleitners interessantem Magazin über das Gedächtnis des Wassers, wodurch die widerlegte Homöopathie auf einmal doch wieder in ganz anderem Licht dasteht, sowie über den Urknall, der auf einmal doch nicht stattgefunden hat und der dann wieder von abendfüllenden RTL-Filmen wie „Waterworld“ überlagert wurde, oder auch mit „Spiel mir das Lied vom Tod“, den ich mir ungeduldig reinzog, um meine Blickveränderung zwischen 1968 und 1998 zu studieren, oder auch „Die Mädels vom Immenhof", um zu ermessen, ob ich für Kitsch immer noch so ein metaphysisches Faible habe, gewürzt dies alles mit obendrein Premierminister Francis Urquhart, Kaspar Hauser, Hitlers bzw. Guido Knoops Joachim von Ribbentrop, um meine Defizite auch auf diesem Gebiet zeitgemäß auszugleichen, ferner jede Menge Titanicspecials, sodann bis zum Umfallen ARTE-Themenabende über Elfen, Fisch-Fetischisten, Einstein, Flamenco, künstliches Leben, Gletscher, Fata Morgana.

Zu all dem gesellen sich neuerdings dann noch Rezensionsexemplare der Leipziger Buchmesse, die ich praktisch allesamt sogar bestellte, um mich vollends von Dali und Rumi abzulenken. Schon packt mich, der ich bekanntlich nie Bücher klaue, wohl aber abstaube, Schuldbewußtsein, daß ich – statt Weiberromane, Luftgängerinnen und simple Storys zu schreiben – als Sachbuchrezensent, den sich der Poet in mir selber einbrockte, versanden könnte.

Neben meinem Kopfkissen türmen sich nun elf neue Bücher zu den Themen Leichenbestattung, Seelendarstellung in der Kunst, Metaphysik, Neue Musik, Jorge Luis Borges, islamischer Eros, Mysterienkulte, Psychiatrie, Apokalypse, Humanismus, magic mushrooms. Ohne die Reihenfolge der Bücher, wie sie zufällig bei mir eintrafen, zu verändern, scheinen sie mir alle, wenn ich sie jetzt streng der Reihe nach rezensiere, an einem zusammenhängenden Strick zu ziehen, am Seil jener Seelenkunde, die sich keinesfalls in Psychologie übersetzen läßt, wobei übrigens jedes Seil, wie ich dem kostbaren Bildband von Andres Furger „Das Bild der Seele" entnehme, jedes Fadenbündel, wenn man es aufzwirnt, in der Mitte einen Mittelstrang enthält, die sogenannte Seele.

„Das gleiche gilt auch für die Luftsäule in der Mitte der Wendeltreppe."

Wieso aber versink ich weniger in glühenden Romanen, als Mann und Mensch, oder in Lyrik von Sylvia Geist, sondern scheine hölzerne, lederne, steife, ungeniale Sachbücher zu bevorzugen? Nun: Je trockner das Streichholz, desto bunter kann ich als scheinbar Rezensierender meine Art von Funken entzünden. Ich besteige also das Trampolin ganz unten, an seiner leblosesten Stelle, beim Sachbuch der Urintherapie-Autorin Carmen Thomas: „Vom Umgang mit der Leiche".

Wenn eine leidende Seele, wie die des Barockdichters Gryphius, sich einsam auf einem Kirchhof ausmalt, wie sowohl „des Busens Doppellust" als „Hirnscheitel sonder Haar und Zier" zerstückt, entädert und zerlegt werden, bis hin zu der Därme Wust, samt schlangenblauem Schimmel, von Würmern abgefretzt, oder wenn Salvador Dali die eigene Verwesung visionär vorwegnimmt: wie schwelgende Maden seine Augäpfel vernaschen, sein Herz der Form halber noch ein wenig Widerstand leistet, bis man dann letztmalig furzt „wie ein alter Vulkan", der alles zerreißt, so bleibt solcherlei Greuel – bei aller Erschröcklichkeit – jeweils ein hochästhetisches Erlebnis, also eine seelisch-geistige Wohltat jedes noch voll im Saft stehenden, poesieempfänglichen Hirnscheitels voll Haar und Zier. Als ich aber den „Umgang mit der Leiche" aufschlug und die Chemie der Autolyse (Selbstauflösung) in ihren Stadien neutral geschildert bekam, vom Bart, der nicht mehr wächst, über den Magen, der sich selbst verdaut, bis zur Fettwachsbildung bei feuchtliegenden Leichen – da kam ein geistliches Schaudern mich an, Entsetzen, Brechreiz, Tränen, nutzloses Aufbegehren, also Gefühlsmischungen, die mich fast zur Produktion echter Daliprosa und Gryphiuslyrik veranlaßten.

Einsam stand ich im Info-Sturzbach: Karl der Große verbot Feuerbestattung. Heutiger Friedhofszwang geht auf ein Nazigesetz von 1934 zurück. Leichenüberführung kostet 2.- DM pro km.

Mastdarmtemperatur hingegen sinkt um 1 Grad pro Stunde ab – „Fort hier!“, brüllte da meine sensible Seele in plötzlicher Seelennot, wollte sofort raus aus dem abwaschbaren Grab dieses Sachbuchs, raus aus diesem Leib. Ich verhedderte mich umblätternd in Crashtests mit Leichen, die das Renommee der Unfallforschung schmälerten, in Tabellen, die „Meine Wünsche, wenn ich tot bin“ erweiterten. Hier konnten Oma und Opa ankreuzen, ob sie nur dann gewaschen werden wollen, wenn ihre Schließmuskeln versagen, was diese doch wohl in jedem Fall tun, oder? Nur bot die eine wie die andere Option – Prothese rausnehmen oder drinlassen – wenig Trost und Lichtblick.

Wer im Zeitalter der Entseelung nicht ganz allein mit Anus und Gebiß dastehn, sondern sich ein bißchen Seele bewahren möchte (die im Register wehrlos zwischen Seebestattung und Sektion landet und der das den Rest gibt), der läßt die sachliche Sachbuchautorin schnellstmöglich hinter sich, steigt auf zum ewig Weiblichen, ins Avalon der Anima, zum Bildband von Adres Furger über das Bild der Seele im Spiegel der Jahrtausende.

Dort sind alle Spinalreflexe weggewischt ... Vergewaltigung wandelt sich in Ballett. Eine Grabplatte bricht auf, wie ein mit Halbrelief-Arabesken verziertes Ei. Hinter dem Zickzackriß guckt die Pfarrersfrau wieder hervor, zu Ostern 1751 bei Geburt ihres Kindes verstorben, praktisch unbeschadet, mit Kind. Seelenführer Merkur mit Flügelhut macht behutsam „Pst!“ unterm lasierten Regenbogen. Jupiter – gemalt von Dossi Dossi um 1529 – schöpft Seelen, indem er Schmetterlinge malt. Charon setzt eine christliche Seele über den Styx, gemalt von Joachim Patinir. Guido Renis Anima beata, Amor und Psyche, hineingesetzt in Seelenlandschaften von Claude Lorrain und Fragonard, bereits 15000 v. Chr. aufsteigende Seelenvögel, von Jahrtausend zu Jahrtausend immer schlackenloser, mal weiße Tauben, dann kleine nackte Menschlein, die dem Mund entfahren, bis hin zu Salvador Dali, der den Abstand zwischen Seele und Arnold Böcklins Toteninsel vergrößert: der Nachen als weißer Quader, die Seele im Totenhemd als Kaffeetasse mit ellenlang ausgezogener Ausstülpung.

Alle abgebildeten Seelen üben sich einfallsreich in der Metaphysik des Schwebens, empor, hinan, hinaus und hinweg! Gryphiusschem Jammertal entrissen, lassen sie Freuds erkrankte Psyche hinter sich, samt Elisabeth Kübler-Ross (der Vollständigkeit halber von keiner Bettkante mehr wegzukriegen), flügeln in Entbundenheit einher, wundersam beruhigende, werfen sich lieber – als in Verwesung zu verharren – dem Kitsch an den göttlichen Marmor- und Porzellanbusen. Sie sind gern auch als Karikatur unterwegs, als die dehnbare Seele der frommen Helene, mit Baumelbrüsten versehen: eine schimmernde, imposante Summe – so viele Seelen können sich nicht irren!

Und unten? Das Reich der Sandsäcke. Leichen im Keller. Andres Furgers „Formensprache der Steinzeit". Ungeflügelte Sätze. „Im Laufe der Neuzeit ist es tatsächlich zu einer vermehrten Trennung des Materiellen vom Immateriellen gekommen." Aussagen der Kunstwerke werden zum Sprechen gebracht. Wassily Kandinsky (1866-1944) hat gezielt nach einer neuen Synthese gestrebt. Wir befinden uns ferner in einer Phase des Umbruchs. Urknall- und Chaostheorie haben für das Phänomen Seele wenig Konkretes beigetragen. Gleichwohl möcht ich diese umfassende Dokumentation erlösten Luftverkehrs nimmermehr aus der Hand legen, weinend den Bildband festhalten, als wärs eine schönere Bibel, mitjauchzen im seligen Reigen derer, die – kaum von Corpus befreit – sofort wieder ein wenn auch leichteres, gern auch nackteres Körperchen annehmen; ehe ein Verdacht aufsteigt: Leichen usw. gibt es leider sehr nachweislich, obwohl du absolut auf sie verzichten könntest. Einzig das

Andere, das Richtigere, das dir eigentlich viel Gemäßere, geizt mit konkreter Existenz. Mit dieser Tragik, daß es dich, meine liebe Seele, nicht gibt, stehst du grausam allein da im Kosmos!

Aufjaulend greif ich zum dritten Buch, und siehe: Metaphysik hingegen scheint es zu geben, zumindest deren Begriff und deren Probleme, Nachlaß, Adorno-Vorlesungen vier Jahre vor Adornos Tod, alles andere als bloß ein Sachbuch über eine fachphilosophische Disziplin, sondern lebendiges Denken, beobachtbar auf äußerst frischer Tat. (Auf der Buchmesse Leipzig stand diese Metaphysik am zweiten Tag um 19 Uhr noch herum, nächstentags um 9 nicht mehr.) Bei Adorno, der die Trennung von Körper und Seele als einen Reflex von Arbeitsteilung bezeichnete, hat also Dossi Dossi 1529 umsonst Schmetterlinge gemalt, und mit ihm die komplette Kunstgeschichte, deren wörtlich genommene Schwebe-Putten, Chimären, Wunschblasen im blankäugigen Direktflug zu Gott plötzlich wie Niveauschund ausschaun. Meine Seelenflügel, die sich schuldbewußt zusammenfalten, wirken plötzlich so infantil, so scheinhaft, so lächerlich unnötig. Ich schrumpfte zu einem Metaphysiker zusammen, blass, streng blickend, saß als Gasthörer – nicht ohne Ringbuchmappe – auf einem Klappsitz und sah die superintelligenten, seelenartig entschwebenden Stegreif-Formulierungen des metaphysisch inspirierten Star-Dozenten wundersam aufsteigen, und ein später gelöschtes Band lief wie ein Schmetterlingsnetz hinterher, um wenigstens ein paar verdinglichte, von Rolf Tiedemann nun herausgegebene Fragmente einzufangen. Vor meinen Augen stand Dozent Mephisto mit Embonpoint. Der flog dem ewigen Schüler davon, welcher ihn dennoch weiterhin auf dem Pult stehen sehn konnte und also die Tragik jeder Metaphysik nachfühlen im sonoren Bombardement mit Nominalismus, dianoetischen Tugenden, griechischen Brocken, mit denen der Philosoph dem ewigen Schüler Bären aufband, und Mühlräder aktivierte mit grauer Theorie bzw. mit dem züngoldnen Baum lebendigen Denkens, das von der grauen Isolierwatte des Publikums absolut nicht sich dämpfen, eher energetisch sich aufladen ließ. Auch hier diente sachbuchartige Basis, in dem Fall Aristoteles, der wohl kaum jemandem nennenswerte Erkenntnisseufzer abzulocken in der Lage gewesen wäre und den Adorno ganz nebenbei Physikprofessor nannte (und Hamlet das erste Individuum), als Trampolin, um vor allem die konstitutionellen Änderungen innerhalb von Metaphysik nach Auschwitz anzudenken. Sicher saß da manch einer im Saal, der bei der Liquidation des Ich aufhorchte und das Ich der anderen tatsächlich angenehm liquidiert sah, nicht aber sein eigenes.

Doch seltsam: Je mehr Metaphysik in ihrer Funktion enthüllt ward, „die Menschen bei der Stange zu halten" (Adorno), je mehr dieser aus solcher und jeder Metaphysik den Stöpsel zog, desto imposanter und also vorerst stabiler baute sich ein – sich sofort vergrößernder – Hohlraum auf; gleichwie Simmels sehr gnadenlose, sehr zuständige Demontage des Pantheismus einem Pantheisten wie mir, der ich das auf dem Bahnhof von Melsungen las (in der dortigen Kneipe hing ein mit Weihnachtskerzen bestecktes Motorrad), sozusagen durchaus pantheistische Wonnen schenken kann. Oder wie Günther Anders anläßlich der Beobachtung von Bergziegen im Zoo eine Theorie von der Sterblichkeit jeder Seele hinlegte, wunderbar unwiderleglich, also die Seele für immer zur Schnecke machte (Seele haben = nötig haben; Nötighaben = sterblich sein); doch löste Anders' Darstellung von Transzendenz als Ausdruck meiner Defizienz, und daß Transzendenz kein Ehrenzeichen sei, sondern Stigma, eine sonderbare Beglükkung in mir aus, schier seelische Erbauung, und selbst die Bergziegen, mit denen ich gern auf der Stelle ins Gebirge gestiegen wäre, hatten einen Anflug abbekommen von seelischem Glanz. In solchen Gefilden, wo jede hegelsche Negation jedes Negierte sofort kräftigte und aufpeitschte und die metaphysischen Phantomschmerzen läppische Real-Wehwehchen hinter sich ließen, erwiesen Dossi Dossis Seelen sich als flugfähig, bloß aufgrund ihrer Insektenähnlichkeit; Adornos Geist aber kreiste als Geist um den Geist, der als Geist um Geist kreist – und sagte sogar einiges zum Leib-Seele-Dualismus, zu Gott als dem unbewegten Beweger des Bewegten, wobei vor meinem inneren Auge sofort ein anatomisches Gebein erschien, das eigentlich tot herumhinge, wenn nicht die Seele es von innen heimlich anschubste und vorwärts marschieren ließe. So küßt der Himmel immer wieder zwischendurch plötzlich die Erde, die Metaphysik die Physik. Der Denker wandte sich direkt an die Studenten als an Materie, an der Geist sich bricht und abarbeitet, und entschuldigte sich dafür, „daß, wenn Menschen wie Sie zu einem Menschen wie mir kommen, Sie dadurch fast unvermeidlich etwas enttäuscht werden, weil Sie auf Grund dessen, was ich so schreibe, eine ganz andere Dichte erwarten, als sie in einem solchen mündlichen Vortrag nun tatsächlich möglich ist.“ So gerieten die braven Studenten, zwischen Cafeteria und Mensa, hinein in die blühenden Sentenzen ihres Professors, hinaufgezogen ins Reich oraler Tradition. Wobei der Theoretiker aber keineswegs den „Umgang mit der Leiche“ aus den Augen verlor, weder in seiner Vorlesung über Sterben heute noch im Abschnitt über Hundefänger, Abdecker und pathologische Obduktion, allwo er sagte, daß just durch die Entfernung der Philosophie von dieser armseligsten Sphäre, die Philosophie selber zu etwas Dünnem, Unwahren und Armseligen würde.

Schon muß jedes Buch, das ich als viertes – am Abend danach – vom Stapel nehme, zwangsläufig dünn, unwahr, armselig werden. Zumindest hat es nach solchen Höhenflügen, nein:

Höchstflügen jede denkerische Bemühung schwer, über eigene Unsubtilität hinauszuhinken. Doch der Stapel will abgetragen sein, und auch Claus-Steffen Mahnkopf drankommen, mit seinem Entwurf einer Musik des 21. Jahrhunderts.

Hier will kein Hans Metaphysikus durch Selbstdemontage sich selbst erhöhen, sondern es wird (wie damals in Theodor Lessings „Samuel zieht die Bilanz") bilanziert, anläßlich der üblichen Umbruchsphasen, ja: „entscheidender historischer Augenblicke" (die eher nach Helmut Kohl als nach Adorno klingen). Ein Ich – das in Adornos Metaphysik-Vorlesung vom 15.7.1965 überaus en passant „das leibhaftig gewordene Prinzip der Selbsterhaltung" genannt ward –, hält so empört, so drüberstehend wie möglich – anderswo als im Ozean der Heino-Hörer, im Eimerchen der Guildo-Horn-Fans, im Täßchen der Vivaldi-Hörer – sein Fingerhütchen hoch, will seinem Lehrer Ferneyhough (also einer bestimmten Richtung innerhalb zeitgenössischer Kunstmusik) Lanzen brechen und hierbei gesehn werden, in Aktion, so als poche auch hier, wo bloß Selbsterhaltung unverhohlen betrieben wird, weiterhin eine leidende Seele ans Himmelstor, nur daß die Metaphysik dieser immateriell verdünnisierten Seele abschwoll zu Karrierismusgetrommel pur. Doch das Revier, das abzustecken dieser Kopf gekommen ist, schrumpft weiter, so sehr auch mit Lob befleckt und Duplo, die längste Praline der Welt, verteilt wird an die größten Nachkriegskomponisten (Boulez und Stockhausen), und den größten Schritt der abendländischen Musikgeschichte (Beethoven). Man wäre schon erlöst, wenn etwas mehr „relevanter geistiger Diskurs" stattfände, und leidet vor allem daran, daß berühmtere Kollegen berühmter sind als die Poly-Solitude-Nocturne-Hommages und angelus-novus-geschwängerten Piccolooboensoli benachteiligten Nachwuchses, alle Ausführungen verblüffend unbelastet vom metaphysischen Schlagschatten: „Vergiß das Beste nicht!“

Obwohl der Kaumzwerg auf Adornos Gigantschultern zwar Adornismen produziert („Trotz aller Vielfalt gibt es keine“), doch wie alle Organhändler, die human vegetables (Carmen Thomas) beerben, keine Verwässerungsresistenz mitbringt, verbindet diese Adornoabhängigkeit („Lebensferne Systeme wie Technologie, Politik, Geld und Bürokratie haben längst jene Freiheiten okkupiert, die die gesellschaftliche Aufklärung den Einzelsubjekten zudachte“) sich mit größtmöglicher Adornoferne. Die diffizilen Lasiertechniken Dossi Dossis und Adornos depravieren zu brockenhaft unraffinierten Ist-Befunden, die dann so faktizitätsbarbarisch herumliegen wie bei Andres Furger die sterbenden Vietnam-Comic-Soldaten, in denen das Seelenkonzept trotz aller Neuzeit-Ernüchterung weiterlebt und denen also schwarmweise Butterfliegen wie Sprechblasen entweichen: „Scheiße! Ich bin hin! Guck schon wieder sind drei weg … AUUU …“

„Nicht nur bei dir, Yankee. Grad is mein erster abgehauen … mir gehts mies …“

Adornos Ästhetik IST eine der ersten philosophischen Pflichtlektüren derer, die –; die pluralistische Postmoderne IST gründlich mißlungen; die bürgerliche Bildungskultur IST im 20. Jahrhundert zerbröselt; die Informationslage IST äußerst desolat; die Große Musik IST das Geschenk des Abendlandes an die Menschheit; all dies IST irreversibel; neue Musik IST bereits abgeschafft – sobald nämlich die Einzelsubjekte dem Einfluß Adornos leider nicht mehr unterliegen, feiern zwischen „strukturellen Aporien“, „akzeptablen Alternativen“ und „abschließenden Bewertungen“ all jene Eigentlichkeits-Pathetismen, die Adorno umsonst ausjätete, erneut unbeleckte Auferstehung, flattern mitten in Adornos Spätfolgen, im mageren Differenztheorie-Dschungel aus Polykonzeptualität,

Komplexismus, Rezeptionskonstanten, Immanentismus als unausrottbare Positivitäten herum, dieser ganze Klumpatsch aus „richtungsweisend“, „mustergültig“, „Aufgabe“, „Begegnung“, „Herausforderung“, „Lebensfülle“, „wirklicher Teilnahme“, „wahrem Erbe“, „unserem geschichtlichen Erbe“, „grenzenlosem Schenken“, „bewundernswerter Grandiosität“, „Anschluß an die geistige Kultur“, bis hin zu erbauungstheologischen Klöpsen wie: „Geschenk und Verpflichtung sind eins.“ Betroffensein! Identitätsfindung! Selbstreferentiell!

Nach solchem Abrutschen in Normalbilanz, lebensferne Systematik, Strebertum, Amusie, Niveauismus, stramme Urteilskraft – einerlei, ob nicht vielleicht auch ich als größten Komponisten des 20. Jahrhunderts Berg nennen würde, wenn ich müßte – sind meine Anima und ich noch kaputter aufgetaucht als neulich nach dem „Umgang mit der Leiche“, japsen Hand in Händchen nach etwas frischerer Luft, nach grenzenlosem Schenken, nach drei Takten Beethoven, oder wenigstens der Gesangbuchzeile: „O daß mein Sinn ein Abgrund wär/und meine Seel ein weites Meer“. Wenn mein Meer der Seele nicht mal mehr ein Schmalspur-Absolutum findet, bin ich tief gesunken. Denn um einem Köpfchen zu sagen, daß es sich über andere stellt, mußte ich mich über dieses Köpfchen stellen, habe also bei diesem unschönen Vorgang mich hinter mir gelassen, bin zu seinem Bruder geworden – er bilanziert, ich rezensiere. Sowas führt in meiner Psyche zu strukturellen Aporien, denen ich unter Umgehung abschließender Bewertung in Richtung akzeptablerer Alternativen zu entschweben strebe, entweder sehnsuchtsvoll rückwärts zu den Nachtfaltern von Max Ernst: die wollen auch dann zu Gott, wenn dieser ihnen als Gaslaterne erscheint, zurück zu Adornos Hundefänger, zur Lenin-Leiche, die von 300 Angestellten eines Spezialinstituts für Biostruktur-Forschung auf Staatskosten (jährlich 100.000.- DM) gepflegt wird …

zu ein paar Gemeinschaftsgräbern, Bestattungskoffern, zu Airbag und Seitenaufprallschutz, an denen der Organnachschub für Eurotransplant leidet. Lieber ein paar Ganzkörperspenden, an die man sich klammern könnte, Teilhirntode, mit Lapofix hochgebundene Kiefer und anfallende Obduktionskosten als tausend abschließende Bewertungen.

Oder vorwärts taste ich mich mit entschlossenem, nein: mit zögerndem Griff zum brauchbaren, ja beglückenden Prominentenklatsch der argentinischen Übersetzerin und Romanceuse Estela Canto (1916-1994), zu ihren Erinnerungen an meinen Lieblingsmystiker Jorge Luis Borges. Der bringt weibliches Element, des Busens Doppellust, die in den bisherigen Novitäten auf den Schluß zu immer spürbarer fehlte, gleich dreifach herbei: dominante Mutter, fast Verlobte Estela und er selbst, der als weichlich-dickliches, stotterndes, stets ein Glas Milch trinkendes Muttersöhnchen das alleinige behutsame Gegengewicht bildet zur trinkfesten, sexuell durchmilitarisierten Hardliner-Macho-Gaucho-Gauner-Gesellschaft Argentiniens. „Georgie", kein bilanzierender, sondern ein balancierender Typus, dessen mystische Sensoren in ihrem eleganten Nuancierungsdrang eher an die metaphysischen Fingerhandschuhe Adornos erinnern – und schon brummen mir – während mir im Stapel ständig der Titel „Stimmen hören" ins Auge fällt, worin von Moses über Hildegard von Bingen bis Rilke alle Geister Stimmen hören und während Borges stets Angst hatte, mit häßlichen Frauen gesehen zu werden – immer noch ein paar krude Reste und Fetzen in die Parade, somnambul nachzuckend: „Ich halte diese Einschätzung für etwas übertrieben.", „Dies mag ungewohnt klingen –", „Des weiteren darf nicht übersehen werden –", „Ich möchte zum Schluß meiner Ausführungen kommen." Jawohl, alles Formulierungen des sich nochmal vordrängelnden Mahnkopfs – stop!

Zurück zum sich nicht mal behutsam aufdrängenden Borges! Estela Canto läßt ihn dastehen – im Gegensatz zu Sylvia Geist („Dreißig Männer geliebt und immer noch/Angst vor Hunden") – als eine männliche Jungfrau, die zwar schwärmen, sich verlieben, plaudern, vielleicht sogar heiraten, aber vor lauter Zartheit keinesfalls kopulieren will, wie Madschnun (Madjnun, wie ihn Malek Chebel schreibt). Umso schamröter werde nun ich, da mir natürlich die fatalen Gemeinsamkeiten von Kopulieren, Bilanzieren und Rezensieren nicht entgehen. Jeder, der so etwas tut, will etwas unter sich haben – statt mit dem Rezensions- oder Sexualobjekt mystisch zu verschmelzen. Weshalb mir bei früherem Borgeslesen absolut nie auffiel, daß da eigentlich null Kindheit und null Sex vorkommt und null romanhafter Aufeinanderprall konträrer Charaktere. Sondern der Blick ins Aleph und die unstoppbare Expansion des Zahir im leidenden Bewußtsein sind selber derart erotische Vorgänge, daß jede Direkt-Erotik unnötig wird. Nun aber erfuhr ich (der ich mangels rororo-Monografien über Borges, Valéry, Scheerbart wenig über Borges wußte) viel über seine empirische Person, seine schüchternen Marotten und Beengtheiten.

„Wie alle argentinischen Schriftsteller, war er begierig nach Anerkennung."

Schon rückt mir Jorge Luis Borges, der laut Estela Canto „nicht frei von menschlichen Schwächen" gewesen sein soll, menschlich so nah wie Adorno, der laut Katja Mann geradezu mahnköpfisch geil drauf gewesen sein soll, rezensiert zu werden, so als käme erst der Erfolg, dann die Metaphysik.

Ich aber greife mit hartem Schnitt zum nächsten, soundsovielten Buch, zur „Welt der Liebe im Islam", schmiege mich 500 Seiten lang an eines weiteren Busens Doppellust, der mich reichhaltig überrollt, mit tausendundeiner unverhofften Info, diese reichgefüllte, oder nüchterner gesagt: materialreiche Fundgrube über Bajaderen, Huris, Eunuchen, berühmte Liebespaare, Brüste (Abu al-Husain floh aus Scham vor seinem unpassend losgelassenen Furz in Nacht und Wüste bis nach Indien und Malabar), Blickverbote, Auspeitschungen, Ausscheidungen, parfümierte Prophetenbärte, Bartlosigkeit als Erkennungsmerkmal für Homosexuelle – eine Frau fragte einen Vorbeter: „Ist der Wert der Gebete verloren, wenn man versäumt, sich den Schambereich zu rasieren?"

Siehe, auch hier wird die Spannung zwischen Yin und Yang aufgefaltet, zwischen Weich und Hart, zwischen weiblicher Seele und männlicher Trockenheit. Das Buch selber steht – wie die Weichlinge Madschnun und Borges zwischen Machos oder wie der Sufismus im Fundamentalismus – als ein Mahnmahl der Zärtlichkeit in der jederzeit böse rezensierten, als hart, humorlos, hitzegegerbt, repressiv, frauenfeindlich, unzart geltenden islamischen Männergesellschaft. „Hüte dich also vor der Begierde, o gieriger Sohn einer Gierigen!" Auch hier hat nicht nur manch eine harte Schale einen weichen Kern, sondern mancher weiche Kern eine weiche Schale, weshalb im „Meer der Seele" des Sufi-Apothekers Fariduddin 'Attar hochsensible Geschichten, die von der versehentlichen Verletzung einer Ameise berichten, schier jedes buddhistische Gleichnis an Zartgefühl übertreffen, während umgekehrt in diesem Bollwerk der Weichheit ein nüchternmännlicher Hauch weht, eine Nachschlagewerkhaftigkeit quer durch die rosenwasserhaft wunderschönen Zitatlandschaften aus Tausendundeiner Nacht. Es verbinden sich da Harun al-Raschid und Abu Nuwas pro Seite ausgiebig mit Masters & Johnson. Malek Chebel, der die heimlichsten Stellen morgenländischer Poesie aufstöbert, abhört und Stichwort für Stichwort auflistet, stand vielleicht selber mal als verliebter Tor vor verschlossenen

Gärten und jenen halb angelehnten Türen, von denen Hugo von Hofmannsthal und Jorge Luis Borges in ihren Essays über Tausendeine Nacht schwärmten, jetzt aber wird der Schleier zeitgemäßerweise überaus fortgezogen und so die hochinformative Mixtur aus Paradiesgärtlein, Pornostudio und Frauenarztpraxis zu einem permanenten Wechselbad zwischen Harem und Vivisektion, Legendenton und Aufklärungsatlas, zwischen Olibanum und Cunnilingus. Zwischendurch reißt sich Dscheladeddin (Djalal-addin) Rumis persische Nachtigall immer wieder aus dem Neonlicht des gynäkologischen Untersuchungstischs los und flötet wie vor tausend Jahren. Einerseits hält weiterhin ein Derwisch sein Auge 84 Jahre lang geschlossen, weil es zum Abschied seiner Geliebten nicht mitgeweint hatte, mit dem anderen Auge, andererseits heißt das arabische muda'abat al-bazr ganz unverhüllt Klitorismasturbation. Wer hingegen bei Allah nachgucken will, stößt auf den nicht unbeliebten Analverkehr.

Doch bietet die atmosphärische Kluft zwischen altem und neuem Vokabular keinen Unterschied von historischer Märchenerzählung und Neuzeitkühle, eher den zwischen Metaphernpoesie und Wissenschaft. Beide finden sich seltsam vereint in einem medizinischen Text aus Cordoba von ca. 950 n. Chr.: „Gott, der Allmächtige, gab der Wurzel des männlichen Gliedes vier kleine Muskelpaare, die ganz fest am Blasenhals sitzen, um dem Glied Festigkeit zu verleihen, wenn es sich aufrichtet."

Hiermit wäre fürs erste der Rezensionsexemplar-Stapel so gut wie zusammengeschrumpft, wenn da nicht noch ein recht großformatiges Buch über den Gottespenis rotgelb herüberleuchtete, auch Soma und Fliegenpilz genannt, dessen Rezension ich aus technischen und seelischen Gründen an dieser Stelle ein wenig suspendieren muß, genauso wie Dieter Zimmerlings Apokalypsen-Revue, der Wollust am Titanicfieber, das erwähnte Buch übers Stimmenhören und die göttliche Textsammlung über die Kultur des Humanismus.

- *Carmen Thomas: „Berührungsängste? Vom Umgang mit der Leiche", bebildert, vgs, 239 Seiten, 1995, 36.- DM.*
- *Andres Furger: „Das Bild der Seele. Im Spiegel der Jahrtausende", 212 Seiten, farbig bebildert, Verlag Neue Züricher Zeitung, 1997, 25.- DM.*
- *Theodor W. Adorno: „Metaphysik. Begriff und Probleme", Vorlesungen Band 14, Suhrkamp Verlag, Frankfurt, 1998, 68.- DM.*
- *Claus-Steffen Mahnkopf: „Kritik der neuen Musik. Entwurf einer Musik des 21. Jahrhunderts. Eine Streitschrift", Bärenreiter Verlag, Kassel, 1998, 38.- DM.*
- *Estela Canto: „Borges im Gegenlicht", aus dem Spanischen von Christian Hansen, Antje Kunstmann Verlag, München, 1998, 38,80 DM.*
- *Malek Chebel: „Die Welt der Liebe im Islam. Eine Enzyklopädie", Antje Kunstmann Verlag München, 1997, 98.- DM.*
- *Georg Simmel: „Aufsätze und Abhandlungen 1901-1908", Gesamtausgabe Band 7, suhrkamp taschenbuch wissenschaft, 1995, 24,80 DM.*
- *Günther Anders: „Ketzereien", Beck'sche Reihe, 1996, 22.- DM.*
- *Sylvia Geist: „Morgen blaues Tier", Gedichte, Postskriptum Verlag, 1997.*
- *Irene Stratenwerth/Thomas Bock: „Stimmen hören. Botschaften aus der inneren Welt", Kabel, 1998.*
- *Clark Heinrich: „Die Magie der Pilze. Psychoaktive Pflanzen in Mythos, Alchimie und Religion", Aus dem Amerikanischen von Annette Charpentier, Vorwort: Christian Rätsch, Diederichs, 1998, 39,80 DM.*
- *Dieter Zimmerling: „Lauter Weltuntergänge, Die Lust an der Endzeitstimmung", Piper, 1998, 36.- DM.*
- *„Die Kultur des Humanismus. Reden, Briefe, Traktate, Gespräche von Petrarca bis Kepler", herausgegeben von Nicolette Mout, C.H. Beck, München, 1998.*
- *Johann Gottfried Schnabel: „Insel Felsenburg, Wunderliche Fata einiger Seefahrer", in drei Bänden, Zweitausendundeins Verlag, Frankfurt, 1997, 98.- DM.*

Wie trickse ich Trickbetrüger aus?

Ein Buch über rund fünfzig Gesetze der Macht

Kann man dem verdrückt grinsenden Klappentext-Milchbubi – Jahrgang 1959 – zutrauen, daß er der Machiavelli des 21. Jahrhunderts sei? Startauflage 100.000! Das blanke Inhaltsverzeichnis (9 Seiten), der General-Überblick über die 48 Gesetze der Macht, enthält eine Rezeptur zur Produktion gewissenloser Aktionstypen, die hinter ihrer Demokratie ihren Diabolismus spielen lassen, beste Freunde ausspionieren und Ex-Feinde anheuern. Auf der ärmlichen Ausgangsparole, daß jeder Mensch nichts als Macht wolle, erhebt sich eine Kreuzung aus Ratgeberliteratur und storyreferierender Beispielsammlung. Geht praxisorientierten Lesern nicht zuviel Zeit für ihre Karrieren flöten, sich mit Schachzügen von Napoleons Minister Talleyrand, Perserkönig Xerxes und Cosimo II. zu beschäftigen, derweil Bill Gates nullmal erwähnt wird? Fiese Devisen wie „Gib dich wie ein Freund, aber handle wie ein Spion“ oder „Gib dich dümmer als dein Opfer“ werden als eherne Gesetze ausgegeben, mit Seitenblick auf Moses, der auch schon keinen so hemmungslos bekämpfte wie seine stets sogenannten Feinde, aufgeteilt die bunten Belegstorys nach Verstoß oder Befolgung der nachträglich vorausgeschickten Gesetze 1-48. Diese folgen nicht ganz so redundant und ungegliedert aufeinander wie Luthers Thesen, schließen aber hier und da unauffällig einander aus: Wie kann ich um jeden Preis auf mich aufmerksam machen und zugleich durch Abwesenheit glänzen? Einerseits dürfen keine Fehler meine Weste beflecken, andererseits darf ich nie zu perfekt sein.

Robert Greenes POWER enthält auch viel Kleingedrucktes, am Seitenrand in Rotschrift Empfehlungen der Haupt-Eidhelfer

Machiavelli, Sun-tzu, Baltasar Gracian, Tolstoi-, Lessing- und La Fontaine-Fabeln, und inhumane Weisheiten des altindischen Machiavelli Kautilya, 3. Jahrhundert v. Chr. „Wer etwas erreichen will, darf keine Gnade kennen." Immerhin sind markige Nietzschesprüche - contra schlechtes Gewissen - gegenüber Äsopfabeln nicht in der Überzahl.

Nicht unamüsant die Überlegung, was nach Zuklappung der 48 POWER-Gesetze nun eigentlich geschehen solle. Wer an Beförderung im netten Arbeitsklima und Berufsalltag seiner Chefetage interessiert ist, wird mit dem mao-zedong-inspirierten Gesetz 15 „Vernichte deine Feinde vollständig! Und zwar nicht nur körperlich, sondern auch geistig", so passabel das auch klingt, wenig anfangen mögen. Gesetz 33 „Für jeden gibt es die passende Daumenschraube" erinnert fast schon an „Jedem das Seine". Daß man Aufgaben mutig anpacken soll, wie Gesetz 28 nahelegt, weiß man in jeder Leistungsgesellschaft auch ohne POWER, desgleichen „Seien Sie Herr über Ihr Schicksal". Wer also zu gut ist für diese Welt und nie so recht Mobbing betreiben mag, hat nun die Chance, das Urgesetz der 48 Gesetze zu verinnerlichen, und das lautet nun mal: „Sei intrigant und effektiv!"

Gesetz 38: „Denke, was du willst, aber verhalte dich wie die anderen" – o wie trügerisch diese Suggestion, daß jeder Zufallsleser genau jenes ruchlose Prachtexemplar jetzt schon sei, das er erst durch die Lektüre werden will. 100.000 bundesdeutsche POWER-Leser treten ab sofort in ihre Großraumbüros, als powerful aufgetankte Alpha-Männchen, die nun endlich wissen, wie man die nicht minder pfiffigen Kollegen definitiv absägt. Bei Machiavelli mochte noch ein Gran Düsternis mitschwingen im negativen Menschenbild. Beim Machiavelli des 21. Jahrhunderts wird History zu einer Arena für Sportsmen, die locker vom Hocker, mit Cola und Bubble Gum, alle Fäden in der Hand behalten, nie die Falschen kränken, Gratisangebote verschmähen, die Kunst des Timings meistern, ohne beim Feindevernichten sich die Finger schmutzig zu machen. Auf geht's!

Leicht ließe sich POWER dank randständigen Humanums, im Existenzkampf vielleicht nicht restlos ausgemendelt, vom Resopaltisch wischen, wenn das Buch nicht zugleich eine üppige Story-Fundgrube böte, aus allen Himmelsrichtungen beigeschafft: angenehm nicht-eurozentrisch, nämlich dreimal weniger auf Hitler zentriert als auf Cäsar oder die Kämpfe altchinesischer Machtblöcke: Haremsdamen, die ihr eigenes Baby zerschmettern, um die eifersüchtige Kaiserin verdächtig zu machen; Feldherren, die ihren Ex-Freund zu vernichten zögerten und deshalb wiedererstarkter Rache zum Opfer fielen. Wem Namen wie Atahualpa oder Caligula vage bekannt vorkommen, kann hier auffrischen, was es mit Al Capone, Aretino, Pizarro, Cesare Borgia und anderen Sonnenkönigen und Thriller-Protagonisten auf sich hatte. Nebenbei erfährt man, wo das Wort Scherbengericht herkommt, wie Graf Victor Lustig den Eiffelturm an Schrotthändler verkaufte, oder daß die französische Kurtisane Ninon de Lenclos von 1620 bis 1705 lebte. Das Ganze schließt durchaus zusammen zu einer Kulturgeschichte der Machtspiele, stoffreicher als Elias Canettis „Masse und Macht", dafür nicht gerade sprachlich durchseelt wie Egon Friedell, ansonsten aber nicht übel geschrieben, nicht unschnittig, nur halt bis S. 535 durchgehend durchsetzt mit Anweisungen der in der deutschen Übersetzung immerhin gesiezten Möchtegern-Machtprotze. Eine ambitionierte Zielgruppe, die sich nicht daran stören wird, daß die oft uralten Storys sich Umfärbung durch normalamerikanischen Sound gefallen lassen müßen, so daß vorchristliche Pharaonen auf einmal ohne problems mit Cleverneß und Image aufwarten.

Ständige Leseerfahrung hierbei: Jede Anderthalb-Seiten-Story – die Kompakt-Inhaltsangabe zu einem Roman- oder Theaterführer, und – alles schon dagewesen. Kyros beging Hitlers, Napoleons und Timur Lenks Fehler, statt erobertes Terrain zu konsolidieren, maßlos weiterzuerobern, schon 529 v. Chr.

- *Robert Greene: „POWER, Die 48 Gesetze der Macht", Hanser Verlag, München, gebunden, 535 Seiten, 49,80 DM.*

Von Afterflügel bis Zugvogel

Vom Nutzen ornithologischer Taschenlexika für Laien

Wer dreimal täglich seinen Wortschatz um sieben Worte vergrößern möchte, lasse diverse Speziallexika nicht allzu links liegen. Je öfter ein Laie mal bei Amsel oder zwitschern nachgucken will, bei Waldrapp oder bei Zilpzalp, desto weniger wird er fündig und desto mehr staunt er über das Volumen solcher Kompendien. Was kann in ihnen stehen, wenn weder Tukan noch Pfefferfresser drin sind, und statt Papagei – Psittacose (= Papageienkrankheit), und statt fliegen und Flug nur Flugdrahtanlagen und Flügelstutzung? Dennoch, bitte keine Angst haben vor Ernüchterung und ausbleibender Fundgrube! Desinteresse an Vögeln sei kein Hinderungsgrund. Im Ralf Wassmann unverbindlich zu blättern, läßt ahnen, in was für begrifflichen Schmalspurwelten man bisher verharrte. Hier öffnet sich ein Riesenkäfig aus niegehörtem Fachchinesisch. Endlich erfährt man, was man nie wissen wollte: was Avifauna, Azimut, Ceilometer, Chlamydiose, Dendrogramm, Diversitätsindex, Deskriptionsparameter, Fraser-Darling-Effekt, Euryök bedeutet, Phonogramm, Phoresie, Photoperiodik, Plesiomorphie, Postnuptialmauser, oder auch Xanthophyll (= Hauptfarbstoff des Eidotters), angereichert zwischendurch immer wieder mit allgemeinverständlichen Ausdrücken, von Allesfresser über Hackordnung bis Zugvogel, plus erbauliche Deftigkeiten der Falknersprache, von Atzklaue über Schlechtfalke bis Ziegel.

Wer bei spotten nachguckt, wird zu Spottsänger verwiesen, von dort zu Imitation, von dort zu Mimese und zurück zu spotten, bei Mimese zu Somatolyse und Akinese, bei Akinese zu Fängling (siehe Spiegelnetz) und Stellreflex, bei Somatolyse zurück zu Mimese, bei Stellreflex zurück zu Akinese.

Einerseits also ein Buch für Primärkonsumenten, Nesthokker und Teilalbinos wie Ornithophile, Falkner, Faunisten, Ökomorphologen, Syn- und Autökologen, NABU-Mitglieder (= Naturschutzbund), Chorologen (= Arealkundler), Oologen (= Eierkundler), Pirschjäger und Prädatoren (= Beutegreifer), aber ebenso auch für unbeleckte Vogelfreunde und andere Freunde. Abdonnern heißt in der Jägersprache – im „jagdlichen Ausdruck“ – das geräuschvolle Wegfliegen relativ kräftiger Vägel, meist Auerhähne *(Tetrao urogallus)*. Wer all die flugspezifischen Termini (Flyway, Flügelprojektion, Tandemflug, Luftkissentrick, Trägheitsnavigation, Winkelbeschleunigung, Thermiksegler, Trillerflug, Bremsflug) durchrauschen läßt – da entsteht noch im flugunfähigsten Leser ein Schwebe-Delirium in mentalem Flugsimulator, also durchaus eine Art Erfüllung lionardesker Sehnsucht nach freiem Flug, angesiedelt außerhalb jedes ornithologischen Pocket-Lexikons. Dessen naturgemäß froschkalt aseptischer Gestus läßt dennoch Spielraum für lustvoll unwissenschaftliche Assoziationen, kraft hervorspringender Namen wie Hummelelfe *(Acestrura bombus)* oder Purpurkopfelfen *(Heliothryx barroti)*. Es tummeln sich urkomische Ausdrücke wie Schreck- und Staffelmauser, Schlaf- und Haßgemeinschaften, Ausweichhorst, Problemkäfig, Greifvogelabwehrkugeln, Afterbrut, Putzkralle. Sogar eine letzte Spur von Vogelhochzeit, Vogelfreiheit und unseren gefiederten Freunden in Feld und Flur verbirgt sich zwischen Fortpflanzungsrate und Mortalität, Altertümlizismen wie Brieftaube, Taubenschlag, Finkenherd, Vogelwarte, heilige Vögel, Adebar.

Sogar Spaßvögel kommen allseits ungewollt auf ihre Kosten, mitten in den Klärteichen und Rieselfeldern diverser Zoozönosen und Ornithozönosen: Wer zwischen Kropfmilch und Kulturflüchter den fehlenden Kuckuck sucht, findet das Kübeltier, angelehnt an Kübelpflanzen.

Wer nur eine Stunde im Wassmann stöbert, weiß viel über Schallfedern, Kehllappen, Lappentaucher, Grätschtaucher, Spätbrüter, Brutnischen, Nistkörbe, Körpertemperatur, Kippflügel, Infantizid (siehe auch: Kainismus), die Spannweite des Marabus (*Leptoptilos crumeniferus* – Leptop?): 370 cm. Kolibri heißt auf Englisch hummingbird (= Summvogel), der Wiedehopf auf Lateinisch *Upupa epops*. Adler treiben junge Gemsen per Schein-Attacke in Abgründe. Kleine pflegen auf größeren Vögeln notzulanden. In einem Auerhahn fand man 2000 Magensteine. Mäusebussarde kamen zu Tode, wegen Gefiederverklebung aufgrund kotspritzender Notwehr von Wacholderdrosseln. Durch Wegsehen bzw. Blickvermeidung (facing away) wird Kampf zwischen Lachmöven *(Larus ridibundus)* vorerst vermieden. Turmfalken können die Duftmarken von Wühlmäusen unterm Schnee sehen, dank UV-Farbsinneszellen.

- *Ralf Wassmann: „Ornithologisches Taschenlexikon“, über 2600 Fachbegriffe. Mit englischem Wörterverzeichnis, AULA Verlag Wiesbaden, 302 Seiten, broschiert, 1999, 34,80 DM.*

Wie hiess der Zaunkönig, bevor es Zäune gab?

Hugo Suolahti kreist minuziös um den versunkenen Kontinent der Vogelnamen

Was fliegt denn da? Ein Vogel und weiter nichts. Johann Peter Eckermann klagte, der achtzigjährige Goethe habe zwar die ganze Natur umfaßt, aber Amseln nicht von Lerchen unterscheiden können. Seither haben Poeten wenig dazugelernt. Sie besingen oft nur – statt Distelfink, Pirol oder Kiebitz – die nackte Gattung, ohne nähere Bestimmung, den Typus, die Vogelspur im Schnee. Poesie aber stößt ins Allgemeine vor, von Rabindranath Tagore („Wie herrlich singen heut die Vögel. / Ein Strahl der Sonne rührt mich an") bis Sarah Kirsch („Die Trommel zählt das Becken gellt / Vögel fallen zur Erde"). Seit 1909 könnte lyrisches Wischiwaschi feiner spezifiziert werden. Über Federkleid und Brutpflege steht dort fast nichts, dafür aber fast alles über die blanke Benennung von Baumpieper, Brachhühnchen, Schleierkäuze, Wiesenknarrer und Zitronenfinken, und ihrer lautmalerischen Rufe, vom „zilpzalp" des Weidenlaubsängers, vom „didlididlidlidlidlid" der Tuddelgratsch (= Zaungrasmücke), vom „pückwerwück" der Wachtel, in die Schwaben „sechs Paar Weck" hineinhörten, Elsässer: „Bäwele, wit me nit", Siebenbürger: „bäk dern räk!" (= bück den rück!), Niederdeutsche: „Weck den Knecht". Die Wachtel heißt in Preußen Putpurlut, und mittelfränkisch Quattel.

Der finnische Philologe, Parlamentsabgeordnete, Kanzler und Rektor Prof. Hugo Suolahti (1874-1944) erforschte sein Gebiet so akribisch und verläßlich wie nur noch der Große Pauly, Brüder Grimm, Bächtold-Stäubli, Wilhelm Mannhardt, Heinrich Marzell. Hugo Suolahti geht streng der Frage nach –

als hinge von ihr jederzeit alles ab –, ob der Name des Truthhuhns 1534 in Deutschland eingeführt worden sei, oder nicht doch schon 1531; wie aus dem im Anhang komplett abgedruckten „Regiment der anderhalb hundert Vögel“ hervorgeht, von Hans Sachs, der das Truthhuhn *indianisch henn* nannte. Bis ins Mikroinvasive und Krähwinklige hinein: Der Haussperling, *fringilla domestica*, heißt nicht nur altpreußisch *spurglis*, althochdeutsch *sparo*, altindisch *sphurati* (= zuckt), und der *upupa epops* neupersisch *pupu*, armenisch *popop*, lettisch *puppukis*. Sondern in Göttingen und Grubenhagen heißt er „Sparkaz“ und in Dörfern bei Braunschweig „Sparlüntje“. Jeder irgend erreichbare Piepmatz, selbst der seit dem 16. Jahrhundert ausgestorbene Waldrabe, *geronticus eremita*, eine mittelalterliche Ibisart, wird samt seiner ebenso verschollenen Namen – wie Waldrapp, Rapp, Klausrab, Waldhoff, Nachtrapp – mitgenommen, in dieser ornithologischen Arche Noah und Zwitscher-Voliere. Hugo Suolathi archiviert alles: vom Unvogel, Wasservielfraß, Kropfuogel, Vogel Hein, allesamt Synonyma für Pelikan, *pelecanus onocrotalus*, den man zudem *sisagomo*, *hisigomo*, *husigomo* nannte, bis hinab zu *petti-rosso*, wie das Rotkehlchen in Italien heißt. Er beantwortet tatsächlich die Frage, die leider nicht jedem Menschenkind auf den Nägeln brennt, wie der Zaunkönig bzw. Zaunschlüpfer, Zaunschnurz, Zaunling, Zaunkerl, Zäunert, *troglodytes europaeus*, vor Erfindung der Zäune hieß: er hieß *wrendo*, *wrendilo*, oder auch: *rindill*, wie damals in der Snorra-Edda; oder auch: *kuningilin* = Königlein; oder auch kärntnerisch: Pfutschkini; steiermärkisch: Zwergvogerl; oder hessisch: Backofenkröffer, des backofenförmigen Nestes wegen.

Obwohl der allseits ungesuchte Feldschwirrl im Suolathi unverständlicherweise nicht gefunden werden kann, und statt Wilhelm Buschs Schuhu bei Uhu, *bubo maximus* bzw. *bubo*

bubo, bloß Schubut und Schuwit, der in der Schweiz u.a. Nachthuri heißt, in Österreich u.a. Puhu, in Schlesien Bauhau, Poihoi usw., in Basel Tschuderihu, in Telleringen Tschudderlehu, heißt auf Altgermanisch uvo und hu(w)o, und auf Luxemburgisch – Hugo: Wer nur eine Stunde unverbindlich im Suolathi blättert, einerlei, aus welchem Grund, ob als Vogelfreund, Sprachmensch oder Kuriositätenjäger, spürt Effekte im Hirn, schwirrender als Alfred Hitchcocks vergleichsweise sehr überblickbaren „Vögel", oder als Burt Lancasters „Alcatras", und schwankt wie im Flugsimulator zwischen gemischtesten Gefühlen hin und wider, als Rohrdommel im Ried, *botaurus stellaris* bzw. *bottlebumb*, *raredumbla*, Bummreigel, von der es sechs verschiedene althochdeutsche Varianten gibt: *horotumil*, *horotumbil*, *roredumbil* etc. Entweder ist hier ein Wahnkopf obssesiv am Werk, oder jede reine, strenge Wissenschaft funktioniert ebenso wie Hugo Suolathi. Der im allerkleinsten Kreis in eine uferlose Welt vorstieß. Schon kann jeder Leser ahnen, in was für prä-verbalen Schmalspurnischen er bisher fachidiotisch verharrte. Ein Riesenkäfig aus reizvollem Fachchinesisch tut sich auf: von urgermanischen Flexionsvarianten bis svarabhaktischen a-Vokalen. Endlich erfährt jeder, was nie einer wissen wollte – Desinteresse an Vögeln sei hier kein Hinderungsgrund. Zumal alle je vorgekommenen Vogelnamen sich nicht selbst genügen. Sondern, zusammen mit den Namen ihrer Verbreitungsgebiete und Sprachen (gotisch, magyarisch, bretonisch), reichert sich der Assoziations-Kontinent aus ohnedies arg ausschweifendem Namensgestöber an, mit klangvollsten Quellenangaben: von Aegidius Albertinussens „Der Welt Tummel- und Schaw Platz", München 1622, über das Middelnederlandsch Woordenboek, 1882 ff., „Ottokars österreichische Reimchronik", bis Ignaz Vinzenz Zingerles „Lusernisches Wörterbuch". Hugo Suolathis frühe Zuträger, Vorläufer oder auch Inkarnationen heißen alle so phantastisch wie er selber: Plinius, Albertus Magnus („De animalibus"), Oswald von Wolkenstein, Hadamar von Laber, J. Fischart („Gargantua"), Theophilus Golius („Onomasticon latino-germanicum", 1579), Prof. Popowitsch: samt und sonders nicht minder erbsenzählerisch inspirierte Namensmagie-Sucher, alle im amplifizierten und potenzierten Querbezugs-Hagel der geduldigen Maxime folgend: „Inn ein Buoch schreiben zu sammen / Wie jeder heißt mit seim nammen".

Praktisch jeder landschaftlich gebundene Vogelname war, bevor Hugo Suolahti ihn aus abgelegenen Untiefen hob, unbekannt, und kaum hat sich ein heutiger Leser durch das Kiwitt, Kuckuck, Upup und Namensmagie von hundert Wiedehopf-Ableitungen durchgearbeitet, Wutthahn (im Elsaß), *hoppian* (angelsächsisch), *vudodu* (altkirchenslawisch), Hod-Hod (Salurn), Wuddwudd (Neumarkt), Ossepuper (preußisch), sinken neunzig davon aufs neue hinweg. Abgehakte Generationen und Völker, dank Hugo Suolahti nochmal vorübergehend auferstanden, werden bald wieder gerufen werden vom „Komm mit!" des Leichenhuhnes, wie der Sterbekauz volkstümlich heißt, zusammen mit anderen Neunwürgern, Bart- und Schmutzgeiern, Pest- und Kriegsvögeln.

- *Hugo Suolathi: „Die deutschen Vogelnamen. Eine wortgeschichtliche Untersuchung", unveränderter photomechanischer Nachdruck der Originalausgabe von 1909, mit einem Nachwort von Elmar Seebold, Walter de Gruyter, Berlin / New York 2000, 549 Seiten, broschiert, 68,- DM.*

Wiedergänger im Doppelpack

Nach dem Return of the Bisons, Zauberer, Nationalstaaten und ähnlichen Seuchen und Dinos, steht nun auch (wer, wenn nicht der!) Stehaufmann Hitler, mit und ohne NPD-Verbot, samt Guido Knopp, immer öfter wieder auf: mal als Möchtegern-Inkarnation, die jede serbische Bohnensuppe vergällt und jedes Märchen-Bagdad entsüßt, meist aber als Tyrannosaurus rex aus Weichplastik, als ADOLF mit Brüllblase: „Äch bin wieder da!!" Gleichwie neulich im Haffmans Verlag Kanzler Kohl in 500 Jahre Kunstgeschichte apokryph zurücksickerte, so expandiert dieser jetzt noch weiter entartete ADOLF in jede frühere und spätere Zeit hinein, allwo er – zwischen erneuter Hiroshima-Zerdepperung und Mutter-Teresa-Schwängerung – nicht nur nachvollziehbar bis semi-plausibel sowohl den 1. wie den 3. Weltkrieg auslöst, en passant exakt bei der Clinton-Fellatio aufkreuzt (wobei Dr. Mengele die Gummimaske von Monika Levinsky aufhat), sowie bei der Kreuzigung Christi, anläßlich derer Gott Blitze auf ADOLF schleudert, die die Batterien von ADOLFs abgesoffnem Zeitreise-Helm neu aufladen – neben all diesen hirnrissig welthistorischen Umdeutungen nimmt ADOLF sogar Einfluß auf den Karbon-Fisch, der als Lurch an Land kroch! Wenn nicht alles so lieblos in Huschhusch-Trash hingewixt wäre, könnte das eine schöne Mytho-Story sein – immerhin sind Elton John (like a candle in the wind), Albert Einstein, Sigmund Freud, Nietzsche, Picasso und Jean Paul Sartre trotz ihrer Einheits-Riechkolben und bei aller schockierenden Abwesenheit von Zeichentalent durchaus erkennbar, und bei ADOLF kann man ja als Zeichner dank Hitlerbärtchen und Stirnhaar sowieso selten viel falschmachen. Die grenzenlos unschönen Bilder standen ihrem Erfolg nicht im Weg.

Bei Achim Greser hingegen, der dritte Dimension hinzutreten läßt, weht vergleichsweise ein Hauch von Wohlausgeführtheit, Bildkomposition, Kunstgeschmack. Vielleicht kann hier sogar Nostalgie wachwerden, nach Zeiten, in denen Protest gegen Autobahnbau zwar auch schon nichts half, aber Karikatur noch nach was aussah. Der Schritt von ADOLF zum „Führer privat“ ist der von WC-Graffiti zur Mona Lisa. Selbst anachronistische Szenen, wie auftauchender Pizzabringdienst im Führerbunker oder die selbsthäkelnde Nicaraguagruppe der NSDAP, sind in ein fahl vergilbtes, faulbräunliches Geisterlicht getaucht, wie es ewigen Revenants gebührt. Hitler ohne gültigen Fahrausweis, errötend, angebrüllt in Hanau vom großmächtigen Kontrolleur: „ …und ich bin der Kaisa von Schina. Schwarzfahren kost sechzisch Mack, fertisch!“ – das beleuchtet, innerhalb nicht gänzlich verharmlosenden, relativ ungesprengten Antiquariums, sehr schön die psychologischen Dimensionen von Autoritätskonstellationen. Hitler mit Schneeschaufel ein wenig Neuschnee als persönliche Attacke von Stalin verbuchend – das wäre alles 10 x närrischer und mythischer, und nicht so monothematisch, wenn nicht zugleich der Kleine-Arschloch-ADOLF noch 10 x aspektereicher rumblödeln würde, via besagte invasive Übergriffe in Nachbarthemata. Dafür läßt sich „Führer privat“ als Hausbuch für die ganze Familie immer wieder anschauen, bis hin zum privaten Türklingelnopf – „Hitler A./ Braun E.“, während die partielle Doppelbödigkeit von ADOLF (z.B. daß hinter der Maske von Prof. Furunkel Lady Di steckt) den Unwillen des Lesers, so einen Unter-alle-Sau-ADOLF mehr als 1 x zu konsumieren, nicht verkleinert.

Da hilft vielleicht nur eins: Plädiert sei hier für eine Liaison zwischen Walter Moers und Achim Greser, gleichwie die zwischen ADOLF und dem geschlechtsumgewandelten Göring

(„Vom Führer gefickt … Die einzige Scheiße, daß ich das Goebbels nicht mehr unter die Nase reiben kann") – der eine darf nur noch Plots, Blasphemien, Sprechblasengebabbel entwerfen, aber dafür nicht mehr auf Karton gedrucktes WC-Papier beschmieren und bemalen, und der andere liefert zur Auslösung des 5. Weltkriegs angenehm talentierte, herzerhebend kolorierte Bildbeigaben. Dann wäre eine hegelianische Synthese erreicht, ein Gesamtkunstwerk, eine Anti-Bibel für künftige Welteroberer und deren geklonte Opfer. So oder so: Beide zusammen widerlegen Tucholskys These, daß Buddha zu hoch und Nazis zu niedrig hingen für die Aufgaben der Satire. Beide kommen bestens in Frage als vorauseilendes Gegenmittel gegen the return of new Puritanismus, Viktorianismus und ähnliche Prüderie-Tendenzen.

- *Achim Greser: „Der Führer privat", Edition Tiamat, 44 Zeichnungen, mit einem Nachwort von Wiglaf Droste, Berlin 2000.*
- *Walter Moers: „ADOLF", 1998, 11. Auflage 2000.*
- *Walter Moers: „ADOLF", Teil 2, 1999.*

DRÜCKEN SIE DIE PLAY-TASTE!

Von den Wonnen und Tücken der Bedienungsanleitung für lebenserleichternde technische Geräte

Immer, wenn nichts mehr funktioniert, erwacht der Wunsch nach der Bedienungsanleitung. Extra irgendwo deponiert, bleibt sie im entscheidenden Moment unauffindbar. Dann bleibt ein technisch fundierter Tip aus, wie man das Zauberwort wiederfinden könnte, das jeder User, vom Apparat genervt, sich von der Bedienungsanleitung erhofft. Ahnungsvoll stand in ihr: „Lesen Sie vor der Inbetriebnahme diese Anleitung sorgfältig durch und bewahren Sie sie zum späteren Nachschlagen gut auf". Folglich stand stets man selber als der Tollpatsch da, der das Gerät unsachgemäßer Behandlung aussetzte und die Bedienungsanleitung verschußelte. So wird der ratlose Mensch zum HB-Männchen, das in die Luft geht, sich die Kalamitätenkette durch sorgfältige Lektüre hätte ersparen – und hinterher verkleinern können, via Aufbewahrung. Die hartnäckig verschollene Bedienungsanleitung wird zum Erlösungsengel, der einem heraushelfen könnte aus der Schmach bokkender Energiespartasten und anderer weltlicher Verstrickung.

Dann wird endlich das Benutzerhandbuch wiedergefunden, umfangreich, auf Hochglanzkarton gedruckt. Es versichert gleich auf S. 1, daß diese Waschmaschinen wenig störanfällig, ihre Bedienung einfach und mühelos sei, und: „Wies gemacht wird, sagt Ihnen diese Bedienungsanleitung" – ehe diese zum Zusatzproblem wird. Immer wieder bewahrheitet sich ein Satz der „Informationen des Funkstörungs-Meßdienstes" (Bitte gut aufbewahren!), welcher da lautet, so als hätte ausgerechnet dies noch nie einer geahnt: „Bei jedem technischen Gerät können Störungen auftreten. Das gleiche gilt auch für die Antennenanlage."

Bei jeder Bedienungsanleitung können bei denen, die ratlos zu ihr greifen, erhebliche Irritationen auftreten, weil innerhalb der Bedienungsanleitung auf externe Infoquellen verwiesen wird, die erst recht nicht zur Hand sind: „Die Wasserdurchflußmenge muß nach DIN 44531 – Richtlinien für den Anschluß elektrischer Heißwasserbereiter – eingestellt werden."

Regelmäßig werden viele Fragen in der Bedienungsanleitung abgehandelt, bis hin zu den für Batteriebetrieb einzulegenden sechs Monozellen (R20). Einzig aufs momentan gesuchte Problem wird mit keiner Silbe eingegangen, umfangen von Freundlichkeit, geschult am „Geneigter Leser" barocker und romantischer Romane: „Herzlich willkommen im Kreise der STAR-Drucker-Benutzer". Entweder fängt alles bei Adam und Eva an, bei Selbstverständlichkeiten, während man selbst just bei Abraham festhängt, oder ein gesuchtes Grundwissen wird nicht erwähnt. Bei Systemabstürzen würde ein geheimes Hebelchen die Eingabemaske wieder aufbauen, doch die Bedienungsanleitung erwähnt die Existenz dieses Hebels nicht. Die Kreatoren der Bedienungsanleitung wollen, daß man die Kiste auch mal in die AEG-Reparaturdienste bringt. Eingedrungener Staub muß erstmal entfernt werden, hierbei heimlich das spezielle Hebelchen betätigt. Bedienungsanleitungen gleichen ihrem Gegenteil, den Heiligen Schriften: sie tun so, als würde das letzte Geheimnis auseinanderbuchstabiert, doch der Baum bleibt im grünen Drumherum verborgen.

„Ein modernes Fernsehgerät fordert keinerlei technische Kenntnisse von seinem Benutzer"? Wirklich keinerlei? Je weniger idiotensicher eine Bedienungsanleitung für den Laien aussieht, desto uneingeweihter steht er als Ochs vor dem Mysterientempel des Knowhows.

Nicht erst die Bibel, als Bedienungsanleitung für den sachgerechten Umgang mit Gott, ist so alt wie die Menschheit. Bereits der Sippenälteste im Neandertal mußte seinem Sohn zeigen, wie du den Faustkeil richtig ansetzt. Dann wurde neben dem Rad die Schrift erfunden und degradierte sofort den Ältestenrat. Von fortan brauchte man, statt mit den Dogmen seniler Betonköpfe sich herumzuärgern, einfach nur zur Keilschrift der Bedienungsanleitung greifen. Tendenziell sieht jede international nachvollziehbare, zweckmäßigerweise kürzelhaft und piktogrammatisch aufgezogene Bedienungsanleitung jetzt schon eher wie vorsintflutliche Runen- oder Bildersymbolschrift als wie zwischenzeitliche Kulturleistungen à la Mona Lisa, Mozartpartitur oder Dante-Faksimile. Da aber auch damals schon, zu Keilschriftzeiten, die entscheidensten Fragen offengelassen wurden, ärgerlicherweise, mußte immer wieder auf Wissensträger zurückgegriffen werden, die Rede und Antwort stehen, also heute auf Fachhändler, Profis, deprimierende Hilfsprogramme, Support-Dienst, Kunden-Service, TÜV, ADAC. Um nicht kiloschwer zu Bibeln anzuschwellen, ähneln sich Bedienungsanleitungen oft dem Formgesetz moderner Open-end-Romane an: „Bei weiterführenden Fragen wenden Sie sich bitte an den nächsten SONY-Händler!" Oder an den Hersteller – ohne hinzuzufügen, aus was für Einzelherstellern der sich geheimnisvoll zusammensetzt und was er für eine Durchwahl hat, der sicher auch wieder nicht unfehlbare Papst. Zahnärzte verweisen bei Kaumuskulaturproblemen an den Kieferorthopäden, denn sein Kompetenzterrain hört bereits 1 cm vorher auf. Für jede TV-Bildstörung ist entweder der Fernsehfachmann Ihres Vertrauens zuständig, oder der Funkstörungs-Meßdienst, der aber lieber die PP (permanente Probleme) an den Fernsehfachmann Ihres Vertrauens weitereicht. Wer könnte nicht Lieder singen über Spezialisten, die, wenn sie Partialschäden beheben, alles, was noch knapp funktionierte, dem Totalabsturz übergeben.

Noch im Perfektionismus überlebt wasserdicht immer wieder der Wurm, der in ihm sitzt, und bringt verläßlich die Titanic zum Sinken, die Challenger zum gar nicht erst Aufsteigen. Weil aber zwischendurch immer mal wieder irgendwas klappt und vorübergehend funktioniert, schmeißt man halt die funktionsuntüchtigste Flinte nie definitiv ins immer professioneller abzuerntende Korn, sondern frönt dem Prinzip Hoffnung, oder besser: klinkt sich ein in die generelle Microsoft-Euphorie, arrangiert sich, lobt das verblüffende Tempo all der Hochleistungsrechner, mit deren Instandhaltung und Mackenbekämpfung man das Wochenende, zudem das Leben verplempert – nein, nie und nimmer verplempert; denn was soll denn sonst der Inhalt des Lebens sein, wenn nicht abendfüllendes, lebenfüllendes Herumhantieren rund um Lebenserleichterungen, und all die damit verbundenen, stressigen, alles unendlich verkomplizierenden, aber in Zwischenbilanzen und zur Jahresinventur nicht mitgerechneten Zeitverluste, die in der Tat immer wieder zu verblüffenden Zeitersparnissen führen können. Das entschädigt für manches. Für alle Fälle gibts dann immer noch die optimal durchdachte, didaktisch oft erstaunlich gut aufgebaute „Gebruiksaanwijzing", oder: „Instruzioni per l'uso". Wer nicht so ein technischer Volltrottel zu sein braucht wie z.B. ich, hat Chance, durchzusteigen, ohne Widerstände gegen Auskünfte wie „Am Anlagenanschluß wählen Sie die Durchwahlrufnummer der Schaltbox, am Mehrgeräteanschluß eine eigens der Schaltbox zugeordnete Mehrfachrufnummer MSN, siehe Bedienung – analoge Telefone ‚Türrufvariante umschalten' ", und vermag die ständig ungerufen herbeilappenden, quer und penetrant in die Parade fahrenden Windows bald schon abzuwürgen, problemlos, samt aller Dateien, deren Löschung nicht gelingt und die stets wieder, anstelle der abgestürzten, unwiederbringlichen, zurückgesehnten

Sicherheitskopien, auftauchen, pro Löschvorgang neu hydraartig sich rekonstruieren, mit Ätsch-Zunge und unauslöschlicher Präsenz, Unverwundbarkeit und beneidenswerter Immortalität. Immerhin muß eine solche Druckschrift nicht 0 Uhr 20 im Nieselregen an einsamen Bushaltestellen studiert werden, wo fehlende Beleuchtung und Kleinstschrift des mystisch undurchschaubaren Fahrplans, der mit fieseren Unverständlichkeiten aufwartet als Hegel, Adorno, Heisenberg, mit fehlender Lupe und streikender Taschenlampe Hand in Hand gehen.

In biblischen Zeiten funktionierte kaum was: Der Gottgläubige konnte ein noch so gottgefälliges Leben hinlegen, Gott ließ es, falls ihm nicht genügend Einbildungskraft entgegenkam, immer wieder am Feedback fehlen. „Wenn die BATTERY-Anzeige nur noch schwach leuchtet und der Wiedergabeton verzerrt oder instabil wird, müßen die beiden Batterien ausgewechselt werden", bzw. muß Gott durch die Maschine ersetzt werden, die von optimierten Nachfolgemodellen ersetzt werden muß, analog zum lebendigen Stoffwechsel und Zellabtausch – „nach einer längeren Nichtverwendung schalten Sie das Gerät einige Minuten lang auf Wiedergabe, damit es sich etwas aufwärmt, bevor Sie die Cassette einlegen!"

Geräteparks funktionieren nicht wunschgemäß, geizen wenigstens nicht wie traditionelle Numinosa, von Jehova bis Nirwana, mit reeller Existenz, reagieren dank ihrer Funktionstasten auf kleinste humane Einflußnahme. „Entsprechende Kopfhörerbuchsen gestatten es sogar, daß zwei Personen zusammen hören können."

Ihr Konstrukteur schuf sie zwar nicht – vom klassischen Roboter mal abgesehen – nach seinem Bilde, dafür aber nach Bedürfnissen seiner Kunden. So sehen beide dann auch aus, Mensch und Maschine: nüchtern, grau in grau, gern auch resopalbleich.

„1. Legen Sie die Cassette mit der gewünschten Seite zum Cassettenhalter weisend ein. 2. Stecken Sie den Kopfsteckhörer fest ein. 3. Drücken Sie die PLAY-Taste!" Epiphanie und geistliche Erleuchtung treten in dem Moment ein, in welchem das Objekt endlich so loslegt, wie es soll, sich das Na-also-Erlebnis im aufleuchtenden Gesicht des Gerätbesitzers abspiegelt.

Kategorischer Imperativ: „Handle jederzeit so, daß deine Handlungen Grundlage einer allgemeinen Gesetzesgrundlage sein könnten!" Volksmund: „Was du nicht willst, das man dir tu, das füg auch keinem andern zu!" Bedienungsanleitung: „Verlassen Sie dieses WC so, wie Sie es vorzufinden wünschen!", „Behandele deine Maschinen so, wie du von ihnen behandelt werden willst!", „Verarsche deine Maschinen nicht in demselben Maße, wie sie dich verarschen!"

Bereits Sokrates trug einen digital unsichtbaren Knopf im Ohr, einen vorindustriellen Walkman, den er „Daimonion" nannte und der ihm bei technischen bzw. ethischen Alltagsproblemen zuraunte, ob er so oder anders handeln solle. In Kürze wird jeder zukünftige Zeitgenosse eine Displayarmbanduhr am Gelenk tragen, die RTL, Internet, Telefonauskunft, Atomuhrzeit, Lebensberatung, Diättips, DAX-Synonyme, Wettervorhersagen bzw. Wetterbeeinflussung, sowie scheinheilig superfreundliche, situativ reaktionsfähige Bedienungsanleitung synthetisiert, einen dämonischen Knopf im Ohr, mit Notruftaste, falls dieses Hörgerät ausfällt oder Murks sendet, Kommastellen verwechselt, die Sommerzeitumstellung verbaselt oder nicht an seine Selbstreperatur-Programme herankommt, dafür aber hirnlos sich selber löscht – Hauptsache, am Schluß wird der Film automatisch zurückgespult. Falls sich da nichts verhakt hat. Da der herkömmliche Chirurg absehbar aussterben wird, wozu soll es auf ewig sowas wie Reparatur-Service geben müßen? Wozu sollen potentiell via Zell-Aktivator unsterblich gewordene Erdenbürger (Lebensdauer immerhin zweihundert Jahre anfangs) weiterhin von störanfälligen Lebenserleichterern zur Raserei gebracht werden – Maschinen möchten nicht nur ebenfalls unsterblich (d.h. nicht mehr wegdenkbar) werden, sondern auch ebenso störfrei vor sich hinsummen dürfen, wie es ihre Bedienungsanleitungen zu beteuern nicht müde werden.

Anschließend muß dann lediglich noch die Gehäuseoberfläche mit einem weichen, leicht mit Wasser oder einer milden Reinigungslösung angefeuchteten Tuch gereinigt werden. „– und wischen Sie die Teile wie abgebildet ab." So stehen wir da und wischen die Teile wie abgebildet ab. „Bezüglich Batterie-Lebensdauer und anderer Stromversorgungsmöglichkeiten siehe unter ‚Technische Daten' ".

Warum empört und rührt der Hyäne Gestalt?

Theodor Lessings Blumenbuch und Tierbuch

Blumenliebe und Tierpflege, eingebettet in globalen Tier- und Holzverbrauch: von der Welpenaufzucht zur Rattenbekämpfung, vom vorindustriellen Schlachtfeld zum vollautomatischen Schlachthaus – noch die engbrüstigste Psyche mußte selten zwei Seelen in der Brust haben, um Schmusekätzchen und Wurstverbrauch vereinbar zu finden. Wer Kampfhund und Schoßmops vergöttert und gegen Abholzung votiert, verzichtet ungern auf Weihnachtsbraten und Christbaum, so als würden fanatische Tierliebe und serielle Hühnerköpfung friedevoll zusammengehören. Auch Geist und Kloake wachsen am selben Stengel. Von frühauf fanden Jesaja, Buddha, Mahavira und andere es überhaupt nicht gut, daß Lamm und Löwe nicht gemeinsam am Loch der Otter spielen durften. Gefressenwerden und Fressen kam häufiger vor als Lebenlassen und Leben. Ständig aber traten neben den ewigen Kritikern Stimmen und Geister auf, die nicht müde wurden, die Welt als schön, den Menschen als vielfach nicht so schön, dafür aber als gut hinzustellen, im Falle guter Menschen. Der Riß in der Schöpfung wurde so oft wie möglich ausgeblendet und abgestritten, zugunsten bestmöglicher Welt.

Theodor Lessings Pferde, wilde und zahme Esel, Silberschnäbel, Stare namens Tristan und Isolde, Siebenschläfer, Schneeglöckchen, fleißige Lieschen, deutsche Bäume, zunächst einzeln im Prager Tagblatt erschienen, kamen dann, zu zwei Sträußen zusammengefaßt, in Buchform hervor, „Meine Tiere“, 1925, und „Blumen“, 1927, so sympathisch, volkstümlich, geschenkbändchenhaft einher, doch wohl als Loblieder auf die Schöpfung, ohne jene Abgründe zu übertünchen, die – dezent bis überdeutlich – durch die liebevoll bewegte und also beseelte Oberfläche von Lessings leichtfüßig hingeträllerten Skizzen über Mäuse, Kätzchen und angstzitternde Kaninchen schimmern. Ohne Schopenhauer, der über der Szene schwebt, samt dessen Mitleidsethik und Wille zum Leben, wäre Lessing weniger human irritiert zurückgeprallt vor der Blindheit kreatürlich drängender Welt und ihrer Willensäußerungen. Einerseits bleibt Lessing dicht dran an der Einzelbeobachtung, am Körbchen auf dem Balkon, Kindheitserinnerungen an aufgezogene Krähen aktivierend, zugleich erhebt er jedes Tierporträt in überregionale Zusammenhänge und Dimensionen. Sein zauberhaft ohne Schande herzwärmendes Doppelporträt über den Wesensgegensatz seines Hundes Bob und seines Kätzchens Nath, das hundert spätere Katzen- und Hundebücher vorauseilend überbietet, schwillt zur Weltparabel auf. Sein Kapitel über Ameisen überbietet angenehm Maurice Maeterlincks Termiten- und Ameisenbücher, 1927/30, an Eleganz und Doppelbödigkeit (die man zeitweise „deutsche Tiefe" nannte), hängt und ragt alle paar Sätze ins Welthistorische und Übermenschliche hinein, und ins Kosmische hinaus. Vor dem Mäusekäfig sitzend, relativierte sich dem Mäusefreund Lessing alles menschliche Treiben zu huschender Mäuseangelegenheit.

Frühere Denker kreisten nur in Maßen um Bruder Tier. Stets wieder werden die als tierfeindlich verschrieenen Descartes und La Mettrie haftbar gemacht dafür, daß sie eine okzidentale Abkühlung gegenüber dem Tier geistesgeschichtlich vorangetrieben hätten, so als hätten Federfuchser mit geringen Auflagen je Einfluß auf ländliche Metzelfeste, Jägervereine, Haustierhaltung nehmen können. Wie zu mittelalterlichen Heiligen, wenn nicht eine Säge, das jeweilige Marterinstrument, ein Symboltier gehörte, zu Eustachius und Sankt Hubertus der Hirsch mit dem

Kruzifix im Geweih; zum Heiligen Antonius von Padua gelehrig zuhörende Fische, zu Zhuangzi und Vladimir Nabokov der Schmetterling; zu Crassus die Muräne; zu Mansur al-Halladsch der Falter, der in die Flamme stürzt; zu Jack London der Wolf; zu Hermann Melville der Pottwal; zu Schopenhauer (wie zu Don Quixote dessen Rosinante) der Pudel Atman (Weltseele); zu Nietzsche der umarmte Gaul in Turin; zu Rainer Maria Rilke der Panther hinter tausend Stäben; zu Kafka der Riesenkäfer; zu Adorno Nilpferd und Wombat, über den er mit Prof. Grzimek korrespondierte; zu Hemingway der männlich erlegte Schwertfisch; zu Jorge Luis Borges der Tiger, so gehört zu Theodor Lessing, der sich mit gutbestücktem Streichelzoo umgab, der Truthahn, der polternde Welschhahn, den Lessing nicht ohne Qual und Scham betrachten konnte und dessen Gestalt, fleischige Klunker, Brustborsten und purpurrot baumelnde Nase ihn komisch anrührte und empörte. Truthähne sah er voll Zwiespalt, der sich Hyänen gegenüber zu Eindeutigkeit zusammenschloß. Seine Abneigung gegen Hyänen, die er pro Lebensstadium vor dem Hyänenkäfig des Tiergartens von Hannover überprüfte, bekam er als Erwachsener nicht ganz in den Griff. Er schickt den Hyänen nicht nur Nachrede hinterher, nennt sie „verfluchte Unholde“, nein, er reanimiert und mobilisiert, statt platonisches Staunen oder kindliche Tierliebe, alle denkbaren Schauder angesichts mißratener Schöpfung. Lessings Hyäne, die sich in irrer Gier von verwesendem Luder grausam nährt, überbietet, kraft Lessings Verunglimpfung, schier noch Alfred Brehms Beutelwolf, macht aus Lessings neuzeitlichem Blick plötzlich ein mittelalterlich funktionierendes Auge und also aus der Hyäne einen Nachtalb, Leichenfledderer, Incubus, den Cerberus schlechthin, den „leibgewordenen Meuchelmord“. Die Hyäne erhält Züge des Triebtäters Fritz Haarmann. Alle

Register des Genres Tendenzkunst werden gezogen. Zwischen Idyllen glüht eine Schmäh- und Hetzschrift auf. Tatsächlich vergleicht der Doktor Lessing, dem Thomas Mann „Mangel an körperlichem Liebreiz" attestierte, die „häßliche, dicke Kröte" seines Tierbuchs mit einer „alten, fetten, schrecklich häßlichen Judenfrau". Selbst Tauben kommen nicht davon: Lessing nennt sie verbuhlte Schmutzfinken und Neidbolde, gemästete Wichte, Selbstlinge, Dummköpfe, mit proletarisch besudelten Nestern. Hühner aber, die man ebenfalls als dreckig, potthäßlich, irrsinnig und als dämlich herumzuckende Reflex-Dämonen darstellen könnte, sieht Theodor Lessing ganz anders. Hühner und weiße Mäuse rühmt er als ergötzlichen Freudenquell.

Immerhin kreidet Lessing seine Truthahnskepsis und Hyänenablehnung nicht der Natur an, oder Gott, sondern er muß, um seinem Philosophem vom Untergang der Erde am Geist zu entsprechen, also um die angebliche Häßlichkeit und Pathologie der Hyäne rehabilitieren zu können, ein Hintertürchen offenhalten, mit akrobatischer Argumentation. Beim Truthahn fällt es leichter, ein Gleichnis hineinzubiegen: Die ursprüngliche Dschungelgottheit, die der eigentlich königliche, ja: heilige Truthahn gewesen sein muß, wurde zum korpulenten Masttier degradiert, verbannt unter nutzbringende Hühnerhöfe der Kultur. Im Naturzustand sieht die Hyäne zwar ähnlich fatal und perfide aus wie in ihrer vom Zoo verschuldeten Entartung, aber ein geduldiger Tierfreund hat, laut Lessing, eine erträgliche, durch Liebe schier liebenswert gewordene Hyäne zurechterzogen, keine schöne, dafür aber eine von Häßlichkeit und „Verworfenheit" gereinigte Hyäne. Dennoch, trotz dieses Lichtblicks, litt Lessing weiterhin am Hyänenanblick, bekams nicht hin, trotz des Tat twam asi der Hindus, sich mit der Hyäne ultimativ zu versöhnen, den Froschkönig zu küssen, es so euphemistisch zu betrachten wie Tibetaner, die im Totenkopfgeier, der Kahlkopf in den Brustkorb der Leichname einwühlt, den Seelenvogel erblickten, den fromm zu begrüßenden, der die Seele abholt und dann zum Himmel trägt, von wo alsdann die Seelen wiedergebracht werden, vom Seelenvogel, der halt nur leider zum Klapperstorch depravierte.

In Lessings Hähern zappeln hypermotorische Kids und Entertainer von heute und jederzeit. Lessings Störche klappern wie debattierende Staatsmänner. Bienen sieht Lessing als bürgerlich-kapitalistische Staatsdiener und Arbeitseunuchen, und wertet sie ab gegen die Wespen, diese anarchistisch-romantisch-individualistischen Wüstlinge. Spinnen spricht Lessing, mit Schopenhauers Wort vom „Kunsttrieb", Baumeisterei und genialen Fleiß zu. Fliegen und Schmeißfliegen wertet er ab, mit Schopenhauers Wort „Fabrikware der Natur", projiziert also eine Zweiklassengesellschaft ins Tierreich zurück: hier das vornehme Gefühl edler Schwalben und Eichen, da politische Versammlungen und frecher Zweckwille liedericher Spatzen bzw. Brennsessel, Wegerich, Tanne. Bei Heinrich Heine besteht ein tendenziöser Wesensunterschied zwischen langstielig aristokratischer Rose und derb demokratischen Kartoffeln.

Lessings Tier-Miniaturen siedeln irgendwo auf der Luftlinie zwischen erschröcklichen Bestiarien, mit ihren deformierten Elephanten und Rhinozerossen von Albrecht Dürer bis Wilhelm Busch, und den unbelehrbar harmlosen, gut ausgeleuchteten Schöpfungswundern affirmativer BBC-Reportagen, die einem ständig einhämmern, wie faszinierend dies alles sei, vom Kolibri und Waldrapp bis zur Tierwelt von Madagaskar, so als wäre das alles immer noch Gottes Schöpfung, die zwischen Ehrfurcht und Nutztierhaltung schlingert, und nicht von Anfang an und grundauf dubiös aus dem Ruder gelaufen, ein heillos irreparabler Tummelplatz und Schreckensort permanenter Fremd- und Selbstzerfleischung absurd geformter, gehetzter, großhirnlos debiler Wesen, surreal übertrieben mit Riechzellen und Spezialfähigkeiten ausgestattet, eingespannt zwischen zweierlei Lust: die Erregung der Geschmackspapillen beim Zerreißen tierlicher Mitgeschöpfe, und dem Endorphinausstoß beim Zerrissenwerden durch grausam ausgehungerte Freßfeinde.

In seinen „Blumen" spricht Lessing nicht von Naturverbundenheit, die nach Trimmdichpfad und Straßenbegleitgrün riecht, sondern von Naturversunkenheit. Da fällt Schöpfungslob leicht. Aber Lessings wundester Punkt, seine Kritik der Hyäne, könnte sich leicht intensivieren zu einer Gesamtablehnung jener Natur, die selbst der notorische Laudatioausspender Thomas Mann zusammenfassend „Sauerei" nannte.

Offen bleiben Fragen: Dürfen Menschen gegen Tiere polemisieren? Sind gute Menschen, die Lessings Hyänensatire nicht gutheißen können, unfähig zum bösen Blick? Haben auch Tiefseefratzen, ostindische Beutelmörder und Blindmulle Schönheit zu bieten? Fehlt netten Sachbuchautoren eine dämonische Ader? Wenn ja, wieso fehlt ihnen dann erst recht ein Mindestmaß an Lessingscher Formulierungskraft und saftiger Beseeltheit?

Auch anderes könnte man Lessing vorwerfen: daß auch er Tiere, die ihm gelegen kommen, mißbraucht, wenigstens benutzt, nämlich gegen Menschen ausspielt, dies aber nur, um ebendiesen nun ungünstig dastehenden Menschen zu zeigen, wie ungeheuer tierlieb ein Denker und Mensch sein kann, und um wieviel ewigkeitsträchtiger Tiere, Pflanzen, Steine und Wolken sind, neben den vergänglichen Rathäusern und Büros abgehalfterter Menschheit. Andererseits sind vermenschlichende Blicke beim Tierbeobachten unvermeidlich. Descartes' kühler bis kalter Blick verurteilt Tiere zwar zur Seelenlosigkeit, scheint aber, indem er die traditionelle anthropomorphe Zutat fortläßt, ebendiese an den Tieren zu vermissen, so als kämen Tiere ihrer Pflicht, Seele zu haben, nur halt leider nicht nach. Unauflösbarer Konflikt: Jahrtausendelang schlachteten Leute ihre Kälber, obwohl diese sie mit seelenvollem Blick zutraulich ansahen. Dann aber hatte man die hochgejubelte Seele abgeschafft, sogar überwunden, also auch Richard Wagners penetrant schopenhauerische Erlöserei, deren Strukturen auch bei Theodor Lessing noch knapp intakt bleiben. Er nennt die Hyäne „unerlöst und unerlösbar".

Nächstes Problem: Lessings Vokabular, durchzogen und durchtupft mit Schicksal, Sehnsucht, Erdenrund, schöpferisch bauendem Geist, trauter Würde, triebsicher, rätseltief, alles Worte, die Lessing mit ebenso sprachmächtigen Naturforschern wie Wilhelm Bölsche, Bruno Wille, Carl Ludwig Schleich teilt, nicht zu verwechseln mit deren unpoetischen Nachfahren damaliger Naturforscher, heutigen Naturwissenschaftlern – all diese heute vielfach pathetisch klingenden, anrüchig gewordenen Undinge wie Urheimat des Menschengeschlechtes, verlorene Heimat, nordische Heimat, Gutsfriedhöfe, ausgestorben, abgewandert, ausgerottet wie der Storch auf seinem ebenfalls unbekannt gewordenen Scheunenfirst, scheinen nur durch ihre blanke Nennung eine gewisse Seelenhaftigkeit, Herzesbildung, Gemütstiefe konstitutionell zu garantieren, nah an Ernst Haeckels Welträtseln, nach dem Motto: Böse Menschen haben keine Lieder, will heißen: Wer so seelenvolle Worte auffährt, kann keinesfalls seelenlos sein. Solche Worte, hervorfließend aus des Menschen Seele, wirken auf ebendiese Seele wohltätig zurück, beseelen selbst solche Benutzer, die ohne solche Worte ziemlich arm dastünden. So oder so: Kaum blieben Lessings klangvolle Uhlenhorste und Erbfeindschaften, samt Lebenswelle, Dichterseele und liebendem Auge, aus den Tierbüchern späterer Naturphilosophen fort, klang alles auf einmal, trotz meist bester Gesinnung und guten Argumenten contra Ressourcenverbrauch und pro Naturschutz, farblos und gefühlsarm.

Jene gute alte Bölsche/Lessingzeit, in der man noch ohne Schande zugleich biologisch und poetisch schwelgen und schwärmen durfte, ließ sich nie wieder so recht reanimieren, ohne zu Seelenkitsch und Bedeutungsschwulst zu entarten. Solches Genre versuchte neben dem profanen Alltag den Blick auf Gegenwelten beizubehalten, auf Adalbert Stifters bunte Steine und kleine Dinge, und konnte die eigene Verflachung nicht aufhalten, auch nicht im Casus Karl Heinrich Waggerl, der „Liebe Dinge" am Wegesrand sinnerfüllten Lebens aufsuchte, sowenig wie in damals noch nicht farbfotobereicherten, arg besinnlichen und beschaulichen Erbauungsbüchern à la Anne Morrow Lindbergh's „Muscheln in meiner Hand", geraunte Weisheiten der Wellhornschnecke im Alltag sensibler Hausfrauen, was dann imposante Sinnspruch- und Kalenderindustrie ausbaute, mit theologisch gefärbten, angewärmten Zitaten von Augustin bis Franz Alt, Elisabeth Kübler-Ross und Margot Bickel, oder auch bestens gemeinten, neuen Koch- und Spielbüchern für Kinder von Barbara Rütting, des Titels „Ich esse meine Freunde nicht", immerhin einem Bernard-Shaw-Zitat. Da schaukeln sich welche an den verheerenden „Wundern des Lebens" hinauf. Lessing selbst hat, peinlicherweise, bereits vom „Geschenk des Daseins" gesprochen und sich hierbei am weitesten von Schopenhauer und Truthahn entfernt.

Die gefühlige Pflücke-den-Tag-Apotheose der großen Mutter Natur lief stets betont separat und unbeinflußbar neben der anderen Schiene: dem Kampf derer, die, wie Konrad Lorenz, die jederzeit soundsovielen Todsünden der zivilisierten Menschheit anprangerten, etwa den Wärmetod des Gefühls, dies regelmäßig in einer selber schon homogenisiert unterkühlten Terminologie, von Biotop bis Dehumanisierung. Alle, die gegen Wegwerfgesellschaft Triftiges einzuwenden wußten, ahnten mal wieder nicht, daß Theodor Lessing das alles süffiger und schockierender durchformuliert hatte: „Die Ernährungswissenschaft sagt, daß von den unausgenutzten Eiweißkörpern und Kohlenwasserstoffen, welche in einem einzigen Londoner oder Pariser Schlemmergasthof unnötig durch überernährte Leiber gejagt werden, Hunderte zu leben vermöchten, die vor den Fenstern der Verschwenderwirtschaft sterbend und verderbend im Froste stehn." („Die verfluchte Kultur", 1921) Der rebellische Gestus von Ludwig Klages' und Lessings ökologischen Lamenti ab 1913, in „Mensch und Erde" und anderswo, blieb in der Greenpeace-Ära wiedererkennbar erhalten, vermehrte sich angenehm inflationär, verausgabte sich in der allzu sanglos verklungenen Alternativ- und Öko-Bewegung in x grünen Bibeln, in Buchtiteln vom stummen Frühling und geplünderten Planeten. Die wurden dann, statt von Dichterphilosophen, von Gutmenschen, Journalisten, Politikern verfaßt, die also wider Willen an Sprachmachtdefiziten laborierten, an denkerischer Durchdringung und wohl auch an genau jener seelischen Ausdünnung, Entseelung, Verwissenschaftlichung, objektivitätssüchtiger Seelenblindheit und Seelenleere, die von Gesellschaftskritikern so eifrig gebranntmarkt wurde.

Umweltschützer kritisierten die Selbststilisierung des unweisen Homo sapiens zur Krone der Schöpfung, nannten dann Tiere aber selber „prähumane Spezies", was fast schon so inhuman und desolat nach Glacéhandschuhen klingt wie Metzgerei-Termini. Seele wurde gleich mit dem Körper ausgekippt.

Unterdessen hing das Baumsterben, in Permanenz beklagt, samt Ozonlochvergrößerung, allen überdruß- und indolenzgeplagten Verbrauchermassen zum Hals raus, zugunsten üblicher, mechanischer, cartesianischer, zombiehafter Tagesordnung, umzingelt von Wienerwald-Crashs und Konsumentenberatung.

Lessing, bei aller vorgeführten Herzensrührung beim Anblick von Tieren, lebte noch nicht im Zeitalter der Müsli-Shops.

Auch heute wollen sozial denkende, zurechnungsfähige Mitbürgerinnen, statt sich am Wochenende erbauen und aufrütteln zu lassen, lieber fünfmal täglich was Herzhaftes essen. Wenn aber weder Argumente noch Salmonellen, Hormoneier, Fischbandwürmer, BSE und Schweinepest, mit vereinten Kräften, den tiefkühlsystembasierten Daueransturm der Einkauf-Omas, Hamster- und Panikkäuferinnen pro Wurst-Theke aufhalten und die Fleischverbrauchsstatistik verändern können, wenn ständig selbst noch die 8 Prozent bundesdeutscher Vegetarier, die zwischen den 92 Prozent Blutsäufern bzw. Wurstfressern kaum auffallen, schwach werden, dann wird auch die kleine Arche Noah der Tierliebe, das zarte Tierbuch von Theodor Lessing, auf dem Blut-Ozean in toto uneffektiv bleiben müßen, ein ohnmächtig schaukelndes Leuchttürmchen in verlängertem, immer weiter verfinsterungsgeilem Mittelalter.

Das zoon politikon, grenzenlos ambivalent – seine Blutzoll-Hochkultur geht blutend und schmatzend weiter, punktuell nicht unrührbar, in toto ungebrochen. Keiner frißt seine Blutwurst mit Trauerflor. Kein Jesaja 11, 6-8, kommt in Sicht. Statt daß das Opferlamm am Loch der Otter mit dem Löwen spielt, wird der Treibhauseffekt vorverlegt durch das Methan in den kollektiven Darmgasen der Rinderherden, auf die der (umsonst zivilisierte) Moloch der Fleischesser wartet.

Inzwischen stellte sich dann noch ein Querbezug her, zwischen Lessings rührendem und empörendem Truthahn – und jenem Puter, den alljährlich, alter Sitte gemäß, vom Begnadigungspräsidenten, kraft seines Amtes, begnadigt, statt farbige Todeszelleninsassen, von Millionen Putern ein herausgegriffener Puter, der dann lebenslang wirklich nie geschlachtet werden darf.

Schafskopfeintopf, Büffelpenissuppe, Placentapastete

Wie die Bestie Mensch dubiöse Biomasse kulinarisch verwertet

Das Zeitalter boomender Importschweine, Risikowürste, Verbraucherministerien, vorsorglicher Tötungen und Gemüsebeilagen treibt seltsame Blüten.

Was kostet der Eintritt ins Paradies? Bloß die Überwindung der Hemmschwelle.

Wurmlollys, eßbare Vogelnester und Urintherapie stimmten ein als milde Vorboten. Dann kam der wettergegerbte Extrem-Survivor Rüdiger Nehberg und zeigte, wie man mit Alufolie im Überlebensgürtel auf Blauem Nil oder Atlantik durchkommt. Alle Wohlstandsbürger, die hierbei nicht wie er möglichst ungekochte Regenwürmer essen, nannte er Weicheier. Nun wird er vom Gekröse-Gourmet und Food-Guru Jerry Hopkins überboten und vereinseitigt. Neuzeit-Robinson Nehberg pflegt wenigstens ökologisch ehrenwerte Ideale wie Yanomami-Indianer-Rettung. Hopkins teilt mit dem Rattenfleisch-Laudator Nehberg lediglich den hemingwayartigen Testeronspiegel – Nahrungsaufnahme als Mutprobe und Initiationsritus –, steigert ansonsten eher als ein amerikanischen Wolfram Siebeck oder TV-Koch die Kreativität aller vom Satiremagazin „Titanic" („Kinder brauchen Rinder") verulkten, in die Fülle verhungernden Hausfrauen, die verzweifelt fragen: „Was können wir überhaupt noch gefahrlos kochen?"

„Strange Food" treibt die biblische Raubbauideologie „Macht euch die Erde untertan!" in letzte Nischen. Höhere Wirbeltiere genügen nicht länger. Jetzt muß auch noch der Rest bisher verschonter Schöpfung ausgesogen werden –

Schlachthausausbau total! Nicht mal Quallen und Kakteen können, im Äon des Genozids, vor der Freßgier vampiristischer Omniphagie länger sicher sein. Der eßbare Leib des Herrn Jesu, sein trinkbares Blut, kannibalische Partywitze wie die Hottentottenkindfrage „Mama, ist da oben der Düsenjäger eßbar?" „Nur wenn du ihn schälst, mein Kind", wirken spätestens ab sofort fast human neben unerschrocken zelebrierter Fötophagie im Eierbecher.

Nehberg zieht abgehärtet die Sparflammen-Version durch, nutzt selbst halbverwestes Aas immerhin als Angelköder oder um an leckere Maden zu kommen, kratzt zur Not, zwecks Proteinzufuhr, plattgefahrene Tiere von der Piste. Jerry Hopkins hingegen klappert gutsituiert als behütetes Leckermaul Nobel-Restaurants in Singapur ab, meilenfern von Upton Sinclairs oder Alfred Döblins literarischem Schlachthaus-Horror, mit nichts im Gepäck als der brutalen message: Omnivoren aller Kontinente, stürzt euch auf frittierbare Fledermäuse, Mehlwürmer, marinierte Drüsen, Füße, Zahnfleisch, Nacktschnecken und Nachtkriecher auf Toast, Lammzungen, Stierhodenpastete im Blätterteig, geräucherte Primatenrümpfe und andere Buschkost! Um den penetranten Geruch des Hirschpenis zu beseitigen, weichen Sie ihn einfach in Reiswein ein und lesen vorher das Stichwort „Ekelüberwindung" in Nehbergs „Survivel-Lexikon" – bon appetit! Alles Geschmackssache.

Andere Phänomena dieser Welt sind bloß das, was sie sind: Lyrik ist Lyrik, Porno ist Porno, und weiter nichts. Jean-Paul Sartres „Ekel" oder George Orwells Rattenfolter schaut gräßlich aus, und nichts als gräßlich; „Strange Food" aber klingt so harmlos wie „Funny Games", gibt sich im Unschuldsgewand als kunstreich gestaltete Hochglanz-Kreuzung aus Dreisterne-Rezeptbuch und Kulturgeschichte des Metzgerhandwerks. Wiener Aktionsmus, unfähig zum Weniger ist Mehr, verplumpte zum Fulltime-Blutrot – man sah die Absicht und wandte sich netteren Tendenzkünsten zu. In „Strange Food“ kippen Delikatess-Auslage und Schlaraffenland – in bester Fotoqualität – in Perversitäten-Katalog und Gemetzel um, ein Effekt, als ob mitten im Nachmittagsprogramm plötzlich eine Vulva freigelegt würde. Raubtiere ahnen nichts von ihrer Grausamkeit, so auch dieser opulente Bildband wenig davon, wie makaber seine gefräßige Unschuld ausufert, alles bestens verankert in guten uralten heiligen fernöstlichen und Massai-Traditionen. Wer im TV das rührende Extrem heiliger indischer Rattentempel sah, bekommt hier, neben kolumbianischer Leguan-eier, das Berufsbild indischer Rattenfänger präsentiert: ein Rattenfötus als rosiger Snack zwischen rosigen menschlichen Fingerbeeren. Erst „Strange food“ essen, dann überleben. Kugelfischverzehr kann tödliche Folgen haben! Der salopp polyglotte Risikotourist und Neuzeit-Medizinmann hat, vom Känguruhfilet bis zum Krokodilspießchen, weltweit alle Kutteln und spartanischen Blutsuppen engagiert vorgekostet, zum Nachtisch Mutterkuchen (ohne Adern).

Hochkultur, in Eßkultur zurückgekippt, rundet sich zum Jahrtausend der Obszönität.

Westliche Zivilisationsauswüchse greifen in ihrer Flucht vor Tiermehldesaster, Hühner-Aids und Fischpest zu asiatischem Absurdistan. Entartete Unkunst hier wie da: Hier verfüttert man Pansen-Cookies und Rinderherzbonbons an jene bellenden Haustiere, deren Verzehr bereits der vorchristliche Mengzi gegen Leberleiden empfahl. Die Bedenkenlosigkeit, mit der Jerry Hopkins („Ich bin keineswegs für eine unverantwortliche oder illegale Jagd“) an seine primären Proteinlieferanten herangeht, seinen widerlichen Gaumenfreuden frönt, erschreckt nicht minder als jede Banalität des Bösen: Das Buch strotzt von adretten exotischen Oberkellnern und Meisterköchen, die im Vorfeld chinesischer Weltherrschaft bereits jetzt wie immerdar – einladend lachend – Eidechsen aufratschen, Krötenwein einschenken, Rindsköpfe häuten und abschrappen, so bunt, rotgeädert und scheußlich wie nur noch Augenheilkunde- und HNO-Atlas, Draufblicke auf naßglänzende, nierenfarbene Kalbsembryos, bluttröpfelnde Tableaus, durchgedrehtes Haifleisch.

Selten erzeigte der Finger im Hals sich als derart unnötig.

Dies alles nicht nur in legalstem Rahmen, sondern parkettfähig in Nobel-Restaurants in Singapur. Zwischen Saumagen-Fetischismus und Bockwurstmanie: Allenfalls in Kalifornien müßen mal zwei Kambodschaner, die einen Deutschen Schäferhund verzehrten, vor Gericht, um dann begnadigt zu werden, denn sie schlachteten fachkundig. Hungrige Mäuler müßen schon sehr unzart besaitet und assoziationsunfreudig sein, um von einem Servierteller mit arg menschenähnlichen Froschwaden und Froschschenkeln, verblüffend wohlgeformt, ja frauenbeinidentisch, nicht zwangsläufig an mit Gabelstapler vorwärtsgeschobene Leichenberge erinnert zu werden.

O würde Eugen Drewermann den grassierenden BSE-Holocaust noch viel tendenziöser benennen!

Öl aus Haileber diente im Zweiten Weltkrieg als Schmiermittel in Jagdflugzeugen!

Elefanten sind nach zehnstündiger Kochzeit immer noch zäh!

Jerry Hopkins Elefanteneintopf, das absolute Gegenprogramm zu Walt Disneys rühriger Elefantenapotheose in „Dumbo“ und „Fantasia“, bringt den buddhistischen Tränen-Ozean dazu, überzuschwappen. Das schreit noch lauter zum abgeblendeten Christenhimmel als Alexander Kluges „Hinrichtung eines Elefanten“ – Koinzidenz von Hauptgericht und Weltgericht. Plus Koinzidenz von kulinarischer Verfeinerung und Barbarei. Hier wird die Kunst betrieben, zu filettieren und leben zu lassen, damit die Speise noch im kauenden Mund grätenfrei zappeln kann. Hier werden Schädeldecken abgenommen wie Topfdeckel, pulsierende Affenhirne ausgelöffelt. Was der Autor verteidigt, um en passant Seitenhiebe auf Froschschenkel-Cartoonisten zu verteilen, oder Fotografen „Fanatiker" zu nennen, sobald diese, der DNA-Identität von Affe und Mensch wegen, Schimpansenabschießer „kannibalisch" nennen. Militante Vegetarier, für die alle Maul- und Klauen-Skandale nur die natürliche Folge des eigentlichen Skandals, des unnatürlichen Aasfressens, darstellen, könnten „Strange Food" als Anstiftung zu unbeendbarem Globalmassaker verklagen. Daß in Südkorea der Hundesuppenkonsum, der in Hongkong bereits 1950 als strafbar galt, demnächst verboten werden soll – ein in x Ländern Asiens unverstehbarer Vorgang! –, basiert nicht auf plötzlicher Köterliebe, sondern auf der Angst vor reduziertem Touristendurchfluß anläßlich der Fußballweltmeisterschaft 2002. Immerhin sollen Hühner-KZs bald verboten werden, auf daß unfreie Stauopfer und Mietskasernenbewohner nur noch Eier von garantiert freilaufenden Hühnern in den Topf bekommen. Das einzige, was jetzt noch fehlt: Herzhafte Kot- und Haarschopfgerichte.

Anderseits ist globale Fleischsucht doch etwas ganz Natürliches, vom Würstchen bis zum Staatsbankett – Victorianer und Purist ein jeder, der verkündet: „Nahe Verwandte esse ich nicht!" Dann müßte er verhungern; denn ebenso verwandt wie eßbar sind alle Lebewesen, vom Opa bis zur Auster, dank Eiweiß und Aminosäure. Außerdem will man im Äon schrumpfender Butterberge und Global-Informationskriege, das heranrollt, rechtzeitig auf Ausweichkost eingeübt werden. Zivilisationsfrüchte wie Nehberg und Hopkins setzen auf ebenso hartgesottene Nachahmungstäter bzw. Mitgenießer. Sie üben per Total-Ausblendung vegetarischer

Anklänge und Stammväter wie Essener, Pythagoräer, Patristik, Franziskaner, Hinduismus, Ascona, Anthroposophie, Makrobiotik, die masochistisch ersehnte Rückverwandlung in hungrige Urmenschen und Unholde ein. Die holde Kunst der Fuge kippt zurück in die Kunst der Eßbarmachung unverhoffter, quallenförmiger Proteinquellen. Zumal panierte Maden gegen Herzkrankheiten schützen. Nicht umsonst florieren allein in Paris noch 14 Pferdemetzgereien.

Der einzige Lichtblick: Viagra untergräbt seit 98 den Tiger- und Robbenhodenmarkt in Tokio! In Hanoi sollen inzwischen wieder Vögel zwitschern. Wegen eines US-Embargos hatten die Vietnamesen ihre heimischen Sänger weggegessen.

- *Jerry Hopkins: „Strange food, Skurrile Spezialitäten. Insekten, Quallen und andere Köstlichkeiten", mit Fotos von Michael Freeman, aus dem Amerikanischen von Michael Schmidt, Komet Verlag Frechen, gebunden, 232 Seiten, 2001.*
- *Rüdiger Nehberg: „Die Kunst zu überleben. Survival", Piper Verlag München, kartoniert, 331 Seiten, 5. Auflage, 2001, 19,90 DM.*

Emu und Raffel frönen einem fatalen Hobby

In Brackwede sah ich einen Christian, 8, der Reihe nach alle Geschenke aus ihren Hüllen reißen, um sofort im honigfarbenen Kerzenschein giftig loszubrüllen, mit äußerst viel Rotz und Wasser, weil es bloß etliche eigentlich viel beglückendere Geschenke gab als den manisch anvisierten Gameboy.

Der Fluch jeder wegwerfgesellschaftlichen Sättigungsschwelle: die liebevoll gereichte Erdbeertorte löst Wutanfälle, ja Traumata aus, weil sie nicht mit dem Schoko-Riegel identisch ist, den man aber genauso lustlos reinschiebt wie alles andere.

Standardsituation heute: Bereits am 2. Dezember wird ein irritierter Vater von seinen Söhnen Johannes Emanuel, 13, und Johannes Raphael, 11, in die Computerspiel-Abteilung von Karstadt gezogen, wo er trottelig unzuständig dabeisteht, glasigen Blicks, wenn Emu und Raffel mit dem Verkäufer fachsimpeln und verhandeln. Es geht um Turbo Tiger, windows und Action-Sound, um alsdann den Kindsvater – über dessen Alimentezahlungsverpflichtungen hinaus – zur Kasse zu bitten, 139,80 DM, für irgendeine, nein, eine ganz spezielle, unverständlich aggressiv knallbunte Mogelpackung, die dann, allseits indolenten Angesichts, ohne Freude im Kindergesicht, in Richtung Tiefgarage geschleppt wird (Wechselgeld: 60,20 DM), und ohne je unterm Zweit-Christbaum der übergangenen alleinerziehenden Kindsmutter wieder aufzutauchen, die ihrerseits widerstandslos – zwischen die immerhin selbstgebackenen Plätzchen – einen nachtschwarzen Pappband legt, 78,90 DM, des Titels: „KULT Dark Fantasy, Splatterpunk“ von Gunilla Jonsson und Michael Petersen, eine bluttriefende Mixtur aus Ritualmorden, Waffenfetischismus, keltischen Mythologemen, voll von Geisterstädten, bevölkert mit Dieben, Killern, Aasfressern und Jägern.

„Wir leben in einer Welt, in der die Sonne schon längst untergegangen ist. Vergessene Götter werden in Neonlicht und Straßenlärm wiederbelebt."

Fiktionsprosa kam rund um 1968 in Verruf, hat sich aber stets wieder umfassend erholt. Wo SPD-Schriftsteller zu Docu-Fiction übergingen, rettete sich die hochverpönte mythologische Phantasie in Disney-productions, science fiction, Terminator-Thrillern, seit etlichen Jahren dann in eine Richtung, die sich unschuldig „Rollenspiele" nennt. In jeder Stadt haben sich schwarze Läden eingenistet, in denen es oft auch Comics und CDs gibt und in deren düsteres Flair, halb keltisch, halb futuristisch, sich Outsider und Erwachsene nur selten hineinwagen. Dort kreisen Schüler und Studenten um Table Tops, brüten oder fachsimpeln über kompliziertem Regelwerk, mit Attackenwürfeln über Spielbretter gebeugt. Dort können sie, weit über Tanzstunde und Führerscheinreife hinaus, in ausgefeilten Abenteuerwelten wohnen und versinken.

Jahre strichen ins Land. Emu, inzwischen 17, und Raffel, 15, vermochten ihre unreifen Kelly-family-Phasen und Carl-Barks-Stadien durchaus überwinden. Arnold Schwarzenegger, Wolfgang Hohlbein und Geisterjäger John Sinclair wurden aber nicht abgelöst von Siddhartha und Zarathustra. Abenteuerserien subjektivierten sich nicht zum Tagebuch. Nirgendwo litt pubertär eine Seele oder ein Subjekt.

In einer Predigt des Konfessors Dolan von Chiros, auf der Straße nach Gathalamor, heißt es: „Ich fordere nicht Euer Blut. Denn ich kann Euer Blut nehmen. Ich fordere Eure Seelen. Denn nur Ihr könnt mir Eure Seelen schenken."

Fanden Emu und Raffel, die hoffentlich keinen psychischen Knacks haben, Seelen in sich vor? So oder so: Helden und Schurken kämpften unverwandelt weiter. Emu und Raffel bauten 7-qm-Kellerräume großflächig mit Todeslandschaften zu.

Hunderte Miniaturfiguren agieren dort. Lesekultur bröckelt. Verlage wie „Feder & Schwert" oder „Fantasy Productions" boomen, samt großangelegter Terminologie: Battletech, Earthdown, Inferno, Straßensamurai-Kataloge, Asphaltdschungel. Ein einschlägiges Magazin mit dem unauffälligen Namen „WunderWelten" erscheint zweimal monatlich. Während der Spiele, die oft 24 Stunden am Stück dauern, treffen sich die Jugendlichen ganz in Schwarz und legen hierzu auch mal „Carmina Burana" auf. Eine einzige Partie kann durchaus jahrelang gespielt werden, mit Unterbrechungen. 80 Prozent der Jungs und 20 Prozent der Mädchen aus Raffels Klasse spielen solche Spiele.

Raffel: „Der Rest ist zu dumm dazu."

Vor Spielbeginn werden den Figuren vorgeschriebene Uniformen angemalt. Aufgelistete Archetpyen – Bandenmitglied, Dealer, Ex-Soldat, Geheimagent, Inspektor, Konzerner, Okkultist, Rächer, Rocker, Straßenkämpfer, in summa: unversöhnliche Rambo-Varianten –, marschieren, behängt mit Energieäxten, Sprenglanzen, Plasmawerfern, Nadelpistolen, angeführt von Emu und Raffel, durch Territorien aus Kultzentren, Katastrophengebieten, Schlachtfeldern, Slums, Zuchthäusern und Klapsmühlen. Man tritt kriegstauglich an gegen Geheimgilden, planetarische Gouverneure, imperiale Flotten. Der betroffene Aspektkrieger verliert dann, je nach dem Würfelergebnis der Spieler Emu, Raffel und ihrer Freunde Sascha, Chris, Nils und Kai, etliche bis alle Lebenspunkte.

Emu, der nie Fragen stellt, antwortet nur mit Dreiwort-Sätzen.

Raffel nuschelt und lispelt viel über Parallelwelten, verbotene Zonen, uralte Zeremonien, Ritualmorde, Bruderkriege, Gnadentode, Weltenbrände, Eliteabteilungen, totale Säuberungen, Mobilisierung letzter Reserven, die billigsten Fanatiker, Schlächter, psychopathischen Killer: 15.- DM. Die teuerste Aktionsfigur, ein zweiköpfiger Chaosdrachen: 90.- DM. Die Basiswerke des Hightech-Dunkelkults kosten selten unter 58.- DM, das WARHAMMER-40000-Grund-Set gleich 150.-.

Zitat aus den Exterminatus Extremis: „Es mag solche geben, die nicht verstehen, warum wir Millionen von Leben vernichten müßen. Aber jene, die es verstehen, werden erkennen, daß wir kein Recht haben, sie zu verschonen. Denn sie sind nicht länger lebendig."

Emus und Raffels geschiedene Eltern wissen kaum, was für Anschaffungen sie da finanzieren, neben dem Violin- und Keyboardunterricht. Die Keller-Landschaften assoziieren sie mit Faller-Häuschen und elektrischen Eisenbähnchen, mit ihrer eigenen verschwundenen und verteidigten Kindheit, halten sie also, trotz aller Abschußrampen, für pädagogisch vertretbar, obwohl die Privatarmeen, Sträflingstruppen und Söldnerheere kaum noch den Nachfahren romantischer Zinnsoldaten und Nußknacker ähneln. Nirgendwo, in der schwermetallkalten Wimmel-Leere, glimmt ein Fünklein Freude auf – Emu bestreitet dies! Nirgendwo lächelt oder winkt Erotik. Nirgendwo lockt wenigstens Sexus, weder Entertainerin noch Marketenderin, weder Papagena noch Barbarella, keine Hebamme, keine Rote-Kreuz-Helferin. Der einzig auftauchende Frauenarchetyp: der Vamp, gesandt von Slaneesh, dem „Gott der fleischlichen Gelüste".

In dieser „Welt" fehlen auch angenehmere Männertypen ganz: Pazifist, Philantroph, Völkermordforscher, Weltverbesserer, Moderator, Hausmann, Mitläufer, Blauhelm. Kein Totalverweigerer oder Deserteur kommt je in Sichtweite, kein Feigling, keine Memme, kein Softie.

Jugendbuchautor Michael Ende hatte die Phantasie favorisiert, zwecks Rettung der allzu erwachsenen, grauen Welt. Hightech-Dunkelkult bedarf keiner Eidhelfer, Proklamateure, Beschleuniger,

Wachhalter, sondern eher Dämpfer. Emus und Raffels Combiwaffen, Virusgranaten, Salvengeschütze sind, zukunftsgemäß, aus Plastonid-T-Stahl, Phantomkristall oder Adamantium. Kampfmasken steigern ihre Kampfschreie per psi-akustischem Verstärker zu einer Intensitätswelle, der kein zentrales Nervensystem ungelähmt entfleucht.

Emu und Raffel sind sauschlecht in Fremdsprachen. Aber sie haben all die Renegaten, Ekklesiarchen und Navigatoren optimal am Schnürchen, alle die Veteranen, Kultisten, Zeloten, Mutanten, Korpophagen, Termaganten, Carnifexe, Tyraniden, Servitoren, Symbionten.

Einerseits Geist, also hochkomplexes, I.Q.-forderndes Regelwerk, fremdwortreich, andererseits Natur, nämlich subjektlos dumpfes Hickhack!

Einerseits boomt weltkriegsspielzeugverherrlichendes Schrifttum. Andererseits sind viele religiöse Motive im melting pot der Archonten, Imperatoren und Terminatoren spürbarer präsent und aufgehoben als in offizieller Gegenwartskunst: Alle Chaoshunde und Vorzeitrecken betätigen sich – mit neuem Knowhow versehen – als auferstehende, in dieser goldgrundlosen und lichtblickamputierten Militärgnosis. Dem Ältesten, durch das noch Älteres bricht, gehört überall jede Zukunft. Dreißigtausendjähriger Krieg zwischen den menschenähnlichen Anhängseln ihrer vorschnellenden Zielarme, farbloser und erfolgreicher als Szenarien von Ray Bradbury, Philip K. Dick, Stanislaw Lem, hundertmal desolater und komplizierter als Samuel Beckett. Von Tolkien blieben nur die plündernden Orkhorden, kaum umgetauft. Kein Gnom läuft ohne MG durchs Nekrotop. Obwohl Emu und Raffel seit drei Jahren, Tag für Tag, mit Elektro-Priestern sich vollsaugen, mit zu erwürfelnden Widerstands- und Rettungswürfen, sowie sogenannten Moralwerten, sind diese beiden ganz normalen jungen Leute durchaus keine Tyrannen in Turnschuhen, nicht im mindesten besorgniserregend, mit guten Noten und weichen Gesichtern, noch ganz ohne Oberlippenflaum. Emu will mal Kommunikationsdesigner werden. Raffel will Zivildienstleistender werden. Beide sehen keinen Zusammenhang zwischen ihrem Hobby und dem Verteidigungsauftrag der Bundeswehr. Wozu kreisen Emu und Raffel seit Jahren Tag und Nacht um Falken-Granatmagazine, Tunnelmörser und Bohrmadenschleudern, wenn sie gar nicht zum Bund wollen?

Blubber-Arien zwischen Stressbude und Chatroom

Lexikalische Momentaufnahmen jetziger Jugend- und Szenesprache

Kids, Nerds, Subteens, die an Schulbushaltestellen sich anöden oder anrempeln, Frischlinge, Junggemüse, Hunks (= geile Typen), PC-Junkies (= Compi-Freaks), Bonsais (alias: Pimpfe), totale Döbel (alias: Blödel), Fuzzis und Nullchecker (alles klärchen?) produzieren Lautäußerungen, die dabeistehenden Nahrungsbeschaffern, Dinos, Sheriffs, abgehalfterten Motzbolzen (Kopulativkompositum aus motzen und Bolzen) und Kulturwerteträgern den Nieder- und Untergang aller je dagewesenen Gesittung und Menschenähnlichkeit veranschaulichen, via extrakleinem Wortschatz. Gutturalismus pur. Sehnsucht weckend nach hoffnungsvollem Analphabetismus in Afroasien, oder auch nach Brunft- und Todesschreien im immerhin aufwärtsstrebenden Tierreich.

Andererseits brauchen hellhörige Ex-Lehrer sich bloß scheinheilig mitklönend auf Schulhöfen aufzustellen, promoviert, teilnehmend, gleichwie halt auch Martin Luther, dieser totale Asbach-Schinken, dem Volk der Lümmel, Tölpel und Rotzlöffel auf die Freßleiste (alias: aufs Maul) schaute, und – zack! werden sie derart fündig an „jugendsprachlichen Neologismen mit dirigierender Präfigierung“ wie „ansabbeln“, daß nach „affengeil“ und „Alles easy“ und „oberaffengeil“ jetzt bereits weitere Jugendsprache-Lexika nötig wurden, von abcoolen bis zuschottern, das inzwischen bemooste Volksmund-, Scene-, Dummdeutsch-, Umgangsdeutsch- (alias: Gassendeutsch)-Sammlungen aktualisiert. Zugleich erschien, erstellt von fünf Chef-Durchblickologen: netzversierten Szene- und PR-Experten, Trendforscherinnen,

Surf-Junkies, Lifestyle-Filmern, Medienberatern, ein Szenesprachen-Wörterbuch, das fast null Überschneidungen mit „voll konkret“ auftischt, nämlich die etwas ältergewordenen Ableger und Zuchtkarpfen abhorcht. Lutherdeutsch, deftig, saftig und schnoddrig brodelnd, wird an putzmunterer Derbheit von heutigen Großstadt-Jungtieren, deren Rumgesülze und Vollgeknödel so vollmäßig abgeht, ja: abfetzmäßig (alias: fetzig) wie am ersten Tag, kaum unterboten. Beides plätschert einher, unaushaltbar vulgär, wie DUDEN-geschädigte Sprachpuristen sagen würden, bzw. vollkräftig, wie Goethe sagen würde, dafür aber labundiger (kreatives Ballhorn-Derivat aus lebendig), wie heutige Kids das nennen, aus Bauch und Kürbis (= Floppy = Denkschüssel) heraus als die sprachartistischen Edelprodukte dichterischen Kunstwollens, die da in gegenwärtiger Hoch- und noch höherer Höchstliteratur so mega-synthetisch, handkeesk, a priori out und tot – voll tot! – lauten mögen wie Ambitionsneologismen à la „Körpertum“ oder „Ortsschwund“. Im Trendbüro-Wörterbuch quirlt die jugendliche Frische fast schon abgeschlafft. Die Vollsocken wurden zu Usern. Ihr schulisches Blubbern floß in aalglatt angeeignetes Fachchinesisch aus jobrelevanten Termini. In summa: „Voll konkret“ bleibt voll auf der Erde, das Trendbüro-Opus aber hebt gewaltig ab in ein anglizismenwütiges Slatlag/Backslash-Digitalien, allwo alle voll konkreten, stutendoofen Saftnudeln, Zierfische, Trällerfische, Nixen, Tulpen, Barbies, Xanthippen, Schlampampen, Pralinen und Plunzen (alias: Backfische) sich in Fly-Girls, Geek-Girls, Groupies, Chicks & Grrrls verschlanken und abstrahieren.

Hier wie dort Using-Schwulitäten: Wer Worte wie Unsympath, unkaputtbar, Flachwixer, Großraumhosen, tschüssy sucht, stattdessen Loonys (abgeleitet von lunatic), Beklopptomanie, Silikontüten, Kondomzwerge und Zweimalspüler findet, muß alle drei Ehmanntitel, jedesmal wieder bei A losgehn, abgrasen, oder sich im Trendbüro-DUDEN, ehe er dessen Register entdeckt, vorentscheiden, ob er Couchpotatoes, shopliften oder Hookline eher unter der Rubrik „Ausgehen, Abgehen, Abfeiern" suchen will oder doch eher unter „Kiks und Funsport". Die Dummknödel-Umwege multiplizieren sich. Man kann sich unterwegs im Location-Jungle angenehm verlieren, zwischen Doggy-Style, Hackysack, @ und Smiley = [(:-)]. Wer täglich mittendrin steht, kann mitkommen. Wer sich 3 cm rausbeamt, versteht only stazione, oder auch gar nichts mehr. Das cool delirierende Küchenlatein aus Bumble-Bee, Chill-out, Muckibude, Straigt-Jump-Contest rauscht unentziffert vorbei. Der Hundertmarkschein, der 1992 noch Hündi hieß, heißt jetzt Hunni, und Grufties hießen vorher Oldies und Erzeuger heißen jetzt Ötzis, mit immer kürzerem Haltbarkeitsdatum. Kurt Tucholskys extrem unsterblicher Nekrolog, von 1924, auf das plötzlich überlebte, ausgebotete Berliner Modewort „knorke", das z.Z. „wooky!" heißt, und neulich noch „klasse!", könnte pro Eintagszwetschke à la „Schwachfug" oder „Beziehungskiste", kaum daß sie out sind, nachdem sie flächendeckend grassierten, sind sie out, neu angekurbelt werden. Jedes Pocket-Lexikon, gelumbeckt, wird 40.000 x verkauft, als Momentaufnahme schnell wieder fortgewischt, im Ozean inoffizieller Sprachentwicklung, im instabilen Kollektiv- und Endprodukt Jugend- und Scenesprache, das sich als das Buzzword-Teamwork sämtlicher nicht mundfauler Schüler, Hirnis, Quatscher stündlich neu generiert und aus dem zwischendurch immer wieder Dauerbrenner und Fossilscheiben hervorragen, wie Hohlkopf, tierisch, behumsen, Stecher, oder die tolle Biene von 1956, oder auch Laffe, der seit Luther einfach nicht den Löffel abgibt und übergreifend alle ephemeren Semester überlebt. Sowohl Worte mit „-mäßig", oder „cool", nerven schon seit 1970 ohne Unterlaß. Felsen im Geröll, so wuchtig und fast deplaziert wie die Totschlagvokabel DUDEN, der es in den Rang übermenschlicher Gültigkeit und Würde sich selbst zu versetzen gelang, jahrelang skeptisch sich gebend gegenüber allzu atemloser Sprachdynamik, jede Sekundengeburt gern ignorierend, um alteingesessene Neuschöpfungen dann doch noch reinzulassen, bereits abdribbelnde Wortgetüme reaktionsverzögert dann doch noch in den immer vorübergehenderen Kanon aufnehmend, der nur noch mit dubiösen Neu-Rausschmissen zusammenhält. Jetzt aber verlieh DUDEN, um konstitutionelles Hinterherhinken wettzumachen, sogar der betont zeitgeistverhuschten Trendbüro-production sein Autoritätssiegel der Hypermonumentalität. DUDEN stanzt also im Zeitalter kaum nachkommender Snailmail – und ähnlich abgeschlaffter Bohrkrücken – ein Brandzeichen in die teilchenbeschleunigten Katarakte sprachschänderischen, nein: -schöpferischen Durch-, nein Wasserfalls, so als bekämen Tempelflitzer und Teletubbies den Ritterschlag der Königin Elizabeth. Ehe alsdann, wie Luther sagen würde, der Silbernstrick wegkome / vnd die Güldenquelle verlauffe / vnd der Eimer zuleche am Born / vnd das Rad zubreche am Born (Denn der Staub mus wider zu der Erden komen), und Suchmaschinen in schwarze abgefackte Löcher tasten, ehe der Spam, Synonym für mailbox-verstopfende Screenshots und Datenschrott, defintiv abstürzt und Anarchos, Geldgeier, Chatpartner, Crasher, Hacker, Cracker wie Luser (Zwitterling aus Loser und User) sich in Nacht und nirvanadesker Doppelnullität verlieren.

Ein Zustand, der schon jetzt, mittenmang, bei Lebzeiten, grölend und groovend antizipiert wird. Die semi-seriös zusammengekarrte, herrlich weitverzweigte Wortfülle der Jugendquatsche (alias: Pennälersprache) rappelt am Bushaltestellen-Grünzeug voll vorbei. Eine Kluft zieht sich, wie durch Hoch- und Jugendsprache, mitten innerhalb zweier dieser beschlabberten

Müllsprüche, zwischen dem Elaboratissimo der beck'schen reihe und des Dudenverlags einerseits und dem allseits empirischen Dreiwort-Gedöns andererseits. Preziösi- und Subtilitäten wie „krokofantös“ (alias: knorke) sind im Volke, wenn man mal nachbohrt, nie so richtig angekommen, so unknown geblieben wie nur noch Matthias Claudius. Schon damals, 1986, daßelbe Malheur: Nur ein Bruchteil aus Heinz Küppers Bundessoldatendeutsch von A-Z, „Von Anschiss bis Zwitschergemüse (= Hülsenfrüchte)“ (z.B. Knödelkotzer für Granatwerfer oder Fleischbeschau für Musterung), wanderte ein in den heutigen 0-8-15-Output der Bundeswehr. Bloß Allzweck-Hardcore-Drehwürmer wie „voll cool“, „Flossen weg!“ oder „Knete“ haben den letzten Gähnaffen bzw. Schlaffi (alias: Lahmarsch) erreicht. Kein Wunder, daß solche Denkzwerge und Dusselköppe dann von den Wortführern (= Oberjockeys, First Boys, Big Mäcs, Chefs) „Trivialo“ genannt werden.

- *DUDEN, Wörterbuch der Szenesprachen, herausgegeben von Trendbüro, 221 Seiten, 2000, broschiert, DM 24,90.*
- *Hermann Ehmann: Voll konkret. Das neueste Lexikon der Jugendsprache, C.H. Beck, beck'sche reihe, 159 Seiten, 2001, broschiert, DM 14,90.*

Wir sind süchtig danach, etwas zu sagen! Egal was!

Ist Jugend 2012 weniger jung als die Wandervögel 1911?

Zur Goethezeit hieß Jugend „Trunkenheit ohne Wein." Im Jugendstil hieß Jugend „Daseinsfreude", bei den rebellischen Halbstarken 1968 eher Rock, Sex & Drugs, überhöht zu „Love Love Love". Heutige Twitter, Chatter und Skyper definieren sich wiederum bevorzugt durch Facebook, Youtube, Flatrate, Ecstasy. Bei der WM 2010 sahen rasch Ältergewordene mit Grausen die Nachgeborenen die belächelte, berüchtigte Deutschlandfahne plötzlich wieder ernstgemeint schwenken, und über die WM hinaus weiterschwenken, mitten im beiseitegewedelten Kosmopolitismus. Daß kein schönerer gemeinsamer Nenner erzielt werden konnte als ausgerechnet das Letzte vom Dümmsten – Schwarzrotgold – schwache Leistung! Setzen – 5!

Vermag Jugend längst nicht mehr das zu sein, was sie mal gewesen zu sein scheint?

Der einsame romantische Wanderer im Nebelmeer vervielfältigte sich zu Wandervögeln und Pfadfindern, die mit Laute und Klampfe durch die Wälder zogen. Ein Max von 1900 will noch einen Riß im Himmel sehn. Dazumal hatte man noch Großstadtskepsis, Naturliebe und Ideale im Leibe. Aber Amira, Carrie, Shantie oder Zazie bewegt heut im Blog oder im Online-Tagebuch nur noch eins: „Bough – kein Anruf, keine SMS, keine Mail" – teilen also eher Max Raabes Lebensgefühl: „Kein Schwein ruft mich an, keine Sau intressiert sich für mich …" Die Pummelchen der Golden Twenties sahen noch lang nicht so anorektisch aus wie heutige Topmodels und Superstaranwärter. SMS heißt selten: „Save my Soul!"

2011 steigerte sich was: Anders Breivig in Oslo mähte eine größere Zahl Kids nieder als sonstige Amokläufer, ohne sich anschließend selber zu richten. Bei den darauffolgenden Jugendkrawallen in England empfahl das endgültige Satiremagazin Titanic so zynisch wie möglich: „London setzt Breivig ein: Jugendkrawalle gestoppt!"

Alles halb so schlimm: Medien unken zwar pausenlos von steigender Aggressivität bei Kids. Aber Lehrer in Butzbach oder Bruchsal klagen eher über Halbwüchsige, die schlaff als Bürohengste dasitzen, weder aggressiv noch aktiv, die nie eine Kindheit hatten und einfach nur alles absitzen. Lieber Hotel Mama und Generation Golf als damals die sog. überflüssigen Kostgänger, das Abtreibungselend durch Kurpfuscher. Keiner muß mehr in BDM- und FDJ-Uniformen in die KLV (Kinderlandverschickung) – lieber Großraumhosen als im Krieg der viel zu großen Uniformen, zwischen Trümmern und Träumen. Selbst wer, statt wie die ergrauten Kinder von Marx und Afri-Cola, „Peace & Love!" ruft, halt „Deutschland!" grölt, muß nicht mehr aufs Feld der Ehre wie 1914 – wär, wenn man die Parolen austauscht, alles ganz anders? Bei überzeitlich gleichbleibendem, vermutlich äußert starkem Triebdruck – lieber Wixer gescholten zu werden, als urgesunde Onanie neidisch abqualifiziert zu bekommen als „Keimstoffvergeudung".

Die vielen hundert Stimmen dieser Stimmensammlung setzen ein romanhaftes Panorama zusammen, alles bezaubernd voll taufrischen Impetus, herzpochender Hinwärtsbewegung, getragen von zeitübergreifenden Milchbärten voll Oberlippenflaum, Jugendschmelz und Sommersprossen, garniert von Sinnkrisen in jedem Jahrzehnt: „Es ist schrecklich, nicht zu wissen, wozu man da ist." (Arbeitslosenaufschrei 1932)

Es bleibt halt ein Restrisiko – erst sehnt man eine andere Welt herbei, dann gestaltet man sie, dann altert man in ihr und staunt, wie ähnlich sie der vorigen Welt sieht – nein, oft sieht sie tatsächlich ganz anders aus.

„Manchmal wache ich morgens auf und finde meine Nase viel zu groß."

Wem wäre es je anders gegangen?

- *„Wir wollen eine andere Welt". Jugend in Deutschland 1900-2010. Eine private Geschichte aus Tagebüchern, Briefen, Dokumenten, zusammengestellt von Fred Grimm, 446 Seiten, viele Fotos, Verlag Tolkemitt bei Zweitausendeins, Berlin, 2010.*
- *Tom Rom / Pascal Querner: GOA: „20 Jahre Psychedelic Trance, 270 Seiten, Nachtschatten Verlag, Solothurn, 2010.*

Brodelmassen, infiziert sich vorwärtswälzend

Alfred Döblins Wang-lun betreibt einfallsreichen Genozid

Chinas Staudamm versenkte 800 Fabriken und über 100 historische und religiöse Stätten, z.T. über 10000 Jahre alte. Trotz Einkindehe, der 25 Mill. huaqiao (Auslandschinesen) nicht unterliegen, steigt der Bevölkerungspegel jährlich um weitere 8 Mill. Chinesen an: „Jede Sekunde stirbt 1 Chinese, und werden 2 geboren" (Arno Schmidt, zu dessen Zeiten es bloß 600 Mill. gab). Allein in der Provinz Shandong wohnen 90,7 Mill. 80 Mill. sind Katholiken, 25 Mill. arbeitslos, 90 Mill. finden lebenslang keine Frau, 4 Mill. spielen Klavier, in China, dem weltweit größten Schweine- (475 Mill.) und Eierproduzenten (300 Mrd. Eier jährlich). 88 Mill. Traktoren! Pro Tag werden allein in Beijing (Peking) 1000 fabrikneue PKWs zugelassen. Kein klassischer chinesischer Roman ohne 400 Romanfiguren, mindestens 200. In der Qing-Dynastie, dem Zeitalter Wang-luns, hatte China 260 Mill. Einwohner.

Statistik erzählt oder verbirgt Millionen Schicksale, Seelen, Dramen. Nur ein einziger Roman macht Chinas Gewimmel vollplastisch fühlbar: 1912 schrieb ein Arzt, der in seinem Fulltimejob voll ausgelastet aufging, inmitten der – aus heutiger Sicht – bescheiden wimmelnden Metropole Berlin, zwischen „echokäuenden Mannesmannröhren", neuen Telefunken, in Hochbahnen, auf Unfallstationen bei Nachtwachen, zwischen zwei Konsultationen, im Treppenhaus beim Hausbesuch seiner Patienten, im Rekordtempo von 8 Monaten einen historischen Chinaroman, der zunächst 4000 Seiten umfaßte: Wie sich stocknüchterner Konfuzianismus im 18. Jhd. mit verballhorntem Buddhismus, weisheitstriefendem Taoismus, angenehm übertriebenem Ahnenkult, durchgeknalltem Dämonismus pluralistisch harmoniesüchtig verquickte, so verquirlte Literaturverächter Döblin, der mit links die rundum vorhandene Literatenliteratur überbot, bis dato nie zueinandergebogene Phänomene wie quasi-taoistische Philosopheme und quasi-futuristisch-expressionistische Montagetechnik ineinander.

Nach 30 Seiten Wang-lun-Lektüre glaubt man sich derart tief reinverstrickt in köpfereichstes Alt- und Neu-China, daß jeder sich fragt: „Was kann jetzt noch kommen!?“ Dann aber drängelt's noch 470 unstillbare Seiten weiter. Bei Döblin wimmeln nicht nur Pfandleiher, Laternenanzünder, Stadtpräfekte, Dämonenbezwinger, die Kunsttermini wie Yin und Yang nie gehört haben, Apothekergehilfen, Wasserträger, Wanzenvertilger, hornbebrillte Kantonesen, mandschurische Chungusen, Pockengöttinnen, sogar Einsiedelein.

Erzählt, durchgenudelt, verknappt ausgepinselt wird die Geschichte des historisch verbürgten, kaum dokumentierten Rebellen Wang-lun. Außer Ort und Zeit, und daß er, laut Anmerkungsteil, Boxunterricht hatte und eine taoistische Sekte anführte, die 1774 vom Kaiserstaat bekämpft und ausgerottet wurde, lag an Quellen nichts vor. Detailreichtum, aufgefächert, beschwört: Exakt so muß alles gelaufen und gewesen sein, vor allem die pikante Charaktermixtur des Fischersohns Wang-lun, halbbrutal, bärenstark, ungehobelt, mit Foppneigung, was ihn zum Stadtschelm und Halbnarren macht, aber mit Lernwille und verzückten Anwandlungen. Dieser eher unsanfte Typ versinkt dann in Sutren und sanftem Tao. Die Sekte der Wahrhaft Schwachen paßt nicht nur auf Sadhus, Kyniker, Narren Christi, Sufis, Mönche, Einsiedler, Minderbrüder, Vagabunden, Wanderprediger, Kohlrabiapostel in ihrer Kontraposition gegen Brahmanen, Philosophen, Kirchenvertreter, Päpste, Dogmatiker, Orthodoxe, sondern praktisch Wort für Wort auf jegliches aufmüpfige Flowerpower-Movement und deren Summer of Love 1967, versus Establishment, Polizeistaat, Spießbürgerei und Borniwelt. Wo heutige Beschönigungs-Esoterik von Meditation faselt, frönen Döblins überhitzt herumzuckende Figuren „zerfließender Versunkenheit", umtümmelt von obdachlosen Geistern des begrenzten Lichts, ähnlich meilenfern vom windstillen Daokult des Lao Dsi, Dschuang Dsi und Liä Dsi, stilistisch aber weniger Dao als Dada. Dinge quollen zueinander; merkwürdige Beziehungen arteten in Freundschaft aus; Wasser biß sich mit der Luft, Mongolenstädte lagen im Gebetshauch, unmelodisches Gegröle unterm Nachthimmel.

Aus einer miniaturistischen Idylle, in der Zwergpilze geerntet werden, und verarbeitet, in hingepinselter Natur, bis alchimistischer Extrakt und Sud entsteht, mit Schwenk auf ausschwärmende Ausführorgane, Verschwörer, in dem Fall nicht Piloten und Messerträger, sondern Wasserträger in etagenreicher Ober- und Unterstadt einer Mongolenmetropole des 18. Jahrhunderts, organisierte Brunnenvergifter mit diffiziler Logistik, Handlanger einer abstrusen, taoistisch staatsgefährdenden Hippie-Sekte, die vom harten, nein: sanften Mahatma Gandhi zum brutalen Charles Manson mutiert, alles schön Chinesisch, dann ein Blick auf die Opfer: seitenlang vorwärtsziehende, statt kollektiv rauchvergiftete, pilzvergiftete Bevölkerung, bei der Symptome ausbrechen, Indizien, Irritationen, Taumeligkeit, Eintrübung, somnambules Herumtasten, peristaltisches Rumgegrabsch, heautoskopische Anfälle, zu deutsch: Doppelgängersehen, was die Überzahl der Taumelmasse noch weiter vervielfältigt, progredierende psychopathologische Metastasen, plus Atemprobleme, offenes Halluzinieren – überall grüne Tiere –, Gallenkrämpfe, Darmkrämpfe, sieben Seiten lang eilig ausgemalt, Schlag auf Schlag, ehe alsdann die ersten Opfer in den gekneteten und erwürgten Kot sinken,

Sterbende auszappeln, hierbei z.T. entbinden, Genozid pur, und dies 1912, vordatiert auf 1774, zwar alles nur Literatur, dafür aber unangenehm realitätskompatibel, übel vorausdatierbar auf jede heutige und spätere Vergleichssituation.

Erstleser Martin Buber beriet Döblin taologisch. Erstleser Bertolt Brecht plagiierte bzw. variierte in „Mann ist Mann" jene Episode, wo ein abgefeimtem Tempelpriester, den Wang-lun bestiehlt, ulkig reinlegt. Obwohl Döblin das Buch von Song Yingxing, das das technologisch frappierende Know-how im chinesischen Mittelalter hinsichtlich Metallverarbeitung, Schmelz- und Gußtechnik, Schiffahrt etc. darlegt, 1912 nicht kennen konnte, setzte er seine punktuellen, buddhistisch angehauchten Eremitagen im Gebirge Wu-tai-schan intuitiv zielsicher neben die Pochhämmer vorindustriell herumdröhnender Wassermühlen und Pochwerke.

Seine literarisch vorbildlosen Tricks, Fresken aus Drauflosgewimmel vors Auge zu bringen, z.B. wie ein Funke innerhalb von vier Seiten zum Flächenbrand wird, wußten weder Günter Grass noch Arno Schmidt zu übernehmen; andere auch nicht.

Das Reich der Mitte, unverzerrt, familienbetont, spezifisch döblinisch eingefärbt, mutierte zu asiatisch-kosmischer Fremdheit, durch nichts entzerrbar, kaum auf Normalmaß herunterrechenbar. Chinatouristen, Pulverfaß-Zeitzeugen, Sinologen, Reporter, Pearl S. Buck, Graf Keyserling, Egon E. Kisch, die Bücher derer, die brav in ferne Welten fuhren und dreißig Jahre dort lebten, sie alle verblassen gar sehr neben Döblins spürbar visionsgepeitschtem Zugriff, im Chinaroman eines schriftstellernden Nervenarztes, der nie dort hinfuhr.

Döblinleser könnten weiterhin von China mehr mitbekommen als Chinatouristen. 2027, spätestens, wird Chindia (China & India) die USA samt Restwesten in allen Punkten glorios überholen.

Dem Chinabuch folgte ein Indienbuch, „Manas". Das ließ die ausgebliebenen oder ungenügenden asiatischen Seitenblicke seiner Kollegen Mann und Hesse hinter sich. Döblin tuschte, mystisch von innen heraus, wahnwitzige länderkundliche Panorama-Brennspiegel hin.

Wenn Wang-lun und Manas auf Chinesisch und Hindi erscheinen würden – könnte in solchen Brennspiegeln das anderweitig verausgabte Asien sich wiedererkennen, das aktuell in Wertpapierindexe, Immoblilienmärkte, monetäre Integration, geostrategische Implikationen, Direktinvestitionen, Informationstechnologie, Primärenergie, Viehzucht, Getreide- und Interkontinentalraketenbau verbissene Hightech-China?

- *Alfred Döblin: „Die drei Sprünge des Wang-Lun", herausgegeben von Andreas Solbach und Gabriele Sander, Artemis und Winkler im Patmos Verlag, 495 Seiten, Seiten 498-671: ausführliche Anmerkungen, gestrichene Varianten, Nachwort, März 2007, 54 Euro.*
- *Brunhild Stainer/Stefan Friedrich/Hans-Wilm Schütte (Hrsg.) mit ca. 90 Mitarbeitern und Beiträgern: „China. Lexikon zu Geographie und Wirtschaft", 268 Großformatseiten, Primus Verlag, 2006.*
- *Song Yingxing (1587-1666): „Erschließung der himmlischen Schätze", aus dem Altchinesischen übertragen von Konrad Herrmann, nw-Wirtschaftsverlag, Verlag für neue Wissenschaft, 320 Seiten, mit 159 historischen Holzschnitten, 2004.*

Die Figuren fuhren toll umeinander

In Alfred Döblins „Dreißigjährigem Krieg" steht bereits alles über Afghanistan u.f.

8 Millionen Kriegstote 1648 scheinen wenig, neben 60 Millionen 1945. Doch damals, umgerechnet auf 1618 nur in toto 12 Millionen vorhandene Deutsche, kamen 70 Prozent der Gesamtbevölkerung um, im 2. Weltkrieg keine 20 Prozent. Folglich erfolgte der 1. Weltkrieg bereits als der soundsovielte Weltkrieg. Für jedes Kriegsopfer geht auch im begrenzten militärischen Konflikt, vom zweiten punischen Krieg bis Waterloo, die komplette eigene Welt drauf, also die Welt. Hauptattribute moderner Materialschlachten - mehr Zivilisten tot als Soldaten - treffen bereits auf den Dreißigjährigen voll zu. Der Afghanistankrieg, provisorisch teilbeendet, dauert erst 23 Jahre.

Kurz nach dem „Wang-lun" schlug ein weiteres Monstrum von Hyper-Roman ein, qualmte, heulte, „Wallenstein", 1920. Menschenmassen tauschten ihre chinesische Gewandung um in altdeutsche Kluft, fechten vergleichbar weiter, taumeln weiter, seitenlang. Kaiserlicher Kulinarik am Romanbeginn, als strotzendes Barockgemälde, schreit nach abgetauschtem Kostüm, um als US-Multikulti-High-Society-Überflußgesellschaft zu paradieren. Es hagelt erneut Perspektivtricks: erst die minimale, vergrößerte Nahaufnahme: winzige zuckende Keimzellen in dem Fall, diesmal gläsern ausschlüpfende, schwärmende Sumpfschnaken, inhumane Übeltäter, die auf ausgemergelt marodierende Landsknechte losgehn, Überblendung in Breitwinkel, Flächenbrand, zerrissenes Deutschland als Computersimulation, Pilzlähmung und Pilztod als Sumpffieber, flächendeckend, alle infizierend, mitreißend, jedem zivilisierten Gegenschlag spottend, kraft DDT-Resistenz, eine Schlüsselszene, die nichts aufschließt, ziemlich weit vorn im „Wallenstein".

Jahrtausend-Hightech prallt auf vorsintflutliche Ausrüstung. Schwedenkönig Gustav Adolfs weithin leuchtende Segelschiff-Flotte contra agrarische Mistgabeln präludiert Pentagons Splitterbomben contra verrostete Kalaschnikows.

Drei Seiten Wallenstein, ein Wimmelbild des mittelalterlichen Wiens, ersetzen vorauseilend jede Hollywoodbreitwand ziehender Völkerscharen, jede Multiplan-Kamerafahrt im Helikopter über Stadtanlagen, technisch perfekt: New York 1618. Drumherum: Brachland, Steinzeitkommunismus, Felder, Plantagen, so verlassen und verwildert, als wären sie 1630 schon vermint gewesen. Alle diese Kriege zeigen, statt ähnliche Formatstrukturen, beinah identische. Bomben, laut Denis Diderots Enzyklopädie, wurden bereits 1495 geworfen. Nordallianz, Antitaliban-Einheiten, Tschetschenen, Tadschiken, Turkmenen, gemäßigte Taliban, Al-Qaeda-Kämpfer, Russen, Ex-Sowjets, Usbeken, Mudschahidin, Mullahs, Muftis, Araber, Schiiten, Saudis, Jemeniten, Pakistani, Kaschmiri, Hazara, Kabuli, Sonstige, CIA, UNO-Milizen, Koranschüler, Blauhelme, Fundis, Waffenmafia, Elitetruppen, Killer für den Frieden, Uiguren, indonesische Söldner, Afghanistan-Experten und Sonstige: ethnische Gemengelage und Kriegsparteien-Wildwuchs gebärdete sich um 1630 um nichts unkomplizierter oder übersichtlicher: Drakoner, Brabanter, Böhmer, Slawonen, Wallonen, Kürrasiere, Musketiere, Arkebusiere, Uckermärker, Kapuziner, Schwaben, Kurfürsten, Böhmen, Dänen, Türken, Hohenzollern, Freiherrn, Hofjüdlein, Bastarde, Berserker, sächsische Pagen, Friedländer, Lehensmänner und Sonstige. Hier wie da Ausführorgane, Dumpfis, Fremdenlegionäre, Sympathisanten, Überläufer, Verwilderte, Blutsäufer, Kriegsgewinnler, Landesfürsten, Lokalgrößen, Warlords, Finanziers, Hintermänner,

Moralkeulen, zivile Opfer, Invalide, stets wieder Terrorbestien und Ungläubige auf allen Seiten, ständig umgesteckte Etiketten und Glaubensbeweise – bis hin zu Spitälern, in denen man noch die lallenden Moribunden peinlich ausforscht: „Ob Ihr lutherisch, calvinisch, utraquistisch, katholisch seid?" – „Ich bin krank." Talibanopfer wie Nadschibullah wurden so zermartert und aufgehängt wie Jessenius, Haunschild, Otto von Los u.v.a. am Altstädter Brückentor von Prag.

Bilderbögen, glühende, unvergeßlich, pro Seite Suppenwürfelkonzentrate, unromantisiertes Barock, Kriegswirren, tiefenplastisch. Null einfühlende Anleihen aus Grimmelshausens Simplizissimus, trotzdem schier näher dran an damaligen und jeden Realitäten – der unbestechlichste aller Zerrspiegel. Verdrehte Prophetenopfer flehen Priester, die verquere Gottesbilder ausbrüten, um Schutzamulette an, die sie hartherzig nicht gewähren. Ein gefräßiger Zwerg verbeißt sich in einen zahmen Storch. Mitten im magischen Realismus des „Wallenstein" betätigen sich atavistische Teufel als Exorzisten. Das Personenregister des Herausgebers listet 700 historisch abgesicherte Romanfiguren auf. Wer Labyrinthe liebt – auf gehts! Prall von Evidenz: Genauso liefs ab, exakt so, woher kann das ein Mensch alles wissen?

Immer mal wieder meuterten Kritiker, der expressionistische Döblin sei so kalt. Dies kann nicht bestätigt werden; Wallenstein kocht und glüht jenseits von Temperaturfragen, bunt, seltsam, schräg. Durch das Berliner Theaterleben bewegt sich dieser Döblin mit sardonisch verfremdetererem Blick als jedes Marskalb. Seine epische Breite ließ ihn nicht zu Wort kommen.

Alfred Döblin: „Wallenstein", Roman, 1023 Seiten, neu herausgegeben von Erwin Kobel, Walter Verlag, 2001, 84.- Euro.

Weltgericht im Flugsimulator – Hirnsausen ohne Bügelfalten

Global Player Alfred Döblin sah 1924 auf die Zukunft zurück, als auf ein Long Ago

Menschenmassen, ein Buch weiter, in „Berge, Meere und Giganten“, 1924, taumeln erneut weiter, unermüdlich, quer über Kontinente, bei noch abgerücktem, schwer greifbarem, also unbombardierbarem Feind, diesmal nicht von innen verseucht, von außen gezogen, von rosigem Licht, wie es nach der Enteisung Grönlands freiwird: glühend, ausschlagend, dessen tropischem Leuchten verwilderte Sippen und Völker auf Schiffen entgegenfahren, süchtig enthemmt, als Sufismus-Motten der in dem Fall rötlichen Sonne entgegen, knapp vorbei an frisch ausgebrüteten Riesenmedusen, sich schaufelnd durch schlick- und tangverfilzte Ozeanteppiche wimmelnder Biomasse, über denen Schwärme huschender Nagetiere der ausgegossenen, nahenden Hitze entgegenwuseln, quer durch den heißen Hochsommerregen und Sturzhagel fallender, sterbender Enten, Möven, Tiere, Apotheose biologischen Deliriums, welch Massenorgie, die jeden einsamen Gruppensex hinter sich läßt.

Daß Asien jeden Westen 2029 komplett abhängen wird, meldet Döblin betont beiläufig: „Die gelben Völker nahmen ihnen die Apparate aus der Hand.“

Über fusionsbedingte Massenentlassungen: „Mit zwei drei Zügen kämmten sie ihre gewaltigen Anlagen fast menschenleer.“

Über Sozialstaat-Abbau: „Sie lehnten das alte Almosensystem ab.“

Döblin sah aussterbende Deutsche voraus, zugunsten farbiger Mitmenschen, die im Roman auch mal „kaffeebraune

Waldkobolde“ heißen – und Industriekapitäne: „Beherrscher der Apparate“.

Über 30.000 Asylanten pro Monat: „Der südliche Erdteil, der seine Häusersiedlungen fast vernichtet hatte, strömte Menschen aus wie die Sonne Wärme. Sie hielten sich in Europa auf, als wären sie Regentropfen, die selbstverständlich da sind, waren betrübt über die Angriffe, versteckten sich für einige Zeit, kamen wieder hervor.“

Über „Nach uns die Mutation“ (also Tschernobyl etc.): „Ihr Leben wurde kürzer. Ihre Leiber hinfällig. Die Zähne konnten sie mit zwanzig Jahren schmerzlos mit zwei Fingern aus den Kiefern heben. Die Menschen wuchsen nicht zur Größe derer, von denen sie abstammten. Riesig wölbten sich nur überall die Köpfe; die Stirnen der späteren Generationen waren vorgetrieben, die Augen wichen darunter zurück. In manchen Gegenden wuchsen die Menschen übermäßig hoch, trieben ihre Knochen zwei Meter auf; dünne platte Muskeln klebten daran; ihr Gang war langsam; das Herz sehr klein; diese zerbrachen besonders früh.“

Diese erstbesten Romanzitate, als wären sie Regentropfen, lassen den brodelnden Gesamt-Ozean dieses romansprengenden Quasi-Romans und Mehr-als-Romans kaum spüren, zusammengequirlt aus 700 Jahren Zukunft, von 1918 bis 2650 n. Chr., alles im Schnelldurchlauf, inhaltlich also science fiction, an der das Buch ähnlich kometenhaft vorbeischießt wie an jeder Belletristik. Jeder Romanheld wird, nach 3 oder 20 Seiten, gleich wieder fortgewischt, abgetauscht, fast via Mausklick, überrollt im Figurenstrom und Bilderbogen rasender Elemente, ausgepinseltes Comeback überwundender Seuchen und Zauberer: Flugapparate fliegen über Wüstensöhne mit Wurfeisen hinweg, wie in Postapokalypse & Action-Film, worin dann doch wieder alle zu Pferd durch den Wild Westen ferner Zukunft reiten. Melise von

Bordeaux, Alleinherrscherin, stählerne Lady, eher Persephone als Miß Thatcher, eine Amazone, Megäre, fatal rückgezüchtete Urmutter in Rennaissancepomp, antizipierte dämonisch Mao-Stalin-Hitler, 1924, also bevor diese mutierten, sah aber in einem Punkt doch deutlich harmloser aus: Sie tötete und entmannte, statt Millionen, bloß Dutzende. Bevor Dark Fantasy diverse Menschheitszukunft auszuleuchten anfing, bevor Multiplex-Filmkunst lange Kamerafahrten hinbekam, hatte Döblin alles bereits in großem Stil mustergültig erledigt, ohne örtliche Begrenztheit wie Bloom in Dublin oder Berlin als Nadelöhr zur Welt zu bedürfen. 50 Jahre vor Jurassic Park, Dinotopia & Natural Born Killers, zucken bereits all deren special effects vorbei, rein in Sprache, polydimensional, vollplastisch. Koinzidenz von Prophetie und Rückfall in strotzende Barbarei. Subkontinente heißen dann, statt USA, NATO oder EU, eher wieder Gondwana, Istanbul mit beiläufiger Selbstverständlichkeit plötzlich wieder Konstantinopel, und Oslo Christiana, Elite-Truppen und Soldatinnen wieder Krieger, Frauen teilweise wieder Weiber, ja: Männinen, und Bürokratie – Bureaukratie. Nirgendwo Kulturschaffende, Preisträger, Pressesprecher, aber alles knallvoll von Lanzenträgern, Trommlern namens Zimbo, Marduk, Holyhead, De Barros, Delvil. Das Wort „Zauberschwert“ klingt bei Döblin kaum nach Harry Potter oder Excalibur, eher nach Neolithikum. Der aufschaudernde Romanauftakt knüpft, laut Anmerkungsteil, an betont Ältestem an, Rig-Veda. Das alte Lied: Odol in Granit gehauen; im BMW zum Autodafé. Ahnungslos versuchen heutige Game-Designer die Visionen Döblins einzuholen und vermögen es bloß mit Riesenaufwand außerhalb ausgerasteter Phantasie. Allein wie Döblins Riesenmedusa ein Schiff einverleibt, bleibt unverfilmbar, unimitierbar, für Normalgenies sowieso tabu. Jules Vernes Octopus, Pottwal Moby Dick und

Hemingways Schwertfisch verzwergen dagegen zum Streichelzoo und Stahlstich. Irgendwo weit hinten, wo nie einer hingelangt und wo sich Riesenvögel in ungeheure Räume hineinwerfen, tummeln sich Raumerzeugung, psychedelische Zerdehnungsträume und Horrortrips jenseits von Opti- und Pessimismus.

Auch Genfood-Debatten stehen alle bereits bei Döblin. Massen, globusüberwuselnd, werden gemästet mit Synthetik-Fraß. Für heutige Quiz- und Fungesellschaften findet sich im Buch das Wort „spielklügelnd". Apropos Klimawandel: Einmalige Romansituation: daß seitenlang null Menschen vorkommen, nur Elemente, Vulkane, Karst, Natronseen, Wind, Turbulenzen, Lichtfluß, ein Globus ohne Menschenspuren. Angeschubst („Siebzig Breitengrade überdeckte der plumpe Erdkoloß") wirbelt laternamagisches Multikulti vorbei: Lobisa, Guinea, Batonga, Sokoto, Fellata, Kötlisandur, alles aus Satellitenperspektive, dann wieder im Vollzoom runter, gut ausgeleuchtet, deftig hautnah, porennah, alle Snapshots, Mikrodetails, Reden seltsam schräg, abstrus, rätselvoll, Exotik-Orgie, melting pot- und One-World-Gewimmel ohnegleichen. 1001 Zukunftsprognosen und Gegenwartsromane sehn neben BM&G (Berge Meere und Giganten) a priori weniggleisig, hausbacken, vordöblinisch aus. Richard Powers, ephemer gerühmt für seine hölzerne, unplastische, visionslose Schilderung von Kranichschwärmen, wuchs nicht zur Größe derer, neben denen er talentfrei dreinsah, neben schwer verkäuflichem Pilotbeschwörer wimmelnden Animaliums, Döblin, der seitenweise bevölkerungsexplodierte Schwärme, Meuten, Herden auf algenverfilzte Sargasso-Ozeane niederregnen läßt: endlich eine Springflut, die in die Totale geht, aber formal noch Roman heißt. Natur und Technik sind bei Döblin nicht, wie bei Umweltschützern u.ä., zweierlei Stiefel, sondern alles dieselbe getöseerfüllte Umwälzmaschine. Treibhauseffekt, menschengemacht, findet im Roman schöne Bilder: Grönlandfahrer schiffen im rosigen Licht dem abgetauten Nordpol entgegen, erhitzt, hypnotisiert, ekstatisch Kleider von sich werfend.

Der Aufgabe der Literatur, mit begrenztem Talent kaum untalentierteren Alphabetinnen vorzuführen, was innerhalb überblickbarer Lebensbewältigung eigentlich sie hätten sagen und fühlen wollen, kam Döblin nicht nach: nirgendwo Orgelkunst, Schöngeist, Hochkultur, Bügelfaltenprosa à la „Walter sah rauchend auf die Uhr".

Verstädterung, Technik, Menschenzüchtung etc.: nichts von alldem brannte fleißigen Kollegen à la Proust, Brecht, Benn, Rilke unter den polierten Nägeln. Für den Bonus, Kredit, Nimbus sperriger Unlesbarkeit erwies BM&G sich als viel zu ungebügelt. Selbst Döblins selbstbeweglichste Reinkarnation (Arno Schmidt) bekam Döblins Tricks, Panorama loszutreten, nicht hin. Hundert Gäule ersetzen keinen Schimmel. Keiner will merken, daß alle nichts davon gemerkt haben. Selbst Döblinexperten drücken sich um dieses Mammut-Opus: Nirgendwo Haltegriffe, Sicherheitsgurte, Parameter. Kompetente Pedanten konstatierten mit Kloß im Hals „überbordende Phantasie". Permanenter Seegang und Weltgericht im Flugsimulator erzwingt psychisch Abwehrmechanismen zwecks Selbstschutz. Normköpfe fanden die von ihnen sog. „Dampfwalze" viel zu normverletzend, bizarr, pervers, eklig, zynisch, exzeßverherrlichend, nicht sinnstiftend genug. Andere fanden, Döblin wolle zum Denken anregen über die Ethik des technischen Fortschritts. „Meilenstein" triffts auch nicht so recht, auf verbauten Zufahrtsstraßen. „Weltchronik" klänge zu windstill und behäbig. Hier brausen Tsunamis durch Äonen, voll Schwemmgut und Flaschenpostsplitter, der letzte und erste globale Roman. Er läuft halt in der Werkausgabe mit, weils von A. Döblin stammt, abhakbar als der dritte Expressionismus-Roman deutscher Literaturgeschichte – fertig. Knapp mithaltendes Vergleichsobjekt: Franz Werfels „Stern der Ungeborenen", 1945. Olaf Stapledons „Die letzten und die ersten Menschen", 1936, greift immerhin, wenn auch sprachlich kreuchend, Milliarden Jahre in die Zukunft.

BM&G knallt nicht nur Romanleser vor den Kopf, nervt nicht nur seine Fans: auch Döblin drehte bei der Abfassung fast durch, mußte die Visionen abstoppen, sich als Autor runterfahren. Vollbremsung gelungen, Autor immer noch da. Kiloweise schluckte er Neuroleptica.

An der Metrik von BM&G nahmen spätere Titel Maß: Egon Erwin Kisch: „Zaren, Popen, Bolschewiken", 1927; C. W. Ceram: „Götter, Gräber und Gelehrte", 1949; „Menschen, Tiere, Sensationen", Variéte 1959.

Dann mäßigte sich der frühe Döblin. Er zog die Löwenpranke zurück. Er zog die Notbremse. Er warf das futuristische Teleskop fort. Er stieg mit Richtmikrophon ins Proletenmilieu ein. Er reduzierte sich auf Menschenmaß, auf ein weiteres Maximum, einen bekannten Berlinroman, Stichwort Alex, wo die Flammen etwas weniger ausschlugen, endlich auf Augenhöhe von Germanistik, Literatencafé und landesüblicher Stoffbegrenzung. Da erlangte der Berliner Autor wenigstens ein Seitenflügelstühlchen.

Man rühmte, er habe die erste moderne Großstadtballade geschrieben.

Einerseits schwebt der Wallensteinautor, der frühe heiße wilde Döblin, fern von Mitleid oder Sensationsgier, als Weltgeist über allen welthistorischen Greueln und Absurditäterätätä, andererseits wird er mit seinem Buch in die Revierkämpfe desselben universalen Weltkriegs gerissen, unblutig, nicht minder existenziell, innerhalb seines Biotops, des Namens Literaturgeschichte. Nebenbei – von Hitzegrad und Brodelquote her –

hebelt Döblin x Kollegen der Reihe nach aus, steckt sie in die Hintertasche, zeitweise sogar lebenslang, ja, bombt sie zurück: Dauerscheiterer à la Robert Musil, Bügelfaltenprosaverfasser wie Thomas Mann (lächerlich, ihn Monstrum zu nennen), Erbsenzähler wie Arno Schmidt, die allesamt – Kafka, Brecht, Proust inclusive, also zu acht und elft, nur halb so heftig und vollplastisch und schräg brodeln und zucken wie der unglaubliche Döblin. Wieder mal hats keiner gemerkt, vor allem Reich-Ranicki nicht, die andern aber auch nicht.

Mann und Schmidt schrieben fast nur über tote Kollegen, von Goethe bis Poe, fernab reeller Jahrhundertprobleme. Döblin schrieb bulimistisch über Relativitätstheorie, Irrenanstalten, Magenprobleme, Jungfräulichkeit, Säuglingspflege, Buddha, Kopfschmerzen, Arterienverkalkung, Arnold Schönberg, wenns aber sein mußte, ebenfalls über Dostojewski oder Goethe.

Ulysses & Roman nouveau, obwohl deren Krümelzählerei gleichfalls kein Schwein lesen wollte, lobte man sich vom Hals. Man verglich Döblin mit Joyce; wie schön für alle Beteiligten. Döblin begnügte sich nicht, als ein deutscher Joyce zu figurieren.

Fast alle Dichterstimmen vor 1950, an die man sich im Marbacharchiv anstöpseln kann, tönen arg pathetisch, betulich, antiquiert, Franz Werfel, Hugo von Hofmannsthal, Karl Kraus, alle, außer Döblin.

Zur Strafe schob der konventionelle Mann den quirligen Döblin aufs Abstellgleis. Brecht half schieben. Böll schob mit. Selbst Robert Musil, verkopft bosselnd, der Döblins z.Z. nur bei dtv erhältliches Hindu-Epos „Manas“ rezensierte, genießt höheren Ruf als der lebensprall, bilderselig, deftig leuchtende Döblin. Dr. Benn sonnt sich im Ruhm seiner zehn Zeilen „Krebsbaracke“ – Dr. Döblin nimmt im Wallenstein Hekatomben von Ruhr- und Typhusbaracken unter die Lupe. Selbst der scheinbar so dezente Dr. Kafka verkauft sich – wenn auch nicht ganz so rasend wie Hesse – nach wie vor zehntausendfach pro Jahr.

In seinen Briefen erscheint Döblin als Mensch, plötzlich so ernüchternd zurechnungsfähig, gar nicht mehr sehr monströs, eher nett, intressiert, human. Der Romanerneuerer mußte sich nicht verbiegen, um einem Normalmenschen einen Extremkünstler aufzupropfen. Eher hat der Mondmann Mühe, sich runterzudrehn und blitzt oft genug durch.

Weitere Normalisierung fand statt, bis er bloß sich so anhörte wie seine Kollegen, die Pranke immer gefilterter durchguckte und er sogar aus den Höhen extremer Unerreichbarkeit, „Jenseits von Gott", 1919, als Luzifer abstürzte zu abgenippeltem Katholizismus, blind oder weise grinsend – welch Höllensturz in den Himmel, wohin andere mühsam aufsteigen, welch Fallhöhe! Vom globusumwimmelnden Turbo-Dämon zum läutenden Meßdienerlein, hinab zu Normalos, die just drum beten, daß der Herr sein Angesicht über den Opfern leuchten lassen möge („God save America!").

Die „Gustloff" (9000 Tote) stand lang im Schatten der Titanic (1500 Tote). Grass' schmalbrüstige „Gustloff" wurde in vierzehn Sprachen übersetzt, Döblins omnipotenter Wallenstein in null. Daß Grass für seinen Lehrer Döblin trommeln gehn muß – seit wann muß Mozartschüler Franz Xaver Süßmayr eine Lanze für Mozart brechen? Döblins große Stunde: gelobt zu werden von Preisträger Günter Grass, der ihn als Autor kaum zu beerben verstand (obwohl ers in der Rättin brav versuchte). Der Weltruhm des begabten Kartoffeljäters wollte auf Luzifer Döblin kaum zurückstrahlen. Walt Disney rühmte sich, Beethoven weltberühmt gemacht zu haben. Ovid hatte postum auf Christoph Ransmayr, Humboldt und Gauss auf Daniel Kehlmann zu warten, um sich endlich mal a bisserl herumzusprechen.

Also kann Döblin nicht als Weltliteratur gelten, nicht wie Milan Kundera und Cees Nooteboom von europäischem Rang, die als Normalformate in Leichtverständlichkeit trostlos verharren. Der unermeßliche erratische Urwald darbt im Schatten seiner Ableger und Topfpflänzchen. Döblin spielt Mammutorgel neben neunzig weltberühmten Kammbläsern, Nobelpreisträgern. Wer Kriege kleiner findet als Weltkriege, hält wohl auch Weltliteratur für welthaltiger als Literatur.

Schiller, Ravel, Walser litten daran, daß sie ausgerechnet für Freude schöner Götterfunken, Bolero und fliehende Pferde bekannt wurden. Örtlich begrenzte Milieustudien wie Buddenbrooks & Alexanderplatz zerren als Survivel-Zugpferde weltliterarische Schlachtengemälde à la Josephsromane & Berge Meere und Giganten hinter sich her.

Heutige Romanciers und Romanceusen begüngen sich wieder mit Elternproblemen, betrogenen Ehefrauen, Klosterschülern, deren Sexualität erwacht, mit allerlei Großvätern, die mit ihrer Nazivergangenheit konfrontiert werden, brisantestenfalls. Anspruchsvolle Belletristik kippte zurück in Regionalliteratur. Mit erschütternden Realitäten halten allenfalls drittklassig qualmende Actionthriller Schritt.

Alle Jahre treibt der Walter Verlag wacker die hochverdienstvolle Döblin-Gesamtausgabe weiter, schöne dicke edle Bände. Döblins „Giganten“ wurden seit 1932 nicht mehr aufgelegt. Döblin sank ab zum weißesten Subkontinent. Er liegt wie Blei oder Gold. Buchhändlerinnen, als lebten sie in der Wüste Talibanistans, verwechseln Döblin mit Dublin.

Bis dato noch nicht eingetroffene Prophetie: Dritter Weltkrieg wird Uralischer Krieg heißen. Genozid zwischen Hutu und Tutzi geschieht bei Döblin zwischen Pygmäen und Monbutto. Hapernde Prophetie im Detail: Im 23. Jhd. Döblins spielen, statt Shanghai, Dubai, Mumbai, eher Brüssel, London, Berlin eine Rolle. Indien-China-Japan fusionierten; das wird wohl formal und außerhalb dieses Romans etwas anders laufen.

- *Alfred Döblin: „Berge Meere und Giganten", Roman, 1924, herausgegeben und kommentiert von Gabriele Sander, gebunden, 794 Seiten, Walter Verlag, 2006, 54.- Euro.*
- *Alfred Döblin: Briefe II, herausgegeben von Helmut Pfanner, 624 Seiten, Walter Verlag, 2001, 56.- Euro.*
- *Alfred Döblin: „Die beiden Freundinnen und ihr Giftmord", Artemis & Winkler, mit Nachwort von Jochen Meyer, 96 Seiten, 2001, 12,40 Euro.*
- *Alfred Döblin: „Da stehste staunend vis-à-vis. Berliner Feuilletons und Zeitglossen", gelesen von Dieter Mann am Deutschen Theater Berlin, CD, Patmos Verlag, 14.- Euro, Dezember 2006.*

Moloch versus Moloch – Chindia im Oneworld-Papiertütchen

Im Rhein-Main-Gebiet leben z.Z. 6000 Inder.

Sunil Gangopadhyay is a Bengali poet, fiction-writer, playwright, essayist, translator and children's writer.

200 Millionen Jahre n. Chr. wird Australien mit Südostasien kollidieren und ein Gebirgsmassiv aufwerfen. Der Himalaya wird verzwergen. Vorher werden die USA usw. in sämtlichen Punkten überholt und überboten sein, 2029 spätestens (im Nu um). Zugleich wird Afrika köpfemäßig China überholen und plant jetzt schon mit Chindia (vorher: China & India) zu fusionieren, um den bläßlichen Schandfleck Europa vom Globus zu fegen. Vorher schnell noch un poco Kulturaustausch durchziehen, Dialog der Religionen und peanuts am Wegesrand.

Vijay Tendulkar is a leading contemporary Indian playwrigth, screen and television writer, literary essayist, political journalist and social communicator.

Kaum verhallte der Indienschwerpunkt der Buchmesse Fränkfört 2006, rollten Chinaschwerpunkte heran, 2008, gleichwie pro Expo der übliche Spagat zwischen Folklore & Cebit-Atmo. Bevor die Titanenschlacht dann weniger „West meets East" heißt, sondern: Asien versus Asien, alias: East absorbiert West, d.h. die europäische Ausbeulung, ein zoologisch nicht uninteressantes Reservat für unschädlich gemachte Albino-Blindlurche zwischen Oslo und Izmir, karmischer Ausgleich für christlich-kolonisatorische Witwenverbrennungsverbote. Indien muß immerhin keine Rentnerberge mitschleppen wie China & Europa. Indien gedenkt China abzuhängen, da Chinesen sich ja mit dem zunächst noch nötigen ‚Speak English' schwertun.

Harish Trivedi is an international well-known literary critic, translator in the highest forums around the world.

Zum Dank, daß Yinyang, Dao, Dharma, Karma u.ä. anspruchsvolle Hirnwixer-Abstracta (mit denen weder Mao noch das prä- und postmaoistische China je viel am Hut hatte!) im spirituellen Exil USA & Europa überwintern durften, wird Mozart d.h. Liszt/Chopin, sobald hierzulande die letzten dümpelnden Grammophon-CD-Firmen und Geigenbauer pleite machen, nur über den Umweg China-Japan längerfristig gerettet werden können, samt Karma, Nirwana, Wuwei, Sabiwabi. In China leben neben 30 Millionen Katholiken – 20 Millionen Pianisten à la Superstar Lang Lang. Goethe – der sich, indem er Indien „fratzenhaft“ fand, als Biedermann outete – & Dante werden sich rechtzeitig in Gö Dö & Dan Ding wiedererkennen müßen; in Japan in Ko-ti & Tan-ti. Andererseits verfügt China über 30-70 eigene Goethes & Kalidasas.

Gopi Chand Naran is a scholar, chritic and linguist in Urdu, English and Hindi, has more than 60 publications.

Indische Großraumbüros schauen natürlich so unpoetisch drein wie sowieso alles, trotz allerlei „Indien einst und jetzt“, d.h. Gewürz-Bazar in ausgelagerter Zeltstadt, wohin brave Goatripperinnen und –nipperinnen, gefangen zwischen Sehnsucht und Angst, weiterhin mit Motti à la „Mit einem Lächeln komm ich durch die Welt“ nach Mumbai jetsetten, wo 3000 Inder, neben einem aufgepumpten, 20 m hohen Gandhikopf aus Kautschuk-Latex, der Militärparade einer Achtspur-Autobahn jederzeit zujubeln, als wären die Panzer Gandhi. Weltreisende, die 70 Länder in ihre DigiCam hineinzogen, finden kein Land so extrem wie Indien, dem Sprinter ohne Schuhe, alle Speisen dreimal überwürzter als in Italien, alle Pflanzen siebenmal so schnellwüchsig – no problem, Sir! –, jedes Überholmanöver ein Beinahe-Frontal-Crash, also spirituelles Grenzerlebnis, alle Insekten achtmal so groß (außer die gemeine Stubenfliege).

Nida Farzli, born 1938 in Dehli, is an eminent Urdu poet and lyricist.

USA-Bewohner müßten, wenn sie köpfemäßig mit Indien, China, Arabien mithalten wollten, sich verzwölffachen. Nierenkranke Opas in Ghosaldanga sind nie im 70 km entfernten Calcutta gewesen und gehn auch jetzt nicht hin, obwohl dortige Dialyse sie retten könnte.

Important asanas for the promotion of health are Yogananuchrasana, Ushtrasana, Paschimottinasano, Gomukhasana, Simhasana, Bhadrasana, Bhujangasana, Halasana, Pewanankuktasana und nicht zuletzt Urdhrahastottanosana.

40 Millionen Chinesen finden keine Frau (eine Monsterzahl, als fände die komplette BRD lebenslang nie eine Frau!). 400 Millionen Inder haben weiterhin kein water closet. Seit 1974 hat Indien die Atombombe, wie bereits im Mahabharata vorausgesagt. Google protzt: „Was nicht im Google steht, gibt es nicht." 500 n. Chr. hieß es in Hindustan: „Was nicht im Mahabharata steht, gibt es nicht."

Girish Karnad is a playwriter, filmmaker and actor. His first novel: 'Memories of a Lost Home'.

Fast jeder Roman heißt so, weltweit. Gekachelte Bäder hingegen gabs in Indien bereits 3000 v. Chr. Dr. Fu Man Tschu bedroht Norwegen, machte den Dalai Lama weltberühmt, ißt pausenlos Hunde, zerlegt importierte BRD-Buchen in Sekundenschnelle in Holzspachtel, die 24 Std. später die BRD als gestieltes Speiseeis ableckt. China schadete Marokko, indem man deren Löhne fürs Puhlen täglich aus Sylt eingeflogener Garnelen unterbot, die 24 Std. später gepuhlt wieder auf Sylt landen und in Sichtweite des Krabbenkutters, der sie fing, an beschaulicher Fischbude verkauft werden. Der Irak (Mesopotamien) schenkte der Welt bloß Rad und Schrift, Hindustan aber (von Columbus noch nicht entdecktes India) schenkte der Mathematik, die lang drauf gewartet hatte, die 0 (in Worten: die Null). Indien fing, bevor Stahlmagnaten von ihrer Firmenphilosophie redeten, viel früher zu philosophieren an als das hierfür bekannte antike Griechenland, d.h. durchschaute Götter- und Päpstehumbug als erstes und versinkt weiterhin im Götterchaos: many religions, one nation, we should be proud of it! Elefanten tragen Madonnen, neben Solaranlagen auf Strohhütten. Gott & Hightech verschmolzen problemlos in „Krishna electrics". Auf 80.000 Inder kommt nur ein Zahnarzt (Wurzelresektion unbekannt). In this garden it is forbidden to kill birds. Obdachlose heißen dort Sadhus. Diogenes von Sinope imitierte Gymnosophisten. Urchristen und Franziskaner imitierten Fakire (fuqur/fakir heißt arm, siehe den Feldforscher und Derwischologen Jürgen Wasim Frembgen, der seltsame Gestalten und Bilder vor allem in Pakistan ausgräbt). Buddhismus erwies sich, bei aller gongschlagenden Simplifizierung, als zu wenig intolerant, um Weltreligion bleiben zu können – ausgemustert.

Paul Zacharia is an eminent Malaysian short story writer, novelist and essayist.

Heine (Harry) is a German essayist und fragte sich bang, obs einem wohl auch so wie Columbus gehn werde, wenn man das geistige Indien suche. Inzwischen beantwortet sich das klar: Statt Nirwana – Autowahn und Infrastruktur in Eschnapur. Arundhati Roy, die die Buchmesse schwänzte, one of the most – etc., beklagte, von der Kultur Indiens bleibe nichts übrig als daß die British-Airways-Stewardess im TV ihre Hände zauberhaft lächelnd zum Gayatri-Mantra zusammenführe, wobei die Anti-Staudamm-Aktivistin und Romanceuse Termini wie SMS, Gemengelage,

Info-Tech, Investoren, Jobsuche, Konfliktregion, Ökosystem, neoliberal, Nuklear-Deal voll draufhat – lifestyle is everywhere, bzw.: „In diesen Zeiten ist alles Politik" (Sören Kierkegaard 1849).

Vom Yang zum Yin: Romantische Morgenlandfahrer in die Dritte Welt, à la die Himalaya-Eremitin Uma Shankarananda (vorher: Rose Schmitt), schaun teilweise mit Veena zwar echt indisch aus, haben dann aber auch nur Übliches zu verkünden, wie wunderschön unsere Erde sei, mit allen Tieren, Pflanzen, Steinen: „von denen kannste was lernen – nur der Mensch ist unglücklich!" Über allem schwebt stellenweise die grinsende „Wir sollten"-Weisheit und übermenschliche Pantomime des 14. Dalai Lama, der sich's verbietet, China zu hassen, um nicht als Chinese zu reinkarnieren. Das läßt sich aber für keinen Erdling wirklich verhindern. Selbst die Mongolen, die China besetzt zu haben glaubten, guckten nach kurzem aus chinesischer Wäsche, als Chinesen – Mao is everywehre und Dao nur ein Wort.

Als China US-Flaggen verbrannte, trugen die von Zorn verzerrten Massen T-Shirts des US-Konzerns Stüssy – Amerika is everywehre.

Kunstmaler in Indien kamen auf Knopfdruck im Schulterschluß (vermutlich) nie („nie" gibts in Indien selten bis nie) bei J. Beuys an, immer nur bei Paul Klee & August Macke – Juropp is everywhere, trotz abwischbarer (rausfegbarer!?) Eurozentrik.

Die britische Ameisen-Bürokratie Indiens potenziert jeden Wimmel-Alptraum zu Kafka hoch 3, aber all die leading contemporary poets bewegen sich brav auf vorexpressionistischer Octavio-Paz-Ebene, d.h. Tagore is one of the most significant poets, übersetzt von Dr. Martin Kämpchen, vorbildlich verlegt bei Artemis & Winkler. Nirgendwo wird so viel gelesen wie in Indien. Jeder zweite Analphabet wohnt in Indien. Kabir hingegen was a poet and Kastensystemkritiker (1440-1518), doch die

Muslime & Hindus, die er genau wie Brahmanen & Shudras zu vereinigen strebte, sträubten sich, wollten dringend weiterhin deutlich zerfallen und setzten das bis heut unermüdlich erfolgreich fort, gleichwie Shiiten Sunniten „ungläubig“ nennen, oder umgekehrt. China, als Demokratie, würde prompt in Vielvölker- und Warlordstaaten zerfizzeln. Gandhis Urenkel, als Global player, sprechen 400 Ideolekte in 28 Bundesstaaten mit 450 Flughäfen – apropos tamilische Rebellen: Umsonst verpuffte Kabirs drollige Weltdefinition, vorerst, typisch für komische Mystiker: „Die Welt ist ein winziges Papiertütchen. Fällt ein Wassertropfen drauf, löst es sich auf.“

Leelkadhar Jagoori is a celebrated poet in Hindi. Chirta Mudgal is a highly respected novelist. Ajeet Caur is a veteran fiction writer in Punjabi. Urination striktly forbidden! Falls sich jemand dran hält.

4 Milliarden Jahre n. Chr. wird die Erde ziemlich heiß werden, und das around the world, zu deutsch: rund ums Papiertütchen.

Winzige Zufallsauswahl neuer Indienbücher:

- *Veena Kade-Luthra (Hrsg.): „Sehnsucht nach Indien. Literarische Annäherungen von Goethe bis Günter Grass“, erweitert, neubearbeitet, 287 Seiten, C.H. Beck, 2006, 9.90 Euro.*
- *„Kabir fand sich im Gesang. Verse des indischen Dichters und Mystikers“, YinYang Media Verlag Kelkheim.*
- *Martin Kämpchen: „Ghosaldanga. Geschichten aus dem indischen Alltag“, Wallstein Verlag, Göttingen, 2006.*
- *Guido Gozzano: „Reise zur Wiege der Menschheit, Briefe aus Indien“, Elfenbein Verlag, Berlin.*
- *Ingeborg Szöllösi: „Ich tanzte, ich weinte, ich lachte – ich war in Indien“, Herder spektrum, 2006.*
- *Bitte Petersen: „Wo die Götter leben. Alltag und Religion in Indien. Eine Reise“, Herder spektrum, 2006.*
- *Jürgen Wasim Frembgen: „The Friends of God. Sufi Saints in Islam. Popular Poster Art from Pakistan“, in Cooperation with the Museum of Enthnology, Munich, Oxford University press, 2006.*
- *Annelie Tacke: „Eremitin im Himalaya“, Herder spektrum, 2006.*
- *Paul H. Köppler: „So spricht Buddha. Die schönsten und wichtigsten Lehrreden des Erwachten“, O.W. Barth Verlag.*

Pflanzenseele im Zeitalter der Stadtbegrünung

Täglich werden weltweit Bäume für 150 Millionen Bretter gefällt, jährlich bundesweit 22 Millionen Quadratmeter Eiche als Parkett verlegt und stündlich 5400 Quadratmeter zuasphaltiert. Kein DDR-Ende ohne Alleendämmerung in MeckPomm (Mecklenburg-Vorpommern). „Nie war Baumhaß größer als heute!", klagen Beobachter und zeigen auf Gartenfirmen, die ihre professionelle Abhackmentalität als Baumpflege verkaufen und die Dorflinden, zwecks Geräte-Amortisierung und um höhere Rechnungen stellen zu können, immer rigoroser kappen, öfter als nötig. Firmen, die Bäume in Nacht-Nebel-Aktionen entfernen, lassen sich von Firmen, die am Schadensersatzleisten zugrunde gingen, immer weniger abschrecken. Nekrophile Baumvergifter optimieren ihre Tricks, um die Genehmigungspflicht bei Fällungen von Laubbäumen über 60 cm Stammumfang zu umgehen.

Andererseits wächst eine Eiche täglich um 1,4 mm. Forstbiologen jubeln: „Nie wurde so viel für Bäume getan." Permanent wuchert Hickhack zwischen dem RSB (Richtlinien zum Schutz vor „Baumunfällen" – Unwort des Jahres 2000), dem Anti-Alleen-Regelwerk ESAB (Empfehlungen zum Schutz vor Unfällen mit Aufprall auf Bäume), der Forschungsgesellschaft für Straßen und Verkehr des GSV (Gesamtverbandes der Versicherungen), RPS (Richtlinien für passiven Schutz an Straßen durch Fahrzeug-Rückhaltesysteme), FLL (Forschungsgesellschaft Landschaftsentwicklung Landschaftsbau e.V.), Straßenbauämtern, Juraprofessoren, die es bereits für fahrlässig halten, Baumsetzen am Straßenrand zu planen. Baumunfallverursacher, die Regreßansprüche gegen den Bauträger, die Straßenbauverwaltung, erheben, stehen Eltern oder Witwen von Baumtoten gegenüber, die den Schaden am unschuldigen Baum bezahlen müßen. Begründung: Öffentlicher Verkehr sei nur zugelassen in asphaltierten Bereichen, also nicht an Bäumen. Zuschauer fechten darum, ob die fünf bundesdeutschen Baumtoten täglich, die durch Leitplankenbau um 40 Prozent gesenkt wurden, nicht eher Alkoholtote, Tempotote und Autotote heißen sollten, verulkt von grünen Posterparolen: „Bäume stehn mit einer Wahnsinnsgeschwindigkeit am Straßenrand!" Einzeltragödien häufen sich am Wegesrand: Kaum verfaßte der Jazz- und Medienpaket-Papst Joachim-Ernst Berendt ein schönes Buch über Bäume und langsames Gehen auf Wegen, überfuhr ihn, als er mal zu Fuß ging, tödlich ein Auto.

Klare Fronten heben sich voneinander ab: Hier Waldbrandzündeler, da Löschflugzeuge. Hier Weihnachtsbaum-Mafia; da Pfropfreisveredelungs-Hobbygärtner („Haben Sie diese Woche schon gemäht?"). Hier Flurbereinigungsbeamte; da Biotop-Enthusiasten, Dendrologen (Gehölzkundler) und Öko-Aktivisten wie Robin Wood. Hier Bußgeldverhänger, die auf einen Wink von oben die Strafe dann doch nicht verhängen; da Fotografen, die einfach nur ablichten, was jeder vor Augen hat, und sofort als Skandalreporter gelten: Flächenfraß im öffentlichen Interesse, Bauerwartungsland, die Optik heutiger Toreinfahrtengestaltung, Fußgängerzonen-Kübelpflanzen, umfassend angeprangert seit 1983 in äußerst augenöffnenden Ausstellungen der Gesellschaft für ökologische Forschung, München, und Fotobildbänden wie „Grün kaputt", allwo der von Trendforscher Mathias Horx sogenannte Bebraismus hyperplausibel vorgeführt wird: Bücher über Autowahn und verschandelte Alpen, alles in x Auflagen optimal verbreitet. Doch die Liga der Schrebergartenfreunde,

Bausparer und Etagen-Käfig-Bewohner walzt unverändert über alles hinweg. Moralkeulen, die auf jährlich 75000 BRD-Bäume deuten, die an Streusalz zugrunde gehen, wetteifern mit Öko-Realisten, die behaupten, auf jeden Menschen kämen – bei aller Zubetonierung – 50 Bäume, und die permanent Entwarnung blasen: Waldsterben, Ozonloch, Klimadesaster, alles zwar nach wie vor eklatant und irreversibel, aber nur halb so fatal, wie auf dem Highpoint der ersatzlos gescheiterten Öko-Bewegung zunächst an die Wand gemalt. Der Kampf zwischen Baumfan und Holzkonsument setzt sich fort im VLB (Verzeichnis lieferbarer Bücher): Wer Titel mit „Baum" sucht, stößt – neben neuen tollen Baumwollunterhosen und Massivholzmöbeln – meist auf Baumaschinen, Baumaßnahmen, Baumaterialien, Baumodelle, Baumechanik, Baumethoden, Bruno Baumann, Baumängel, Baumärkte und Baumeister. „Laß doch deine Seele baumeln."

Hier der holzverbrauchende Moloch Menschheit und seine Ausführorgane wie Redwood-US-Konzerne; da die übertönte Gegenmelodie heroischer Minderheiten, das überblickbare Häufchen von Einzelkämpfern, Baumpfleger wie Philipp Funck, die sich immer unbeliebter machen, indem sie in Gutachten nachweisen, daß ramponierte Linden, unter denen schon Luther predigte, noch 120 Jahre lang leben können. Zum Ausgleich zu den 200 Mill. Euro, die pro Jahr für Papiertaschentücher bundesweit ausgegeben werden, stellen sich auch mal bisher unbescholtene Stadträte und Familienväter neben frisch umgelegten Kirchhofbäumen auf, wacker in Trauerkluft, wie jüngst Delf Schnappauf in Wernswig, mit Fahne: „Diese Birken werden keinen Frühling mehr erleben!", um vom erbosten Pfarrer sich ausschimpfen zu lassen. Bis zu Umarme-die-Bäume-Kampagnen der nordindischen Chipko-Bewegung, und zur Neo-Ikone aller Baumfreunde, zur Baumfrau Julia Butterfly Hill, dieser Donna Quixote und

Genoveva, die heroisch, wie Momo gegen graue Eminenzen, gegen die helikopterschleudernde Monsterfirma Pazific Lumbers antrat. Konkurrenz, wie der Baumbesetzer Nate Madsen, wurde weniger als ein Hundertstel so weltberühmt. Denn als Mann reanimiert man nicht die Kollektiverinnerung an zitternde Dryaden und blutende Bäume.

Ein altes Lied: Vor tausend Jahren hieß der weltweit expandierende Turbokapitalismus – Christentum. Pazific Lumbers trat als Sankt Bonifatius an. Er fällte germanische Eichen, samt damaliger Baumseelen, die als Schmetterlinge, Wesen, Archetypen davonflogen, alles nur zwecks Kreuzproduktion: Kruzifix des Todes contra Baum des Lebens und buddhistischen Erleuchtungsbaum. Aus einem tausendseitigen Standardwerk von 1877, den „Wald- und Feldkulten" des Mytho- und Ethnologen Wilhelm Mannhardt, geht hervor: Bonifatius alias Winfrid war nur die Eisbergspitze. Mannhardt grub akribisch eine Riesen-Nachfahrenkette aus: König Edgar (959-975), Erzbischof Unwan von Bremen (1013-1029), König Knut der Große (1014-1035) und Herzog Bretislaw II. von Böhmen (1092-1100) ließen Haine umhauen, zwecks Kirchenbau, verfolgten Baumverehrung. Mannhardt (1831-1880) beschreibt Moosmädchen, die auf Baumstümpfen weinen, und Baumschädiger, die sich beim Holzen selbst ins Bein hacken. In x historischen Rechtssystemen wurde Waldfrevlern genau das angetan, was vorher sie taten: Wer Rinde abschälte, ward gehäutet. Wer zusätzlich Hans Werner Ingensieps ebenfalls überaus materialreiches Standardwerk über die Pflanzenseele liest, von Empedokles, dessen botanische Seelenwanderung von Tertullian vergnüglich widerlegt wird, über indische, manichäische, neuplatonische, stoische Pflanzenseelen, thomistische Pflanzentheologie, englische Pflanzensensitivisten bis zu Backster-Effekt und Bioethik, sieht die letzten Jahrtausende als einen Dauer-Slalom zwischen animistisch funktionierenden Köpfen oder auch nachträglich animistisch inspirierten Geistern, die die Pflanzenseele nicht preisgeben wollen, und Aufklärern wie Diogenes von Apollonia, dem Descartes der Antike, der den Pflanzen so gnadenlos wie unverzeihlich das Denken absprach, 450 v. Chr. In solch kaltschnäuzig realitätskompatiblen Theoremen röhrt von Anfang an die Baumsäge. So klar geschieden die Parteien sich jederzeit gegenüberstanden, hier der Archetyp Holzfäller, da die Urpflanze Baumseele, unterscheidbar wie brutaler Animus und holde Anima, in der prähistorischen Antike als Erysichton und Dryade (siehe Ovid), so unaufhaltsam mutierten später die klaren in unklare Fronten. Die Waldlandschaft rund um das Hohe Paar Pazific Lumbers und Baumnärrin Butterfly verbuschte unübersichtlich: Jeder votiert gegen unnötiges Abholzen, aber alle sind allergisch gegen Umweltpapier. Schnittblumen-Industrie und Floristik-Center kreisen zwar positiv um die grüne Göttin Flora, also auch um die von Mannhardt ausgegrabene Pflanzenheilige Helena Dendritis von Rhodos, zementieren aber Frau Saubermanns beliebte Betonkübel-Ästhetik. Selbst der seelenhafteste Butterfly kann nicht 748 Tage 60 m hoch in einer tausendjährigen Redwood-Krone überleben ohne Windschutzplanen aus BASF-Weichplastik. Ex-Grüne glichen sich voreilig ihren betongrauen Erzfeinden an, wie dem ADAC, jahrelang dem größten Alleenfeind, der inzwischen Kreide fraß und neuerdings schier engagierter für Alleen kämpft als die Grünen. Gleichwie Umweltschutzgigant Mercedes, der von Anfang an über hundert Vogelkästen finanzierte, Sensoren für Tempodrosselungs-Automatik für gewinnträchtig hält, also ebenfalls seit kurzem sich für Alleen einsetzt. Naturfreunde, die als kurzhosige Landplage die Naherholungsgebiete optisch verunzieren, stehen engagierten Aktionsgruppen wie der BBB (Bürgerinitiative Bärenklau Bekämpfung) gegenüber, die mit Gesichtsschutz und Flammenwerfer harmlose Herkulesstauden entdoldet, schier antisemitisch, nur weil Blumen sich frevelhaft Notwehr erlauben. Selbst Institutionen, die sich, im Land der Abraumhalden und Planverwirklichungsgebote, für mehr Stadtgrün löblich einsetzen, wenigstens Straßenbegleitgrün, kreisen um Landschaftsverbrauchsbegrenzung, Umweltverträglichkeitsprüfung im Kommunalbereich, Grünerhaltung als grundstückswerterhöhende Wohnumfeldverbesserungsmaßnahmen, terminologisch infiziert von Total-Entseelung. Wer Bäume lobt, lobt sie bürokratie- und pragmatismusgeschädigt in ihrer Funktion als Sauerstofflieferanten, Staubfänger, Schallschlucker. Gartenfreunde staffieren selbst ihre Häuschen im Grünen mit Waschbetonplatten und Industriekies aus. Statt Blumenwiesen: Teppichbodenbelagrasen. Statt Gärten: Abstellplätze für Blaufichten, Prestige- und Fließbandpflanzen, Kunstnatur, Konservengrün, Bodendecker, Krüppelkoniferen. Alles so grau in grau, so ultimativ desolat, TÜV-kompatibel, säurefest, streusalzresistent, meilenfern von Wilhelm Mannhardts raunenden Baumseelen, Holundermüttern und Eschengeistern, die kaum nachzittern in Warnschildern wie: „Hunde bitte anleinen!“ Stadtparkbenutzer von Krefeld ahnen nicht, daß Avalon jederzeit durchschimmern möchte durch vollgepinkelte Grünanlagen, die verkrüppelten Nachfahren heiliger Haine. Familie Biedermann aus Balkonien ahnt nicht, daß Gnome auch auf Gartenzwerg-Niveau die ätherischen vibrations eines Nutzgartens nicht unbeeinflußt lassen.

Unterdessen läßt das papierlose Büro auf sich warten. Daß Zeitungen dünner werden, liegt am Anzeigenrückgang, statt am Mitleid mit Bruder Baum. Immerhin erscheinen, neben den beiden auflagenstärksten Druckerzeugnissen, Ikea-Katalog und ADAC-Kundenzeitschrift, ständig die Verlautbarungen ernstzunehmender aufrechter Baumliebhaber, unausrottbarer

Alternativler, Kronendachforscherinnen wie Margaret D. Lowman, die die Waldlotterie schattenduldender Sämlinge australischer Scheinbuchen untersuchte. Alleenschutzgemeinschaften, Baumdoktoren und Baumnarren hangeln begeistert in höchsten Kronen herum, wenn auch nicht ganz so elegant und unangeleint wie Tarzan, und behaupten neben Waldparkplätzen, der Mensch könne ohne Auto leben, aber nicht ohne Bäume. Am 12.4.2002 pflanzte Herman de Vries in Düsseldorf eine Eiche mit der bonifatiuskritischen Inschrift: „winfryth me caesit. herman me recreavit". Die Sanktuarien, die dieser Künstler neben Autobahnen, mit Mauer drumrum, zu errichten pflegt, werden als freiwillige heilige Haine in die Desolatesse unrentabel übernutzter, zersplitterter Restflächen und Gewerbezonen eingesprengt. Naturbauarchitekten wie Marcel Kalberer errichten mit der mesopotamischen Rutenbündeltechnik der Sumpfaraber – ohne Rückgriff auf Nägel, Äxte, Mörtel, Metall – lebende wasserdichte Bauwerke, die von fern wie Buschwald aussehn, Weidenpaläste in Auerstädt und anderswo, auf Portalen und Rundbögen aus Propfreisern, alles geflochten, gebündelt, gezöpfelt, gebunden, gewickelt. Der Architekturhistoriker Dr. Walfried Pohl vom Werkbund NW baute sich einen Hexenthron aus austreibenden Weidenschößlingen. Fred Hageneder, gebeutelt von den Anpöbeleien eines Neonazis, setzte sich als Teenager unter eine Birke und verfaßte, ergriffen von naturmystischer Erleuchtung, ein Buch über den Geist der Bäume, worin Buddha in 43 früheren Inkarnationen ein Baumgeist gewesen sein soll. Pantheistische und Pan huldigende Theorien blühten auf, Elfen gäbe es nur deshalb nicht mehr, weil keiner mehr im Wald onaniere. Immerhin nehmen Esoterikerinnen, neue Hexen, Anthroposophinnen paracelsische Elementargeister, die mit Gott das Schicksal allzu weitgehender Unsichtbarkeit teilen, so wörtlich wie möglich, können die Geistwesen selbst noch im Nutzholzbestand spüren, Trimmdichpfad kein Hindernis. Neben Feuer- und Nordseebestattungen traten Baumbestattungen, die aber teurer sind als jener Baum, an dem dann eine arg nüchterne Plakette hängt. Obwohl Dampfschiffahrt und Klabautermann (laut Mannhardt ursprünglich – genau wie ein Hauskobold – ein Baumgeist, der als Balkenknecht zum Genius Tutelaris = Schutzgeist seines Holzschiffs avancierte) sich zeitweise ausschlossen, grundieren und veranlassen Undinen profanes Singen in der Badewanne, sowie Wellensurfen, wie schamanophile Ethnobotaniker, langbärtige Hexenkrautverehrer und promovierte Wurzelschrate wie Sergius Golowin, Wolf-Dieter Storl und Christian Rätsch in schön bebilderten Büchern dartun, in denen sie um geistbewegende Zauberpflanzen, keltische Sakralbäume, Kräuterwisch, Erbsen- und Cocadevas und vergessene Gemüse kreisen. Petersilie-Samen reisten zum Petersdom, um sich vom Papst die Erlaubnis zu holen, aufzugehn. Wolfgang Bauer, Frankfurt, verfügt über die größte Fliegenpilz-Mytho-Sammlung. Arnulf Meifert, Gründer des Trivialeums bei Pentling, bietet Diavorträge über Grasnarben-Klassik an, alles über ätherisch, sylphisch, gnomisch wimmelndes Leben auf Fußhöhe: Drollerien, Gaukelkind und Pustejunge, Gullivera, Binkleblink, das Wassertröpfchen, Liebseelchen und Sonnenscheinchen in Schmetterlingsgondeln, Seelenbäume von 1913, Nachkriegsnöcke, Wurzelkinder, Wiesenzwerge, Erdenstäubchen: der Extrakt aus seiner Raritätensammlung aus 40000 Büchern, Comics, Reklameideen, Filmen. So arbeiten Löwenzahn und Wegerich sich wacker durch den Asphalt.

Buchautoren, die heute sympathetisch um Baumgeist kreisen, bilden verstreute Ableger romantischer Pflanzenphilosophen: Gustav Theodor Fechner ward vom Seelenleuchten der Blumen ergriffen; „Herder: Die Pflanze auf dem Weg zu ihrer Humanisierung“ heißt ein Kapitel bei Ingensiep –, und beziehen als gutgemeinte Drittaufgüsse ihr mythologisches Basiswissen heimlich oder offen, oder auf Umwegen, aus Wilhelm Mannhardts „Wald- und Feldkulten“. Bereits das Inhaltsverzeichnis tritt im Leser leuchtende Breitwand-Panoramen los. „Der Baum als zeitweilige Hülle einer abgeschiedenen Seele.“, „Übergang der Hausgeister in Feldgeister.“, „Das Erntegekreisch.“, „§ 5. Die Panspermie der Pyanepsien.“ Große Kapitel behandeln Blumenmädchen, Hamadryaden, Oreaden, Faune, Satyrn, Silvane, Haferböcke, Bokkelmänner, Elfenanhauch, geschlechtliche Beziehungen zwischen Pflanze und Mensch, immanente Psychen der Baumleiber, Kentauren als Waldgeister, Lenzbuhlen, Erntefeste und Weihnachtsbaum, nicht zuletzt Pan. Seit hundert Jahren verschollen, liegt das Werk nun als Reprint wieder vor, ein würdiges Pendant zu Oskar Dähnhardts vierbändigen „Natursagen“ von 1912. Die Vergessenheit, in der Mannhardt versank, zeigte Löcher: Die Baumgeist- und Green-Man-Theorie im Lebenswerk „Der goldene Zweig“ von Sir James G. Frazer stützte sich dankbar auf Mannhardts grünen Kerl, genau wie zahlreiche grüne Zweige in Bächtold-Stäublis „Handwörterbuch des deutschen Aberglaubens“ auf der Zauberwurzel Mannhardt wurzeln. Mannhardts unauffälliges Titelstichwort „Germanen“ untertreibt. Durch dieses Grundlagenwerk brausen sämtliche Zeiten und Zonen: Sanskrit, Phrygisch, Altsächsisch, Oberpfalz, Wälschtirol, Masuren, Churrhätien, alles dabei, schwedische Eschenfrauen, altpreußische, lettische, peruanische, westslawische Waldgeister, römische Denksäulen, sizilianische Nußbaumteufel und Feigenbaumkobolde, Korndämonen namens Erbsenbock und Erbsenbär, genauso böhmische Windgeister wie Raraschek, Windsbräute (Concubina sacerdotis) und Sturmgötter, denn ohne Wind kann Wald nicht rauschen.

Waldnymphen nennt Mannhardt „Holzfräulein", Meernymphen „Wassermuhmen" (ahd. muomila) und Dschinne „arabische Elfen". Niegehörteste Völker wie Rumelier, Arachobiten, Badagas, Hetonen, Tamulen, Skogsnufa bezog er in seine Forschungen ein. Neben dem üblichen Hesiod, Theokrit, Theophrast, Plinius, Sueton, tat er abgelegenste Quellenwerke und Sagenkreise auf: Pausanius, Posidonius, Nonnos von Panopolis, Lukian de Syria, Charon von Lampsakos, Antonius liberalis, Zuccalmaglio, Hans von Waldheim 1474, Nithard 1237. Er verschickte zehntausend Rundbriefe, ließ Batallione aus Litauen zurückkehrende Soldaten vor seinem Bett antreten, interviewte sie über aussterbende Feld- und Ackergebräuche, goß den Extrakt dieser Feldforschung in schöne klassische Prosaperioden. Sein Werk bildet selber ein Heiligtum der Moosleute, Rebenweiblein, Pflanzengenien, einen Dom raunenden Waldwebens, sonnenfleckdurchrieselt, knorrig, lichtgrün. Er selber durfte ihn kaum durchwandern. Sein tragisches Schicksal deutet er im Vorwort nur an: „Als Knabe lange Zeit an ein Streckbett gefesselt, das dem Uebel, welches das große Hemmnis meines Lebens zu werden bestimmt war, nur weitere Ausdehnung gab, nahm ich in freien Stunden die hehre Wunderwelt der griechischen Götter- und Heroengestalten aus Bekkers meisterhafter Wiedererzählung in meine Seele auf, um sie auf meinem Lager mit lebhafter Einbildungskraft in mir weiter zu verarbeiten." Wilhelm Mannhardt litt an Georg Christoph Lichtenbergs Rückenverkümmung. Wie Shakespeares Luftgeist Ariel lag er, zudem kurzsichtig, eingeklemmt in einen schiefgewachsenen Holzstrunk. Ein Gelehrter und Sonderling des 19. Jahrhunderts durchforstete, schmerzgepeinigt, vom Bett aus die Baum-Mythologie des Planeten. Sein dendromanischer Geist umklammerte mit tausend Wurzelfasern jeden Seitenzweig des Gesamtthemas, bis hin zur Mädchenversteigerung im Mai, zum

Brautlager von Maiweib und Maimann auf dem Ackerfelde, zur Fesselung berauschter Waldgeister, zum Sonnengott in der Sonnenblume, Herbstschmudel, Nerthuskult, Cybele, Saturnalien, Thargelien, Dendrophoren, Oschophorienpompa, Samborios-Orgie, vom Adamsapfel bis zum Zeidelbast. Wilhelm Mannhardt, um Lebensruten, Austrieb, in summa: knospenzarte Vegetationsdämonie kreisend, sah quer durch Pfingstlümmel, Pfingstbutz, Pfingstquack, Maikönig, Graskönig den geopferten Frühlingsgott.

Wem die „Waldkulte" zu kostspielig vorkommen, bedenke, daß er, wenn er seine Linde stutzen möchte, 300 Euro hinlegen muß (Kappen ist Fällen auf Raten), und für fachgerechte Fällung 2300.- Euro, Autoreparaturen nicht mitgerechnet.

Buchverlag und Möbelgigant sind zweierlei Holzschuh.

So sanft bis heftig alle botanisch-geistlichen Kindeskinder Wilhelm Mannhardts für Baumgeist votieren, nüchtern gesagt: für Wiederaufforstung, für alle ehrenwerten, wichtigen, herzrührenden, schönen Thesen und Publikationen auf chlorfrei gebleichtem Papier werden ebenfalls Bäume gefällt – das alte Paradox des Vegetariers in der Lederjacke. Bäume stehn wehrlos daneben, beliefern sowohl Kettensägenreklameprospekte wie Bildbände über geodätische Kuppeln in Biosphärenbäumen und andere Baumhäuser. Gummibäume geben sich nicht nur für Autoreifen her, 2,3 Millionen pro Tag, die als Dank wiederum nach Straßenverbreiterung, also Baumfällung, schreien, pro Tag 14.000 Tonnen, sondern beliefern gleichmütig sowohl Kondom- wie Babyschnuller-Industrie. Ein weiteres Paradox, mit dem klare Fronten leben müßen: Wer als Extrem-Ökologe sagen würde: „Wär doch die Maschine nie entwickelt worden! Zugunsten der Bäume", weiß nicht, daß die Dampfmaschine ab 1765 ganz Europa vor dem definitiven Kahlschlag bewahrte.

Der alte Zwist zwischen heidnischen Baumvergötzern und baumfällenden Christen, der heut von Rest-Ökologen und geklonten Esoterikern stets parteilich gesehen wird, täuscht darüber hinweg, daß nicht erst Christen Bäume fällten. Bereits Germanen schonten nur ganz bestimmte Haine. Auch gute Buddhisten brauchen Palmblätter, um ihre Nirwana-Theoreme niederzuschreiben. Vorschlag zur Güte: Angenommen, geistliche Erleuchtung und Fotosynthese lägen eng beieinander, und Baumgeist wolle Baumfreunden etwas mitteilen, so könnte doch die Zeitungs- und Buchproduktion als verlängerter Baumgeist gesehen werden: Buchen wollen sich wandelnden, vorwärtsrollenden Asphaltpflanzen per Buch verständlicher machen als durch das nonverbale Wischiwaschi bloßen Waldesrauschens.

- *Wilhelm Mannhardt: „Wald- und Feldkulte der Germanen, Erster Teil: Der Baumkultus der Germanen und ihrer Nachbarstämme. Mythologische Untersuchungen", 1875, Zweiter Teil: „Antike Wald- und Feldkulte aus nordeuropäischer Überlieferung", Reprint von 1877, 1024 Seiten, gebunden, Olms Verlag, Hildesheim, 2002, 188.- Euro.*
- *Hans W. Ingensiep: „Geschichte der Pflanzenseele: Philosophische und biologische Entwürfe von der Antike bis zur Gegenwart", 693 Seiten, 13 Abbildungen, Kröner Verlag, Stuttgart, 2001, gebunden, 39,90 Euro.*
- *Wilhelm Ludwig Döring: „Die Königin der Blumen, oder die höhere Bedeutung der Rose an sich in Beziehung auf die Gemüthswelt, nach Naturanschauung, Poesie und Geschichte. Ein Beitrag zur tiefen Auffassung und Erkenntnis der Natur überhaupt", 1835, Nachdruck im Olms Verlag, Hildesheim, 2001.*
- *Dieter Wieland/Peter M. Bode/Rüdiger Disko: „Grün kaputt, Landschaft und Gärten der Deutschen", „Alptraum Auto" (einzeln 19,50 Euro), Sein oder Nichtsein (einzeln 19,50 Euro), Raben Verlag, München, alle drei im Schuber als Dreierpack, 49,50 Euro.*
- *Sylvia Hamberger/Ossi Baumeister/Wolfgang Zängl: „Kein schöner Wald. Eine vergleichende Fotodokumentation", Raben Verlag, München, 1993, 17,50 Euro.*
- *Fred Hageneder: „Geist der Bäume. Eine ganzheitliche Sicht des unerkannten Wesens der Bäume", 383 Seiten, kartoniert, Neue Erde Verlag, Saarbrücken, 2. Auflage 2000, 25,80 Euro.*
- *Wolf-Dieter Storl: „Pflanzendevas. Die geistig-seelischen Dimensionen der Pflanzen. Mit praktischen Anleitungen zu Pflanzenmeditationen", AT Verlag Aarau, 2. Auflage, gebunden, 262 Seiten, 25,90 Euro.*
- *Julia Butterfly Hill: „Die Botschaft der Baumfrau", Goldmann Verlag, 2002.*
- *David Pearson: „Baumhäuser", AT Verlag, Aarau, 16,90 Euro.*

- *Margaret D. Lowman: „Die Frau in den Bäumen. Eine Biologin erforscht das Leben in den Baumkronen", Kunstmann Verlag, München, 271 Seiten, gebunden, 2000.*
- *Joachim Ernst Berendt: „Es gibt keinen Weg nur gehen", Zweitausendeins, gebunden, 1999.*
- *Dusty Miller, Martin Adam: „Was die erzählen können! Zur Intelligenz der Bäume", Der Grüne Zweig 24, Werner Pieper's Medienexperimente, 2001, 2,50 Euro.*
- *Karl Heinz Heilig: „Zwischen Himmel und Erde, Die Baukunst der Glücklichen", Video-Doku, 85 Minuten, mit Beibuch: „65 Hoffnungsgeschichten", 160 Seiten, vierfarbig, 2002.*
- *Bernd Steiner/Verena Eggmann: „Baumgenossen. 25 neue Ansichten von Schweizer Bäumen und Wäldern", 120 Seiten, AT Verlag Aarau, 2002, gebunden, 40.- Euro.*
- *Heinrich Marzell: „Wörterbuch der deutschen Pflanzennamen", 1958, 5 Bände, Lizenzausgabe Parkland Verlag, 2000.*
- *Frederik Hetmann: „Madru oder Der große Wald, Das Märchen vom Baumtarot", Königsfurt Verlag, 2000.*
- *„Der schüchterne Baumgeist", in: „Als der Buddha einst ein Löwe war", Geschichten für Kinder, Theseus Verlag.*
- *„Baumgeister unterwegs", in: „Als der Buddha einst ein Räuber war", Geschichten für Kinder, Thesues Verlag.*
- *Herman de Vries: „natural relations, eine skizze", Verlag für moderne Kunst Nürnberg, herausgegeben vom Karl Osthaus Museum Hagen, 1989.*
- *Hans Joachim Fröhlich: „Alte liebenswerte Bäume in Hessen", Pro Terra, 1984.*
- *Albert Hauser: „Waldgeister und Holzfäller. Der Wald in der schweizerischen Volkssage", Artemis Verlag Zürich 1980.*
- *„Pflanzen der Kelten, Heilkunde, Pflanzenzauber, Baumkalender", AT Verlag Aarau, 2000, 25,90 Euro.*
- *Doris Laudert: „Mythos Baum, Was Bäume uns Menschen bedeuten. Geschichte, Brauchtum, 30 Baumporträts", blv, München Wien Zürich, 2001.*
- *Stefan Kühn, Bernd Ullrich, Uwe Kühn: „Deutschlands alte Bäume. Eine Bildreise zu den sagenhaften Baumgestalten zwischen Küste und Alpen", blv München Wien Zürich, 2002.*

Weltpanorama und Fundgrube animistischer Überlebsel

Ein Ausgräber wurde ausgegraben: Kulturanthropologe und Animismus-Philosoph Edward B. Tylor

Papst Paul III. betonte 1537, Indianer seien Menschen.

Häuptling Ingimund sperrte drei Finnen in einer Hütte drei Nächte ein, damit sie auf Seelenreise nach Island gehn und dann berichten.

Buddha, inkarniert als Eichhörnchen, versuchte das Meer, auf das sein Nest hinaustrieb, mit seinem Schwanz aufzutupfen.

Edward B. Tylor (1832-1917) formte aus solcherlei Ethnographica eine riesige animistische Theorie, die ihn zum Darwin der Religionsphilosophie machte. Millionen strenggläubige US-people ahnen nicht, daß sie auf Tylor genau wie auf Darwin loshacken müßten. Denn wer sieht gern die einzige Wahrheit kausal aus dubiös schamanischen Vorstufen hervorsteigen, und so stringent mit uferloser Beweislast sah mans nie. Nach den Weltchroniken kamen die Enzyklopädien: Grimms Riesendom, Humboldts Kosmos, Denis Diderot. Joseph von Görres grub alles über dämonische Mystik aus; alle versanken lebenslang mit mikroskopischer Akribie in wachsender Überfülle. Tylors Gebirgsketten gingen in Sir James Frazers Himalaya über (The Golden Bough, 12 Bände); ehe x Viertausender – Otto Dähnhardt (Natursagen), Will-Erich Peuckert (Pansophie) – einmündeten ins „Handbuch des deutschen Aberglaubens“ von Bächtolt-Stäubli, allesamt Fossilien und Ausgräber, die in wechselndem Maß ihrer eigenen Ausgegrabenwerdung harren; im 20. Jahrhundert dann ausgebeutet, ergänzt, kaum überboten, übertönt von Mythologen und Kompilatoren wie Mircea Eliade,

Joseph Campbell, Barbara G. Walker, zuzüglich Helmut Zanders Standardwerk über Seelenwanderung.

Tylor, sprachlich bestes 19. Jhd, auch physiognomisch ein Charakterkopf à la Ernst Haeckel oder Konrad Röntgen, guckt aus Zeitläuften heraus, in denen Wissenschaftler noch schreiben und denken konnten wie Klassiker, und alles herblättern, mehr als alles, nicht bloß Edda, Vulgata, Cicero, obendrein grönländische Grammatik, tasmanische Wörterbücher, Hindudialekt-Indexe, und synoptisch vergleichen, kurz bevor wissenschaftshistorisch zunehmend auf Glatteis und Nebengleis operierende Universalgelahrtheit panoramatischer Großwerke in Spezialgebiete einseitig begabter Koryphäen und weltberühmter Fachidioten zerfizzelte. Einerseits gilt Tylor als erster Urvater der Kulturanthropologie, andererseits lag bereits auch ihm eine „unermessliche Menge der uns zu Gebote stehenden Zeugnisse" vor, z.B. Steinhausers „Religion des Negers", 1856. Einerseits steht in jeder Sekundärliteratur, Tylor sei der Erfinder des Animismus, andererseits steht bei Tylor, das Wort Animimus werde jetzt nur noch selten gebraucht. Er hats halt reanimiert.

440 Seiten seines Hauptwerks handeln allein von animistischer, bisweilen auch speculativer Philosophie. Ein besonderes Verdienst: eine Theorie der Überreste barbarischen Denkens in späteren Stadien, genannt survivals/Überlebsel, der berühmte Bär im Smoking, und Neandertaler in Mercedes und Kampfjet. Neben beliebten Fremdworten wie Metempsychose, Idolatrie, Pneuma, Parthenogenesis läßt Tylor wundersame Worte sich tummeln, die selbst Google & Wikipedia nicht herbeispülen, wie Anthropopathisten und -physisten, oder Scapulimantik. Völkerschaften und Figuren, an die jeder lang nicht dachte, Odschibwäer, Tonquinesen, Mandanen, Payaguas, Tupinambas, die Tagalen auf Luzon, sonnenanbetende Atschalaken auf

Florida, Nilvölker wie die Kytsche, Dinkas, Schilluken, malagasische Magier rücken, plötzlich hochrelevant, ins Bildzentrum. Visionäre vom Fach, Fastenwächter, Bauchredner, Wongmannen (= Geisterdoctoren!) beten vor Familiardämonen und Puppen aus Gras und Häuten, stehn brüderlich und in praktisch denselben Aberglauben verstrickt neben christianisierten Schlesiern und Tyroler Bauern.

„Als später Salomo durch das Affenthal zwischen Jerusalem und Mareb ging –", „– der turanische Schamane liegt in Lethargie –", – so poetisch konnte Wissenschaft damals klingen. Die entseelte/entzauberte Welt schildert Tylor mit weiterhin beseelten Worten: „Keine Gottheit kocht mehr in dem siedenden Topfe, keine mächtigen Geister hausen mehr in den Tiefen des Vulkans, keine heulenden Dämonen schreien aus dem Munde des Mondsüchtigen."

Also Aufklärung, aber das Buch als international/polytheistisches Dämonen-Museum enthält mehr durchnummerierbares Dämonenwimmeln als die Krähwinkel früherer dämonisch intakter Zeiten. Weitere Tylor-Themen: Polytheismus, Götzendienst, Zählkunst, Nies- und Grußformeln, Rätselraten, Geistereinkörperung, Vergeltungstheorien, Fetischismus (noch nicht von Freud geschädigt, d.h. einseitig entfärbt); susurrus necromanticus (Murmelzauber); homo caudatus, der geschwänzte Mensch; Donnerkeile; Luftlöcher in Särgen; Geister-Fußstapfensichtbarmachung.

Feldforscher denunzierten Tylor als Schreibtischethnologen und Lehnstuhlphilosophen. Heutige Anthropologen, alles Enkel und Setzlinge von Tylor u.v.a., wähnen turmhoch über diesem Stammvater zu stehen, halten ihn, wie Sir Frazer u.a., großteils für überholt, als besserwissende, die Schultern der Riesen besudelnde Zwerge. Sulus, Japanesen, Abyssinier, Tauisten veralten nicht dadurch, daß sie sich heute Zulus, Japaner, Äthiopier,

Daoisten schreiben. Abiponer, Seminolen, Fidschi-Insulaner heißen dafür immer noch so. Nympholepsie hieß 1871 noch, bevor sie gen Lolita-Syndrom und Pädophilie sich synonymisierte, Besessenheit von Dämonenweibern. Querbezüge zu heute hageln zentnerweise: Normannen, denen Heldentod versagt blieb und die sich selbst verwundeten, um ruhmlosem „Strohtod" auszuweichen und doch noch nach Walhalla zu kommen, inkarnieren heut als Dschihadisten und Selbstmordkommandos. Esoteriker könnten erfahren, wie sich ihr Treiben und Tun aus vorchristlichen Strukturen ableitet, von denen sie nie was ahnten. Heliogabalus klang für römische Ohren so attraktiv wie Yinyang oder Avalon für New-Age-Freaks. Daß Tylors Lateinzitate nicht übersetzt wurden, englische aber durchaus, wie bei Schopenhauer, sagt indirekt einiges über heutige Pisastudien-Opfer.

Päpste betonen weiterhin, daß andere Glaubensangehörige Menschen seien.

Durch Tylor erfährt jetzt sogar die Schmidt-Forschung, woher Arno Schmidt sich für seine Story „Kleine graue Maus" bediente (König-Gunthram-Sage!). Wer sich abschrecken läßt von damals unschuldig klingenden Termini „niedere Rassen" oder „primitive Psychologie", wird weiterwursteln in up to dater, aber kümmerlicher Weltbildausstaffierung und Feindbildpflege. Er wird nie gesagt bekommen, was Omoplatoskopie heißt (Wahrsagekunst aus Schulterblättern).

Huronische Kriegstote erhielten im Jenseits eigene Reservate, vereint mit Selbstmördern.

Böse Salisch-Indios wurden nachtodlich gequält, indem ihnen Beute vorgeführt wurde, die sie dann nicht töten durften.

Witwen erhielten spezielle Fliegenfächer, um den Geist toter Gatten zu verscheuchen.

Karenen in Birma spannten Fäden über Bäche, damit Geister rüberkönnen.

Sklaven entleibten sich im Exil, um schneller in der Heimat reinkarnieren zu können.

Chinesen bettelten, gekreuzigt zu werden, statt geköpft, um nicht kopflos im Jenseits anzutreten.

Australier schnitten erschlagenen Feinden den Daumen ab, damit die sich als Geist nicht mit Schattenspeer rächen können.

- *Edward B. Tylor: „Die Anfänge der Cultur, Untersuchungen über die Entwicklung der Mythologie, Philosophie, Religion, Kunst und Sitte", Band 1: 495 Seiten, Band 2, 476 Seiten, Leipzig 1873, gebunden, Nachdruck im Olms Verlag Hildesheim/Zürich/New York, als eine Edition von „Bewahrte Kultur, Reprintprogamm zur Sicherung gefährdeter und seltener Bücher, gefördert von der Kulturstiftung der Länder, 2005, 136 Euro, 1,84 kg.*

Licht und Irrlicht – Glauben und Aberglauben

Thomas von Aquin und Hanns Bächtold-Stäubli, Doppelporträt

Eine Pilgerin, auf dem Weg zur Madonna di Loreto, schubste aus Versehen einen Wurm in den Graben. Im Gottesdienst ward eine Lichtvision ihr erst dann teilhaft, nachdem sie das geschädigte Würmlein auf den Weg zurücksetzt. Diese Geschichte, verankert bei im „Handwörterbuch des deutschen Aberglaubens" (HDA), bei „Regenwurm", greift, mitten im ansonsten nicht extrem tierlieben Katholizismus, ans Herz, als Mahayana-Einsprengsel. Wer dergleichen als animistische Tierlegende abtut, frevelt erneut am letzten Wurm. Solch Aberglauben hört sich an wie tiefste, höchste Wahrheit. Biomasse und Steinstaub brauchen Jahrtausende, um 2 Gramm Humus zu erzeugen. Im Stufenreich kommt kein höher organisiertes Tier ohne Vorstufen aus. Die Lichtzellen an der Kopfseite kriechender Därme, genannt Würmer, zielen ungefähr in dieselbe Richtung wie das metaphysische Bedürfnis des Homo ecclesiasticus. Doch der weltberühmte Kompilator, kanonische Systemologe, legislative Didakt theologischer Universalkenntnis, Kirchenlehrer, Doktor angelicus befaßt sich nicht mit peanuts. Auf breiter Goldstraße schreitet Thomas von Aquin hinweg, über Millionen in den Staub getretener Würmer und Wesen, vorwärts in abstrakte Himmel. In seiner „Summa theologica" spricht er manch armem Wurm die Menschenrechte ab: „Also gibt es die Hoffnung nicht in den tierischen Seelwesen" (40. Untersuchung, 3. Artikel).

Thomas von Aquin schuf seine Summa in sechs Jahren, 1267 bis 1273, Mitarbeit: Reginald von Priverno. Er fußte auf Autoritäten wie Albertus Magnus, Augustinus, Aristoteles, Bibel, u.a.

Dr. Hanns Bächtold-Stäubli (1886-1941) arbeitete an seinem Nachschlage- und Grundlagenwerk 27 Jahre, von 1914 bis 1941, Mitarbeit: Eduard Hoffmann-Krayer und achtzig Fachgelehrte. Er fußte auf Autoritäten wie den Grimmbrüdern, J.G. Frazer, Wilhelm Mannhardt, Oskar Dähnhardt, Will-Erich Peuckert, u.a.

Die Summa liegt bei Alfred Kröner vor, drei Bände, 1620 Seiten, fast so viel wie das Gesamtwerk von Eugen Drewermann. Das HDA liegt vor bei Walter de Gruyter, zehn Bände, 17.000 Seiten, ein ausgeufertes Weltwunder-Mahabharata. Pocketbibeln hätten stapelweise in ihr Platz. Der geistesgeschichtliche Meilenstein der Summa fehlt in keinem theologischen Lexikon. Ihr Verfasser wird als einer der größten Philosophen selbst von DDR-Lexika nicht ignoriert. Das HDA wird zwar in ethnologischen, historischen u.ä. Fachkreisen als editorische Großtat geschätzt, doch blieb der Hauptautor des Monumentalwerks neben dem Lichtermeer, Weltbild und Scheitelpunkt scholastischen Denkens nur ein kleiner Sammelfritze, statt welthistorische Entität, nur ein Irrlicht, Elmsfeuer, auch Schäuble genannt (= Strohbund), Tümmelding, Tückebold, Huckepot, *will o' the wisp, feu follet, swetylko,* beseiteschubsbarer Wurm, halt alles nur Aberglauben, der im Titel sogar sich selber so nennt, statt *ethnicum*, wahrhaft demütig neben der selbstgewiß triumphalen Christenheit im 13. Jahrhundert.

Hier die offizielle, omnipräsent bis omnipotent leuchtende Staatskirche, nebenan bloß Konglomerat aus gnostischem Herätismus, Irrwahn, Aberwitz, Mischmasch, Naturgewusel, Dämonismus, Bestiarium, arg bizarr, arg polychrom, monotheistisch übergebügelt. Hier wie überall: Die Krone der Schöpfung – und animalisches Kuddelmuddel. Das Reich der Mitte – und die Langnasen. Rechtgläubige – und Abergläubische: Unglauben stuft Thomas als verwerflicher ein denn Gotteshaß. Eschen und

Ebereschen. Alraunwurzeln und falsche Alraunwurzeln, welche laut HDA „Zaunrübe“ heißen. Silber und Katzensilber. Bohnenkaffee und Muckefuck. Hochsprache und Dialekt.

„Also liebt Gott nicht alles.“ (Thomas)

Das bleibt spürbar bis zur Buchmesse, wo anthroposophische Verlage sich wehren, erfolglos, ihre Standorte außerhalb der Riege esoterischer Verlage plaziert zu bekommen. Auf Esoterikmessen werden nur seriöse Handleser, Achatscheiben- und Ohrkerzenverkäufer, Homöopathen, Seminarleiter zugelassen, nicht etwa auch dubiöse Sekten und Scharlatane, die oft nur halb so anämisch oder auch langweilig sich benehmen als der goutierte Eso-Mainstream.

Wer aber steht an oberster Rampe und teilt ein: Die Böcke zur Rechten, die Lämmer anderswohin? Ein Schuldzuweisungs- und Sündenklassifizierungsmonster, das Übeltäter auszuraufendem Unkraut vergleicht, und das die Amputation fauliger Glieder befiehlt, 1323 heiliggesprochen.

„Obwohl der Götzendienst eigengemäß die schwerste der Sünden ist, so kann doch aus dem sittlich schlechten Zustand des Sünders her eine andere Sünde schwerer sein als der Götzendienst.“

Die Kluft lief sogar durchs Christentum. Unvereinbar stand Gott Gott gegenüber: der liebe Herr Gott mit Bart und Moralkeule dem hochabstrakt energetischen Bezugssystem und Numinosum. Sogar quer durchs Land des Aberglaubens lief der Riß, von der Zahl 13 u.ä. Hokuspokus bis zur altehrwürdigen Volksmedizin, nicht völlig an den Haaren herbeigezogen, oder libanomantischen Vorstellungen. Thomas' Beweisführung hingegen, daß Dämonen als vernunfthafte Substanzen, unvereint mit Körpern, in keiner Weise der Tätigkeit der Himmelskörper unterliegen, riecht schier nach Superstitio, neben der wissenschaftlichen Seriösität des HDA. Thomas' Terminologie – ewiges Gesetz, Urheit, unerlaubt, unbotmäßig, Unrecht, Gehorsam u.ä. Unattraktiva – wimmelt als Geisterheer unkonkreter Haulenmännerchen. „Aber es half der Astrologie, daß ein Denker wie Thomas v. Aquin sich nicht ablehnend verhielt“ (HDA). Vorher sahen bereits Glaubensartikel wie der unvegetarische ja: kannibalistische Verzehr vom Leib und Blut des Herrn unweigerlich atavistisch aus, für ein platonisch staunendes Auge. Umgekehrt sind tausend ulkige Bauernregeln des HDA nicht Ammenmärchen, sondern schlichte postaristotelische Naturbeobachtung.

Dann aber kam das Licht der Aufklärung. Glauben wie Aberglauben flossen als nicht mehr so recht vordringlich von hinnen, für Vernunftwesen. Summa und HDA wurden zu Auslaufmodellen, Mahn- und Gedenkmälern ihrer selbst. Gott, über den schon die Summa weniger zu melden hatte als über Todsünde, schrumpfte zu Unterabteilung und Registerartikel. Wenig ging verloren. Denn gleichwie die ausgestorbensten Dinos und Gilgamesch-Himmelsstiere unbeschadet zurückkamen, und sei es als Animations-Monstra, oder wie heilige Haine hegelisch aufgehoben sind in Grünanlagen und Naturschutzgebieten, so blieb auch das ewige Licht in der aufklärerischen Lichtmetaphorik so vollbürtig erhalten wie im Lebenslicht Biolychnium, der antiken Blutlampe, und ging selbst im astrophysikalischen Vokabular der Lichtquanten und Lichtminuten nicht gänzlich flöten. Auch Thomas blieb unangenehm präsent. Seine verkopften Scheinfragen „Kann Gott machen, was er nicht macht?“ oder „Will Gott auch anderes als sich?“, „Muß man Gott lieber haben als den Nächsten?“ oder „Ist die Seele ein Körper?“ mögen heute nicht mehr sehr akut unter den Nägeln brennen. Manche mögen rätselhaft geworden sein: „Steigert jede beliebige Wirke die Verhabung?“, „Ist die Liebe die erste von den Leidewegungen des Begehrmuts?“, „Gibt es eine Fälsche im Gesinn?“

Aber daß in jedem Knast-Thriller die Todeszellen-Insassen sich nicht rasieren dürfen, fußt ohne Wissen aller Beteiligten auf dem Dekret Thomae. Selbsttötung sei nicht erlaubt, weil man „dem richterlichen Urteil der öffentlichen Gewalt" ein Opfer entziehe. Das tönt doch sehr nach Schillers und Dostojewskis Großinquisitor. Thomas hat sich als einen seiner Sündenböcke nicht nur die damalige Fun-Gesellschaft auserkoren, die bei ihm breughelhaft „alberner Ausgelassenheit, Possenreißerei, Ohrenbläserei, Vielrednerei" sich schuldig macht, und mit ihr das fröhliche Völkchen der Viehschelme, Gugel- und Klabautermänner, Hausgeister, Lichtelben, Heulweiber des HDA, sondern mit seinen kniffligen, spielverderberisch dräuenden Fragestellungen „Liebt Gott stets das Bessere mehr?", „Ist der Hochmut die erste aller Sünden?", „Ist die Schmeichelei Todsünde?", „Kann es beim Spiel irgendeine Tugend geben?", ja, mit seinen prätolerant-fundamentalistischen Fangfragen „Gibt es das Schmücken bei den Frauen ohne Todsünde?" oder „Ist es den Mitgliedern des geistlichen Standes erlaubt, Übeltäter zu töten?", die ihm nicht den schlechten Ruf des Hexenhammers oder Khomeinis eintrugen, am Nimbus Thomae nicht zupfen können, hat das allumfassende Systemdenken eine fatale Vorstufe geliefert für heutige, auch ohne Thomismus unausbleibliche Totalitarismusformen, und ohne unschädlichen Neothomismus. US-Präsidenten u.ä. Todesstrafenfans müßten es ebenfalls verdient haben, neben Thomas von Aquin in Dantes höchstem Paradiso zu residieren.

Der vergleichbar überdimensionierte Turmbau und Lichtdom des HDA – von Aphrodisiaca bis Zoroaster, von Zauberflöte bis Abschiedstrunk – zeigt den Abstand zwischen modern times und Volksmär, also der zwischen Nacht-Studio und stiller, heiliger Nacht. Damals hießen die Naturdämonen noch nicht Prionus und Seperatorius, sondern Butzemann und Pfingstlümmel, BSE-Rinder noch nicht Lebendmasse, sondern Bräunele, Wißkopf, Hübschi, Blüemeli, Zieri. Zwar quillt und west im HDA auch viel Kokolores: vorkritische, psychotische Krötenblutrituale, doch seit beide bis auf fade und fiese Reste ad acta und versunken sind, der rechte Glauben wie der kurioseste Aberglauben, überrollt von Gigabytes, Arbeitslosigkeit, Quotenjagd, Global playing, Risikowurst – zeigt im Rückblick und Abendlicht jede Heiliggeistwurzel, jedes Tränenkrüglein versöhnliche Aura, durchseelt, tröstlich, besonders im Kontrast zu heutigen Fakten, Fakten, Fakten, wie denen, daß nur 20 Prozent aller Rindfleischesser zu Schwein, Huhn und Fisch wechseln, 40 Prozent sich von keiner Hiobsbotschaft von der Roulade zurückhalten lassen, statt den wackeren Regenwurmpilgrim, der in Knechtsgestalt ebenfalls zur Madonna di Loreta will, auf den rechten Pfad zurücksetzen. Schier wünscht man allen ungeschützt Essenden und Kopulierenden thomistische Dekrete an den Hals: „Da die Gaumensucht die ungeordnete Begehr nach Essen und Trinken ist, so ist sie offenbar Sünde."

Seit Homo sapiens und Hausmaus zu 92 Prozent genetisch identisch sind, Mensch und Schimpanse zu 99, fließen auch Glaube und Aberglaube – sicher sogar Unglaube – zu einer einzigen Big family zusammen. Franz von Assisi hat bereits drum gebetet, wie neulich der Dalai Lama um die Erhaltung der taz, daß auch Höllenopfer in den Himmel kommen mögen. Jungfrau Maria legte Fürbitte für die Mörder ihres Sohnes ein. Prophet Muhammad hielt ein Plädoyer im Himmel für den betrübten Sufi, der bei Fariduddin 'Attar von Nischapur ausversehn einer Ameise ein Beinchen angeknickt hatte. Seit je hat sich der thomistisch gnadenlose Dante, der Ovid, Homer usw. immerhin in etwas moderaterem Höllenring ansiedelte, von Ameisen-Sufismus und Regenwurm-Aberglaube an Sanftmut und Rührherzigkeit pietistisch und quietistisch beschämen lassen müßen, und von allen Buddhisten, die lebenslang um Hitlers Erlösung beten, und gegen die Amtsenthebung des Thomas von Aquin als dubiöser Vordenker, und für die Rehabilitierung aller Tamagotschis, Teletubbies und Pokémons als authentische Nachfahren approbierter Archetypen.

- *Thomas von Aquin: „Summa theologika", 1273 n. Chr.*
- *Dr. Hanns Bächtold-Stäubli: „Handwörterbuch des Deutschen Aberglaubens", 1941 n. Chr.*

Ein Jenseits im Nahbereich

Zwischen Zeitgeist und Gespenstertaxi: Mit Luisa Francia in der spirituellen Geisterbahn

Wenn dein Gott tot ist, dann nimm doch solange meinen. Gott ist nicht tot – er hat nur keinen Parkplatz gefunden. Nietzsche ist tot – Jesus lebt!

Kaum steht eine Gottessucherin vor Gottes leerem Thron, platzen tausend Parkplätze vor lauter Andrang und Zulauf überirdischer Wesenheiten. Von Gottes Tod profitieren Engel und Geister enorm. Sophronius Eusebius Hieronymus glaubte sowohl an Engel wie an Kentauren. Lästerzungen hielten Jesus für ein Fabelwesen.

Buddha beseitigte beides in einem Aufwasch, Götter wie Dämonen – alles eine Bagage!

Diogenes von Apollonia (499-428 v. Chr.) sprach den Pflanzen das Denken ab.

Wang Tschung (27-97 n. Chr.) nannte die Lehren von Yin, Yang und Dao „leeres Geschwätz".

Bischof Irenäus von Lyon (135-200 n. Chr.) sägte gnostische Hirngespinste ab.

Jederzeit wuchs das spirituelle Wildkraut, alias Unkraut, sofort wieder nach, problemlos, so rationalistisch es auch immer wieder eins drauf bekam. Kaum wurde Erzgeisterseher Emanuel Swedenborg in enge Grenzen verwiesen von Alleszermalmer Immanuel Kant, reinkarnierte er in Dr. Rudolf Steiner. Kaum startete Steiner einen neuen Anlauf, reinkarnierte Kant in Adorno, um erneut allem visionären Wildwuchs Thesen gegen Esoterik entgegenzuwuchten, des Titels „Thesen gegen den Okkultismus" – wie unspendabel!

Das ewige Gezerre und Possenspiel hört zum Glück nicht auf.

Es verlängert sich z.B. in der bayrischen Geisterseherin, oder besser: Geisterfühlerin Luisa Francia. Die Frage aller Stehaufweiblein und Stehaufmännchen „Gibt es Geister und Geistinnen?“ beantwortet sie angenehm raffitückisch, nämlich mit Buddha: die desolat geisterlose Realität der Realisten sei doch ebenfalls nur Blendwerk. Mensch und Geist landen optimal auf einer Ebene – alles eine Bagage! –, übrigens auf einer Seins-Ebene, unangekränkelt von Allan Kardecs „Le Livre des Esprits“, 1857, Arthur Schopenhauers „Versuch über das Geistersehen“, Kants Subjekt/Objekt-Relation oder C.G. Jungs Begriff „psychischer Realitäten“, dafür aber nicht diesseits jeder Geisterwelt. Neben Kants Hirngespenster- und „focus imaginarius“-Theorie sieht jede, die heute, unbeleckt wie am ersten Tag, den Finger zu abgehakten Themata hebt, unvermeidlich flachschürferisch bis esprit-los aus, um nicht zu sagen: von irgendwelchen Geistern verlassen, schier geistesschwach. Andererseits sehen neben einer quirlig schillernden Neo-Hexe, kreativ, viel rumgekommen, sensitiv, die landesüblichen Normalos, Ungeister, Wirtschaftsprüfer, Skeptiker und Agnostiker arg monophon aus, unbegeisterbar und blaß, um nicht zu sagen: lemurenbleich – jawohl, denen fehlt was, nämlich dieselbe spirituelle Ader, die auch Adorno und Kant fehlte – wie unverzeihlich! Die begnügten sich mit den Regenwürmern ihrer geistreichen Tiraden, statt als Doktor Faust mit dem Erdgeist auf Duzfuß zu stehen.

Geistigkeit und Geisterglaube hören bis dato nicht auf, sich feindlich auszuschließen.

Jeder Geistesstufe ihr Offenbarungs-Modul: Hegel machte es nicht unter dem Weltgeist. Shri Aurobindo kam erst mit der Seins-Ebene des Supramentalen auf seine Kosten. Luisa Francia, statt wahnwitzig wie Swedenborg und Dr. Steiner in coelestischen

Arkana zu versinken, in unsagbar überbelichteten, wenn auch menschenförmigen Engels-Universen, nippt bloß sympathetisch bis touristisch, nicht ohne Sonnenbrille, auf die Stirn geschoben, mit blütenweißer Sommerhose, am Ensemble ihrer putzig hausbackenen Entitäten, alles im Nahbereich. Geistesgeschichtlich gleich weit entfernt vom Spiritus Sanctus abgehalfterter Geistlichkeit wie von Schloßgespenst und von Geisterjäger Emil Sinclair gejagtem Trivial-Vampir, läßt sie sich am ehesten lokalisieren bei paracelsisch-anthroposophischen Elementargeistern, nicht gänzlich kontaktscheu, bei Hauskobolden, die man wie Meerschweinchen und andere Tamagotchis auf Augenhöhe halten und mit Opfergaben, Teelichtern und Katzenfutter versöhnen kann. Das hat den Vorteil, nicht als geisteskrank zu gelten und alle Geister per Neuroleptikum weggenommen zu kriegen. Allenfalls fällt sie braven Mitbürgern, sobald sie an der B 12, einer schlafenden Drachin, Euromünzen opfert, als Spinnerin auf, die Wacholderschnaps ausgießt, um Unfallgeister günstig zu stimmen: Geister, die keiner, der das Brett der Dumpfheit vor der Stirn trägt, erspüren kann, es sei denn, er horcht wach, lebendig und meditativ wie Luisa Francia in erschließbare Umwelt hinein, um im bekömmlichen Zwischenreich von Geistern – wem sonst? – gefoppt zu werden, dies bereits, sobald man bloß mit dem Ärmel an der Türklinke hängenbleibt, oder bei Nachtfahrten im PKW einschläft, oder Emails ohne Inhalt und Absender bekommt. Sobald Börsenspekulanten erst Gewinne machen, dann abstürzen, diagnostiziert Luisa eine Geisterrutschbahn. Geld ist eine beliebte Aufenthaltssubstanz für Geistwesen, und Flüche ein ideales Reisemittel. Alles a very big family! Immerhin kam sogar der 11. September durch Geistereinfluß zustande.

Zentralheizung und Hausgeist schlossen zunächst aus, geistesgeschichtlich. Das Wimmelbild insektoid, omnipräsent, infektiös flutender Sylphen, Dryaden, Gnome, für die Paracelsus kein Mikroskop brauchte, mußte dem Wimmelbild ebenfalls ganz unsichtbarer, trotzdem vorhandener Mikroben und Viren Platz machen. Bei Luisa Francia schließen Hightech und Animismus sich sowenig aus wie im Islam B-Waffen und Allah. Obwohl Gott von anderen Haushaltsmaschinen abgelöst wurde, von Elektrizität, Mammon, Symphonik, Esoterik, Atombombe, gibt es ihn immer noch. Wiederkehr der Bisons, Kräuterweiblein, Zauberinnen, aber gern doch, aber immer doch – wo aber bleibt die Wiederkehr so seltener Dinosaurier wie Adorno und Kant? Argumente wie Hirnchemie, die ein neuer kantförmiger Geisteraustreiber auftischen würde, entschärft Luisa Francia (www.salamandra.de) gern vornweg.

Als sie auf einer Buchmesse aus einem 10-Mark-Schein ein Ritualfeuerchen entfachte, ging ein Entrüstungsaufschrei durchs Publikum – wann würde ein wiederkehrender Adorno oder Kant je 5 Euro anzünden?! Was also würde die Wiederkehr hochmütiger Aufklärer nützen, wenn ihnen, neben der visionären Saite, auch noch Humor fehlte, und der dunkle Drang, sich zutraulich in Geisterhängematten und Teppiche aus Schmusegeistern einzurollen? Wenn sie vom hohen Roß ihrer Metaphysik eine illustre Type Ritualkreise aus Mehl auf eine vielbefahrene Autokreuzung streuen sehen täten, und Gesang und Geräucher loslassen, als Geisterfutter, Nistkästen aufstellen, damit Geister nicht bei ihr aufspringen und sie zum unberechenbaren Geistertaxi machen, würden sich gestrenge Entmythologisierer kopfschüttelnd als letzte Spießer outen. Nichts gegen hochtrabende spekulative Reflexionen, aber wie eng und unekstatisch muß eine Psyche gebaut sein, die sich begnügt, immer auf Mitmenschen herabzusehn und alles runterzuargumentieren. Dann lieber Benzin als Blut der Erdgöttin betrachten und ständig pro Türklinke mit jedem Ärmel hängenbleiben! Zumal irgendein Lehnstuhlphilosoph (spätestens ich) neulich den doch arg atavistischen Animismus als die tröstlichste, humanste und unzerstörbarste aller Religionen feierte! Zumal von Luisa Francia, der ausgeflippten Mutter einer normalen Tochter, x-mal sympathischer als Starhawk oder Ulla von Bernus, auch x Buchtitel im Frauenoffensive Verlag und in Werner Piepers MedieneXperimenten laufen: bunte Reiseberichte aus Afrika, Tibet Tanger, Warten auf blaue Wunder, Fiebervisionen, Narrengold, ulkige Einstiegshilfen für Uneingeweihte, Kapiteltitel wie „Blasphemie ist machbar, Frau Nachbar".

Wieso aber wuchsen die Geister, wenn sie mit PC-Viren herumscherzen, technisch voll mit, musikalisch aber lassen sie sich weiterhin bevorzugt von neolithischen Schamanen-Rasseln locken? Wieso findet sich nirgendwo eine Hexe ohne Infektion durch Eso-, Emanzen- und Psycho-Jargon, während umgekehrt die Geister sich von anthropomorpher Sichtweise offenbar nie emanzipieren können-wollen? Können Geister wenigstens, falls Gott tot wäre, irgendwie überleben? Gott ersetzen? Wenn allen Sympathisantinnen plötzlich nicht nur kleine Privatillusionen, sondern ein echter Geist erschiene, würde sie da genauso wie ein Papst vor Schreck in die Hose machen, sobald Gott mal tatsächlich zu ihm spräche? Da sind noch Fragen offen geblieben.

- *Luisa Francia: „Wohnungen der Geister. Vom praktischen Umgang mit allem, was man nicht gleich versteht", Nymphenburger Verlag München, 190 Seiten, gebunden, 2002.*

Null Orgasmus und 120 Prozent Humor

Über ein Geschenkbüchlein

Fachleute unterscheiden genitalen und kosmischen Orgasmus, clitoralen, multiplen, senilen, seelischen, ausbleibenden, flachen, lustlosen und nicht zuletzt den Präcox-Orgasmus – und auf der anderen Seite Flachlandhumor (Piep piep piep, Guildo hat euch lieb), Reklamehumor (Alles Müller oder was), Ulknudel-Gegröl (Hella von Sinnen), T-Shirt-Humor (Sag dem Orgasmus: ich komm gleich), Humor aus Kalau (Zwerchfellatio), Jandl-Humor (Ottos Mops kotzt), Eichborn-Humor (Kleines Arschloch und Hitler kochen mit Biolek), Titanic-Humor (Wiedervereinigung ungültig: Kohl war gedopt!), Kohlwitze (Ihr Lieblingsinstrument? Der Essensgong!), Haffmans-Humor (Der Tag, an dem mich Unseld übersah), Rühmkorf-Humor (Dachte mich um den Verstand), die ursprünglich alle aus dem von Gottfried Keller sogenannten „weltumplätschernden Humor" hervorkamen und allein schon deshalb selten zum Orgasmus finden, weil laut Arthur Schopenhauer im Vorfeld der Balz zwar viel gescherzt wird, bei der Kopula dann aber der Humor purem tierischem Ernst das Feld räumt.

Wer sich nun – gelockt von den vielversprechenden Schattenseiten des Sex und den Vorteilen von Humor – auf deren buchförmige Hochzeit freut, fällt im Falle Linus Reichlin – einem immerhin fast so humorvollem Namen wie Rattelschneck! – auf eine Mogelpackung rein: im Text spielt Orgasmus keine Rolle. Zum Ausgleich aber steckt alles voller Humor. Der steht schier der Bereitschaft zu lachen störend im Weg, mal wieder nicht jedermanns Sache. Eigentlich wäre Humor („Es ist zum Haarölsaufen!") als Ausgleich zur allseits übel grassierenden, nicht minder niederdrückenden Humorlosigkeit hellauf zu begrüßen. Nur gibts halt Leute, die auf Sex oder Humor sich nur unter der Bedingung einlassen, daß sie hierbei auch mal ächzen oder lachen können. Wer hier umsonst auf Gesichtsaufhellung wartet, ist nicht selbst dran schuld. Nicht jeder Humor will an den Schamhaaren herbeigezogen werden („Feierlich wette ich eine Kiste Vibratoren –"). Wer hier wiehert oder gar Lachfältchen vertieft, ahnt nicht, daß es neben flachen Orgasmen noch ganz andere Kaliber gibt und hat nie aus Haffmans helfender Hand „Der A-Quotient" gelesen, „Theorie und Praxis des Lebens mit Arschlöchern", von Charles Lewinsky, 1994, darin das Chapter „Über die Verflachung von Ideen als Voraussetzung für ihren Erfolg". Insofern haben die Lachorgasmen mit Linus Reichlin doch noch eine Chance, schon allein wegen der neuen Rechtschreibung in Sätzen wie: „Wenn katholische Priester einen Minirock sahen, geisselten sie sich hinterher zur Busse mit zugespitzten Kruzifixen." Wer mag schon mit Ernst Bloch über „Hegel und der Humor" disputieren? Entflieht von allen Festivals des Humors, hinaus ins freie Land, quer hinweg über Beethovens „groteskem Humor".

Prüfe jeder selbst, ob er anhand einer untendenziös gewählten Textprobe bloß one-second-standing-ovations in sich aufkeimen fühlt, also kein zweites Mal drüber lachen mag (wem genügen auf Dauer schon Eintagslacher?) oder ob er lieber mit Wegwerfstift ein unversöhnliches „Haha!" an den Rand schreiben möchte: „Gestern sah ich auf der Strasse eine Frau mit zwei riesigen Intelligenzquotienten. Ich dachte: ‚Wow, hat die einen Bombencharakter!' "

Dabei könnte Humor etwas so Beseelendes sein, auch sprachlich, ein Doppelbödiges und Schräges, ein wundersam erhellend über das eigene Nicht-Niveau Hinausführendes, schier ein orgastisch Sprengendes, olympisches Gelächter pur. Stattdessen aber sieht man sich verurteilt, bloß humorvoll sein zu wollen, Kishon zu verwässern, dem Motto zu unterliegen: „Wer nichts als Humor hat, hat auch diesen nicht", zwar stellenweise gar nicht so übel zu sein (z.B. daß man Leser mit einem Wort wie „ficken" nicht allein lassen dürfe), zwar durchaus auch mal mehr als albern zu sein, zum Ausgleich aber nirgendwo das närrisch Bissige und plemplem Augenverdrehte echten Titanic-Humors, wie er sich im meta-blasphemischen Hiobs-Titel (Schöne Scheiße: Der Papst ist tot (fast)! Was macht Gott jetzt?) niederschlägt, auch nur approxitiv zu erreichen (obwohl Titanic-Humor sich mit Rattelschneck-Ästhetik überlappt).

Andererseits: daß man (beim Thema-Verschenken) Sex nie freiwillig tut, sondern auf Befehl von Drüsen und irgendwelchen Hirnlappen, da steckt eine Überportion Wahrheit drin, die – mitten in diesem Pimmel-Haha!-Humor – bodenlos und unversöhnlich durchschimmert. Daß der Gummipuppenbenutzer Reichlin anders ist als andere Männer und also Mitleid mit Sandra fühlt (Mund-Durchmesser 3,5 cm, 8 cm tief) und sie als Busengrabscher nicht zum Objekt macht, sondern human zum Pizza-Essen einlädt, und ihr viel über Raumzeit und Quantenmechanik erzählt, das gebiert unfreiwillige Tiefendimension. Schon wird der Blödelbarde zur einzigen fühlenden Brust unter Gummi-Puppen in entseelter Welt.

• *Linus Reichlin: „Kampf dem Orgasmus!", illustriert von Rattelschneck, 96 Seiten, gebunden, Eichborn Verlag, 1999, 19,80 DM.*

Ein nasser Sack fällt in die Nacht

Mittelachsen-Langgedichte und Sonette
von Klaus M. Rarisch und Paulus Böhmer

In der Beschränkung zeigt sich erst der Meister, zeitgemäßer gesagt: Dem Zeitalter der Fachidiotie weicht die Welt der Kunstäußerungen auch weiterhin oft nicht aus. Klaus M. Rarisch beschränkt sich seit Jahr und Stund ausschließlich auf die Produktion von Meistersonetten, die nach wie vor ungefähr so anfangen:

„Ihr Igel habt es nimmermehr bestellt,
das weite Feld, das endlos sich erstreckt,
habt Start und Ziel mit Fähnchen abgesteckt
und glaubt, beschränkt wie ihr sei nun die Welt."

Homer beschränkt sich seit Jahr und Stund auf Hexameter-Epen, Äsop auf Fabeln, Shakespeare auf Blankversdramen, Chopin aufs Piano, Carl Barks auf Donald Duck, Paulus Böhmer auf Mittelachsen-Langgedichte. Basho schrieb ausschließlich Haiku. Basho preßte in 3 Zeilen komplette Frühlinge. Aber äußerst viel mehr auch nicht.

In ein Mittelachsen-Langgedicht von Paulus Böhmer hingegen paßt ein stattliches Quantum Kosmos rein. Die Schmalspurgattung Lyrik wird auf Breitwand gespannt. Ein Poetologe würde sich nicht scheuen, hier von „gedrängter Fülle" zu sprechen. Wortschatz wälzt sich opulent vorwärts, schmeißt etliche Fähnchen um, mit denen sich Sonette unfrei einzugrenzen pflegen. Auf einer einzigen Seite tummelt sich Ostpreußen, Zahnfleisch, Hammerhaie, Avocados, Packeis, Hundekot, Überfallkommandos, auf einer einzigen Zeile: Schlieren, Sternbilder, Spaghetti und Flamingos. Zwischendurch schöne neue Wortzusammensetzungen: Tötungsbucht, Wintermilchstraße, Schöpfungsbrei, Maradonna, zwischendurch hervorschießende Namen: Abraham, Allmuth Gernhardt, Gryphius, Hendrix, Bad Orb, Papaya; dann wieder wundersam hirnrissige Definitionen: „Mein Herz ist eine Mohrrübe."

Logische Unaufdröselbarkeiten, triefend von Rätselcharakter: „Das Grundwasser haßt dich." „Mein Onkel ist zum Spazierstock geworden." Da begegnen bewohnte Eier, Zungen, die im Kind wandern, Frauen, die ihren Söhnen die Glieder mit Babybrei einreiben, nasse Säcke, die in die Nacht fallen. Etliche Infos dazwischengehauen: daß Büffeljauche es auf 42 Grad bringe, daß Maikäferblut gelb sei und das Universum pro Sekunde um ca. 6 Milchstraßen anwachse. Das Ganze polyglott, auf Jiddisch, Bayrisch und Sanskrit. Von Rambazamba bis I Ging wird alles durchgeklingelt. Unversteckte Zitate: „dein schwarzes Haar, Sulamith"; abgewandelte Zitate: „die weiße Lunge wunderbar."

Dies alles, bei aller Poesie, nie lyrisch subjektiv hingetupft, sondern hingeklotzt, wunderbar unlyrisch aneinandergehängt, mitgeschleift. Das angenehm Antilyrische dieser Mittelachsen-Langgedichte basiert weitgehend auf dem Plural fast aller genannten Dinge, die epopöisch abfließen, sich aufsummieren, sich stauen, weiterdrängen, durchaus – samt Flußbett – über diverse Ufer treten, hinwegrollend über die – immer bloß nach Lyrik klingende – Lyrik all jener Lyrikerinnen, Sonettisten, lyrischen Landesmeister, Götterlieblinge und Büchnerpreisträger, die neben solchem Koloß sofort schmalbrüstig werden, wortarm, hausfrauenlyrisch. Hier kann man endlich vergessen, passagenweise, daß es sich bloß um Lyrik handelt. Walt Whitman, der bärtige Goethe Amerikas, der Urvater aller streckenweise endlosen Dauer-Hymnen, tönt und dröhnt nicht unbedingt göttlicher und monotoner als Paulus Böhmer. Der vererbbare Rebstock des Mittelachsen-Totreiters Arno Holz wird bei Paulus Böhmer nullmal losgelassen, Dauer im Wechsel, Stützkorsett im An- und Abfluten der dran aufgehängten Wortschwallmassen. Ferner wird das blumenkohlartig hochquellende Magma, a wuides Durchanand, a Krautsalat, bei aller betonten Ungekämmtheit, ab und zu per Wort- oder Zeilenwiederholung halbwegs gegliedert. Bisweilen heben sich aus dem Quasi-Chaos abgegraster, wildgewordener Wortkataloge, Fundgruben und Endmoränen nicht nur Rosinen und Opale, sondern brockenweise Ausschuß, nicht nur individuelle und kompakte Adjektive wie: „faltenloses Nirwana" oder „galaktische Scheiße", zudem sichtlich unbesehene, also mehr oder minder unerträgliche Adjektive wie „nächtliche Schatten", „glühende Farben" und „unerträglicher Verwesungsgeruch". Auch stört alle zehn Seiten ein Reimpaar, so als wolle ein orchestral überbordender Alban Berg sagen: Ich kann zur Not auch in C-Dur, oder auch ein Stabreim, den viele Werbe-Texter und Poesiekonsumenten weiterhin erträglich finden: im Rauschen des Regens, stechende Staubgefäße, Außenstellen von Auschwitz. Am unschönsten aber heben sich kursiv gesetzte, durch Leerzeilen abgesetzte Passagen hervor, die sogar, statt Bilderfetzen, reflexive Statements, wenn nicht gar Botschaften nach oben spülen, die dann aber – fernab aller süperb reinhauenden Speichelsteine, Schlafbäume, Fischbeinstäbchen und Schmierinfektionen – verallgemeinern und allzu gültig klingen: „Keiner versteht das Denken.", „Jede Weisheit ist Feigheit. Jede Form ist Verrat.", „Man tut nicht, was/man sagt, daß man tue."

Solche Rationalitäten und Binsendikta werden aber zum Glück schnell wieder überspült von der weiterrollenden Krempelhymne, mit all ihren Kinkerlitzchen, Einsprengseln, Mitnehmseln, Absprengseln. Die schütten alle Bilder, die am Wegesrand entstehen wollen, mit aufsummiertem Treibgut zu, als wäre Kunst auch nur wieder das blanke wuchernde Leben, im Sperrmüll badend, im Dünenschutt der Jahrtausende, an deren Rändern hilflos zu Rate gezogene Lexika vergammeln. Was ist z.B. ein Utang? Etwa ein Orang Utan?

Wer in den Sog einsteigt, wird sich kaum noch fragen: Sind Mittelachsen-Langgedichte von Paulus Böhmer Hymnen oder eher Klagen? Überall durchtropfende, hervorblitzende Erschröcklichkeiten und erlauchte Obszönitäten, von Genitalwülsten über Mundgeruch bis zu blutigen (!) Senkgruben, vom Arschfick bis zum Zäpfchen aus Elefantenkot, scheinen weniger Anlässe zur Kritik an dieser Welt zu sein als tönende Ausstaffierung der wortgeilen Sprachsuhle. Gaskammern des Kaddish-Zyklus werden sowohl zu auspuffenden Priesterbäuchen verkleinert wie überformatig an interstellare Gas- und Methanwolken angeknüpft:

„Aufbrüllend schießt
das Weltall hinaus in das Nichts"

Bis insgesamt ein Mammutgemälde aufbrüllt, worin die düsteren Farb- und Mißtöne überwiegen, vor allem Speck-, Urin- und Geschlechtsgerüche, dennoch alles mit den formalen Insignien des Hymnischen – und also auf Umwegen doch irgendwie Bejahenden – versehen wird, und den Formeln eines zerfratzten Mytho-Stils, dort, wo „die Afterknospen der Söhne" aufblühn, sterbende Brüder und schöneres Kleid, und wo die Schwester als Hundebraut den Anus des Prinzen leckt.

So wird Säugerleid zu Sängers Lust – und Lesers Lust. Sela!

- *Lothar Klünner, Klaus M. Rarisch, Ernst-Jürgen Dreyer, Gisela Kraft und andere: „HIEB & STICHFEST", Streitsonette, Meiendorfer Druck Nr. 40 des Robert Wohlleben Verlags, Hamburg, 54 Seiten, Auflage 300 Stück, 1996.*
- *Paulus Böhmer: „Säugerleid. Kaddish & andere Gedichte", 147 Seiten, Axel Dielmann Verlag, Frankfurt, 1996, 38.- DM.*

Hundert Dichterfürsten überwinden ihre Durchschnittlichkeit nur teilweise

Graphologische Dimensionen zwischen Wissenschaft und Intuition

Auf der Frankfurter Buchmesse, 1999, lag zwischen Reclamheftchen auf einem Stehpult ein Großformat aus (als wärs „Zettel's Traum“). Ich sah, zehn Stände weiter, einen Kleinverleger in seiner Koje sitzen, nicht unbeleibt, grau meliert, Herrn Dr. Burgauner, auf dem Schoß einen Prachtband deutscher Dichterhandschriften. Mitten im Business-Getümmel blätterte er ihn durch, Blatt für Blatt, ohne aufzuschaun, wundersam streßlos, wahrlich ein Kulturmensch alter Schule, beflissen, behutsam; zart, wenn auch nicht feminin, nicht ohne Passion und Kennerblick auf die Faksimiles, 1:1, Farbdruck, aufgestiegen aus vergilbten Depositum-Katakomben Marbachs am Neckar, herausgegeben von Dr. Jochen Meyer, im Angesicht aussterbender, von Typoskript und E-Mail bedrohter Original-Handschrift.

Knapp entronnen, stiegen 450 Jahre auf, unversehrt, zwischen 1529 und 1973, Stockfleck für Stockfleck, kaum belästigt von apokryphen, selber schon historisch nachgedunkelten Tesafilmstreifen und archivarischen Stempelnummern.

Viera und mich erkannte Dr. Burgauner sogleich wieder. Er begrüßte uns mit mehr als sublimer Herzlichkeit, die sympathische Physiognomie durchglüht von einer (nicht sehr messekompatiblen) Beseeltheit, die eher aus den Zeiten frisch eingetunkter Gänsekiele und kaum getrockneter Tintenkleckse herüberzuwehen schien als aus jener von Friedrich Hölderlin sogenannten „dürftigen Zeit“, in der Gottfried Benn zum Kugelschreiber griff (allerdings wurde dieser erst 1938 patentiert und die Bennhandschrift stammte bereits von 36!).

Man erinnerte sich selbdritt der Buchmesse '98, allwo wir in derselben Besetzung gar heftlich gestritten hatten, anhand eines Knesebeck-Fotobandes über die Arbeitsplätze deutschsprachiger Gegenwartsautoren, ob in Peter Handkes Handschrift Eitelkeit zu entdecken sei, oder nicht doch eher ausgeprägte Uneitelkeit.

Diesmal beugten sich unsere drei Häupter über die opulente Reclam-Novität.

Wir blickten selbdritt großen Geistern über verschwundene Schultern.

Wir warfen Seitenblicke auf die jeweils linken Seiten mit ihren philologischen Kommentaren. Wir kamen nah heran an gotisch raunende Nächte im Dichterstübchen.

Herr Dr. Burgauner (sichtlich erfreut über Vieras Reaktionsfreudigkeit bzw. histrionische Affiziertheit bzw. dichterische Begeisterung beim Anblick der Dokumente) führte uns kundig und mit einschüchternder Wissensfülle von Blatt zu Blatt, von Geist zu Geist.

Wir staunten aufrichtig über den kurzen Weg vom formulierenden Großhirn zur Schreibhand, über minimalste Ausschläge in diesen seismographischen Fieberkurven, über die Abweichungen von Indi- zu Individuum. Enorme Klüfte gähnten zwischen Sarah Kirsch und Martin Luther, auch zwischen Friedrich Gottlieb Klopstock und Friedrich Dürrenmatt – auch zwischen spätem und frühem Goethe.

Herr Dr. Burgauner goutierte sehr, daß „wir“ sympathetisch mitschwangen. Angerührt von der Gemütswelt und Geisteskultur des achtzehnten Jahrhunderts, schier mit Tränlein am lächelfältchenreichen Auge, beklagte er die Skepsis des Herausgebers gegenüber Graphologie, den er „nichtsahnend“ nannte. Burgauner, geschult an Ludwig Klages und Max Pulver, bewegte sich professionell an deren Methodik und Terminologie, teilte also die vorbeigeblätterten Schriftproben in Darstellungsschrift (wie im Casus Rilke) und Ausdrucksschrift ein (wie bei Fontane), unterschied zwischen verschnörkelter und vernachlässigter Handschrift, zwischen Girlanden und Arkaden. Er sprach über rechtsschräge Neigungswinkel bei Theodor Storm (und Georg Büchner) und linksschräge bei Kafka, über Schwellzüge und Bogenbindung bei Hans Henny Jahnn. Bei Georg Trakl – oder wars Robert Walser? – entdeckte er „kleine Nervositäten in der Mittelzone".

Er belehrte uns, daß man Heines Schrift eigentlich nicht deuten könne, ohne ihn zwischen Lessing und Bismarck zu positionieren.

Er nannte Mörike „zart, aber nicht feminin".

Er berichtete, daß ihm neulich, als er ein Uhlandgedicht wiederlas, Tränen gekommen wären, beinahe. Er sei nun mal a sentimental old dog.

„Ich bremse nicht nur für Tiere, sondern ich erlaube mir auch bei Kitsch durchaus zu weinen."

Er zitierte alsbald augenzwinkernd: „Und sah zur rechten und zur Linken / Je einen Türken zur Seite sinken". Er genoß, daß Viera auflachte – und die mehrstimmigen Lachsalven sich ansammelnder Zuschauer.

Nur vermißte er Friedrich Schlegel im Buch, von dem er eigentlich ein negatives Vorurteil gehabt habe, um alsdann, als er irgendwo auf Schlegel stieß, erstaunt zu sein über dessen „blitzgescheite Handschrift" (durchaus mit Lassalles Handschrift zu vergleichen!).

Dr. Burgauner redete sich warm, blühte auf – im Angesicht Lessings! Von dessen voltairescher Eleganz hub er zu schwärmen an, freundlich Vieras Anmerkung zugeneigt, daß sie in der Schrift auch anderes sehe, nämlich Bedrückung und Beengung durch Verhältnisse; den Zwang, ständig irgendwas Äußerliches zu berücksichtigen; Mühe, den Hut im Wind auf dem Kopf zu behalten – Dr. Burgauner lächelte nachsichtig, lobte nicht ohne Galanterie Vieras „aphoristische Gaben", zitierte Hölderlins „Und mein Jahrhundert ist mir Züchtigung!" sowie: „Und macht mich nicht den Knechten untertan!"

Er blätterte dann zu Goethe weiter.

Der frühe und der späte, beide stellten – laut Dr. Burgauner – das landläufige Cliché vom Sturm-und-Drang-Feuerkopf und andererseits vom abgeklärten, manierierten und steifen Olympier durchaus auf den Kopf: 1828 sahen wir einen schier jugendlich gepeitschten Geist, hinterfragend, assoziationssprühend, Zusammenhänge scharfzüngig reitend, der sich von seinen gelegentlichen Manierismen nicht in seiner Autonomie stören läßt – „bis auf die greisenhafte Verzitterung an dieser Stelle" meinte Viera. Dr. Burgauner fuhr fort: der 25jährige Göthe hingegen verfüge über eine ausgesprochen reife Schrift, gleichmäßige Entwicklung von Horizontaler und Vertikaler –

„Vorverlegte Altersweisheit?", warf ich ein. Dr. Burgauner überhörte das distinguiert und betonte Goethes sinnliche wie geistige Ausgewogenheit – Viera fügte hinzu: „Im Zweifelsfall eher sinnlich …"

Ich ergänzte: „Wenn nicht gar physisch …"

Viera: „Eher ein gelenkter als ein brodelnder Geist …"

Ich: „Alles gut im Griff".

Viera: „Gut ausgelastet mit Kunstgenuß und Selbstgenuß …"

Dr. Burgauner, konziliant und wohlartikuliert, er glaube nicht, daß man so an die Sache herangehen dürfe. Bei verantwortungsvoller Schriftdeutung, die Wert lege auf ein Minimum an wissenschaftlichem Anspruch und Legitimation (an dieser Stelle errötete Viera), komme es darauf an, auch ein wenig Ahnung zu haben von den kalligraphischen Konventionen des achtzehnten Jahrhunderts. Er hatte sich seit vierzig Jahren damit befaßt.

Der junge Goethe aus gutem Haus hatte sich dieser Schriftkonvention bedient, bei seiner Bändigung des Rokokogeistes, um sie „schutzmäßig" über sich zu ziehen. Schutzmäßig?

Ich nuschelte irgendwas defensiv Apologetisches, worin der Terminus „frische Intuition" vorkam; berichtete, ich sei immer wieder erstaunt, was (die uneitel bis bescheiden abwehrende) Viera in einer ihr unbekannten Handschrift so alles entdecke und schlug irgendeine Seite auf, deckte mit einem abgelegten Waschzettel (der ein Nietzsche-Zitatlexikon anpries) die linke Seite ab (um Vieras Unbefangenheit aufrechtzuerhalten).

Viera wollte sich eigentlich nicht so gern vorführen lassen. Sie geriet aber sofort aus dem Häuschen vor Euphorie über eine bestimmte bläßliche Bleistiftschrift, die mir persönlich nichts weiter sagte, ihr aber umso mehr.

Sie jubelte zwitschernd von der traumhaften Leichtigkeit der Schrift – ich stenografierte mental mit: „japanisch in den Schnee geschrieben, ohne jeden Drang, sich wie Goethe in den Vordergrund zu stellen, unaufgeblasen, keine Trompete, nur für sich selbst, dennoch klar lesbar … will nicht anders sein als andere, nur er selbst, das genügt ihm schon, feinstofflich bis zur Kraftlosigkeit – oder hier, wie er fehlende Kraft transformiert in Subtilität; das ist sichtbares Denken, jenseits jeden Erdenkloßes, sogar auf Schnörkel der Zeit verzichtend; nur formend, dadurch zeitlos … Kammermusik … Mikrointervalle … unangestrengte Jongleursstücke … Rembrandt-Skizzen … innere Leuchtkraft … so stelle ich mir Lichtenberg vor …"

Es handelte sich um Georg Christoph Lichtenberg. Bravo!

Ich erlaubte mir das Aperçu: „Lichtenberg hat also seinen Buckel in seiner Handschrift völlig abgestreift?"

Viera lachte auf, nicht gänzlich unaffektiert – Dr. Burgauner setzte die Lesebrille ab.

Es arbeitete in ihm. Warum ließ er sich nicht anstecken von Vieras rührender, inspirierter Deutung, die sicher obendrein auch sehr zutraf? Er holte tief Luft, sehr tief – und sagte nichts.

Mit Kloß im Hals meldete ich an, daß mich mal die Schrift von Novalis interessieren würde, oder auch Schiller. Man blätterte suchend herum.

Meine Intuition tastete in des Doktors Richtung: Fühlte er sich ins Metier gepfuscht? Hatten wir ihm auf die Krawatte getreten? Glomm Weisglut in ihm? Hoffentlich nicht.

Mutig deckte ich erneut einen Dichternamen ab. Viera bremste ihre Aufgequirltheit und wurde ganz ernst. Sie meinte, wie anrührend diese Schrift sei. Sie sagte leise etwas von Feinheit der Empfindung, „Herzblutseele, aus der Tiefe sprechend …" (hier zuckte es allergisch, ja idiosynkratisch in Dr. Burgauners maskenhaft verhärtetem Gesicht) „ …wie eine Quelle, die aus Stein kommt (empfand das Dr. Burgauner nicht als kitschige Metaphorik??), durchsichtig, aber im Schatten, seltsam verdunkelt … wie bei Lichtenberg reines Selbstgespräch, daher rücksichtslos unleserlich … erschütternd das Mini-Drama, das sich hier abspielt … die erste Zeile kommt wie aus weiter Ferne … als müße sie sich erst materialisieren …" (ab hier wurde Dr. Burgauner von einem Buchmessegast angesprochen und minutenlang abgelenkt) „ …zögernde Wiedergewinnung der Norm, Widerspruch zwischen Schriftbild und innerer Strömung, Überdruck, Kleckse als galaktische Klein-Explosionen. Nach Gedichtende hat er plötzlich eine verkrampfte Hand … fällt heraus aus der Melodie, wie ein Stotterer, der zu singen aufhört …"

Da sah Viera unter dem verkrampften Scardanelli das eingeklammerte „Hölderlin" stehn. Nicht die mindeste Gefühlsabgestorbenheit (oder Umnachtung) konnte an dieser Handschrift erblickt werden. Wir mochten gar nicht weiterblättern.

Nach Hölderlin wirkten alle weiteren Schriften so offiziös, schier zombiehaft … arg kümmerlich …

Ohne Dr. Burgauner setzten wir unsere Deutungen viel ungezwungener fort.

Viera nannte Paul Fleming einen frühen Dandy – und das 1636! Drei Jahrhunderte vor dem offiziellen Dekadenzzeitalter!

Bei Johann Christian Günther, 1722, handelte es sich laut Viera um den ersten Intellektuellen im Buch!

Herder brachte es zur ersten holbeinähnlichen Schrift.

Ludwig Uhland zeigte akkurate brave Schönschrift, die ihre Richtigkeit hatte, nicht ohne Sinn für alles Schöne, Bürgerkultur, Kanonerfüllung, fern jeden Geistesblitzes (Ich sah mich beunruhigt nach Dr. Burgauner um).

Als uns das zu chronologisch wurde, zu wenig quer Beet, spielte ich wieder den Quizmaster und Namenabdecker.

Viera improvisierte zwischen Tür und Angel, wetterte mit Etepetete- und Noli-me-tangere-Gebärden über diesen „Boudoire-Typ, der nichts als Eindruck machen und schinden will, in vertrautem Kreis mit jemandem intim sein, lügenhaft, kalt, leicht formalistisch, hier und da seltsame Schärfen, blechernes Geklirr auf Distanz“; ich zog das Abdeckblatt weg: Stefan George. Mehr als beeindruckt, blätterte ich weiter.

Viera legte los: „– kann gut unterscheiden zwischen Wichtigem und Unwichtigem, Vernunftsschrift, großgeschriebene Gefühle gehorchen einer Berechnung, kraftvoll, zugleich sparsam, Angst, nicht genug zu kriegen, seis Raum, seis Aufmerksamkeit oder irgendsowas. Kann eigentlich nur eine Frau sein“, und siehe, hinterher stand da: Bettina von Arnim!

Ich jubelte auf! Jede der blinden Deutungen traf voll ins Spezielle! Ich begann zu bedauern, daß dem guten Dr. Burgauner das Wunder entging!

Viera kam wunderbar in Fahrt. Viera deutete unverdrossen weiter. Ihre Ausführungen grenzten an Medialität.

Nächste Schrift: „antiquierter Trottel, unbequemer eckiger Typ, Probleme mit Umwelt, nicht gemütlich, insistierend, rechthaberisch, kein Mitläufertyp ... starke Hand ... Energie ... kein Lyriker ... langer Atem“ – Abdeckblatt runter: Anna Seghers.

Also war meine (wohl doch nicht unfehlbare?) Graphologiepäpstin voll reingerasselt. Auch wieder nicht; denn ein vorjähriges Burgauner-Zitat bzw. Klages-Diktum hatte gelautet: „Eine absolute Grenze ist der Erkennbarkeit des körperlichen Geschlechtes gesteckt“.

Frank Wedekinds Schrift ließ eher eine Frau vermuten als Ricarda Huch. Johannes Bobrowski („Viel Aufwand um wenig Inhalt“ – O-Ton Viera) zeigte von allen Dichtern die weiblichste Handschrift, mit dem Gegenpol (der von Viera als Mann enttarnten) Anna Seghers.

Viera schrie tarantelgestochen auf: „Jesses Maria! Will sich da jemand interessant machen. Hat aber nur kleine Alltagsnachrichten zu übermitteln. Ein Schwuli!? Jedenfalls eine Transvestitenschrift! Über alles die gleiche Soße drüber. Nein, nicht Soße, sondern eher Musterstickerei. Verzackte Kontinuierlichkeit möcht ich das nennen: zwei Schritte vor, einen zurück.“

(Mehrfach guckten Dr. Burgauner und sein uralter Gesprächspartner irritiert bis pikiert zu unseren Allotria herüber.)

„Sehr unsinnlich. Mischung aus Kind und Total-Greis. Infantil-Vergreisung. Tut mir irgendwie leid, dieser Mensch!“ Ich lüftete das Abdeckblatt: Nelly Sachs.

In Kürze: Ludwig Tieck erwies sich als ein sehr individueller, ulkig verdrehter, großer Geist, eingesperrt in zu kleiner Stube.

Heine kam direkt hinter Tieck an die Reihe. Er hatte dadurch bloß eine etwas erzwungene, angestrebte Individualität zu bieten, bemüht, sich nicht verwechseln zu lassen.

Robert Musil hantierte kalt, schneidig, gedrängt, mit einem Repertoire an gleichbleibenden Bausteinen, mit denen er einen Anflug von Variationsbreite, ja Freiheit erzielte, bei nicht sehr überwältigendem Geistesflug, umso konstruktiver im einzelnen, mit seltenen liebenswürdigen Seitenblicken und Lyrismen.

Wilhelm Lehmann wurde schon in der Schule erfolgreich geknechtet, beamtisch, Terrainschrift, kein universaler Geist, Welt in zwei Teile teilend: atmet Passendem entgegen, blendet alles andere (außer das schmale Eigene) aus.

Uff – und Hesse (mein Jugendidol!), der sich von seiner Handschrift sicher höchste Sensibilität, dichterisches Wollen, Ästhetik, zarten Geist erwartet hätte, outete sich als besessen von Grundsätzen, die er andern aufzwingen will, ohne großen Griff und Schwung, weder Größe noch Tiefe, dennoch keine Allerweltsschrift, aus Kleinem unfrei zusammengetragen, in Mausebacken.

Karl Kraus, sich entziehend, sprach aus hölderlinhafter Entfernung, getränkt von Erwähltheitsbewußtsein, wenig Last mitnehmend, viel zu fragil und feminin, um auf den Putz zu hauen, eher kopfwehbehaftet. (Er, der doch immer nur auf den Putz haute, tat dies also entgegen seiner Natur?)

Heinrich Böll stand kleinkariert als Durchschnittsmünzung, jedem erreichbar (es sei denn, man wäre zu sensibel), gehemmter common sense, unflüssig; ohne Mumm, die Schrift loszulassen; alles nach außen, nichts nach innen, ohne Gedankenfluß, eher journalistisch, aber schluderig.

Nun aber Döblin – eine eigene Welt: Vergangenheitshang, aufgesogene Tradition, Wühlen im Orkus, Stau- und Saugschrift,

Geknäuel, aus der manische Vertikalen hervorschossen, wahnsinnig selbstsicher, selbstverliebte Trauerweide; enormster Gestaltungswille rollte über Gedankenstärke und sich selbst hinweg, die genialste Schrift des Jahrhunderts.

„Wühlen im Lokus", sagte jemand neben uns, und siehe, Dr. Burgauner stand schon seit längerem wieder bei uns. Er begann sehr ernst – beklemmend ernst – drauflos zu dozieren, vor jeder Deutung müße man genau wissen: Alter, Geschlecht, Beruf, und mindestens zehn Schriftproben aus verschiedenen Phasen vergleichen können – und hier sehe man jeweils nur eine. Denn Graphologie sei keine Handlesekunst. Man könne und dürfe nicht einfach so ein Gesellschaftsspiel draus machen und aus dem Bauch heraus drauflos deuten, verantwortungsloserweise. Ein Mensch, in seiner konstitutionellen Eingespanntheit in besagte Zeitkonventionen, sei eine zu ernste Sache und eine zu komplexe Chose, um darüber leichtfertige Unverbindlichkeiten in die Luft zu sprühen, mit Flapsigkeit und Inkompetenz über Probleme hinweghopsen.

Viera errötete.

Sie produziere – „mit Verlaub, meine Gnädigste" – keine Erkenntnisse, sondern gebe bloß Impressionen wieder, dilettantische, stilistisch zudem leider Gottes von Herrn Holbein beeinflußte Aphorismen.

Ich errötete.

Das besänftigte ihn etwas. Er selber halte sich im großen und ganzen für keinen überragenden Graphologen, allenfalls für einen ganz passablen. Er habe aber seiner verstorbenen Mutter im Lauf ihrer vierzigjährigen Tätigkeit als professionelle Graphologin doch einiges abgeguckt. Gegen deren enorme Erfahrung seien Viera und auch er selber selbstredend nur unzureichende Wickelkinder.

Viera beteuerte, sie hätte nie den Anspruch erhoben, Profi-Expertisen für eine Gutachterfirma zu verfassen. Sie habe sich auch nie mit Ludwig Klages beschäftigt (mit Max Pulver auch nicht). Ich hob zu fragen an, wieso er sich als Klagesschüler betrachte, wo doch Ludwig Klages bekanntlich die Intuition höher eingestuft habe als Wissenschaft und Geist? Diese Frage ging irgendwie unter. Stattdessen prononcierte Dr. Burgauner den Ausdruck „weibliche Intuition" unangenehm tendenziös – stand ein Januskopf vor uns? Einerseits ein ursymphatischer, seelenhaft die Goetheaugen aufschlagender Klassikliebhaber und Nietzschekenner, andererseits ein Bildungs-Macho, der sofort ausrastete, wenn auch mal jemand anderer als er etwas über Johann Gottfried Seume anzudeuten sich erdreistete? Hatte er Kleist und alle andern für sich gepachtet? Dr. Traugott Burgauner legte in barscher Suada nicht unplausibel dar, daß sämtliche Kompetenzen einseitig bei ihm lägen.

Ich versuchte ihn diplomatisch abzulenken. Ich schlug Christian Morgenstern auf (den Viera als verdächtig unskurril und humorfrei entlarvt hatte) und fragte mit angemessener Unterwürfigkeit an, ob man hier den Morgenstern der Galgenlieder erkenne oder eher den Morgenstern der anthroposophisch inspirierten Besinnungslyrik? Da aber schäumte der Dr. erst recht auf, kaum wiedererkennbar, giftete unversöhnlich herum: allein an meiner absurden Fragestellung erkenne man, daß ich keine Schimmer von Graphologie hätte! Er zeigte einen Zug rechthaberischen Insistierens (wie nur noch Stefan Zweig in seiner Schrift). Einmal in Fahrt, begann er übergangslos die von Viera so gerühmte Handschrift Alfred Döblins niederzumachen, denunzierte sie als eine ausgesprochen häßliche Schrift. Er sah in ihr „fürchterlichen Ehrgeiz, Dynamik und Gestaltungsmangel; Wille, der Kraft überragt; ungehemmte Produktion bei geringem Wert, was dann zu den uferlosen Romanen führt, die kein Schwein zu Ende liest, außer allenfalls Sie, Herr Holbein. Was nun wirklich nicht für Sie spricht!"

Jawohl: kein Schwein! Obwohl soeben im Walter Verlag Alfred Döblins „Wallenstein" neu herausgegeben wurde, sorgfältig kommentiert, und ein Band Döblinbriefe – sehr verdienstvollerweise! Auch ließ er das Wort „jüdischer Selbsthaß" fallen (wodurch Viera und ich uns irgendwie doppelt angegriffen fühlten).

Im selben Aufwasch nannte Dr. Burgauner Rainer Maria Rilke einen „adligen Witwentröster", dessen wichtigtuerische Schön- und Reinschrift „metaphysisch angeheuchelt" daherschreite. Hier hätt ich den rasenden Doktor der Produktion unseriöser Impressionen und schier holbeinoider Aphoristik überführen können.

Doch kam ich nicht zu Wort.

Bzw. mit Blick auf Burgauners 65. Geburtstag vorige Woche, seine stockfleckige, zitternde, alte Hand, in der eine seltsam unpassende Zigarette mitzitterte (so linkisch und klotzig hielt er sie wie nur noch Wolfgang Koeppen seinen Stift), verzichtete ich schweren Herzens auf Gegenattacken. Vor allem: Wenn seine legendäre Frau Mutter sich im Laufe ihrer Berufsjahre (wie er sowohl 1998 wie 99 mehrfach betonte) immer weniger auf eine eindeutige Deutung festgelegt habe – wieso war er sich dann so sicher bei der arg ungebrochenen Abfertigung von Döblin, Rilke und Arno Schmidt?

Lag das vielleicht an seiner heftigen und wohl extrem parteilichen Liebe zum 19., vor allem 18. Jahrhundert? Komischerweise überhaupt nicht; denn urplötzlich hob er an, die bereits ultimativ abgehakte Handschrift des Nobelpreisträgers Heinrich Böll hochzujubeln. Er sei nun weiß Gott kein Böllfan, Bölls teigiger Schrift aber müße er Bildung zugestehen: „Kultiviertheit, aus dem Gemüt kommendes Geschmacksniveau!"

Die von Viera diagnostizierte „Kleinkariertheit" rühmte der sonst so strenge Doktor als „vollkommene Einfachheit und Uneitelkeit, bei allerdings zugegebenermaßen wenig geistiger Substanz" – na also! Endlich ein Versöhnungspunkt in Sicht!?

Immerhin konnten wir uns einigen, daß im 20. Jahrhundert x Handschrift-Nieten sich erschreckend häuften.

Heiner Müller zeigte eine gewisse Eigenart, die nah beim Durchschnitt lag.

Max Frisch (über den Traugott Burgauner 1964 promovieren wollte, aber als dann rund um ihn x Frisch-Dissertationen aufschossen, hat er lieber über Peter Gast promoviert) brachte es nur zu flüssiger Allerwelts-Intellektualität. Ohne Überraschungen, ohne andere Ebene. Burgauner sprach blasphemischerweise sogar von „Simulation des Seelischen."

Auf einmal verstanden er und Viera sich relativ gut. Sie hackten selbander, in effektiver Verdoppelung, auf so arglosen Figuren wie Uwe Johnson herum, der es leider nur zu einer max-frischoiden Schrift brachte. Obwohl man als Graphologe den mitgeteilten Inhalt bei der Schriftdeutung nicht einbeziehen darf, hieß es passend im Brief von Johnson an Charlotte Luthe am 3.3.53: „Mitzuteilen habe ich lediglich, daß ich Ihnen nichts mitzuteilen habe." Stegreifklöpse wie „arg ebenmäßig", „unfähig zum Denken", „beladen mit riesigen Minderwertigkeitsproblemen", was zu Lachsalven führte, bewog vorbeigehende arglose Buchmessebesucher, die Köpfe umzudrehn. Immer öfter einigten wir uns händeschüttelnd mit dem Schlachtruf: „Diese Handschrift ist eine Katastrophe!"

Immer eklatanter klafften Dichternimbus und Geistesarmut auseinander.

Jetzt ging es Elias Canetti an Kragen und Gurgel, einem wenig verbesserten, betulich gutwilligen Herbert Müller: „Hat eventuell viel gelesen, sich anregen lassen. Ansonsten wenig Eigenart, und darin sich ständig wiederholend. Emotionen nicht seine starke Seite, hingegen für einen Denker wiederum zu eng" (Viera).

Plötzlich todernst, zitierte Traugott J. Burgauner das Hölderlinwort vom „Stümper auf Erden" sowie das Schillerwort, und dies – reprisenhaft – mit den wunderbar innig und beseelt glänzenden Kastanienaugen, mit denen er uns am Anfang so überfreundlich begrüßt hatte: „Ich sah des Ruhmes heil'ge Kränze auf der gemeinen Stirn entweiht!"

Man sehnte sich nach Heine zurück, ja, nach Clemens Brentanos „plätscherndem Wässerchen und Warten auf ausbleibende Wunder" (Viera).

An dieser Stelle hätten wir uns verabschieden sollen, zumal wir sowieso seit längerem ein Häuschen weitergehen gemußt hätten.

„Und die Dichterinnen ziehen uns erst recht nicht hinan", sagte Dr. Traugott Julius Burgauner (nicht ohne snobistisch peinvoll nach oben verdrehten Augenaufschlag) zu Viera, so als ob speziell sie schuld daran wäre. Mit patriarchalisch-majestätischer Inbrunst nannte er Christa Wolfs Schrift „beschissen, langweilig, von Banalität noch nicht mal strotzend, Schulaufsatz, lehrerinnenhaft!"

Viera stimmte bei: „– und hierbei sehr unfeminin … irgendwelche Automatik, die was mitteilen will, irgendwas Unwichtiges irgendwem mitteilen …"

Das hörte der Doktor gern. Immerhin sei die Wolf, so Viera, im Umgang verträglicher als Sarah Kirsch, die ihre Langweiligkeit mit Zickigkeit würze, bzw. mit aparten Aufgesetztheiten. Burgauner machte sich schier in die Hosen vor Wonne über „die Hausfrau mit Exotik-Schmuck". Als Viera ganz trocken sagte „Wer so ein V schreibt, ist für mich erledigt", radelte der Doc förmlich mit den Froschbeinchen in der Luft – und bot uns hierbei Rotwein an.

Ingeborg Bachmann – beamtenhaft, depressiv, überaus unindividuell – führte Viera und den Doc noch mehr zueinander. „Immerhin ein gewisses Gefühl für melodische Vorgänge" billigten der Profi und die Dilettantin der berühmten Dichterin zu.

In summa: Der Urzwist zwischen Mann und Weib, Dr. Traugott J. Burgauner und Viera, Wissenschaft und Intuition, fand eine trugschlußartige C-Dur-Auflösung, ja Totalversöhnung.

„O, es ist ja schon um 5!" rief ich und stand auf.

Burgauner und Viera besahen sich inzwischen die Droste.

Bei Friedrich Hebbel erblickte Burgauner „zusammengekniffene Arschbacken" (Vorsicht, Aphoristik!), die blendend zu Vieras „pomadisiertem Mittelscheitel" paßten.

Man ging angetörnt der Frage nach, wieso sich in Thomas Manns Schrift null Spur Genialität zeige.

Luther zeige keinen Privatausdruck, konstatierte der nachschenkende Doc, also ganz konform auch meiner 0-8-15-Ansicht, daß das sich aufbäumende bzw. überhaupt vorhandene Individuum zur Lutherzeit noch lang nicht erwacht sei, sondern erst Bastillesturm, Egmont, Beethoven hatte abwarten müßen, ehe dann um 1897 lebendiges Subjekt und Ich – nicht mehr zu retten – zurücksank in Fließbandware, Norm- und Ungeist. Viera aber meinte, Luthers Schrift könne bereits aus dem 19. Jahrhundert stammen, derweilen Peter Huchel – laut Burgauner – noch 1965, trotz Kuli, mit einer 1900-Schrift aufwartete.

Dr. Burgauners Paul Celan hatte bloß eine „typisch wissenschaftliche Schrift". Viera: „Bei Wissenschaft kommt keine Melodie zustande."

Neue Dissonanzen rollten heran.

„Wir müßen jetzt", merkte ich an.

Vieras Celan hielt sich zurück, so einsam wie sparsam. Ohne unberedt zu bleiben. Er hinterließ japanische Vogelspuren im

Schnee, spann aus Worten bzw. ganz dünnen Fädchen ein Netz, das fast nur aus übergroßen Maschen bestand und worin das Fehlende wichtiger wurde als das knapp noch Dagebliebene, „wo das Wort aufhört, Wort zu sein, und in eine andere Dimension übergeht". Burgauner motzte zielsicher über „andere Dimensionen". Celan (anders als Lichtenberg) transzendierte, was gar nicht vorlag.

Die Jahrhunderte, vor- und zurückgeblättert, lagen nur halb so weit und unvereinbar auseinander wie im Geschichtsbuch. Halbe Milennien schufen kleinere Klüfte als Charakterunterschiede. In jedem Säkulum saß ein lebendiger Rhythmus im Zeitgeistkäfig, konstituierte zappelnd und sich reibend die grausam festgelegte Eigenart am noch festergelegten Ambiente. Vieras Lessing blühte in weiblicher Gesellschaft auf. Bei Männern aber stürze Lessing sich – leicht beleidigbar – in Kampf und Konkurrenz.

Dr. Burgauner, statt aufzublühen, schwoll bloß auf.

Er schwadronierte über eilebedingten Verbundenheitsgrad, doppelte Winkelbindung, Versteifungsgrad, hysterische Mimikry (hier horchte ich auf). Er nannte erneut Lassalle und Bismarck.

Er ereiferte sich, daß das hier ausgewählte Beispiel völlig atypisch für Nietzsche sei.

Er schwärmte erneut (Vorsicht, Dr. Alzheimer!) von den deduktiven, aber auch singulären, hochdifferenzierten, höchst seriösen Deutungen seiner Mutter.

Er bereicherte Klages' und Pulvers Wortschätze mit rotweingetränkten Neologismen wie Brutal- und Primivgirlande.

Er erging sich lautstark in Lamenti und Exklamationen: „Das soll die Crème de la Crème sein?!? Und dies, obwohl doch längst das Sieb der Zeit die Spreu vom Ausschuß schied!"

„Keine Superioritätsgefühle bitte sehr!" scherzte unsereins: „Allgemeine Erklärung der Menschenrechte, Paragraph soundsoviel: Niemand darf bloßstellender Handschrift wegen benachteiligt oder verachtet werden! Nicht alle Aspekte reicher Gesamtpersönlichkeiten können in deren Handschrift einwandern!"

Hörte Burgauner überhaupt zu? Für alle Fälle faselte ich weiter: „Folglich können Schriften nicht gegen ihre Schreiber aussagen. Auch Engel haben Knochen – und Zwerge klein angefangen. Umso bewundernswerter, daß viele dieser Seelenkrüppel und Krämerseelen ihrer Herkunft entkommen konnten, ihrer Handschrift, ihrer Physiognomie, ihrer substanzlosen Epoche (mit diesem Burgaunerzitat wollt ich Burgauner entgegenkommen). Ihrer Nicht-Abweichung vom unpoetischen Mainstream! Um am Schluß ein nicht unbeachtliches, ja souveränes Gesamtwerk hingelegt zu haben und glorios einzumarschieren als jeweils einer der hundert Erkorenen aus 450 Jahren deutscher Literaturgeschichte, ausgewählt von Jochen Meyer, der selber daran leidet, daß er Schlegel und Walter Benjamin draußenlassen mußte aus dieser Auswahl, wie er im Vorwort sagt –"

„Alles Große entsteht trotzdem!" zitierte ich Burgauners Lieblingsnietzsche.

Vollautomatisch sonderte der Doc – ohne Querbezug zu meiner motivisch-thematischen Arbeit – allerlei Rühmungen irgendwelcher Luziditäten beim frühen Nietzsche ab, dessen Schrift Viera unvorsichtigerweise „mitleiderregend" nannte. Zack! schmiß der Nietzscheaner und Graphologe, schwerverletzt, mit cholerischen Brutalgirlanden um sich – Hitler habe übrigens in späteren Jahren unangenehmerweise eine geradezu geistvolle Handschrift gehabt („wie kann man nur!"), sehr im Gegensatz zu den enttäuschenden Beispielen dieses Bandes, und Riemer hätte gar keine so schlechte Handschrift gehabt, Friedrich Wilhelm Riemer, und Eckermann eine Fadenschrift, und schon war der Profi nicht mehr zu bremsen in weinseligem Goethezitieren: „Problematisches habe ich in mir selbst genug …"

Jetzt aber bekam ich die Kurve hin und mit allerlei handshaking konnte ich Burgauner und Viera endlich auseinanderreißen.

Ausatmen ... weitergehn ... wir blätterten alsbald bei Schöffling & Co. im neuen Ror Wolf (Tranchirers Ratschläger), in hartmut geerkens „kant", in Luis de Camoes' Lusiaden, Riesenwerke, jedes genau 98.- DM kostend, dann in einem Nietzsche-Zitatlexikon, Vorwort von Werner Ross, herausgegeben von Christoph Burgauner (der natürlich den guten Dr. Burgauner ebenfalls kannte und sofort „einen nicht ungebildeten Spinner" titulierte).

Schließlich beim Hatje-Verlag blätterten wir in einem profund graphologischen Büchlein über Königin Elisabeth I. von England, Maria Stuart, Lou Andreas-Salomé, Else Lasker-Schüler (wunderbar heterogene Schriftbeispiele) und Virginia Woolf, von Roswitha Klaiber, der Ersten Vorsitzenden des DGVs (Berufsverbandes Deutscher Graphologen) und Mitglied der EGS (Europäischen Gesellschaft für Schriftpsychologie). Ausdrücke wie Winkelarkade, Majuskelbetonung, Fadenduktus, Lageschwankungen, Mittelbandzone, deren erfreuliche Umgehung Dr. Burgauner meiner guten Viera gegenüber als Inkompentenz gedeutet hatte, kehrten verläßlich wieder.

Maria Stuart hatte tatsächlich einen arg eingeschienten Schriftcharakter, hohen Versteifungsgrad, Formstarre. Elisabeth hingegen zeigte unberechenbar richtungsschwankende Schreibgewandtheit, wodurch mein von Schiller vorbelasteter Blick auf Elisabeth und die Stuart zu einer Änderung veranlaßt wurde.

Wir blätterten dann noch im Band 4 der österreichischen „Profile". Dort durften wir Handschriften von Alfred Kubin, Heimito von Doderer, Ernst Jandl und Adolf Loos bewundern, sowie andere und ausführlichere Heine-, Hofmannsthal-, Hölderlin- und Schiller-Proben als bei Reclam.

Hinzu kam bei Knesebeck ein Schreibtisch-Fotoband. Der Reclam-Band enthielt bloß drei lebende Dichter (Günter Grass, Christa Wolf, Sarah Kirsch). Knesebeck zeigte genau umgekehrt drei inzwischen tote Autoren (Jurek Becker, Hermann Lenz, Ernst Jünger). Ebenfalls drei Autoren waren sowohl bei Reclam wie Knesebeck zu erblicken: Christa Wolf, Ernst Jünger und – Sarah Kirsch, diese tatsächlich mit zur Schrift überaus passenden, aufwertenden Fingersiegelringen und Wertsachen.

Ansonsten sah man viel jüngere Generation, von Sten Nadolny (dessen Schrift keinerlei Langsamkeit entdeckt hatte) bis Kunze, Schneider, Schrott und Grünbein, in summa komplexbeladene, unausgegorene, Realität naiv-emotionell wichtig nehmende, muffige, geborgte, dröge, biedere, ungeübte, angeberische Kümmer-, Zweck-, Funktions- und Stenoschriften, Einkaufszettel, tote Hosen, kraftvollen, selbstbewußten Faconschnitt, leidenschaftslose, zur Unauffälligkeit erzogene Männer und Frauen ohne Eigenschaften (pseudo-intellektuelle Goldrandbrille + Bartpflege), Druckbuchstaben wie bei Böll, angeweichte Härten, teilweise nicht uninteressant – allesamt kurz vor ihrem geschlossenen Abmarsch ins Terra nullius der PC-Ausdrucke, ultimative Verschanzung in unverräterischer Mailbox.

Mittendrin im Informatik-Semester saß ein versehentlich mitgenommenes, seltsam exterritoriales Plüschkaninchen, ein Fossilium à la Dr. Burgauner: Hilde Domin, zu deren Schrift die metakongeniale, telepathische Viera ein arg unseriöses Bonmot losließ: „Rührender Versuch, den Sinn der Welt zu erhaschen, bei fehlenden Mitteln eben hierzu.“ (Das wurde leider prompt notiert.)

Die ganze ausgenüchterte E-Mail-Fahrgemeinschaft diesseits von Lichtenberg, h-moll, Formniveau, Verknüpfungserwartung, oder auch dem aus dieser Gemengelage gebieterisch, abstraktionsfähig, melodiös hervorschießenden Peter Rühmkorf, der sich trickreich aufzulösen vermag, ohne Witz und Superdichte zu verlieren. Meilenfern dies alles von Alfred Döblin, dessen Schriftdeutung durch den seriösen Burgauner-Guru Max Pulver ich eine Woche später las: „beispielloser Aktivitätsumfang", „umfassende Ausstrahlung in entfernteste Ätherregionen", „Abgründe des Kollektiv-Unterbewußten", „ausgreifendes Umklammern breiter Gebietsgruppen" u.v.m. Whaugh! Ein gnadenlos männliches Riesen-Ätsch bahnte sich in mir an, böse Lust, dem peniblen Kompetenzhuber Dr. Burgauner das Pulver-Gutachten rüberzufaxen, als Beweis, daß ungeschulte einfallsreiche Intuition zwölfmal weiter kommt als seine angemaßte und – trotz seiner professionellen Muttermilch – total in die Hose gegangenen Hochkompetenz. Auf daß er errötend unter den Tisch krieche!

Doch Viera nannte mich: „Du Stefan Zweig!"

Das genügte. Das saß.

Schon kroch errötend unter den Tisch nicht er, sondern ich, samt dem Rechthaber in mir, mein innerer Dr. Traugott J. Burgauner.

- *„Dichterhandschriften von Martin Luther bis Sarah Kirsch", herausgegeben von Jochen Meyer, Reclam Stuttgart, gebunden, 235 Seiten, 1999, 98.- DM.*
- *„Handschrift", herausgegeben von Wilhelm Hemecker, Paul Zsolnay Verlag, Band 4 der Reihe „Profile", 141 Seiten, 2. Jahrgang, 1999.*
- *Herlinde Koelbel: „Im Schreiben zu Haus. Wie Schriftsteller zu Werke gehen, Fotografien und Gespräche", Knesebeck 1998, 98.- DM.*
- *Roswitha Klaiber: „Schriftbilder berühmter Frauen. Analyse und Interpretation", Gerd Hatje Verlag, Stuttgart, 86 Seiten, 1996.*

Wer nimmt den Mund am vollsten?

Kleine Weltgeschichte des Worterwerbs

Steine können nicht mal bis null zählen und vermissen nichts.

Grünzeug und Urviecher bleiben dauerhaft wortkarg.

Dann aber wuchsen Nullhirn und Kleinhirn sich über die Schwundstirnen. Schon als Tier hatte der Mensch Sprache. Kurz danach – Peng! – war am Anfang das Wort.

Zwischen Schrei und „Autsch!" und Rülps siedelten Wörter sich an – mehrere, mal im Doppelpack, dann auch bald im Rudel. Man warf sie sich an die Köpfe. Mit 100 Vokabeln ließ sich schon trefflich befehlen, schnuddeln und alle jene anschnauzen, die noch grunzten, statt das große Wort zu führen. Bisse gingen in Küsse, Gegröl in Gesang, Strichlisten in Keilschrift über, und Geblök in homerische Hymnen. Urvölker, die sich selber, statt „Eskimos" oder „Inuit", „Wir" nannten, stockten ihre 200 Wörter nicht auf, jahrzehntausendelang, zuzüglich weitere 200 Fachbegriffe, um diverse Schneefarbabstufungen zu benennen. Ein Kleinkind, 18 Monate alt, sollte 65 Wörter draufhaben. Ein Kind, 24 Monate alt, sollte mit Zweiwortsätzen um sich werfen: „Her damit!", „Let's go!", „Du Nazi!", „Nimm dies!", „Alles fließt!"

Alsbald blühte Sprachpflege auf, also Hochkultur.

Bald gabs mehr Sprachen als Wörter. Sumerischer Wortrausch gebar Worte wie Azipiranu, Tukulti-Ninurta, Utnapischtim. Sanskritene Sprachmagie jonglierte mit 266 Ausdrücken nur für Liebesumarmung, z.B. Hansalilaka, Trivallibandha, oder auch Sukaraghrishtaka. Altes Testament verströmte Sprachmacht mit 1.800 Worten, mit steinharten Synonymen für fluchen, strafen, schlagen, schänden, schächten, abstrafen, bekämpfen, demolieren, zermalmen, zerstören, vernichten.

Laozi entwickelte die Kunst, mit äußerst wenig Worten, nämlich 5000, äußerst viel zu sagen.

Die Kurve, zwischendurch, ging wieder nach unten.

Die 13 Autoren des Neuen Testaments begnügten sich mit 9000 Worten. Jeder römische Schriftsteller verfügt über 20.000 Worte, einerlei ob Cicero, Ovidius, Catullus, Tullius. Pilatus muß also mehr als doppelt so viele Worte gehabt haben als Jesus. Ab welcher Wortzahl so etwas wie Individualität, nennenswerte Erkenntnis, Seele, Geist, Atmosphäre, Menschenähnlichkeit in Texte hineinkommt, darüber könnte man wortreich streiten, falls man nichts Vordringliches zu tun hat, z.B. Nonverbales, Proteinzufuhr, Arterhaltung.

Die Evolution brauchte dann 1600 Jahre, um den Highpoint Rom aufzustocken – Martin Luther: 23.000 Wörter! Hut ab! Darunter auch x Neologismen wie Kaufhaus, Bauchdienst, Gottesdienst, Morgenland, Madensack. William Shakespeare: 29.000 Wörter! Wenn Schiller länger gelebt hätte, hätte er mehr auf Shakespeare draufgesetzt als bloß 1000 Worte. Goethe lebte lang genug, um einen Himalaya von 93.000 Wörtern hervorzuwuchten. Ein Jean-Paul-Wörterbuch würde noch länger brauchen, bis zum Z zu gelangen als das Goethe-Wörterbuch. Millionen Hirne redeten sich jahrhundertlang die Münder fusselig, ehe die Brüder Grimm alles akribisch auffingen, was von den Redepulten fiel. Resultat: 330.000 Worte!!! Daneben sahen x klassische Wortberserker und Dichterfürsten schmal und mager aus, schier mundfaul und wortarm. In diesem Symphoniekonzert, nicht ohne Mammutorgel und babylonischem Tausendmannchor, verzwergte jeder Scheinriese zum Beiträger, Farbtupfer, Kammbläser, subkutan, homöopathisch, irrelevant. Konrad Duden hatte kaum noch was hinzuzufügen: 27.000 Wörtlein, aufgestockt 2017 auf 145.000, eine Summe, die nie eine Einzelfigur überblicken oder gar verwenden könnte. Shakespeare, eingepflöckelt in den Kollektiv-Genius der englischen Sprache, verwendet also bloß ein schlappes Zwanzigstel des menschheitsrelevanten Corpus'.

Dann rollte Abstieg herbei.

Henrik Ibsen brauchte nur noch 27.000, Theodor Storm nur noch 22.400 Wörter, für eloquente Normalsterbliche trotzdem noch unerschwinglich viele. James Joyce würde man zutrauen, das Steuer nochmal rumzureißen. Er drehte voll auf, doch sein Ulysses kam nur auf ca. 60.600, eine gigantöse Leistung, doch leider 30.000 weniger als Goethe. Man würde ja wohl auch Benn mehr Wörter zusprechen mögen als Hesse – Pustekuchen: Hermann Hesse: 15.000, Gottfried Benn 2.700, o je, bloß halb so viel wie Rainer Maria Rilke: 5000 Worte. Goethe besaß zudem 6000 Bücher, also zehnmal weniger als Ludwig Tieck, Franz Kafka nur noch ca. 240. Viele Sprachen sterben just aus, 2450 von 6000, fast so rapide wie Tierarten, allein in Ozeanien 733, Ideolekte und Dialekte nicht mitgerechnet.

Von den 50.000 Zeichen oder Wörtern, die in China im Umlauf sind, liegen 40.000 brach. Doch die kälteste Dusche kommt erst noch.

Ein heutiger Akademiker besitzt bloß 320 Bücher und verwendet bloß 1500 Worte, also zehnmal weniger als Hesse – und 5000 Worte weniger als Apuleios von Madaura, Tacitus oder Tertullianus – peinlich – schwache Leistung. Pisa! Ideocracy! Eskimo, hilf! Im Zeitalter der größten erreichten Wortzahl aller Zonen und Zeiten (inzwischen 5 Mill. deutsche Wörter) verwenden alle Teilnehmer weniger Worte denn je, seit 500 v. Chr. Jaul, kotz, würg! Goethe besaß mehr Bücher als aktuelle Studienräte und Journalistinnen Worte besitzen! Selbst Longlistromanciers und SachbuchautorInnen überwinden dieses Armutszeugnis kaum in Richtung Rilke oder Grimmelshausen.

Schon kommt der nächste Pleitegeier geflattert.

PolitikerInnen besitzen wiederum nur die Hälfte: 790 bis 877 Wörter, plusminus, einerlei auf welchem Kontinent. Konrad Adenauer besaß nicht mehr Worte als Olaf Scholz. George W. Bush junior: 750. Mit Hilfe ihrer Ghostwriter könnten sie vielleicht mit mehr als 1000 Wörtern prunken, also nicht nur 9 x weniger als Goethe, sondern 90 x weniger, im Höchstfalle. Trotzdem stehen sie turmhoch über ihren Wählern, die leider nur 700 bis 740 Wörter aktiv verwenden und kaum dazu neigen, irgendwas niederzutippen, umdudelt von passender percussion.

Für Diplomatie braucht man aber 1500 Worte.

Klar, daß das kaum noch jemand packt. Um andenkbare Abrüstungspiralen mit chinesischer Höflichkeit zu garnieren, könnten 5000 weitere Sahnehäubchen dienlich sein. Hierbei bitte englische Dauerbrenner wie every inch zurückdrängen, oder althebräische Termini umgehen und beschönigen, wie z.B. verfluchen, vertreiben, bewerfen, angreifen, brüllen, zerscherben, durchschneiden, abwürgen, erwürgen, verkrüppeln, zerschmettern, zermalmen, plattmachen, dem Wüstenboden gleichmachen, zertreten, ausrotten, abschlachten, abmurksen, steinigen, tothauen, totmachen, meucheln, morden, töten.

Gruppenbild mit Mondkalb

Als Albert Vigoleis Thelen in der Gruppe 47 vorlas

Auf der Herbsttagung der Gruppe 47, Bebenhausen 1953, kam ein Gast, den keiner kannte. Erstens war er unbekannter als andere. Zweitens viel älter. Schlechte Ausgangsposition. Eindeutig kein ernstzunehmender Rivale. Sofort instinktiv belächelt. Er kam zum letzten und ersten Mal. Hans Werner Richter mußte bei Vorstellung erst mal demonstrativ den Namen vom Zettel zusammenstochern. Albert Vigoleis Thelens Kostprobe aus einem dicken Manuskript wurde abgefackelt, als „Emigrantendeutsch". Thelen las die Intrada der „Insel des zweiten Gesichts" vor, altertümelig, hochbehaglich ausformuliert. Ausgebreitet wurden wenig akute Kamellen. Vollendete klassische Satzperioden. Gigantischer Wortschatz – meilenfern vom Puls der Zeit. Nicht eben SPD-kompatibel. Tiraden, die plauderselig hinterherhinkten, im Keim angestaubt. Überlebte Worte erklangen: Gestirn, freilich, fürwahr, mit Fug, stille Andacht, Tagwerdung, Leidwesen, Menschenscheu, ersprießlich, lausefrech, hochzeitliche Bettgelüste, Maulschelle. Zwischen Nachkriegsautoren, gesellschaftskritisch, politisch engagiert, die teilweise seine Kinder hätten sein können, delektierte sich ein angejahrter Debütant, optisch wenig attraktiv. Zwischen Newcomern, Zeitgeist-Protokollanten, Büchnerpreis-Anwärtern, renommierten Kritikern las ein Freigeist, Schöngeist, Weltgeist. Da hatte einer nicht mitbekommen, daß es seit Beckett arg dubios und suspekt ausschaute, wenn man unschnittig daherkam, possierlich, als Hinterwäldler, als Krähwinkler zeitraubender Differenziersucht, als bedenkenlose Nachgeburt Wilhelm Raabes oder Gottfried Kellers, wenn nicht Theodor Gottlieb von Hippels und Johann Fischarts. Jedenfalls eindeutig vorexpressionistisch, allzu hemmschwellenlos blühender Erzähltradition verpflichtet. Sprachmacht hoch zwei, olles Eisen, verjährte Heldentaten, Wortdrechselei. Urväter-Hausrat, den man historisch endlich vom Tisch hatte, schlug aufs neue zu. Ein Stehaufmännchen, überwunden geglaubt, ein Revenant. Alle Zeitbezüge halfen nichts. Irrelevant! Unausrottbar! Nur Fossilien wie Omi und Opi würden an diesem Fossil sich erlaben können. Niemand – außer Thomas Mann oder Hermann Hesse – hätte hier deplazierter sein können. Fieser gesagt: Da quoll, schwoll und sang allergieauslösende Weitschweifigkeit, ungestreßt, penetrant, Auswalzungen, gedeihliche Geistreicheleien, Sitzfleisch-Spaziergänge, erbauliche Wiederentdeckung längst x-mal entdeckter Langsam- und Lahmarschigkeiten, trottelig, altbacken, bezopft, hanebüchen, dröge, verquast, kurz: Netter-Onkel-Narzißmus. Thelen fiel voll unten durch. Der Dichter saß im peinlichsten aller Fettnäpfchen. Ein solch sonniges Gemüt sich bewahrt zu haben, nach Dachau – unerträglich! Nach der Lesung haben nur Alfred Andersch, Ingeborg Bachmann und Joachim Kaiser den letzten Mohikaner, der da leibhaftig aufgekreuzte, schulterklopfend getröstet und begönnert.

Die Vorgänge auf dieser Herbsttagung 1953 verliefen aber auch ganz anders, und zwar so: In einer umtriebigen, Streamline-Insider-Clique zielgerichteter, relativ phantasiearmer, umso lebenstüchtigerer, karrieresüchtigerer Schnösel, Nachwuchsstümper und Mitläufer tauchte unvorgewarnt eine einköpfige Minderheit auf, immun gegen töricht wechselnde Moden, stehngeblieben im Zeitfluß. Tatsächlich vom Mond gefallen, in Knechtsgestalt: Albert Vigoleis Thelen, welchselbiger – seltsam unambitioniert, ungeplagt von Publikationsgeilheit – sich seelenruhig erdreistete, im schönen Bebenhausen – bei Tübingen am Neckar – Vokabelfülle hinzulegen, ausgestiegen aus ausgepacktem Farbkasten, bei gezogenen Orgelregistern, auf Flügeln langen Atems, himmlische Längen nicht scheuend, vehement, derart, daß daneben das kärgliche terminologische Instrumentarium und Gesamtrepertoire der nüchternen Fasse-dich-kurz-Autoren zu Popmusik absank, zu drei, vier Griffen auf Billig-Gitarre. Bei denen genügte es oft zur Charakterisierung, wenn Protagonisten wie bei Heinrich Böll keine anderen Eigenschaften mitbrachten, als abwechselnd Zigaretten anzuzünden und auf die Uhr zu gucken. Verarmung total. Thelen hingegen schwelgte rückständig in eigenem Ton, ein verspätetes Individuum, Sonderling und Serenissimus, auf einsamstem Posten, Einzeltäter contra Gruppengeist, also ein Dorn im defekten Auge liquidierten Subjekts, klassischer gesagt: unter Schulterschluß-Robotern und Polit-Zombies die einzige fühlende Brust samt Geist und Drum und Dran, und dies ganz ungeniert. Angetreten, um das kostbare Wort „Seelenburg“ zu prägen und Vorzüge, Charakterzüge und Eigenheiten treulich zu bewahren, die im rauhen Wind und Technizismus des 20. und 19. Jahrhunderts verschliffen, als da in aller Ruhe gemüthafte Gutmütigkeit, Geruhsam- und Gemächlichkeiten eines betrachtsamen, behäbig-bärbeißig-betulichen Geistes aufzuzählen wären, Liebenswürdigkeit, wahrlich nicht zuletzt Zartsinn, Zierlichkeit und Zutraulichkeit, als Zugabe Wohlgelauntsein, Wohltemperiertheit, freundliche Wesensart, Schalk im Nacken, Schrot und Korn, Witz und Biß, vierschrötiger Mutterwitz, ja: weltumplätschernde Heiterkeit … Anspielungen knubblig aberwitzigen Esprits (eingepöbelt, Trödelstätte), unbefugtes Eigenlob, Selbstfopperei. Ein Altbau (vom Bombenhagel verschont, übermalt, abblätternd, nostalgisch angeweht, intakt) stand zwischen Mietblocks! Ein Urgroß-Wurzelholz-Sekretär prangte zwischen Schleiflackmöbeln! Ein Altwelt-Mammut trompetete zwischen Zwergelefanten. Ein Quastenflosser schwamm zwischen

Heringen! Welch romanhafte Konstellation, Weltparabel, inkompatible Entitäten im Crash-Test! Vorzeit und Jetztzeit verliefen sich in der Nutzholzplantage! Ein altchinesischer Kaiser agierte zwischen militanten Garden in Einheitskluft! Thelen wurde jenes Pferd, das von seiner Horde, weil es verschiedenfarbige Fusselfäden in die Mähne eingebunden trug, fast zu Tode gehetzt. Thelen wurde zum Märtyrer Neuer Ungemütlichkeit, ein Opfer unaufgeklärten Hordendenkens: Wer abweicht oder lacht, kriegt eine aufs Dach. Kaum meldet sich ein Geist, heißt es: „Wir sind komplett!" Seine Andersartigkeit steigerte unwillentlich die Homogenität der Gruppe 47. Ritter Vigoleis trieb, in kalter PVC-Ära, unter seinesungleichen sein manierlich salbaderndes Wesen. So ward er zum Bannerträger industriell fortgefegter Gemütswelt, Spätgeburt und Kauz, Lichtenberg und Quasimodo, tragische Figur, eher ein Romanheld als Romancier, in eigener Person förmlich jener Gauch, Buckelgnom, Minderbruder und Bettelkönig, der nach Schnorrerart verhungerte, obwohl sich sein Buckel als lederner Tournister erwies, worin er ungenutzte Wertpapiere, Banknoten und Manuskripte trug.

- *Albert Vigoleis Thelen: „Erzweltschmerzler und Sprachschweiger", herausgegeben von Dr. Jürgen Pütz, 192 Seiten, edition die horen, 2003.*
- *„Lauter Vigoleisiaden oder Der zweite Blick auf Albert Vigoleis Thelen", zahlreiche Fotos, Erstveröffentlichungen, herausgegeben von Dr. Jürgen Pütz, edition die horen, Band 199, 1999, 2. Auflage, 440 Seiten, 14, 50 Euro; „Die Insel des zweiten Gesichts", Nachwort von Dr. Jürgen Pütz, 928 Seiten, gebunden, Neuausgabe, Claassen Verlag, München, 2003.*
- *Thelen liest Thelen. Autorlesung aus der Insel des zweiten Gesichts, und mitgeschnittene Gespräche mit AVT, Maxi-CD, 2003, 15 Euro; Die Gottlosigkeit Gottes oder Das Gesicht der zweiten Insel, Originalaufnahme von 1966, 2 CDs, edition die horen, 2001, 25,90 Euro.*
- *Albert Vigoleis Thelen: „Glis-Glis. Eine zoo-gnostische Parabel", mit Fotos und Briefen an W. Georg Olms, mit 6 Zeichnungen von Paul König, 92 Seiten, gebunden, Olms Verlag Hildesheim 2001, ca. 28.- Euro.*
- *Albert Vigoleis Thelen: „Der Magische Rand. Eine abtriftige Geschichte", Juni Verlag; Poetische Märzkälbereien, Gesammelte Prosa, Juni Verlag, beziehbar über Weidle Verlag, Bonn.*
- *Albert Vigoleis Thelen: „Briefe an Teixeira de Pascoaes", Weidle Verlag, Bonn.*
- *Albert Vigoleis Thelen: „Die Literatur in der Fremde", Weidle Verlag, Bonn, 1996.*

Von Aal bis Zebra, zwischen Weihnachtsbraten, Buddha und Meister Hase

Drei Tierfreunde, ein Weltverbesserer, ein Zen-Meister und eine Lehrstuhlinhaberin schrieben vier neue Tierbücher, und ein Mondbuch

80 Mill. Deutsche halten 300 Mill. Haustiere (meist Zierfische). Sie essen pro Jahr 500 Mill. Nutztiere (ohne ein einziges zum Überleben zu brauchen). Batteriehühnerzucht, hieß es, soll erst ab 2006 verboten werden (2001 hieß es noch: 2004). Hühnerbarone, die ihre Farmen nicht ins Ausland verlegen mögen, behaupten jetzt, Käfiggeflügel sei glücklicher als Freilaufhühner. Animal peace und PETA (People for the Ethical Treatment of Animals) verderben sich Sympathien, indem sie ständig KZ-Fotos mit Tier-KZ-Fotos kombinieren, so anrüchig tendenziös wie total ins Blutrote treffend. Wienerwald-Crash, Salmonellen, Hormoneier, BSE, Schweinepest, der engagierte Verlag „Das Brennglas", der sowohl zartbesaitete Körneresser wie die von diesen sog. Tierleichenteil-Fresser mit bluttriefenden reality-Videos über Schlachthausmißstände schockt – nichts hält die Majorität der Einkauf-Omas pro Wurst-Theke auf. Barbara Rüttings neues Koch- und Spielbuch für Kinder „Ich esse meine Freunde nicht", Karlheinz Deschners Aphorismen und Hans Wollschlägers sprachmächtige Straf- und Haßpredigten, alles nur ohnmächtige Randverzierung welt- und bundesweiter Fleischgier, wie Greenpace Arabeske globalen Kahlschlags. Denn: Wer Schmusekätzchen, Kampfhund und Schoßmops vergöttert, will auf seinen Weihnachtsbraten nicht verzichten. Selbst der immergrüne Mythenforscher Sergius Golowin, der herzrührende Bücher über Drachen, Einhörner, Osterhasen, Nessie, Tatzelwurm schrieb und mit unseren

Haustieren gemeinsam im Garten Eden leben möchte, wurde auf einem ethnobotanischen Kongreß in Berlin erwischt, daß er sich, statt nach Öko-Food, nach Würstchen sehnte. In summa: Der Mensch, angesiedelt zwischen Gorilla und Madonna, kennt in seiner Ambivalenz weniger Grenzen denn als zoon politikon.

Auf dem Blut-Ozean schaukeln aber ständig kleine Arche Noahs der Tierliebe. Cord Riechelmann wandelt durch den Berliner Zoo, unterzieht unübliche Tiere wie Hanumanlanguren der üblichen Blickweise, vom afrikanischen Elefanten über den Karibik-Nagelmanati bis zum Zwergflußpferd. Die Scheinpantomime des benjaminischen Flaneurs und Prosaisten versandet im Sachbuch, sprachlich Ikea, aber aus dem Glanzpapier mit Exklusiv-Schleife steigt mimikryhaft ein bildschöner Geschenkband, mit Lesebändchen. Für alle, die Grizmek nicht intus haben, jede Menge Wissenswertes: Symbiose zwischen Erdferkel und Kürbis, Infantizid bei Eisbären, Luther übersetzte Klippschliefer (deren Hoden sich bei Bedarf ums Zwanzigfache vergrößern) mit Kaninchen; Seekühe kennen außer Anrempeln in Zeitlupe keine aggressiven Verhaltensmuster. Joseph Beuys experimentierte mit Kojoten. Eingebettet in die üblichen Infos, daß Affen hervorragende Kletterer seien und der Gepard der schnellste Landsäuger („Reiher leben vorzüglich an Gewässern"). Riechelmanns Tiere haben sich zu begnügen, im Zoo von Riechelmann beobachtet zu werden, garniert mit Zusatzinfos über sie.

Ohne inhaltiche Redundanz zu denselben Tieren in Bauer/Zerlings Lexikon, wo der Känguruhsprung von Riechelmanns empirischen Zootieren in Mytho-Dimensionen vollzogen wird. Riechelmanns Biber wurde von Mönchen, die auch freitags Fleisch essen wollten, als Fisch definiert. Im Gegenzug ward Bauer/Zerlings Spanferkel 1215 zum Karpfen umgetauft (Ego te bapto carpam), um die Wirkmacht von Taufe und Transsubstantiation zu zeigen. Bevor der Rabe das Feuer vom Himmel holte und sich dran versengte, war er weißer als ein Rebhuhn. Zigeuner sahen den Maulwurf als Erdgeist, doch buddhistische Glühwürmchen vermochten geistige Dunkelheit kaum aufzuhellen. Isidor von Sevilla sah in Ochs und Eselein die Juden und die Heiden. Keltische Göttinnen wurden geschwängert, via Verschluckung einer Eintagsfliege. Denn Bauer/Zerlings Tiere, vom Aal bis zur Zikade, statt im Zoo angegafft zu werden, werden innerhalb gärender Menschenhirne so lange mit Mythen, Ethnologica und tiefsinnig ergötzlichem Aberglauben vollgestopft, bis sie als göttliche Wesen erscheinen oder ihre Gottähnlichkeit im Zeitalter der Tierkörperbeseitigungsanstalten wunderbar überdeutlich hervortritt – irdische Wiedergutmachung durch magisch-spirituelle Überhöhung? Reelle zoomorphe Epiphanie?

So oder so: Esel zogen den Himmelswagen des Hindu-Dämons Ravana …

Wie profan dagegen, daß omnivore Haustierhalter ihre Tiere bloß streicheln und verwursten wollen, und echte Tierfreunde ihren Tieren profan Tierschutz gewähren: Till Bastian, dessen Buchtitel Herders darwinistischen Satz „Schon als Tier hatte der Mensch Sprache“ variiert, bleibt hierzu auf der bedrohten Erde, bringt jede Menge message rüber, in bester, unermüdlicher, petra-kelly-basierter Betroffenheits-Tradition von 1970 u.f, hofft und arbeitet – alle Halb-so-schlimm-Entwarnungen mit Fug ignorierend – in unumkehrbarer Zeit einer grundlegenden Umkehr entgegen. Die aber nicht mitspielt, nie anders als nanopunktuell, peripher, inkonsequent und halbherzig sich andeutet. Denn auch Warner und Mahner knabbern mit ihren papierverbrauchenden Plädoyers am Kahlschlag herum, doch siehe, es war sehr gutgemeint. Bastian, bei dem immerhin so nennenswerte Laufkäfer vorkommen wie Anophtalmus hitleri, korrigiert Freuds Bekenntnis zum Homo homini lupus und Marx' Diktum, daß erst das Werkzeugdenken den Menschen mache, und Schopenhauers Diktum, daß Tiere nicht lügen können, und wirft F. von Assisi vor, er habe Vögel missionieren wollen, statt sie als eigenständige Wesen ernst zu nehmen, ficht gegen die Selbststilisierung des unweisen homo sapiens zur Krone der Schöpfung, nennt dann Tiere aber selber „prähumane Spezies“, was ja fast schon so inhuman und desolat nach Glacéhandschuhen klingt wie der Metzgerei-Terminus für unsere tierlichen Mitgeschöpfe: Lebendmasse. Obwohl Tiere doch nicht unbedingt diesseits der Sprache leben, sondern vielleicht sogar jenseits. Eingebettet in die üblichen Infos, daß der Hund vom Wolf abstammt, Hitler von 1889 bis 1945 lebte, daß wir „vielleicht mehr als jemals zuvor“ in ein großes Ganzes eingebunden sind und daß in der Evolution der Mensch erst 30 Sekunden vor 0 Uhr auftaucht.

Zen-Meister Bob Aitken wiederum biegt, wie Bauer/Zerling, Zoo- und Theologie ineinander, bietet zen-buddhistisch basierte Zen-Stories mit Specht, Moorhenne, Stachelschwein, Meister Hase, Meister Rabe, gleichfalls mit wohlfeilem Lesebändchen, schreibt 100 x dieselbe Variation auf daßelbe Thema, mit der jeweils voraussehbaren Dauer-Pointe, daß Meister Rabe, wenn Adepten humane Fragen zum buddhistischen Lehrkanon an ihn richten, programmatisch am Thema vorbei antwortet, oder nonverbal reagiert, lachend davonfliegt. Fazit: Den Tieren nutzt es nicht viel, daß sie in diesen Fabeln sprechen können. Neuzeit spielt kaum herein; unbrisant rücken Waldarbeiter an. Doch begeistert die buddhistische Urfrage: Können auch Pflanzen erleuchtet werden? Welch Zen-Meister-Paradox: ständig wollen erleuchtete Gurus, daß alle ihren (selten vorhandenen)

Verstand abwerfen, aber die Fabeln, die diese Theoreme weisheitsvoll mitteilen, wachsen selber nicht darüber hinaus, Verstandesprodukte zu sein. So wenig Infosammler Riechelmann hinauskam über Prof. Grzimek, der über Thiervater Brehm weit hinauswuchs, so wenig vermag Meister Aitgen den Ur-Taoisten Zhuangzi, den er beerbt und verwässert, zu verbessern. Wie anders und rätselvoll hauen doch da alte Mythen rein, wie sie in Jules Cashfords Standardwerk über Mondmythen mitfahren: Der Hase, dem Buddha seinen Hunger klagt, bietet Buddha an: „Mach ein Feuer, Freund, dann töte, brate und esse mich!" Er wird für diese Selbstaufopferung in den Mond versetzt; denn in Indien und China ist der Mann im Mond ein Hase im Mond.

Selbst wenn heutige Tierfreunde und Wiederverzauberer des Lebens via Verzicht auf Zweckrationalität, zwecks „auf möglichst schonenden Umgang mit der Mitwelt zielende Selbstpositionierung" (Bastian), nicht mehr so beseelt zu schriftstellern vermögen wie die als tierfeindlich verschrieenen Descartes und La Mettrie, oder so ergreifend wie Theodor Lessing 1927 über „Blutende Bäume" (was die Kautschukmafia samt Kondom-, Schnuller- und Autoreifenindustrie umsatzmäßig um keinen Pfennig zurückwarf), oder so imposant tiefgreifend wie Wollschlägers 2002 (bei Wallstein) wiederaufgelegten „Tiere sehen dich an" – die dort sog. „mampfenden Idioten" würden ohne Verzug und Schonfrist ihre Katzen weiterstreicheln und ihre Weihnachtsbraten weiterbraten. Die Tragik der Blutzoll-Hochkultur geht ungebrochen weiter. Mitbürger wollen nicht am Wochenende Bastians lesebändchenlose, grundlegende Umkehr anvisieren und sich nicht geistreich von Wollschläger ausschimpfen lassen, sondern fünfmal täglich was Herzhaftes essen. Nackte Pelzverzichtler werden sofort zwangsbekleidet, aber Fernsehköche dürfen ihre Fleischlappen so obszön wie ungestraft im Mehl wälzen, wo sie ohne Kopf und Gurgeln lekker in der Pfanne schmurgeln. Keiner frißt seine Blutwurst mit Trauerflor. Kein Jesaja 11, 6-8, kommt in Sicht. Statt daß das Opferlamm am Loch der Otter mit dem Löwen spielt, wird der Treibhauseffekt vorverlegt durch das Methan in den kollektiven Darmgasen der Rinderherden, auf die der (umsonst zivilisierte) Moloch der Fleischesser wartet.

- *Cord Riechelmann: „Bestiarium. Der Zoo als Welt - die Welt als Zoo", gebunden, 352 Seiten, Die Andere Bibliothek, im Eichborn Verlag, Frankfurt, 2003, 27,50 Euro.*
- *Wolfgang Bauer, Clemens Zerling: „Lexikon der Tiersymbolik, Mythologie, Religion, Psychologie", 352 Seiten, gebunden, Kösel Verlag, München 2003.*
- *Till Bastian: „Der Mensch und die anderen Tiere. Plädoyer für eine Umkehr", 232 Seiten, gebunden, 22,90 Euro, Pendo Verlag, Zürich 2003.*
- *Robert Aitken: „Zen-Meister Rabe, Fabelhafte Zen-Geschichten", aus dem amerikanischen Englisch von Bernd Bender, gebunden, Theseus Verlag, München, 2003.*
- *Jules Cashford: „Im Bann des Mondes. Mythen, Sagen und Legenden", 400 Seiten, zahlreiche Abbildungen, aus dem Englischen von Birgit Herbst, vgs Verlag, Köln, 2003, 34,90 Euro.*

Gott ist ab und zu tot – was seine Omnipräsenz kaum stört

Gottes gottlose Widerleger ähneln Gottes ungöttlichen Fans

„Wenn das Huhn getrunken hat, blickt es auf zu seinem Gott." (Arabische Spruchweisheit) Gott aber befahl Bush, in den Irak einzumarschieren. Obwohl: Wäre Gott uns nah, müßte ein Ratzingertitel nicht „Gott ist uns nah" heißen. Gläubige, auch wenn ihre Augen erlöst leuchten, gucken eingepfercht aus ihrer Wäsche. Leere Kirchen, überfüllte Börsen – alles nicht so das Richtige. Kaum aber finden Aktionäre zu Gott, steigert Karlheinz M. aus Wuppertal die Tragifarce. Religionen würde man sich ja gefallen lassen, wenn sie ihr irdisches Klassenziel (Instinktsublimierung) erreichen könnten, oder ihre unprofanen Fernziele (Ewiges Leben für jeden Dummkopf). Doch nie kam gescheites Feedback aus dem Jenseits, daß Oma objektiv dort gelandet sei. Statt plausibler Messiasse kamen immer nur kondomverteufelnde Zölibatäre.

Fette Pfarrer beten dünne Erlöser an: „Die Welt geht kaputt! Jesus macht alles neu!"

Religionsgeschichte als Merksatz: Kaum schaukeln aufkeimende religiöse Systeme sich an den hellsten Köpfen ihrer Epoche hoch (Augustinus, Thomas von Aquin, Luther), werden sie von ebenso hellen Köpfen anschließender Epochen (Cartesius, Kant, Voltaire), die sich an Widerlegungen hochschaukeln, unrettbar dekonstruiert, bis bloß noch Normalos (Päpste, DozentInnen) die Sache wiederkäuen.

Phase Nr. 1: Bei Gott ist kein Ding unmöglich. (Lukas 1,37) – Ein Ritter Christi tötet mit gutem Gewissen. (Bernhard von Clairvaux)

Phase Nr. 2: Wenn ein Gott diese Welt geschaffen hat, so möchte ich nicht der Gott sein: der Anblick ihres Jammers würde mir das Herz zerreißen. (Schopenhauer) – „Ach, betet ihn recht an, diesen geliebten Gott, eh' er mit euerem Traume und Körper zerflattert! (Jean Paul) – Ich werde den lieben Gott, weil er mich so grausam behandelt, beim Verein gegen Tierquälerei anzeigen. (Heine) – Gott ist das einzige Wesen, das – um zu herrschen – nicht eigens zu existieren braucht. (Baudelaire) – Gott ist eine faustgrobe Antwort, eine Undelikatesse gegen uns Denker. (Nietzsche)

Phase Nr. 3: Es ist schön, dabei zu sein, und Gott ist da, um den Schwung zu finden, den Alltag zu meistern. (Benedikt XVI.) – Seit ich ihn kenne halte ich Gott für / Nicht völlig undenkbar." (Sarah Kirsch) – „Gott ist tot." Nietzsche. „Nietzsche ist tot." Gott. (Volksmund) – Wer bewahrt meinen Himmel / für mich? (Ilse Aichinger) – Der Gott, an den Dawkins nicht glaubt, erscheint als engstirniger, ungerechter, unversöhnlicher Kontrollfreak; ein rachsüchtiger, blutrünstiger, ethnischer Säuberer; ein frauenfeindlicher, homophober, rassistischer Kinder- und Völkermörder, der seinen eigenen Sohn umbrachte; ein pestartiger, größenwahnsinniger, sadomasochistischer, unberechenbar böswilliger Tyrann. (Alister McGrath) – Gott ist schließlich der Schöpfer, weshalb wir erwarten dürfen, daß Gott kontinuierlich neue Dinge schafft und das auch genießt. (Keith Ward) – Die Globalisierung ist ein Projekt Gottes. (Otto Kallscheuer) – Hier ist nicht der Ort, die Implikationen des Begriffs Offenbarung zu diskutieren. (Peter Sloterdijk)

Atheistische Argumente zuzuspitzen, bereitet kaum weniger Lust als Gottesbeweise zusammenzukratzen, als wären CDU und ADAC zweierlei Stiefel. Wie Allah sich was dabei gedacht hat, daß er den Ungläubigen die potenteren Waffen gab, so hat Gott sich viel dabei gedacht, daß er seine Widerleger (von Feuerbach bis Dawkins) mit höherem I.Q. ausstattete als x Gottesbejaher. Immunstark singt der Vatikan weiter. Aber Atheisten und Vermögensberatern scheint ebenfalls irgendwas zu fehlen, glühende Augen, trotz Übervater Darwin. Schmallippige Antichristen liefern auch nur die halbe Miete. Statt an spätgotischer Beulenpest erkranken sie, genau wie Vegetarier, an Anämie.

Statt jeweils äußerst recht zu haben, könnten Atheisten und Gottfinder so schön beisammensitzen. Sie könnten mit Glühwein drüber staunen, daß Atheisten statistisch auch nicht viel weniger Lametta und Christstollen verbrauchen. Statt den Irrtum fifty/mezzo zu teilen, kriegen sie ein Sowohl als Auch nicht gebakken, weils dann Gott bloß halb gäbe. Obwohl profane Kraftwerke verläßlicher leuchten denn jeglicher Spiritus Sanctus, haben die Frommen weltweit nicht mitgekriegt, daß (hapernde) Technik für (unverläßliche) Götter einsprang. So praktizieren sie wenigstens in diesem Punkt ein Sowohl als Auch: abwechselnd beten und ballern, 24 Std., am Tag Bauchdienst, 1 x in der Woche Gottesdienst.

Kein Schiedsrichter gab definitiv bekannt, ob nun eher die Gottesleugner oder die Anbeter Unsinn reden, ein jeglicher auf seinem Level. Beiden tät ein Umdenken gut:

Gottferne Schlaumeier sollten angesichts von urplötzlichen (religiös gesagt: urblitzlichen) Lichtvisionen endlich erröten. Alle Nach- und Vorbeter sollten plötzlich unvorgewarnt in Pascals gähnend leeres Weltall gucken. Kaum bekämen Atheistenpapst Dawkins – oder gern auch der Papst –, ein Gottes-Modul im Neocortex implantiert, würde der Papst die dicken Goldringe, die ihn beim Händefalten und Applaus für Beethovens Neunte stören, jubelnd von sich schleudern. Doch auch wenn metaphysische Primärbedürfnisse, Imagination und Schizophrenie zielsicher Gott entgegenarbeiten, irritiert Gott weiterhin mit Unsichtbarkeit, ja: foppt mit Nichtexistenz, und das in Ewigkeit. Trotzdem behauptet Keith Ward wacker: „Gott allein ist im höchsten Maße begehrenswert und grenzenlos, und Anbetung ist die bewußte Anerkennung dieser Tatsache, der wir uns widmen, wenn wir die göttliche Vollkommenheit so klar wie möglich spüren."

Fazit: Von noch weiter oben sieht Gott seinen Widerlegern und Wählern fatal ähnlich. Alle doktern an ihren Identitäts- und Kreativitätskrisen herum: Die einen schöpfen Gitarrenstücke, die andern Virus-Epidemien. Endlich Synthesis: daß Gott und Mensch sich abwechselnd nach ihrem Bildnis schufen, böte weitere Gründe, zum Fest der Liebe versöhnlich – und mit Augurenlächeln von face to face – zum Glühwein zu greifen (und zum Nikolaus auch den Osterhasen nicht kaltherzig auszugrenzen), und im Sinne der bereits von Doctor Seraphicus anmeditierten Apokatastasis panthon anstoßen auf die ureigene Schnellverderblichkeit, die an Nichtexistenz grenzt und weitere Phantompflege, Lyrik, Projektionsflächen, lyrische Suchbewegungen im Sinne H. Zwangers, Anspruchshorizonte im Sinne O. Kallscheuers nicht auszuschließen braucht, Hauptsache, abgeschaffte Blasphemie-Paragraphen lauern nirgendwo auf Comebacks.

In stiller heiliger Nacht amüsiert sich Gott bisweilen köstlich über den törichten Glauben seiner Geschöpfe, daß es ihn gäbe.

- *Otto Kallscheuer: „Die Wissenschaft vom lieben Gott, Eine Theologie für Recht- und Andersgläubige, Agnostiker und Atheisten", 488 Seiten, Die Andere Bibliothek, Band 249, Eichborn Verlag 2006, 26,90 Euro.*
- *Richard Dawkins: „Der Gotteswahn, eine furiose Streitschrift wider die Religion", 575 Seiten, geb., Ullstein Verlag, 2007.*
- *Alister McGrath, mit Joanna Collicutt McGrath: „Der Atheismus-Wahn. Eine Antwort auf Richard Dawkins und den atheistischen Fundamentalismus", Gerth Medien, geb., 149 Seiten (!!!), 9,95 Euro.*
- *„Gott im Gedicht. Eine Anthologie von 1945 bis heute", herausgegeben und eingeleitet von Helmut Zwanger, Klöpfer & Meyer, 2007, 22,50 Euro.*
- *Keith Ward: „Gott. Das Kursbuch für Zweifler", 247 S., WBG Darmstadt, 2007, 29,90 Euro*
- *Peter Sloterdijk: „Gottes Eifer. Vom Kampf der drei Monotheismen", Verlag der WELTRELIGIONEN, 2007, 17,90 Euro.*
- *Jean-Pierre Wils: „Gotteslästerung", Verlag der Weltreligionen, 2007, 17,90 Euro.*
- *Osho: „Der Gott, den es nicht gibt, Westliche Religion und die Lüge von Gott", Allegria/Ullstein Verlag 2005.*
- *Navid Kermani: „Gott ist schön", C.H. Beck Verlag.*
- *Albert Sellner: „Immerwährender Papstkalender", 422 Seiten, Die Andere Bibliothek, Eichborn Verlag, 2006.*

Wo bitte geht's zu Fritz Mauthner?

Kann Atheismus die Welt noch retten?

Ein Kanonikus in London verkündete den Kindelein seiner Schäfchen in seiner Weihnachtspredigt, so unnötig wie beweislos, den Weihnachtmann gebe es nicht. Da ward er von weinenden Kids und erbosten Eltern genötigt, seine brutale These zurückzunehmen. Aufklärer des 19. und 18. Jhd. (Schopenhauer, Faust I) votierten immerhin noch dafür, daß man dem unbelehrbar tumben Volke seinen lieben Gott gönnen und lassen solle. Aber ihn bereits Kindern wegnehmen, diese wackere Großtat des Kleinverlags Alibri löste 2007 einen wunderbaren Protestwirbelsturm aus. Das Bilderbuch für unsere Jüngsten, liebevoll ausstaffiert, worin Ferkel und Igel auf Gottsuche gehn und nur fragwürdige Kirchenvertreter finden, Rabbi, Bischof und Mufti, kam sofort auf den Index – beinahe. Denn die Kirche zog juristisch den Kürzeren. Parolen und Zauberworte wie Bundesprüfstelle, Indizierungantrag des Bundesfamilienministeriums, jugendgefährdend, Erziehung zur Mündigkeit, Unterminierung liberalen Denkens, lösten Debatten aus, bei Kirchen, Freidenkern, Pädagogen, Bünden für bayrische Geistesfreiheit, NZZ, Henryk M. Broder, Bischof Müller, katapultierten die Auflagen der „antisemitischen Hetzschrift" bzw. des konzilianten ästhetischen Pilotprojekts und Kunstwerks und launigen Jokus von 2000 Stück hilfreich in sinnreiche Höhen – 33.000 bis dato. Weder wollte man betenden Nachwuchs verlieren noch ins Mittelalter zurückfallen. Gut gebrüllt, young pig!

Nun konnte der Zwergverlag, im gar nicht so kleinen Kleinstädtchen Aschaffenburg, samt Forum für Utopie und Skepsis, hervorgewachsen aus dem IBDK (Internationalen Bücherdienst der Konfessionslosen), sich potent zum Großverlag ausbauen, der sein Banner der Meinungs- und Kunstfreiheit, samt Volksaufklärung, ab sofort angenehm provokativ weiterschwenkte und ausrollte. Ferkel finanziert Mauthner, genauer: Das kleine Schwein, mit seiner Gegenparole „Wer Gott kennt, dem fehlt etwas", machte es nun möglich, das kiloschwer gigantische Hauptwerk des ausführlichsten Atheismusforschers des 20. Jahrhunderts bzw. aller Zeiten editorisch neu hervorzuwuchten, und umgekehrt: Fritz Mauthner verdankt einem putzigen bunten didaktischen Einfall seine aktuelle Reanimierung, oder ums christlich zu sagen: seine neueste Auferstehung (Komplett-Nachdrucke gabs seit 1923 im Olms Verlag und bei Eichborn – Gott ist tot, aber Eichborn gabs wenigstens mal).

Mauthner bleibt unerläßliche Muß- und Lustlektüre für alle, die Joseph Görres' „Christliche Mystik" und Karlheinz Deschners „Kriminalgeschichte des Christentums" bereits durchhaben oder links liegenließen, jedenfalls weiterführende Erleuchtung und Argumente suchen. Es darf sich halt keiner dran stören, daß man selber deutlich weniger draufhat als dieser Autor. Mauthner (als Sprachphilosoph und sowieso) hat was, was Wittgenstein nie hatte und nie hätte, viele andere erst recht nicht, Gegenwartsphilosophen schon überhaupt nicht, falls diese denkschwach und spracharm zwischen akademischen Floskeln und Wortschaum changieren. Weltbestseller wie Richard Dawkins' „Gottes-Wahn" ahnen nicht im mindesten, daß von Mauthner alles bereits viel luzider, stringenter, imposanter dargetan wurde, material- und geistreicher sowie ultimativ gültiger. Wer allerdings nie seinen eigenen I.Q. ein bissele raufgeschraubt bekommen will, auf die Gefahr hin, dann kein Gottfinder mehr sein zu können, peinlich vom kleinen klugen Ferkel beschämt zu werden, und wem es vollauf genügt, sich mit geistlichem Erbauungsjargon abspeisen zu lassen, also wer spirituell aufleuchtet, sobald er von Margot Käßmann, Pater Anselm Grün oder Ratzinger gesagt bekommt, daß selbst Ungläubige bisweilen „Mein Gott!" ausrufen, daß Hexenverfolgungen die Würde des Menschen antasten und daß Gott uns Sinngebung zugesagt habe (wo bleibt sie dann so lang?), wird den gipfelreichen Himalaya des Fritz Mauthner nie von ferne sehen, anschaffen oder gar besteigen dürfen.

Wer wie Mauthner aufs glücklichste den monströsen Gelehrtenfleiß des 19. Jhd. mit deutlich eigenem Denken kombiniert, nötigt mit pausenlos erhellenden Darstellungen gebieterisch fast jeden Mauthnerleser, ihm einfach alles fast restlos abzukaufen und auf gut Glück sozusagen zu glauben. Allein Mauthners Voltaire-Kapitel umfaßt 21 pralle Seiten, das über Goethe 13, Nietzsche 22. Wer Pierre Bayle oder John Toland (den Vater des Wortes Pantheismus) bis dato vernachlässigt hat, kann jetzt hyperkompetente Nachhilfe erhalten. Wer nur mal Paracelsus, Thomas Morus oder Xenophan abgleichend überprüft, wie Wikipedia und wie Mauthner sie darstellt, oder auch den Mönch von Heisterbach, beginnt zu ahnen, daß der Google erst dann die Hoheit der Bücherwelt einholt, sobald Google den Wortlaut sämtlicher Bücher intus hat. Wer allerdings bisher ohne Anatol France, Hemsterhuis und Bruno Bauer auskam, wird wohl auch künftig ohne Holbach, John Tyndall und Gottfried Arnold leben können. Wer immer schon mal seit langem sich mit pelagianischer Ketzerei beschäftigen wollte, mit Abälard, Anselm von Canterbury, Cusanus, Duns Scotus, Wilhelm von Ockam, Cyrano de Bergerac, Diderot, Shaftesbury, Moses Mendelsohn, Jonathan Swift, Hebbel, Georg Forster, dann am besten jetzt, unter der hypnotischen Stabführung Mauthners. Niegehörte Seitenzweige werden unvernachlässigt hineingebogen in die Ausmaße dieser uferlosen Weltbaumkrone.

Allein das Kapitel „Die Hexenreligion" ersetzt zahlreiche spätere und bekanntere Hexenprozeßbücher. Mauthners kaltblütig gnadenlose Romantikdarstellung verunmöglicht prophylaktisch spätere Definitionen, daß Romantik „die Fortsetzung der Religion mit ästhetischen Mitteln" sei.

Mittelalterliches Wortwissen, neuzeitliches Sachwissen, Gegenreformation, Bartholomäusnacht, Pietismus, Atheismußtreit 1799 (Kant, Fichte), Monismus, Jesuiten, Zionismus (Buber, Brod) – alles inclusive. Ein Riesenkapitel „Die lachenden Zweifler", englische, französische, z.B. Rabelais, und alles voll markanter Aphorismen: die größten Geister des 16. Jahrhunderts nannte Mauthner „entzückende Kindsköpfe", und Systemphilosophen „kleine Baumeister an großen Systemen", Gardanus und Agrippa „abergläubische Atheisten". Erasmus von Rotterdam und Montaigne rechnet er zu „egoistischen, schönheitliebenden, heidnischen Plauderern" mit „behaglichen Zweifeln". Etliche Geister durchschauten den katholischen Humbug bloß im Stillen hinter vorgehaltener Hand, ohne ernstlich, kühn und riskant an der Befreiung des Menschengeistes und Erlösung leidender Völker zu arbeiten. Lichtenberg nannte er „den witzigsten und radikalsten aller deutschen Büchermenschen".

Die Antike ging viel moderater mit Gottesleugnern um. Bereits Pomponatius und Cardanus bezweifelten nicht die Existenz der Seele (und der Engel!), aber deren Unsterblichkeit. Pantheismus gabs lange vor Spinoza. Kluge Gottlosigkeit gabs bereits in vorchristlichen Zeiten zuhauf, siehe Diagoras. Vanini 1615, dem vor der Hinrichtung wegen gottloser Spötterei die Zunge abgeschnitten wurde, sei tapferer und ehrlicher gewesen als Voltaire 1765, der nur deshalb keine Probleme mit der Kirche bekam, weil er so nah dran war am König. Von Mauthners sagenhaft stringentem Nachweis, daß im christlichen Zweigottsystem die Abschaffung des Teufels kausal zur Abschaffung Gottes führte, scheint fast der jetzige Papst was geahnt zu haben, als er, als erster Papst seit 200 Jahren, den Teufel restituierte, dieser sei nicht symbolisch, sondern real, also den Teufel kühn wieder heimholte ins Dogma, was dann sofort Satanistenkongresse in Polen nutzten, als offizielles Motto und Credo hochhielten. 300 n. Chr. wär um ein Haar, statt Katholizismus, der viel kompliziertere, weil philosophiegesättigtere Manichäismus zur Staatsreligion und Weltreligion geworden, was aber die vielen monotheistischen Religionskriege wohl genausowenig verhindert hätte, weil auch darin Askese, Abstrusitäten und „Das Böse“ eine Riesenrolle spielten.

In der Tetralogie, trotz der Einschränkung aufs Abendland, wimmelts von Kynikern, Sarazenen, Mutaziliten, Averroes, Lao-tse, Justinianus – allein über Abu Bekr ibn Tophails islamische Robinsonade 7 Seiten! Rabindranath Tagore wird nebenbei als Tagesgröße, Theaterfechter, Machtanbeter enttarnt, Anthroposophie Hexeneinmaleins genannt – eine überdisziplinäre Spannweite wie kurz vorher (1916) bei Spengler, dem Mauthner zugestand, geistreich zu sein, und dieselbe Scheinwissenschaftlichkeit an ihm konstatierte wie an Steiner, den er als neuen Cagliostro durchschaute und den es weniger zu widerlegen als auszulachen gilt. Millionen wurden alt und krank überm Rosenkranz beim Küssen der Füße Christi; Mauthner wurde alt und krank im Kampf um Geistbefreiung.

In summa: Nach Ludwig Feuerbach und erstaunlich vielen anderen erhielt das zähe Survival-Christentum den letzten ultimativen Gnadenstoß, und keiner hats gemerkt. Wenn heutige Freidenker und Papstfans sich nicht doch mal entschließen können, ihre saftlos kümmerlichen Schein- und Standardargumentchen mit Fritz Mauthner abzugleichen und seiner kumulierten Summa okzidentaler Jahrtausend-Denkkraft, dann bleibt das Niveau halt so unterboten und unbestiegen wie ohnedies jederzeit allerorts ganz unvermeidlich. Schier ein Wunder, daß das kluge Intermezzo europäischer punktueller Aufklärung zwischen all den ewig mittelalterlich funktionierenden und agierenden Dogmareitern, Fundis und Gottesstaaten überhaupt mal kurz aufglühen konnte, ehe dann die intelligente Mini-Oase im Ozean religiösen Hochwassers auf der Basis wachsender Wüsten untergurgelt. Denn ob der „große Haufen der Halben" (Mauthner), die, von Schopenhauers metaphysischem Bedürfnis vorwärtsgepeitscht, sich mit der kruden Essenz jeglichen Christentums („Ewiges Leben für jeden Dummkopf!") samt der unfreiwilligen Komik und Realsatire seriösen Papstrummels abspeisen lassen, mit Mauthners Hintertürchen-Promoting, dem Alternativangebot der sog. „gottlosen Mystik" à la Taoismus und Buddhismus, sich anfreunden können (denn auch nach der Geistesbefreiung möchte der Geist Inhalte haben), bleibt zuversichtlich abzuwarten, kontemplativ und gelassen wie „der Buddha vom Bodensee", welchselbiger den kontraselektiv untergebutterten Namen Fritz Mauthner trug.

Andererseits: Wärs im Zeitalter entleerter Kirchen und überfüllter Hochgaragen nicht schad um den unfreiwilligen Humor kirchlichen Treibens, wenn man dann als ultimativer Gottesmörder alle Kirchen dichtgemacht hätte und nur noch absichtlichen Karneval feiern könnte?

- *Michael Schmidt-Salomon/Helge Nyncke: „Wo bitte geht's zu Gott? fragte das kleine Ferkel? Ein Heidenspaß für groß und Klein! Ein Buch für alle, die sich nichts vormachen lassen", Bilderbuch für Kinder, Alibri Verlag Aschaffenburg 2007, 12.- Euro.*
- *Fritz Mauthner: „Der Atheismus und seine Geschichte im Abendlande", hrsg. und bevorwortet (25 Seiten) von Ludger Lütkehaus, Band 1: „Antike. Teufelsfurcht und Aufklärung im sog. Mittelalter", 1920; Band 2: „Entdeckung der Natur und des Menschen, lachende Zweifler, Niederlande, England", 1921; Band 3: „Aufklärung in Frankreich und Deutschland, die große Revolution", 1922; Band 4: „Die letzten hundert Jahre, Reaktion, Materialismus, gottlose Mystik", 1923; vier Bände, 1700 Seiten, gebunden, neu erschienen im Alibri Verlag Aschaffenburg, 179.- Euro, 2011.*

Vorstoss in die Transzendenz, mit Bulldozer

Goldene Mystik – blaß umkreist

Schlimm genug, daß Mystiker für ihre unbeschreiblichen Erlebnisse selten bis nie „eine adäquate Sprache finden", bzw. „sich nicht verbalisieren können", wie Spirit-Psycho-Jargon dies nennen würde. Sachbuchautoren, die über Mystik schreiben, erheben sich nicht minder selten über die leider arg untranszendierbare Durchschnittlichkeit ihrer Sprache. Obwohl die Einsteiger, Wahrheitssucher, Seminarleiter, Gestalttherapeuten, Seelsorger, denen solche Schriften gern und oft genügen, oft Frauen sind, wird Felix Helg von Ingeborg Wolf kaum an Kompetenz überboten. Beide bieten in ihren dicken Büchern ein Kapitel an, des identischen Titels „Was ist Mystik?" Hier wird Yin nicht von Yang wohltuend ergänzt, sondern die allseits in solchen Kreisen als numinös hochgehaltene Einswerdung schritt bereits derart fort, daß man Männlein und Weiblein stilistisch kaum unterscheiden und getrost als einsgeworden abbuchen kann, unter dem Kürzel „Wolf-Helg".

Beide – und alle allzu Vergleichbaren – schwimmen im breiten Ozean des sich selbst ruminierenden, sich selbst recycelnden Spirit-Psycho-Jargons. Sie streben den großen flächendeckenden Überblick an und schreiben hierbei – immerhin – nicht mal spürbar flacher als große transpersonale Vordenker, angezapfte Quellen und vom Einteilungsfimmel getriebene Klassifikationsinstanzen wie Jean Gebser oder Ken Wilber, deren arg sprachschwache Schablonenweisheit und wahnsystematischen Schubfach-Universa, dank all ihrer subtilen, kausalen, nichtdualen, präpersonalen und anderen Stufen, in den USA gern mal mit Aristoteles und Hegel verglichen werden. Schon donnert der Verdacht heran, daß selbst Meister Eckhart und Buddha, indem sie ständig achtfache Pfade und Leiden aufzuzählen nicht müde wurden, sich als heimliche Zwangsrationalisten outen, mitten in ihrer offiziellen Mystik. „Dann erfahren wir, daß alle sechs Sinne und die siebente und achte Bewußtseinsebene nichts anderes sind als die neunt Ebene“ (Wolf-Helg).

Weit und breit zeigt sich leider keiner, der eine sinnige Allergie gegen verkopfte Flachkopf-Formulierungen ausgebildet hätte, gegen konkrete Handlungsebene, geistige Aktivität, völlige Hingabe, Kontakt mit der ewigen Wirklichkeit, Chance und Gefahr zugleich, oder gegen so radikal unerleuchtete Standardklöpse wie „Mystik ist das Wagnis des radikalen Loslassens“.

Es geht darum, aus der Quelle des Seins zu schöpfen. Spricht was dagegen?

„Auch Schröder (1929) hat sich mit dem religiösen Erlebnis befaßt.“

„Auch das Körpergebet, das in neuerer Zeit wieder vermehrt praktiziert wird –“

„Dieses tiefste aller Probleme und Geheimnisse gibt sich nur dem Auge der Kontemplation preis.“

„Feste Materie hat eine sehr niedrige Schwingung. Die Liebe hat die höchste Schwingung im Universum.“

In solche Rational-Soße werden alle vorhergehenden Jahrtausende eingesponnen. Meister Eckhart wollte den Dualismus überwinden und sich den Aufgaben des Lebens stellen. Buddha sah sich mit einer Aporie konfrontiert. Die Quantenphysik, als sie an die Grenze des Meßbaren vorstieß, hat hierbei die Transzendenz entdeckt. Wir sollten aber, laut Fuhr, drauf achten, warnt Wolf-Helg, daß wir uns weder in der Transzendenz verlieren sollten noch uns beschränken auf unser Funktionieren im Alltag. Schon bei Dr. Rudolf Steiner durften einfache Soldaten „Erkenntnisse der höheren Welten“ sammeln. Wieso wenden die Ableger Ken Wilbers nie die Erkenntnis, daß wir, laut Kant und Nagarjuna, begriffliche Konstruktionen zurücklassen müßen, um „zur Wahrheit" vorzustoßen, auf sich selbst an?

Immer, wenn Wolf-Helg-Fuhr z.B. mir mitteilt, daß Mystik uns im Innersten berühre, daß Gott in der Tiefe des Seins lebe, und Christus der Repräsentant des Bewußtseins des All-Seienden sei, und Mystikforscher wie Underhill und Otto der Ansicht, mystische Erfahrung sei immer dieselbe, unabhängig vom religiösen Kontext, und daß Fuhr Kontaktprozesse verstehe als ein „Wechselspiel von Identifikation und Disidentifikation, von Selbstverwirklichung und Transzendenz", kommt mir das irgendwann abstrakt, anämisch, unsaftig und egal vor. Verlangt ein hochspiritueller Novalis nach einem strammen Hemingway, zwecks stereoskopischer, besser noch: holoistischer Kompensation einseitig ungenügender, geschlossener Gesellschaften, die sich innerhalb ihrer Regelkreise und Immanenzkäfige hochjubeln? Jedenfalls beginnt sich meine unabgedeckte Ganzheit nach Anderem zu sehnen, vieleicht nach Rudolf Ottos „ganz Anderem", nach irgendeinem Moment, der dieses von letzten Dingen faselnde Dünnbier irgendwie – nun ja: transzendiert … nach deftigeren Kalorien, nach prallerem Leben! Nach Dixieland, nach New Zealand, nach Nasenaffen! Nach Neandertalern, und sei es zur Not nach Tieflöffelbaggern! Mobilen Kränen! Radladern! Deckenfertigern! Betonmischern! Nach gewaltigen Hydraulikkolben! Mögen diese auch eingehüllt sein in die Wolke des Nichtwissens, dank ihrer von Wolf-Helg denunzierten sehr niedrigen Schwingung. Das röhrt anders als transkonfessionelle Bewußtseinsmodelle, Interpretationsebenen, didaktisch referierende Langeweile.

Nicht ganz unsympathisch, dieser dröhnende Transzendenzverzicht echter guter Bulldozer!

Erfrischend, dieser Sprung von nachgebeteten Transformationsbegriffen zu konkreten Transportmulden, zu festen

Stahlbehältern an Muldenkippern! Obwohl einem so ätherisch stille Freizeitaktivitäten wie Zen, Tao, Yoga eigentlich zehnmal näherliegen als die Arbeitswelt chthonisch lärmender Baumaschinen. Die wiegen wenigstens 100 t pro Stück, so sehr auch Wolf-Helg Ich-Stärke, Emotionalkörper, Subquantenpotentiale verfeinern, sowie nicht zuletzt „absolutes Bewußtsein", jenseits von Planierschild und Greifvorrichtung. Schon gleicht jeder Konvertit meinem novalisischen Astralleib, der hemingwaymäßige BBC-Saurier favourisiert.

Doch kaum haben Bulldozer mit destruktiver Dynamik jedes Spiritual-Gewäsch hinweggefegt, bleibt nichts übrig als eine Baustelle. Die einsame Seele bleibt erneut auf der Strecke, voll Sehnsucht, sich abspeisen zu lassen mit der positiven Ausstrahlung feinstofflicher Energiefelder. Hemingway, ohne Ausweichmöglichkeit in Richtung Novalis, erscheint nicht minder unerträglich als jeder von anderen Typen isolierte Typus, und zack! erhält der Begriff des Einswerdens neue Brisanz. Nicht nur Spiritualität ist, laut Wolf-Helg, eine Herausforderung, alte Dogmen über Bord zu werfen. Auch Bulldozer reißen Hindernisse weg, ebnen Hügel ein, entfernen Schutt, füllen Löcher auf – wer ahmt hier wen nach?

Hier wie da wird etwas bewegt, mal mit Atem- und Ekstasetechnik, mal mit Aufreißer und Schwenkarm. Hauptsache, der Fahrer kontrolliert alle diese Funktionen über Hebel im Führerhaus! Die Unio mystica von mystischem Weg und technizistischer Bedienungsanleitung lautet so hier: „Im Stadium 3, der Erfahrung der Unio mystica, Satori oder Samadhi, kommen wir in Annäherungen an den Hintergrundraum G4 (über die Räume x7 bis x12), den wir als das Feld des All-Seienden betrachten."

Also verharren auch Mystik, Kontemplation und Neomystik, von Wolf-Helg vermittelt, weiterhin auf Bulldozer-Ebene und stellen so die Einheit der Epoche her. Hinayana heißt auf

Deutsch „kleines Fahrzeug": Mini-Bagger sind klein, um in enge Ecken zu kommen, in die große Maschinen, die auf Sanskrit „Mahayana" heißen, nie gelangen würden.

Vorsicht, auf dem Zen-Weg kann „Makyo" auftreten, unerwünschtes visionäres Teufelszeug! Denn die stärksten Planierbagger bleiben häufig stecken. Sie müßen dann mit Bulldozer herausgezogen werden. Kompaktlader hingegen sind beweglich und wendig. Sie haben deshalb schon bei Maschinenballetts mitgemacht. Also auf dem Weg in höhere Regionen, mit „nach innen" (Novalis!) grabendem Hecktieflöffel, der sich mit der Ladung nach oben bewegt – nach oben? Hinauf zu Shri Aurobindos intuitivem Mental?! Ja, Supramental! Wolf-Helgs All-Seiendem! Uwe Spörls gottloser Mystik! Richard Buckes kosmischem Bewußtsein! Gern auch dem christlichen Gott! Buddha ließ das Boot nach seiner Flußüberquerung zurück. Bulldozer-Fahrer aber steigen am nächsten Tag erneut auf ihren Dozer. Sonst wären sie arbeitslos.

Wer unterdessen alles gut überstanden hat, kann hinten im Glossar sich Begriffe von Abhidhamma bis Yoni – bzw. Achse bis Zweiradantrieb – fachkundig erläutern lassen. Anschließend möchten und können wir – spontan und interkonfessionell! – zu andern Transzendenzen und Bulldozern übergehn.

„Nur so werden wir letztlich die anstehenden Probleme unserer Gesellschaft lösen können." (Ingeborg Wolf)

- *Ingeborg Wolf: „MYSTIK: Zen, Kontemplation, Yoga, Kabbala, Sufismus, Taoismus. Praxis und Orientierung im Spiegel von Psychologie, Naturwissenschaft und Gesellschaft", Pappband, gebunden, 414 Seiten, Edition Logos, Chance für die Menschheit, Frankfurt 2000, 58.- DM.*
- *Felix Helg: „Psychotherapie und Spiritualität. Östliche und westliche Wege zum Selbst", gebunden, 381 Seiten, Walter Verlag, Düsseldorf, 2000, 58.- DM.*
- *Ken Wilber: „Das Wahre, Schöne, Gute. Geist und Kultur im 3. Jahrtausend", gebunden, 541 Seiten, Wolfgang Krüger Verlag, Frankfurt, 1999.*
- *„Sensationelle Einblicke. Bulldozer und andere faszinierende Baufahrzeuge", Illustrationen von Chris Lyon und Gary Biggin, Text von Moira Butterfield, gebunden, 31 Seiten, Gondrom Verlag, 1997, aufgehobener Ladenpreis, Ramschpreis 2000 im Neuen Antiquariat: 4,95.- DM.*

Wirklicher Karl Kraus contra wahren Karl Kraus

120 tote Zwerge beäugen einen ferngerückten Scheinriesen postum aus großer Nähe

Zum Ausgleich, daß allerlei Goethes immer mal wieder vom Sockel geholt werden, randalierten bei späterer Untersuchung Caligula, Herodes, Richard III., Riefenstahl, Kinski stets alle nur halb so bestialisch. Selbst „gefürchtete Spötter" und unzugängliche Schalen, sobald man was abpellt, offenbaren dann doch noch, als erfreuliches Forschungsergebnis, den unausweichlich weichen Kern. Selbst der auf uns alle pfiff, mit Ecken und Kanten, war letztlich dann doch noch unser. Entlarvte und Verschonte, verstreut und neu hervorgezogen, gebaren postum ein Riesenpuzzle. Schon wird Kraus für den Rest seiner künftigen Tage genötigt, vom Bild, das er von sich hochzog, noch mehr abzuweichen als bis dato. Seine Distanz – alles nur Pose; wie man seit längerem fast schon ahnte. Seine Kammerdiener, Adoranten und Photographen sahen ihn nachweislich im Bademantel. Sie kamen ihm hierbei nah, derart, daß die Kontaktnahme entsprechender Seelen, deren Kennzeichung als „Köpfe" Kraus noch viel zu hochgegriffen fand, als „große Nähe" empfunden werden kann. Philosophisch ungeklärt bleibt, wieso aus der Realbegegnung zwischen Zwergen, die einen Mitzwerg dabei erwischten, daß auch er klein anfing, und einem Sitzriesen oder Podestgiganten, einem verkrümmten Erzengel, der den lokalen Tonfall – ätsch! – nie ganz ablegte, statt „falsche Nähe", ausgerechnet „große Nähe" hervorspringen konnte. So oder so, Kraus muß sich wohl getäuscht haben, als er vor Ort seine Zeitgenossen als Insekten fortwedelte, die an seinem Noli-me-tangere-Lampenschirm unbehülflich abprallten. Jetzt rückte ihm ein Schwarm aus Textbelegen, Briefzitaten, Protokollen, 480seitig, 120köpfig, doch verdammt nah. Das Nähkästchen, aus dem sie plaudern, vergrößert sich so imposant wie die um nichts kleinere Nähe. Gebührender Achtungsabstand schrumpft. Dunstkreis unter solchem Vergrößerungsglas schwillt gewaltig, Porennähe, Atemnähe – ein Meilenstein, um den keine Krausforschung sich mehr vorbeidrücken kann. Selbst wenn Kraus abstreiten wollte, so gewesen zu sein, müßte er zugeben, daß er partiell solcher Optik entgegengearbeitet hat.

120 Esel können sich in Sachen Pferd nicht irren.

Obwohl fernöstliche Mystiker sich einig sind, daß Gott von jedem Gottesbild grundlegend abweicht und du dir kein Bildnis machen sollst, trug jeder Beiträger, von Gretel Adorno bis Fritz Zweig, einen Pinselstrich bei (inklusive Ludwig von Ficker, Otto Pick und Otto Stoessl). Schon schlägt die Totenmaske nahsichtige Augen auf, nicht ganz wehrlos. Sie würde die kollektive Annäherung – und übergroße Nähe! – im Nahverkehr und Nahkampf seiner indiskret sympathisierenden Spitzel zu unterlaufen wissen – unverzichtbare Stasi-Akten, aufschlußreich erweiterte Schlüssellöcher, wunderbare Störung der Totenruhe. Der wirkliche Kraus zupft am wahren Kraus herum, denunziert und demoliert, der Wandelnde im Fleische am Medallion. Klatschbasen-Empirie überflutet eingependelte Einschätzungen. Leser von „Aus großer Nähe“ sitzen unweigerlich in Reihe 1-333 im Kolosseum reanimierter, neu verfilmbarer gesellschaftlicher Zusammenkünfte. Der schwerbewaffnete Allerweltsbesudler und Schmock, das „reklamesüchtige Intrigantchen, das Einsamkeit mimt“ (Alfred Kerr) hat Harnisch und Spatzenkanone freiwillig abgelegt. Er denaturiert oder mutiert nun zum zartfühlenden Privatmenschen, außerordentlich freundlich, lach- und gebefreudig, herzlich, bisweilen auch nur „fast herzlich". Er läßt – laut Helene Kann – plötzlich derart krausfern oralen O-Tons hören, daß Kraus solchen Output nie und nimmermehr autorisiert – oder wenigstens wiedererkannt – hätte. Alle werden happy sein, so viel über sein Privatleben zu erfahren. Einzig er selber wird sich dieser Gutgemeintheiten entziehen wollen. Um als „im Grunde gesellige Natur" „die Welt schön zu finden", hätte Kraus nicht Kraus heißen und zu sein brauchen. Statt sein Mysterium mit ins Elysium zu nehmen, sank er hienieden unaufgefordert aufs kaum wechselnde Niveau seiner 120 Augenzeugen, die genauso wenig wie er als Mensch an die Sprache der Fackel herankamen. Der Unnahbare erzählte, laut Claire Loos, „lustige Anekdoten". Unter pastoralen Laborbedingungen im Naherholungsgebiet Janowitz diminuierte der Über- und Unmensch, dem Alma Schindler bzw. Franz Werfel „unechte Uncorruptheit" bzw. „zweitrangige Geistlosigkeit" anmerkten bzw. nachsagten, humanerweise sehr zwischenmenschlich zum Mitmenschen wie du, Sie und ich. Zeitzeugin Edith Anna Somerville weiß nichts anderes beizusteuern, als daß der „kleine Kraus" irgendwo beim Dinner mal doppelt so viel aß wie andere Gäste. In einer nicht ganz untalentierten Äußerung mußte sich Kraus von Klaus Mann einen „begabten, aber unmoralischen und schlechten Menschen" nennen lassen. „Kaffka", wie Else Lasker-Schüler ihn schrieb, hängte „dem Affen Zarathustras", wie Anton Kuh ihn nannte, das Unwort „mauscheln" an. Obwohl er auf Löwenzahnwiesen dem Ton der Biene lauschte, traute Hofmannsthal dem Polemiker, der den Kunstblumendichter auf „egal" reimte, keine Substanz zu. Hans Müller (Lebensleistung: 170 x in der Fackel gepeitscht worden zu sein) schalt Kraus „unbebartet-mephistophelisches Paviansgesicht". Elias Canetti unterlag wie Werfel dem Nietzsche/Wagner- bzw. Chapman/Lennon-Effekt: erst unterwürfig bewundern, dann draufhaun und ihn „Hitler für Intellektuelle“ schelten. Immerhin: Adelige VIPs schwangen sich zur Bauernweisheit auf, daß auch ein Monster seine liebenswürdigen Seiten hat. 120 Primärkontakte einigten sich gütlich, daß seine Lust das Denken war, daß sein Fühlen zwischen zwei Polen (bloß zwei?) und „seine glühende Menschenliebe zwischen Glaube und Hoffnung“ vibriert habe (obwohl ökumenischer Psychoschmus-Jargon erst ab 1972 aufgeblüht sein soll). Andererseits hatten die „engen Freunde“ – z.T. aus Böhmen – weder gelogen noch unrecht: Kraus gefiels am Tödi tatsächlich sehr gut, als Mensch voll Güte und Vertrauen – unfaßbar nur, daß Termini wie „naturverbunden“ bereits 1934 florierten! Endlich erfährt nun die Welt, die sich bisher mit Mozart zu Pferd und Kafka auf dem Motorrad begnügte, daß Kraus ein „guter Schwimmer“ gewesen (im Mondsee). Jedem wohlwollenden Denunzianten und Tierchen sein Blickwinkelchen! Jedem Genius seine Defizite – für Kreneksche Krausvertonungen wuchs dem Kraus halt leider kein Ohr, und keine Antenne dafür, daß Rilkelyrik doch a bisserl lyrischer tönt als Kraus' Lyrikschaffen. Ewig vergebens versuchte dieser Kraus Gruppenphotos einzukassieren, um sich von niemandem bei seiner enormen Geselligkeit erwischen zu lassen, und beim Faktum, daß der Unhold, eigentlich streng und unversöhnlich, im Nah- und Fernverkehr die allzu naheliegende Schweißhand der Nächstenliebe dann doch verdächtig oft zu drücken pflegte.

Diese verdienstvolle Pfäfflin-Edition wurde nicht nur positiv in der Süddeutschen Zeitung 2008, sondern bereits vor 1928 rezensiert, von Walter Benjamin (der Kraus hochphilosophisch als mythischen Dämon überinterpretierte, wovon die 120 nahen Freunde wenig spürten): „Nichts trostloser als seine Adepten, nichts gottverlassener als seine Gegner“, aber sonst ganz nett –

und lesenswerter Proviant für solche, denen der Himalaya der Fackel zu hoch und massiv wär, sodaß man erstmal mit einem Mittelgebirge auf Augenhöhe sich gütlich tun könnte. Kraus selber distanzierte sich vorsorglich, aber umsonst von diesem Buch über ihn: „Ich mische mich nicht gern in meine Privatangelegenheiten."

Die andern hatten da weniger Hemmung. Seine Bekundung „Ich möchte mein Dasein von ihrem Dabeisein sondern" blieb unbefolgt.

Nun sind sie alle für immer dabei und er auch nur einer von ihnen, eingepfercht in ihr Milieu, über das Zeit, Welt und die Auferstehung der Fleischer enorm florierend hinwegrollt.

- *„Aus großer Nähe. Karl Kraus in Berichten von Weggefährten und Widersachern", herausgegeben von Friedrich Pfäfflin, Bibliothek Janowitz, Band 16, 480 Seiten, 11 Abbildungen, gebunden, Schutzumschlag, 39,90 Euro, Wallstein Verlag, Göttingen, August 2008.*

Macho und Memme – Hemingway & Proust

Bierhefe und Pottwal sind genetisch zu 35 Prozent identisch, aber größenmäßig recht konträr geformt. Mozart und Hitler sind vom Gen-Code her noch viel identischer. Manche üben denselben Job aus und unterscheiden sich fast so un-eklatant wie Ernest Hemingway und Marcel Proust.

Beide sind männlichen Geschlechts und repräsentieren Lebensentwürfe. Frappante Gemeinsamkeiten lassen eine Synopse zu: Beide mochten leckeres Essen und erlesene Weine, was sie mit Milliarden anderer Bürger teilen.

Beide haben sich zeitweise, genau wie Buddha und Karl Kraus, weltlichen Genüssen hingegeben.

Beide finden sich, kaum zeitversetzt, umfangen vom Patina-Flair zwischen 1890 und Golden Twenties.

Nicht genug, daß Marcel Proust seinen kostbaren Vornamen mit dem eines unendlich unsublimer geschnitzen Buchkritikers teilen muß, so muß er zudem mit Hemingway & Company ausgerechnet den Beruf des Writers teilen: Beide haben Hirninhalte ihres Sprachzentrums auf Beschreibfläche namens Papier fixiert. Beide haben damit ähnlich Fühlende bewegt.

Wo Proust seine Zartbesaitetheit pflegte, zelebrierte und filigran subtilisierte, fand sich auf der Gegenseite hinter Body Building und harter Schale immerhin ganz gern mal ein weicher Kern.

Doch im einzelnen sollen sie, trotz so vieler frappanter Vergleichbarkeiten, sehr unterschiedlich funktioniert haben. Der eine litt an Mutterfixierung, der andere an Mutterverachtung. Der mit dem monosyllabisch ruppigen Namen bildete sprichwörtliche Endlossätze; der mit dem melodiös ausschwingenden Namen wurde mit knappschnittigen Deklarativsätzen berühmt.

Über Hemingway hortet Google doppelt so viele Einträge wie über Proust, 12 Millionen. Viele Vollmänner bekommen vor lauter Bizepsaufbau beim Amboßschlagen und Fingerhakeln nie mit, daß gewisse überfeinerte Nulpen (trotz formalem ♂-Status) ganz andere Prioritäten setzen. Als Hemingway, der mit 62 von uns ging, als Baby herumschrie, zählte Proust bereits 28 Lenze, und als Proust mit 51 von uns ging, war Hemingway 23.

Die Grobeinteilung in Dichterpriester (Dante & Handke) und Hordenclown (Loriot & Gernhardt) wird wiederum von Hemingway und Proust partout nicht bedient. Typologische Bioversität läßt dergleichen nicht zu. Hier der Kriegsreporter, dort der Epiker der Innenschau: Beide eröffnen eher eine andere gingko-biloba-förmige Dichotomie: Archetypisch fallen sie als Jäger und Sammler auf, als Mann und Memme, Macho und Nulpe, Testosteronbolzen und Schwuchtel, jeweils hochspezifisch umweht von Hardcore-Achselschweiß und Weichei-Parfüm, garniert mit Nobelpreis der eine und mit dem Ritterschlag der Ehrenlegion der andere. Suizid würde man aber eher vom Hypersensibelchen erwarten als vom Hau-den-Lukas und Knüppel aus dem Sack. Leider sind auch Softies, neben Berserkern, nicht die besseren Menschen. Denn Proust delektierte sich skandalös an Tierquälerei, an Ratten, die man mit Hutnadeln totstach, so als stecke auch in ihm ein kleiner Stierkämpfer.

Synoptische Aktivität macht aus ihnen Megaphon und Ohropax, Sportsman und Zierpuppe. Das Mamasöhnchen diente, zum Ausgleich, kurz im 76. Infanterieregiment in Orléans, genau wie der guttrainierte Stierkampf-Fan an der österreichisch-italienischen Front. Die Gorillabrust sieht zwar, trotz Zahnpastagebiß, nicht ganz so blendend aus wie Gregory Peck, Geheimagent Bond, James Bond, 007 Nr. 1 oder manch Marlboro-Mann, hat aber in einsamer Prärie ganz gern mal eine Marie im Schlafsack dabei.

Typologisch lag Proust auf der Linie fragiler wohlhabender Treibhauspflanzen. Hemingway markiert hingegen eher, nach Jahrhunderten vorherrschender Geistesriesen, Denkmonster und Dichterfürsten, den Einmarsch des normalen Schürzenjägers und Trophäensammlers ins Terrain der Literaturgeschichte.

Allerdings: Literaturhistorisch backte Hemingway viel kürzere und kleinere Brötchen als Hermann Melville. Er fing nämlich, statt den Pottwal Moby Dick, bloß namenlose Forellen und Schwertfische. Proust aber, und andere rundum überzärtelte Arabesken und Alibi-Beifahrer ihrer Industriezeitalter, à la Hugo von Hofmannsthal oder Rainer Maria Rilke, tickten noch viel diffiziler, komplizierter und marottenreicher als frühere Sensibelchen wie Novalis oder Hölderlin.

Einmal ging Hemingway mit einem Kumpel spazieren und sagte: „Guck mal, was ich jetzt mache", ging zum gegenüberliegenden Bürgersteig und schlug da einen beliebigen Spaziergänger zusammen – nur warum? Er hielt ihn auf bloßen Verdacht für homosexuell. So geht der ewige Hemingway dem ewigen Proust ans Leder. Obwohl kein Schwuly den echten Männern die Frauen fortschnappt, verlangte bereits der gleichfalls weißbärtige Moses Todesstrafe für Andersfühlende. Rezensenten, die ihm „Männlichkeitsgetue" nachsagten oder ihn „Bulle" nannten, schlug Hemingway genauso zusammen, oder drohte zumindest damit.

Im Olms Verlag haben engagierte weibliche Nachfahren, edelklingende Namen wie Mariel Hemingway und Patricia Monte-Proust (der Onkel ihrer Großmutter), ihre privaten Fotoalben geplündert. Sie hoben herrliches, niegesehenes photographisches Material in geschmackvoll gestylte, opulente Kunstbildbände, für höchste Ansprüche, mit Albert Camus als Dritten im Bunde. Die blutsverwandte Blondine, Perlweiß lachend, sitzt im popigen Designstuhl „Proust geometrico" von Allesandro Mendini, in abgeschabten Jeans. Das atmosphärische Ensemble und Ambiente schwillt zum Epochenbild. Man sieht Hemingways drei gelungene stramme Stammhalter und Prousts drei ehrwürdige Onkels, geklonte Drillinge à la Charles Darwin. Chrysanthemen, gemalt von Madeleine Lemaire, 1887, die „zum Teil als Inspirationsquelle für die Figur Madame Verdurin diente", duften faszinierend aus dem Prachtband hervor. Auch die Weißdornhecke, die für Proust „eine religiöse Dimension erlangte", ist als Meisterfoto in Kalenderfarbqualität dort bildschön abgebildet, gleichwie eine erwähnte „einsame Mohnblume". Ganz wichtig mal, eine abgesunkene Welt rund um ein epochales Sprachgebilde ins Design heutiger Darstellungspraxis zu heben. Anders kommt keiner an die kostbar authentische Photographik und gefühlvoll vergilbte Faksimilies heran. Daß es eine Frau möglich macht, kommt der Anima des femininen Proust exquisit entgegen, auch falls damalige und heutige Exquisitheit konträre Stiefeletten sein sollten.

Gerold Späth, epischer Kollege, sieht neuerdings fatal wie ausgerechnet Hemingway aus, beschäftgt sich zudem mit Fischfang – man fragt sich, ob das sein muß. Proust-Darsteller im Spielfilm hingegen haben es stets sauschwer, gesichtsanatomisch von fern an Proust zu gemahnen. Mondäne Augen bekommt man hin, auf daß authentisch, wenn auch allzu empirisch und affektiert, in eine Madeleine gebissen werden kann, mit Augenaufschlag à la Daisy Duck. Aber der Dandy duftet stets eher nach Schwulenkomödie denn nach melancholischem Romancier. Sogar ein Backrezept für Madeleines wird im Bildband geboten – Backzeit: 20 Minuten.

Es scheint aber eine aktuell wandelnde Synthese zwischen den Anti-Diokuren geben, der „auch schreibt" und auf

Buchmessen gesichtet werden kann: Einerseits quillt Alban Nikolai Herbst graues Brusthaar aus extra offenstehendem Textilium, à la Hemingway, andererseits sondert er hochsensible „Bamberger Elegien“ ab, à la R. Maria Rilke – the band plays on.

- *„Ernest Hemingway. Sein Leben in Bildern und Dokumenten“, herausgegeben von Mariel Hemingway, 208 Seiten, 350 Fotos, Edition Olms, 49,95 Euro.*
- *„Marcel Proust. Sein Leben in Bildern und Dokumenten“, herausgegeben von Patricia Monte-Proust, 192 Seiten, 350 Fotos, Edition Olms, 49,95 Euro.*
- *„Marcel Proust für Boshafte“, insel taschenbuch 4154, 102 Seiten, Nachwort von Rainer Moritz, 7.- Euro.*

Grandezza im Haifischbecken der VIPS

Hugo von Hofmannsthal im Zeitalter der Hella von Sinnen

„Adel des Geistes" klang jederzeit arg forciert, bereits vor seiner Abwrackung a priori antiquiert. Seit Shooting Stars, so talentlos und zielgruppenkongruent, wie irgendwer sie schuf, sich kein Ohr mehr absäbeln müßen, um für 3,9 Nanosekunden berühmt gewesen zu sein, ward Gleichschaltung endlich erzielt, von Warhol bis Stella Salato. Seit Thronanwärter und Putinversteher zu Lachnummern degradierten und Geldadel im Koch-TV Kammbraten im Kugelgrill wendet, schlichen sich auch unter Milliardärsgattinnen vermehrt hohle Nüsse ein. Vorher auch schon: Marie von Thurn und Taxis beschrieb ihrem Hofdichter Rilke, statt die ihr gewidmeten Duineser Elegien hermeneutisch auszuwerten, die Intarsien des Meublements, wohinein sie die Devotionalia legte. Es soll Zeiten gegeben haben, in denen wahre Schönheit noch nicht aus Pomade & Silikon bestand und Quasi-Dandys noch so exquisit wie Porfirio Rubirosa sich nennen durften.

Falls Grobklotz BRD je den Superdandy suchte, um das Leid zu überkleistern, daß Deutschtum und Dandyismus sich ausschließen – man braucht bloß Jeans und Rucksack fortzulassen, aus dem Wasserhahn Champagner fließen und bei Gänseleber und Austern frierende Chauffeure warten lassen, sich über Proust, Hans Mayer und Uli Wickert u.a.a. erhaben fühlen – schon bekommt man Grandezza zugebilligt. Hofmannsthal gleichwie Fritz J. Raddatz lebten im Vollgefühl, bildungssatt herauszuragen aus dem Sinkflug jeweiliger Hochkultur – wir werden nimmer ihresgleichen sehn. Imposant, wie Raddatz im Interview bei Kishon kafkaförmige Abgründe einforderte! Obwohl der Eitle nie als Barbar randaliert, keinem ward so viel abgrundlose Eitelkeit vorgeworfen wie neulich Raddatz und vormals Karl Kraus, der ab ovo sich mokierte, daß die junge lyrische Treibhausblüte Loris (Hu von Ho) bereits mit 17 den Spätstil Goethens pflog und auf blattgoldüberzogenen Beistelltischchen süperbe Zwischentöne und Dämmerzustände ventilierte, damals, als noch Bologneserhündchen Pfauen verwundert anbellten.

Bei aller namhaften Sprachskepsis im Fin de Siècle: Worte, die pilzförmig im Munde zerfielen, setzten sich stracks wieder zusammen, bei Hofmannsthal (Rodaun, Wien, Prag, Venedig) zu exakt 2129 Notizzetteln mit „Aufzeichnungen", über deren postume Edition der Urheber wohl erschrocken wäre, bei Raddatz (Hamburg, Sylt, Nizza, Gran Canaria) zum gleichfalls uferlosen Genre der Kollegenschelte in Tagebuchform, absichtlich bei Lebzeit allen Geschmähten aufgedrückt.

Wer sich in den Zettelnachlaß hineinkniet, aufbewahrt im Freien Hochstift Frankfurt, wo auch Novalis dämmert und auf Doktoranden wartet, in der Historisch-Kritischen Gesamtausgabe bändeweise aufgearbeitet, würde erkennen, daß aus dem Siebrest dieses einen Geistes zehn eurer berühmten Männer gemacht werden könnten. O wer sich da vertiefen könnte! Aber im Fachbereich Germanistik sieht der Band, worin die epochale Prosa „Ein Brief" steckt, benutzt aus. Spätere Nachlaßbände der meterdicken senfgelben Edition duften eher nach Noli me tangere. Daß DDR-Romane ungescheut „Der Turm" zu heißen wagen, zeigt nur: Titelschützer, Lektoren, Autoren ahnen nie, daß Adorno sowohl Alban Berg wie Ernst Krenek anzuregen versucht hatte, Hofmannsthals „Der Turm" zu veropern.

Aufzeichnungen normaler Großhirne erschöpfen sich gern in privaten Unmutsbekundungen. Nichts davon bei Hu von Ho, dessen hochdiskreter Ozean aus Gedankengestöber und Ideenmagazinen zwar auch mal Adreßlisten nach oben spült, ansonsten aber Zeitgenossen eher links liegen läßt, zugunsten von Calderon, Goldoni, Amiel, Swinburne, Tasso, Kandaules, archaischen Medusen, betretenen Landschaften, Halbträumen voller Geheimniszustände. Da schwirren blaue und goldene Lichter vorbei, Sekundeneinfänge, Blitznotate wie „Der sensible Mörder" oder „sexuelle Osphresiologie", Keimzellen zu Novellen. Kryptische Notate à la „Gott wickelt sich heraus" oder „Wenn der Festsaal durchsichtig wird gehören die Sterne mit zum Fest" oder „Manches Nichts erinnert an etwas Wirkliches" trudeln unbenutzbar vorbei. „Er glaubt alles was er sagt." Stichwort-Konglomerate, unausgewalzte Sprossen und Sporaden, alles paradiert hinter Mattglas vorüber, ach, vorüber, con sordino und sfumato. Sprachmagie cumuliert in einzelnen Worten wie Absalom, Arlekin, Artus, Belphegor, Habakuk, Tiberio Fiorilli.

„Bewunderung braucht Luftraum."

Alles ein Geflirr aus zerblasenen, wieder zusammengepuzzelten Atomfragmenten, Tupfern, Geisterteilchen – wäre man Ulknudel à la Hella von Sinnen, würde man quäken: Styroporflocken, Marke Geisterscheiße, so oder so: eingekapselt, voll sedimentierte, ringebildende, assoziationshofgenerierende Abgelegenheiten (oder ist jemand scharf auf die Duse, Melusine, Smeraldine, Pandora?), all dies kryptische Memogramme aus Austriazismen, Zitaten Dritter, Nachmittagsträumen bei halb offenen Türen, Dialogfetzen eigener Kleinkinder. Leser, wenn es sie gäbe, wandeln anhand dieser davonstiebenden, kurz aufgespießten Traumzettel eines übergroßen Großhirns in voller „Activität" bei aufgeklappter Schädelkapsel durch einen vielfach zerpflügten Monolog, quer durch x Etagen, zwischen Oberstübchen und Orkus, quer durch 42 Jahre (zwischen 1887 bis 1929). Lichtenbergs Sudelbücher scheinen dagegen wohlsortierte Elaborate zu sein. Solche Kugelblitze, die die Welt im Ganzen enthalten, sehn trotzdem nicht zerstreut aus, eher zerschreddert, aber als rush hour geretteter Schnipsel, die im erlauchten Quisquilienragout, zwischen Zäsuren, Gedankenstrichen und Eselsecken, recht polyglott mit Abkürzungen (halb Stenografie, halb DNS) und Mysterien um sich werfen. Mittendrin – 1914 – auf S. 624 (wer wills dort je aufstöbern) eine Nebenbei-Prosa, wo er sein Todesurteil entgegennimmt, im Spiegel sich nicht gleicht und seine niegesehene, trotzdem urvertraute Gattin dezent verabschiedet.

Zum zerspleißten Textzustand seiner „Aufzeichnungen" paßt völlig, daß Martin Walser 19 Romane schrieb, also mehr als Musil, Mann, Mörike, Goethe, Jean Paul mit vereinter Kraft, aber Hu von Ho schrieb, statt einen, nur ein Roman-Torso: „Andreas", der aber pro Jahr 260 abgeschlossene, buchpreisgeile Longlistromane zu irreparabler Duft- und Sprachlosigkeit verbleichen läßt.

Das alles geht meilenweit über galante Neomystik hinaus, nein: lichtjahrweit. Das Schöne daran: Er tickt mindestens so porzellanfragil und hypersensitiv wie Proust und Rilke, spreizt und bläht sich aber nicht so in Niveauschwulst hinauf wie Handke, Rilke u.ä. Er fließt ganz natürlich in dezenter Introvertiertheit, abschattiert, taoistisch verborgen, erst jetzt erstmals einem rein hypothetischen Voyeurismus ausgesetzt. In Kürze oder vor kurzem, wo es dann schon total egal, ob Goethe oder Hofmannsthal, werden sich aus Fungesellschaft, Hotel Mama, Generation Dumm und Porntube-Jugend hoffentlich mal ein paar recycelbare Fossilien abspalten, um als Flachwixer rauszukriegen, wer Hu von Ho zeitweilig gewesen sein und was sonst noch so drinstecken könnte in seiner bodenlos tiefschürfenden Flaschenpost für alle und nobody.

Hu von Ho 1917 über F.J. Raddatz u.a.a.: „Es ist nichts unserer Rivalität sicher: nichts ist uns zu gering, uns darüber hinauszusetzen, davor zu stolzieren."

„Niemand hat eine Ahnung wie eng und wie fictiv der Kreis ist, dem er etwas bedeutet."

Möge Hofmannsthal verschont bleiben, als Iphigenie in Jeans in veränderter Welt reüssieren zu sollen. Gleichwohl könnte sich ja mal jemand hergeben, eine ganz normale, dicke, langweilige Hofmannsthalbiografie zu verfassen. Dazu kommt aber keiner, aus Zeitgründen, weil jeder erstmal Raddatz lesen muß, eintauchen in zähnefletschende Indiskretionen, um halt auch gern mal sich selber irgendwo wiederzufinden.

P.S. Inzwischen erschien die ersehnte, große, äußerst kurzweilige Hofmannsthalbiografie, und zwar am 24. Januar 2024, siehe unter den folgenden Literaturempfehlungen:

- *Hugo von Hofmannsthal: „Aufzeichnungen". Hrsg. von Rudolf Hirsch (†) und Ellen Ritter (†) in Zusammenarbeit mit Konrad Heumann und Peter Michael Braunwarth. Redaktion: Katja Kaluga in Zusammenarbeit mit Konrad Heumann und Olivia Varwig. 2 Bände, 1047 Seiten (Text), plus 1578 Seiten (Erläuterungen). S. Fischer Verlag, Frankfurt, 2013. (Sämtliche Werke. Kritische Ausgabe. Bd. XXXVII/XXXVIII.)*
- *„Hofmannsthal. Orte, 20 biografische Erkundungen", hrsg. von Wilhelm Hernecker und Konrad Heumann, in Zusammenarbeit mit Claudia Bamberg, 510 Seiten, Paul Zsolnay Verlag, 2014.*
- *Friedmar Apel: „Hugo von Hofmannsthal", in der Monografien-Reihe „Leben in Bildern", Deutscher Kunstverlag, Berlin, 2012.*
- *Hugo von Hofmannsthal: „Reden und Aufsätze 1", hrsg. von Johannes Barth, Hans-Georg Dewitz, Mathias Mayer, Ursula Renner, Olivia Varwig, 800 Seiten, S. Fischer Verlag, Frankfurt, Juni 2015*
- *Elsbeth Dangel-Pelloquin/Alexander Honold: „Grenzenlose Verwandlung. Hugo von Hofmannsthal. Biografie", 896 Seiten, gebunden. S- Fischer Verlag, Frankfurt, 2024, 58.- Euro*

In grosser Einsamkeit schwelgend oder – kontaktsüchtig?

366 RilkeverehrerInnen können sich nicht irren

Ost und Fernost, Südprovinzen, annektierte Republiken splittern, kaum gewinnen, stets verlieren, Regime übel implodieren, Nachbarstaaten rüsten zitternd, Völker aufeinanderschlagen, Großdesaster sich verschlimmern – flüchte du, in stillster Kammer, in des Herzens leisen Träumen, sanft um sanfte Dichtkunst dich zu kümmern. Könnte, zwischen qualmenden Zweckbauten, ein Elfenbeinturm wundersam aufblühen, wenigstens stehenbleiben?

Als Rilke rechtefrei wurde, 1996, hat Suhrkamp/Insel im Vorfeld schnell nochmal ganz viel Rilke hervorgewuchtet. Nachfolgende Editoren litten, zeitweise, an übersättigter Rilkegemeinde.

Dann aber, seit 2001, ward Rilke gepusht, durchs Rilke-Projekt, von Richard Schönherz & Angelica Fleer, Harfenspiel aufgepeppt, unterlegt mit percussion, auf den Spuren von J.S. Bach-Verjazzung, Rilkes feminine Falsettstimme übernommen vom Urgestein maskuliner VIPs, viril und potent: Ben Becker, Mario Adorf, Peter Maffay, Nina Hagen, Dietmar Bär, uneingedenk, daß der Dichter, welchselbiger strikt jedwede Vertonung hellhörig sich verbat, als „unerbetene Hinzutat zu einem in sich Abgeschlossenen", nun hochtrabend im Grab rotierte, o Rose reiner Widerspruch, eingepökelt in fünf Studioalben, Doppel-CDs, sahnig umdudelt: preisgekrönt (Goldstatus!), Konzertreihen, Edel Content, Events, Charts. Hunderttausende, wunderbar unverhofft, schlugen zu. Rilke gleichwie Kafka, errötend ob ihrer Megaerfolge & Karrieren, steigen im Doppelpack steiler auf denn je. O süßes Lied!

Schritt 2 und 3 der RRR erfolgte 2022 fast simultan (Rasante Rilke-Renaissance):

Die Millionensumme, einstellig, die als Geheimsache für den Rilkenachlaß (10.000 Zettel, 8800 Briefe, 86 Notizbücher, 380 Fotos, 470 Bücher, 131 Zeichnungen) neulich über den Ladentisch des DLA in Marbach ging, als wär ein Lyriker jener Poptitan, der er wurde, sickert sicher bald durch – Spendenaffairen und Wahlbetrug fliegen gern auf. Könnten die späten Erben für ihren sanften Vorfahr ein paar Promille abzweigen, rückwirkend, würde er von Spöttern damals nicht „Schnorrer" genannt werden können.

Der größte Baustein, ja Meilenstein der RRR: Zwei Rilkeexperten, erst 5, dann 10 Jahre lang, schichteten engagiert eine erlauchte Gesellschaft auf, plusminus 365 ZeitzeugInnen, entlegene Rilkequellen, multiphon, polyglott, imposant, allumfassend, ein Stimmenkonzert, das zum Gigantpanorama zusammenschießt, eine Welt für sich, die zurückzutauchen ermöglicht, tief hinein ins Personalgetümmel entschwundener Gefilde und Gefühle, uferlos berauschend, bodenlos, und vice versa: ein Konsortium, aus 366 Namen, fast nie ohne hochsensible Samthandschuhe, fahren nah an seine nicht grad grobgeschnitzten Aura heran, schier auf HD, näher als ihm recht sein kann, koordinieren sich, postum, im Salon ihrer Zusammenkunft und Synopse, puzzeln einen Dichter zum Anfassen zusammen, wenigstens Angucken – nein: Anschauen. Einhorn-Abelone-Gobelin und Worpswede-Ölgemälde entfärben, ernüchtern, verschärfen sich für alle, die nun sich sämtliche Nasen plattdrücken dürfen, in angemessenem Ausmaß, zu gestochen scharfen Photografien, zur Naturwahrheit eines singulären Edelgeschöpfs, am Sichtfenster zum Präsentierteller.

366 Geister, erst kontaktfreudig, dann schreibsüchtig, formulieren sich auffallend druckreif, a priori, und siehe, die Berühmten – alle tot – schreiben oft nicht lebendiger und schöner als die Unbekannten und bis dato Ungedruckten. 366 erweitern den Zirkel,

dank ihrer Herausgeber, auf 2320 weitere Personen (auf 1450 Seiten, also zwei pro Seite!), alle, an die man je kurz dachte, finden da im Sammelbecken einhellig zusammen, absolut alle, schier mehr als alle, außer z.B. Tucholsky, der Nationalökonomen schildert, die rasend gern Rilke läsen und der Rilkes unsagbar unsterblichen Vers, daß Armut ein großer Glanz von innen sei, „perfide“ fand. Welch Ozean des Namedroppings, von Pasternak über Ulrico Hoepli und Jean Paulhan bis Paul Valéry (nicht jede und jeder hat heute so viele Facebookfreunde) – da kann Proust kaum mithalten.

Sehr gut meinten es miteinander alle, die dazumal Umgang pflogen. Der Chorus aus Gratis-Claqueuren, horizontfüllend, ward sanft getragen von Sympathie, Empathie – Lästerzungen würden monieren: gleichgeschaltet; Liebende würden jubeln: mitschwingend.

In diesem Wohlfühl-Basin hochkarätiger Dauer-Laudatio kann Rilke gesund sich baden, das Seelchen erholen von den Tiefschlägen und Verkennungen, die anderstickende Geister wie Gottfried Benn, Adorno, Rühmkorf u.v.a. ihm grausam versetzten, als sie seine Gebilde, Artefakte, Dinggedichte „kunstgewerblich“ oder „Niveauschund“ schalten und deren Kreator z.B. Portefeuilleur (Feintäschler).

Sich erholen – oder wird Rilke nun nochmal ganz neu an sich leiden müßen?

366 Menschen hoben diese eine Wetterfahne nicht sofort über sich hinaus. Die Antennen fühlten die Antennen. Im Anfang hatten gar viele noch nie was von ihm vernommen und gaben seinen Namen mit „Raimund Maria Rilke“ wieder, gar mit „Peter Maria Rilke“. Wenn einer von „Malteser Tagebüchern“ sprach, meinte er die „Aufzeichnungen des Malte Laurids Brigge“. Etliche präferierten zunächst Stefan George oder R.A. Schröder. Rilkekenner

werdens glauben müßen, und hautnah miterleben, daß auch Zwerge klein anfingen und mit Eau de Cologne kochten. Demonteure hatten es seit je geahnt.

Lou Andreas-Salomé nannte ihn ein „nervös bedrohtes und belastetes Menschlein."

Rudolf Kassner sprach von ihm nur als vom „Rilkelein".

Als keiner ihn kannte, nahm man an diesem belächelbaren Dichterling Akne und Mundgeruch wahr. Als namhafter Dottor Serafico hingegen schwoll das Rilkelein namhaft auf, bis hinauf zu Robert Musils dickster Superlativ-Tube: Rilke sei der größte Lyriker der Deutschen seit dem Mittelalter – uff.

Dazumal befleckten den Poeten noch keine Bauchpinsler mit Platitüden vom Ausnahmetalent, das sich wie kaum ein anderes ständig neu erfindet. Damaliges Idiom nannte ihn eher „meditativen Einzelgänger", gern auch „Sensibilität in persona".

Albert Steffen nannte ihn einen „entzückenden Plauderer".

Carl Jakob Burckhardt nannte ihn einen „großen Manieristen".

Ernst Krenek nannte ihn „engelhaften Mystiker".

Viele stolpern erstmal über Rilkes „schwächlich fliehendes Kinn", an welchem eine scharfe Beobachterin „ein sinnloses Grübchen" entdeckte. Andere drücken es humaner aus und nennens bloß „ein wenig fliehend". Lila Augenlider und ein „großer durstiger Mund" (auch mal ein „enormer Mund") mußten auf die Nachwelt kommen. Fast jede Hinguckerin bleibt erstmal am Schnurrbart hängen. Die einen sagen Chinesenbart, Kalmücken, Mongolen, die anderen Ziegenbärtchen. Der Dichter wurde sogar befragt, warum er diesen Seehundsbart trage, in Band 3, auf S. 1187. Claire Goll konnte den „Schnauzbart über den Negerlippen" nicht ausstehen, wurde trotzdem von ihm schwanger (ohne Orgasmus) und nannte ihn einen „Erzengel im Jackett".

Daß überhaupt er Bartwuchs aufbrachte, nimmt schier wunder. Karl Kraus nannte ihn tendenziös „sie" und stets nur „Maria". Feminität duftete, dazumal, noch nicht nach Unemanzipiertheit. Fans und Groupies hießen damals Adeptinnen, Ephebinnen, Neophytinnen.

Kaum fand eine ihn nicht schön, traf sie ein Blick, aufgeschlagen, trauerumflort – lichtblaue Augen gossen Licht über alles und löschten das übrige Gesicht aus. Die einen sagen kornblumenblau, die anderen wasserblau, grau oder dunkelgrau.

Einige, die mit ihm sprachen, wußten hinterher kaum noch worüber. Das hätte in der Goethezeit kaum passieren können. Alle changierten ständig zwischen rauschhafter Überhöhung und anschließendem Kater. Kaum ging Beweihräucherung fließend in Heiligenverehrung einer Privatperson über, die sich selber mit russischen Ikonen umstellte, mußte, gemessen am gesponserten, gehätschelten Nimbus, dann wieder enttäuschen, genau wie damals jene empirischen Personen, angesichts derer die Verehrer gar nicht sich vorstellen konnten, daß schwäbelnde Kartenspieler und steife Bürotypen den Werther, die Räuber und den Faust verfaßt hätten.

Rilkes Handschrift ward bald einhellig als wunderbar empfunden, obwohl sich's eigentlich um Zierschrift handelte, graphologisch unergiebig (eher kommunikativ als verschlossen).

366 webten am Mythos und Nimbus von Rilkes vorgeblicher Weltabgeschiedenheit, mitten im großen Lärm, von dem die Dinge zittern. Seine große Einsamkeit nannte er schon „groß", wenn er bloß stundenlang keinem begegnete. Dann wieder umgab die Attitüde seiner Solitüde ihn, seine sog. „eigene Stille", dergestalt, daß keiner ihn anzusprechen wagte.

Er interessierte sich, im mönchisch edelbleichen Noli me tangere, merkwürdig stark für Beziehungsgeflechte. Er sprach arg gern über alle, von Chagall bis Lenin, von Amenophis IV. bis Stefan Zweig, von Paul Zech bis D'Annunzio.

„Darf ich mich zu Ihnen setzen, um mit Ihnen zu sprechen?"

„Sie schreiben Verse?" „Sie sind aus Prag?" Wie war die und die und wie war der und der? Martha Vogeler schwärmte: „Nie wurden Frauen so verstanden und besungen wie von ihm."

Sieben Frauen, mindestens, wetteiferten darin, ihm viel näher gestanden zu haben als die anderen sechs. Wenn die Damenwelt ihn mondän zuquasselte und logorrhöförmig plattwalzte, konnte er nur noch alle 15 Minuten stammeln: „Ja, gewiß doch, Fürstin …"

Angesichts solch einen Heeres an fraulichen Kontakten, teils Amazonen, teils höhere Töchter, teils wunde Seelen (Thurn & Taxis nannte sie „Gänse"), könnte willkürlich man sich fragen: Wann blieb dem Frauenversteher Zeit für sog. Arbeit, für hermetisch isolierte Inspirationsstürme? Jahrelang schrieb der Damenflüsterer, statt Lyrik, nur Briefe. Hochadels darling, im Andrang, Nachschub und Übermaß indezenter AugenzeugInnen, kam ihnen entgegen, ähnlich kontaktsüchtig wie sie. Er, der auch mal sechs Stunden mit einer Dame plauderte, schickte dann das wartende Taxi heim, blieb zum Plausch bis ins Morgengrauen, zwölf Stunden im Stück – oh! Denn wir leben wahrhaft in Figuren.

Einerseits mußte er sich auf eine Liebesnacht mal wochenlang, mal vier Tage lang vorbereiten. Andererseits sprach er von tausend vergessenen Liebesnächten – kommt da nichts sich quer? Oder paßt ganz viel rein in ein viel zu kurzes Leben?

Hélène Claparète, die Tochter des ukrainischen Neukantianers Afrikan Spir, hatte in Paris nicht viel von Rilke, da andere RilkebewunderInnen „wie Geier" auf ihn sich stürzten. Einerseits lamentierte er in klingender Klage, daß ganztägig das Telephon klingeln würde, stellte es aber nie ab. Seine Briefwechsel, klagte er innerhalb und außerhalb ebendieser, fräßen ihn auf. Herr Rikli (wie ein Schweizer ihn nannte) aß auch mal einen Fisch. Beim Militär nannte man ihn Mitzli.

Alle nannten den dazumal laufenden Stellungs- und Zermürbungskrieg einhellig „sinnlos" und „obszöne Materialschlacht". Stefan Zweig: „Er leidet mehr am Kriege, mehr vielleicht wie wir alle?" Vielleicht litten andere ja fast genauso sehr!? Darfs ein bißchen mehr sein? Selbst noch in Uniform strahlte Rilke eine große Güte aus. In einer der minuziösen Anmerkungen steht: „Die zehnte Isonzo-Schlacht, 12. Mai bis 5. Juni 1916 mit etwa 17.000 Toten auf der österreichisch-ungarischen und 36.000 Gefallenen auf italienischer Seite. Trotz dieser hohen Verluste gelang keiner der beiden Parteien ein wesentlicher Geländegewinn."

Rilke, wenn er um ägyptische Dinge kreiste, schwärmte noch viel mehr für russische Dinge. St. Petersburg erschien ihm viel zu westlich, Kiew zu international. Vor elektrischen Straßenbahnen floh er in goldene Kirchen. Jedem Bäuerlein sah er erwartungsvoll entgegen, als wenns Mystiker wären. Tolstoi konnte Rilkes Faible für Mütterchen Rußlands ländliche Frömmigkeit nur bedingt teilen. Obwohl Rilke glaubte, in einem früheren Leben in Moskau gelebt zu haben, wußte er, der anfangs nur gebrochen Russisch sprach, später nur noch zwei Worte. Auch Worte wie Belarus kommen in Band 1 bis 3 vor.

Seine leibliche Hülle schien nicht immer ganz zu ihm zu passen, genausowenig wie die ganze Welt, abzüglich Rußland, doch in der Kleiderwahl zeigte sich eine große Stimmigkeit. Rilkes Gewandung (Klamotten trug er nie) wurden öfter beschrieben als seine Speisen – hellgrauer Filzhut (alles andere als mausgrau), Gamaschen, rehlederne Handschuhe. Zwischen den lichtgrauen – auch mal dunkelgrauen – fielen gelegentlich fliederfarbene

Handschuhe auf. Max Pulver fand Rilkes Schuhe viel zu gelb. Rilkes Lichtgrau stand diametral zum Feldgrau der Kriegswirren und Epoche. Hundert Jahre später grassierte nur noch Plastikgrau.

Die Braue möchte man heben, maliziös, wenn Marie von Thurn & Taxis, statt inhaltlich auf die Duineser Elegien einzugehn, bloß das kostbare Schränkchen beschreibt, worein sie das kostbare Autographium legte. Rilke selber aber zeigte seinerseits ein Gespür für Blumenarrangements. Auch wenn Gas- und Lichtrechnungen ihn bedrängten, stellte der Poet Parmaveilchen sich auf. Ausgewählte Vasen avancierten zum Bollwerk gegen Unkultur.

Man ging nicht irgendwohin; man wandelte gediegen und getragen, obwohl Karl Kraus genau diesen Bewegungsmodus verulkt hatte, weiterhin betont „langsam" durch Alleen. Man trank im Hofgarten unter uralten Kastanien. Man sah und traf ihn nicht und aß nicht; man gewahrte ihn, durfte ihm begegnen und dinierte. Seine Leibspeise mit 23: Bortsch und Topfgrütze. Baladine Klossowska brachte ihm, statt Frischkäse, Petit Suisse. Jede Einbahnstraße hieß mindestens Boulevard und jede Sackgasse Avenue.

Seine Kontakte trugen bevorzugt Namen wie Nimet Eloi Bey, Cella Delavrancea, Guy de Pourtalès, Monique Saint-Hélier, Adelmina Romanelli, von A wie Berenice Abbot, Adéle Abbruzzesi bis Z wie Elie Zwissig, Marina Zwetajewa und Valentine Zuloago, und hießen nur in Ausnahmefällen Hedwig Fischer, Hedda Sauer, Egon Petri, Hans Leip, Hanns Buchli und Fritz Klatt. (Heute heißt wohl kaum noch einer Thankmar von Münchhausen. Ausnahme: Thedel von Wallmoden.)

Daß alle Kriegsfreiwilligen ihn, 1449 Seiten lang, „scheu", „zaghaft", „sanft", „zart", „mild" nennen, im Vergleich zu – wem? Daß er als Fremdling aus einer anderen Welt unter uns wandle, wird auf 100 Seiten 4 x betont. Er selber beschreibt wiederum Graf Tolstoi als Fremdling aus einer anderen Welt.

Die Traube seiner Schmeichlerinnen teilten seinen kostbaren Duktus. Sie tickten, nein resonierten wie er, ohne ihm sich angleichen zu müßen. Wer ihm nicht sowieso ähnelte, glich ihm ohnedies – sie alle ihm oder er ihnen allen? Alle rühmten in höchsten Tönen seinen hohen Ton, priesen ihn „unnachahmlich", obwohl sie in demselben preziösen Sound, wo nicht schwebten, so doch schwammen, in einer bestimmten sanften Gesellschaftschicht innerhalb eines bestimmten Zeitfensters, worin sie alle gemeinsam so feinfühlig wie möglich festhingen, nein: sich ergingen, fern vom Getümmel der Welt, eingehüllt in den Mantel der Nacht, herausgehoben aus banaler Wirklichkeit in einen Traum von Schönheit. Lyrik klang immer gleich so nach Lyrik. Aufgepfropftheit und zweite Natur wurden zum Odem. Odeur wurde zum Omen.

Auch Vera Oukama-Knoop starb an Leukämie.

Um Komplimente zu fischen, in ausreichendem Maße, mußte Rilke, als obligate Gegengabe, auch die tiefsinnige Wohlfühllyrik seiner MitstreiterInnen ästimieren. Nicht erst später schien es weniger Lyrikrezepientinnen zu geben als Lyrikerinnen. Bereits dazumal schien jede Mitherausgeberin Dichterin zu sein, jeder Mitmensch Chefredaktor, Privatgelehrter, Essayist oder Kunstschriftsteller z.B. aus baltischem Adelsgeschlecht, als gäbs nur solche. Deren Gedichtbände hießen auch mal „Im Frühling", oder „Neigungen". Max Mell: „Rilke fragte nach meinen Arbeiten." Das dramatische Schaffen sah Mell als das ihmgemäße an. Rilke ermunterte nicht nur den Hölderlinforscher Norbert von Hellingrath, dessen strenge, doch schwungvollen Rhythmen Rilke tief berührten, zu weiterer eigener Lyrik. Daß Tolstoi markant gegen jede Lyrik gewettert hatte, dünnte den Strom gestelzter Kollektivlyrik nicht aus. Alle empfanden alles genauso ästhetisierend wie er, hoffentlich nicht schwülstig – kamen sie nicht alle aus einer anderen Welt, mehr oder minder – fast alle?

Einmal aber, als ihm die gute Regina Ullmann ein Gedicht kredenzte, worin sie Rilkelyrikaccessoires kongenial nachempfand, zerriß ers unsanft und verlangte: „Tun Sie das nie wieder, verstehen Sie: nie wieder!" Gedichte von Alexander Lernet-Holenia u.v.a. hingegen fand er, obwohl ihnen auch dort sein eigener Tonfall penetrant entgegenschlug, sehr schön bis unwiderstehlich.

Das Zeitfenster jener abgeblühten Epoche muß doch randvoll gewesen sein von Firmenchefs, Untertanen, Schiffsköchen (Schöne Tiere muß ich schlachten), Bahnwärtern à la Diederich Heßling, Benedikt Grünlich, Klöterjahn & Thiel, also von „Gesichtern, die in die Hose gehören" (Tucholsky)!?! Solche Bagage blieb geschlossen draußen vor der Tür exquisiter Komfortzonen. Keine Verunzierungen stiefelten grob und quer durchs Arabeskenwerk aus Foyer, Tapisserie, Chambre separée, Vestibül, Loggia, Schmuckschatulle. Kaum einer sagte was gegen ihn. Die den „grazilen Mystiker" hyperästhetisch affektiert fanden, blieben dezent in der Minderheit. Termini wie Softie, Memme, Nulpe, Sensibelchen, Networker kamen, würdevollerweise, anmutigerweise, noch lange nicht in Sicht, im Schonraum der Golden Twenties, die noch ganz nach Fin de Siècle dufteten. Nirgendwo erdreistet im pastellfarbenen Weltreich der Bologneserhündchen, die verwundert einen Pfau anbellen, Häme, Mobbing oder Shitstorm holzschnitzartig sich, herumzupöbeln. Wohl denen, die solcher Ungehobeltheit via Überkultiviertheit illusorisch auszuweichen vermögen! Fies jene Zungen wie Franz Blei, die der Rilkegemeinde verschränkte Hände bescheinigten, dunkelgerandete Augen, von allen Sehnsüchten bedrückte Herzen, plus Neigung zur Kirchenbildung. Bleis Nekrolog klang unehrerbietig nach Satire. Walter Benjamin nannte ihn schlecht und frech und setzte noch eins drauf, sprach von Rilkes „verwesender Innerlichkeit". Frech! Weihrauch der Gemeinde vernebelte Beißreflexe im Haifischbecken.

Georg Heym nannte Rilke „überschminktes Frauenzimmer“, oder einen Spatz mit Pfauenfedern.

Bekommt die supersanfte Gebärdung nirgendwo Risse, im Porzellan des Abends?

Fürst Myschkin leistete cholerische Ausrutscher sich nie, im Gegensatz zu Jesus, dem Urvater aller Wehrlosen, gleichwie der schwierige Hans-Karl, von Hofmannsthal. Selbst im Automobilstau behielt Rilke, der unbeobachtet sich wähnte, Contenance. Welch Bild, wie Mozart zu Pferd und Kafka auf dem Motorroller!

Denn jeder Sanfte ist schrecklich!? In eine Braque-Ausstellung wollte Rilke partout nicht hinein. Wie bitte – Rilke hat sich mit Blaise Cendrous geprügelt und wollte seinen Schäferhund auf ihn hetzen!?!

Wäre der Sanfte noch sanfter gewesen, hätt er Rosen sicher nicht eigenhändig schneiden und Braten nicht verzehren mögen.

Gerühmt an ihm ward (denn rühmen – das ists!), daß er nie über andere Menschen ablästerte. Dies kann, wahrlich, fast keine von sich sagen. Verdienst oder Manko? Selbst denen, die ihn schmähten, zollte er Respekt, nannte Karl Kraus allenfalls eine Rasierklinge. Ein Hund, den er streicheln wollte, biß den Dichter. Keine fand satirische Neigungen an ihm, weder eine Ader noch eine Saite. Manche betonten mit Kloß im Hals, er, der nie laut lachte, hätte durchaus Humor besessen, als Mensch.

Wo aber sind im Dämmerlicht späterer Zeitläufe all die gemischten Chöre schöner sanfter Stimmlagen abgeblieben, die von dereinst, als Adel noch nicht auf Pöbel sich reimte, in zählebiger Rushhour steigerbarer DruckkostenzuschußlyrikerInnenschwemme?

Sobald die Ursubstanz von Sanftheit und Überzärtelung neu zu reinkarnieren schien, schauten physiognomische Neuauflagen im weitergedrehten Zeitenstrom, siehe Handke, vergleichsweise ungestylt aus, falls nicht gar ungekämmt.

Duineser Elegie-Preziösität, offenbar, vermochte nicht, sich noch weiter hinauf sich verfeinern, nur zurücksinken ins Normale, ins plump Pomadisierte.

Femininität depravierte schwulesbisch zum Augenaufschlag von Transmenschen. Hypersensitivität läßt in Friseursalons, Esotussi- und Laufstegbranche schwer sich wiedererkennen, im Weltreich der Ellbögen, Kartoffelstampfer, Schlagbohrmaschinen, Angriffsminister, Bluthunde, Fachbereichsleiter, Erzbischöfe, Geostrategen, Kleptokraten, Terrorismusforscher, Oppositionsführer, Pharmamafia.

Wer jetzt keinen Mietvertrag hat, signiert wohl keinen mehr – als die BRD merkte, daß das Bauvorhaben von 400.000 Sozialwohnungen 2023 nicht würde zu schaffen sein, fiel Rilke ihr ein: Wer jetzt das Soll nicht schafft, baut nur noch die Hälfte. Seine Werke leben also noch im Volke, und hinter tausend Deppen keine Welt ...

Wer jetzt keinen Softie sich zimmert, sollte gleich bei Machos bleiben. Iron Ladies wie Strack-Zimmermann, im Zeitalter neuer Unbehutsamkeit, nennen jederzeit jeden, der nicht gedient hat, „Weichei". Um sich einen Rilke zu bauen, sozusagen, nehme man 30 Gramm äußerste Zerbrechlichkeit, 40 Prozent subtiles Verstehen, tieferes Schauen, Aufmerksamkeit des Herzens, und garniere das Ganze mit grünlich-blondem Lippenbart.

Wird Rilke nun zeitlebens, in großer Zartbesaitetheit ausrufen: „So bin ich nicht. So war ich nie – ihr aber habts aufgeschrieben. I'm not, what I am!"!?

Ihm wird sein, als ob es tausend Spiegel gäbe, und trotz tausend Eckermännchen keinen wirklichen Rilke. Immerhin, ausschließlich um ihn gehts, im Verkehrsaufkommen der 366 Sägepfeilspäne, die sich alle um ihn gruppieren.

Rilke läßt ab sofort jedes bisherige Rilkebild nicht wanken, pellt sich aber postum überdeutlicher denn je hervor, lebendiger denn je zuvor.

Klaus Modicks Rilkeroman „Konzert ohne Dichter“ muß nun erweitert werden, desgleichen alle älteren Rilkebiografien.

Übrigbleibende Rest-Geheimnisse schwinden von hinnen ins Mikroskopische.

So oder so: Aus „En face“ plus Nachlaßkonvoluten werden neue Editionen hervorsprießen, vielleicht gar eine neue Phänomenologie des Kitsches. Gute Menschen würden Rilke Achtsamkeit attestieren; böse Hirne würden sich eher über Seelenschmalz mokieren. Denn seine Freude war das Schenken (fast immer Blumen und eigene Gedichte). Oft fühlte er das Bedürfnis zu danken. In künftigen Biografien wird man den Rahm von „En face“ abschöpfen, Band 1 bis 3, und das Fazit ziehen: „In der Poesie war Rainer Maria Rilke ganz für sich und zugleich verbunden mit einem Ganzen, in imaginärer Gemeinschaft.“

Schon jetzt steht seinem Weltruhm nichts mehr im Weg. Wie vermag Dottor Serafico solch breitbasierte Auferstehung verkraften, ja, überleben? The Hindustan Times, New Dehli, titelte: „Reading Rilke in difficult times“ (nämlich during the lockdown nahm man erfreut Rilkes fundamental truths entgegen).

Eintrittskarten für die Rilke-Projekt-Tournee: 70 Euro. 2024 – Hugo von Hofmannsthal 150. Todestag, 2025 – Rilkes 150. Geburtstag, Jean Pauls 200. Todestag.

- *„Erinnerungen an Rilke“, herausgegeben von Curdin Ebneter und Erich Unglaub, En face – Texte von Augenzeugen, 3 Bände im Schuber, 1450 Seiten, Nimbus Verlag, Zürich, 2022, 98.- Euro.*
- *„Duineser Elegien und zugehörige Gedichte 1912-1922“, hrsg. von Christoph König, Wallstein Verlag, Göttingen, 2023, 350 Seiten, 39.- Euro.*
- *Ilse Blumenthal-Weiss: „Und dennoch!“ Briefwechsel und Texte zum Judentum, 208 Seiten, 2024, 25.- Euro.*

Sind Sie verwandt mit Wolfgang Hohlbein?

Wie ich einmal mit Wolfgang Hohlbein verwechselt wurde: – Von frühauf hatte ich Hohles Bein, Hohlkopf und Vollbein zu heißen. Ständig hieß es: „Holbein, der Jüngste!“ Auch später hieß es mehrmals wöchentlich: „Sind Sie eigentlich verwandt mit dem berühmten Maler?“ Nicht jeder übersprang so unschematisch eine Stufe wie Prof. Dr. Horst von Gizycki, damals, 1977, als ich in seinem HBK-Seminar über Schillers Ästhetik saß: „Da werden Sie eine Menge Kalauer auszuhalten haben, Herr Holbein, beim Assoziationshof dieses Namens.“

Sehnsucht nach einem anderen Namen keimte auf.

Mutti erzählte mir, als Zehnjähriger hätt ich ihr eines Tages mitgeteilt: „Du, Mutti, ich möchte gern ‚Lukas Kiesling‘ heißen.“

So weit wagte ich als Erwachsener nicht mehr zu gehen. Ich begnügte mich mit einer mikroskopischen, hoffentlich hocheffektiven Abwandlung und nannte mich – gegen den Protest Heinz Holbeins – Ulrich Holbaum.

Alsobald ward ich auf der Buchmesse gefragt: „Sind Sie eigentlich verwandt mit dem sudetendeutschen Dichter Robert Hohlbaum?“

Mir auszuweichen, gelang nicht recht. Plötzlich empfing ich eine Verlagsabsage, in der mir eine Sekretärin mir mein Homunculusmanuskript zurücksandte und mich hierbei als „Sehr geehrter Herr Holabum“ anredete, nach Diktat verreist. Offenbar hatte ich meinen Holbaum zu schnell getippt. Wie gern hätt ich den Holabum behalten! Doch klänge so ein Holabum von vornherein zu stark nach Witzbold.

Viera kreierte mir ein paar Anagramme auf Ulrich Holbein. Uriel Bohnlich, Hiob Nullreich, Henoch I. Rulbi, Cherubin Lohli und Ruben Lohlichin klangen zu jüdisch, Eric Borlihuhn zu neuapostolisch, Niebolch Uhrli zu schweizerisch und Lili Chonhuber zu weiblich, Chibellino Uhr, Hulino Bilcher und Ohlin Urbleich hingegen zu phantastisch, Heino Brichnull und Heinrich Bullo viel zu urdeutsch und deftig – alles nicht so das Richtige. Heilurin Bloch hätte mir nur die Nachfrage eingebracht: „Sind Sie verwandt mit dem Cellokonzert-Komponisten Ernest Bloch?"

Desgleichen ließ ich Hurlin Biolech oder auch Heinrich U. Boll ersatzlos fallen.

1987, auf der Buchmesse Frankfurt, saß ich am Goldmann-Stand und las in den Memoiren eines amerikanischen Arztes in Saudi-Arabien die wundersam anregende Stelle über Araberinnen, die keinerlei Hemmungen zeigen, sich beim Frauenarzt untenrum freizumachen, solange sie hierbei den Gesichtsschleier anlassen können, da rief an der Goldmann-Theke plötzlich eine Pressedame in meine Richtung: „Herr Holbein, bitte ans Telefon!"

Obwohl ich doch derzeit Holbaum hieß!

Der Anruf; so oder so, konnte keinesfalls für mich sein. Trotzdem sprang ich hoch, besinnungslos, stürzte an die freundlich entgegengehaltene Muschel und murmelte ungläubig: „Holbein."

Eine Herrenstimme überschüttete mich mit glänzendster Laune, wunderbar herzlich, mit expressivem Überschwang, derart, wie ich sie in all diesen Messetagen nicht erfahren hatte, vielleicht nicht mal im ganzen Leben. Der Anrufer schmeichelte mir eloquent, duzte mich eifrig und freute sich schon sehr darauf, mit mir heut Abend tafeln zu gehen. Das wär mir, der ich jaulenden Gebeins ausgehungert und übernächtigt durch die Hallen tigerte, sehr gelegen gekommen. Auflebend suhlte ich mich im Schwall, konnte aber nicht länger als wenige Sekunden hoffen, daß vielleicht doch ich gemeint sein könnte.

Denn – ich hieß nicht Wolfgang Hohlbein.

Zögernd wollte ich die Herrenstimme aufklären. Ich holte Luft, flocht ein halbes Sätzchen ein, wurde nicht als Fehlbesetzung erkannt, kam minutenlang nicht zu Wort, zwei oder anderthalb Minuten lang. Dann mußte ich zugeben: „– aber ohne h". Sogar kam raus, daß Herr Görden und ich schonmal kurz telefoniert hatten, neulich, 1986, als ich mein Homunculus-Manuskript dem Goldmann Verlag anbot. Seine Stimme hatte da ganz anders geklungen, abweisend, müde, nicht wiederzuerkennen. Schuldbewußt teilte ich mit, daß Homunculus in Kürze herauskommen werde, gebunden, in einem Einmannbetrieb, gleichfalls in München, im „Kastell Verlag". Die Stimme, die ihre Freundlichkeit zum Glück so schnell nicht abbremsen konnte, meinte wörtlich: „Da könnten wir ja dann eventuell die Taschenbuchausgabe machen."

Sekunden später endete das Telefonat.

Zum Saudi-Arabien-Buch kehrte ich nicht zurück.

Betäubt taumelte ich durch die Hallen. Nutzlos badete ich im Nachklang.

Kaum konnte ich mich dran gewöhnen, nicht gemeint gewesen zu sein, obwohl es doch von Anfang an eindeutig um Wolfgang Hohlbein ging. Dem telefonierte er, der sympathischste Mensch aller Zeiten, bestimmt noch stundenlang hinterher. Auch ich hätte jahrelang meine Seele verkaufen können und zur Not sämtliche Hohlbein-Bücher schreiben mögen, diesseits ihres Inhalts, wenn nur dieser arg wohltuende Strahl mir noch etwas weitergeleuchtet hätte. Minutenlang hatte ich mich an der Lichtseite dieser Welt wärmen dürfen. Dann kippte ich klanglos zurück ins namenlose Getümmel, ungespeist und hundemüde.

Die Anrufung des Namens rollte gezielt über mich hinweg.

Um ein Haar hätte ich – speziell ich! – den richtigen Namen getragen!

Wie Ulrich Holbein erneut mit Wolfgang Hohlbein verwechselt wurde: – Acht Jahre später – 1994. Inzwischen hatte auch ich mir einen Namen als Autor erworben.

Nur, Wolfgang Hohlbein war natürlich unterdessen nicht untätig geblieben. In jeder Bahnhofsbuchhandlung sah ich „Der letzte Aufschlag“, „Die Heldenmutter“, „Die Schatten des Bösen“, „Das große Wolfgang-Hohlbein-Buch“. Ich übernachtete in Köln bei meinen Cousinen und Cousins, die alle Holbein heißen, Kay Holbein, Reinhold Holbein, Monika Knaupp, geb. Holbein, Eva Holbein und die natürlich null Bücher von mir hatten, nicht mal mein kosmisches Märchen „Knallmasse“, wo ich aber sieben Wolfgang Hohlbeins stehn sah und nachts erste Seiten und Sätze las, z.B. im Bastei-Lübbe-Taschenbuch Band 25222, „Der Thron der Libelle“:

„Kara saß am Rande des Abgrundes, baumelte mit den Füßen und dachte über die Ungerechtigkeit der Welt im allgemeinen und über das, was dieses Krötengesicht Hrhon unter Freundschaft verstand, im besonderen nach.“

Einem Wolfgang-Hohlbein-Prospekt entnahm ich, daß Hohlbein pro Jahrzehnt hundert Romane schreibt und fünf Kinder hat. Er überbot jedes Konsaliksche und Drewermannsche Schreibtempo. Ich litt zwar nicht grad an Musilscher Lahmschneckenquälerei, legte aber leider nicht im mindesten wie Balzac oder Heinrich Böll siebzig Seiten pro Vormittag hin.

Obwohl ich eher mich zur E-Musik rechnen durfte, Wolfgang Hohlbein hingegen bloß als Unterhaltung galt, hörten Verwechslungen nicht auf.

Bestellte ich bei Mönch oder Tittmann in Homberg an der Efze das Buch „The silent Orgasmus“ und ward um meinen Namen gebeten, wurde freundlich zurückgefragt: „Wie der Schriftsteller?“ – „Ja, aber ohne h in der Mitte“.

Statt herumzudrucksen: „Ich bin übrigens auch ... äh ... Schriftsteller. Wenn hier einer Schriftsteller zu sein scheint, dann doch wohl eher ich."

Marie-Luise Pirn-Weinreich tauchte mal mit Pfarrer Kohl bei mir auf, der mir verständnisvoll entgegenkam: „Sie schreiben also auch, hab ich gehört?" Unversöhnlich fragte ich zurück: „Wieso auch?" Marie-Luise hatte nämlich mal ein wenig Hausfrauenlyrik produziert.

Wolfgang Hohlbein wurde, perfiderweise, haargenau 1953 geboren. Auch ich, genau wie er, weigerte mich bis heute, Kurzhaarfrisur zu tragen. Er und ich: Fossilien der 1970er Jahre.

Zwischendurch holte immer wieder meine Vergangenheit mich ein: Post kam an, adressiert mit verzitterter Greisenschrift: „Herrn Robert Hohlbaum, Homberg an der Ohm".

Dem sudetendeutschen Dichter – bereits 1955 verstorben – ward auf altmodischer Gratulationskarte alles Gute gewünscht.

Wie U. H. schon wieder mit W. H. verwechselt wurde: – Auch Bodo Schmidt – genauso wenig mit dem Philosophen Botho Schmidt zu verwechseln wie Jörg Drews mit dem nicht unbekannten Schlagersänger Jürgen Drews – hatte 1995 in einer vorweihnachtlichen Berliner Buchhandlung ein Holbeinerlebnis. Seine Schwester hatte ihn im Gewimmel der Kaufrauschgoldengel auf einen Herrn mittleren Alters aufmerksam gemacht. Dieser stand, den Arm bereits voll von hartgebundenen Büchern, an der Hugendubel-Information und fragte nach dem neuesten Holbein. Ihm wurde im Chaos der Weg zum holbeinträchtigen Regal gewiesen. Bodo hechtete hinterher. Sein Missionarshirn probierte in Sekunden alle Möglichkeiten der wörtlichen Rede durch – sonst fragte er Leute allenfalls nach der Uhrzeit –, den fliehenden Fan zu stellen, mit einer Erstversorgung auszuhelfen, oder – falls das Sortiment des Ladens versagen würde –, sich als Holbeins Drittes Auge, Drittes Ei und Drittes (Berliner Stand-) Bein anzudienen, da schmolz seine – wie er das ausdrückte – „Erektion dahin wie unter einem Frauenfurz". Denn der Holbeinfan rief auf einmal seiner sich in die Gegenrichtung verlaufenden Begleitung zu: „Hier hinten ist die FANTASY-Ecke!"

Das kommentierte Bodo dann so:

„Frohe Weihnachten, Wolfgang. Laß mich, Holbein, den Tag erleben, wo dieser Hohlkopf sein Bein umtaufen muß, weil er die Verwechslung mit Dir leid ist!"

Würde dieser Tag je kommen?

Wie erneut Holbein mit Hohlbein verwechselt wurde: – Buchmesse Frankfurt, Oktober 1996. Kaum hatte ich bei Matthes & Seitz in mandäischer Gnosis geblättert, 3. Jahrhundert n. Chr.: „Ich werde meinem Ebenbild begegnen, und mein Ebenbild wird mir begegnen", teilte mir beim Eichborn Verlag (Ulrich Holbein = Hulli Eichborn) die Pressedame Frau Ewald mit: „Er hat jemand nach Ihnen gefragt. Er hat eine Stunde auf Sie gewartet – jetzt seh' ich ihn grad nicht."

Später spürte mich der Jemand dann doch noch auf. Vor mir baute sich ein echter Wikinger auf. Breit, gutmütig, reichte er mir mein Eichborn-Buch „Sprachlupe" und bat um ein Autogramm. 2 m hinter ihm wartete verehrungsvoll lächelnd – betäubt, berauscht, belebt von der Gunst und Weihe der Sternstunde – des Wikingers geschminkte Mutter. Nichtsahnend nahm ich den neuen Holbein in die Hand, da rühmte er ein anderes meiner Bücher. Er kam erst nicht – vor Aufregung – auf den Titel, murmelte dann was von der „Wiederkehr der Zauberer". Verdattert stand ich da. Der Fan wunderte sich, daß mir mein eigener Titel so fremd vorkam. In mir arbeitete es. Ich mochte Menschen nicht unnötig enttäuschen, als ethisch denkendes Humanum. Oder wollt' ich nur, als unterbelichteter Autor, den erfreulichen Neuzugang nicht sofort wieder verlieren?

Alexander der Große hielt sein Heer dadurch zusammen, daß er jeden einzelnen Soldaten mit Namen kannte. Hätt ich den Irrtum – wie damals bei Goldmann – aufklären müßen? Die Stunde der Wahrheit würde für den Mann sowieso früh genug kommen, abends, wenn er erwartungsfroh seinen neuen Hohlbein – mit diesem tatsächlich leicht irreführenden psychedelischen Cover von Fred Weidmann – genauer aufschlagen würde, um sofort – nicht ohne seine Mutter – an der unverhofften Stiländerung Hohlbeins zu scheitern. Wozu hätte dieser vorzeitig als Wertezertrümmerer sich unbeliebt machen sollen? Zumal doch wohl sowieso sämtliche Autoren ihren Lesern Glücksmomente schaffen wollen, also auch Hohlbein und ich, deren im heraklitschen Sinne fließenden Unterschiede man nicht überbetonen sollte. Eingehüllt in sein bißchen Glück, zog der Fan ab, angeklammert an die ruchlos signierte Jagdbeute.

Und siehe, am nächsten Tag traf ich ihn wieder. Hatte er mich nachts gelesen?

Er erkannte mich sogar wieder. Halb ehrfurchtsvoll, halb restlos perplex starrte er mich an, wirklich offenen Mundes: „Waren Sie nicht vor fünf Minuten unten … und haben Autogramme gegeben?“

Ich kam ihm entgegen: „Das kann schon sein“, und überließ ihn erneut seiner Irritation über mein schlechtes Kurzzeitgedächtnis. In ihm arbeitete es. In ihm gärte es. Doch es klingelte nicht. Wieder stand 2 m hinter ihm seine Mutter, die wie immer zum Dichterfürsten aufschaute, puderzuckersüß kandiert, als wär ich ein Fantasy-Autor. Langsam begann ich seine Mutter und ihn zu verachten, weil keiner der beiden ernsthaft an der

Lösung des Hohlbein-Rätsels arbeiten wollte. Wenn der Mann schon Ulrich und Wolfgang in einem Topf schmiß, wieso konnte er zwei garantiert unterscheidbare Gesichter nicht auseinanderhalten? Wikinger kannten als Unterscheidungsmerkmal vielleicht bloß Bart und Nicht-Bart.

Hätte er nicht wenigstens an der Brille aufwachen müßen?

Auch ich wollte jetzt mal aufwachen. Ich verabschiedete mich geheimnisvoll vom grübelnden Fan plus Mutter, blätterte im Buchmesse-Kalender – tatsächlich hatte bei Bastei-Lübbe soeben Wolfgang Hohlbein Signierstunde. Ich hingegen eilte runter. In Sekunden probierte ich alle Möglichkeiten durch, Wolfgang Hohlbein anzusprechen. Ich suchte, ich fand, doch die Stunde war schon vorbei und der Autor fort.

Hohlbein entzog sich geheimnisvoll.

Hohlbein blieb telefonisch unerreichbar.

Ich fand mein Ebenbild nicht, und mein Ebenbild suchte mich nicht.

Wie erneut Holbein mit Hohlbein verwechselt wurde: – Das Telefon klingelte. „Fetting-Benzel." Eine Deutschlehrerin hieß so und überschwemmte mich mit dem Bericht über Botnü, einen Jungen türkischer Herkunft:

„Er spricht sehr gut Deutsch, und in knapp zwei Wochen muß er das Referat fertighaben. Das ist natürlich kaum zu schaffen bis dahin, zumal er sehr viel anderes zu tun hat und Ihr Buch ist ja auch ziemlich dick. Meine Frage ist daher ganz einfach, ob Sie dem Jungen nicht ein bißchen auf die Sprünge helfen können, also ihm quasi sagen ..."

Sie bat mich um eine Inhaltsangabe der „Schattenjagd", da das, wie gesagt, in diesen knapp zwei Wochen einfach nicht zu schaffen sei, obwohl der Botnü, wie gesagt, sehr gut Deutsch spreche, und zumal er hier aufgewachsen sei und sie im Deutschleistungskurs – ich versuchte einzuhaken. Ich versuchte bescheiden anzudeuten, daß da vermutlich eine Verwechslung vorliege, und zwar mit dem erfolgreichen Fantasy-Autor Wolfgang Hohlbein. Frau Fetting-Benzel fand das dann recht peinlich. Ich deutete an, daß ein Autor eigentlich lieber Bücher schreibe als Inhaltsangaben seiner eigenen ungelesenen Bücher nachzuliefern. Ich solidarisierte mich also instinktiv mit meinem Schriftstellerkollegen. Diesen Gedankengang milderte ich aber sofort wieder ab. Denn eigentlich gönnte ich es dem Autor durchaus, von Frau Fetting-Benzel angeklingelt zu werden. Ich sah es nicht als meinen Job, meinen erfolgreichen Namensvetter zu bewahren vor allerlei Informationen über einen Jungen türkischer Herkunft, des Namens Botnü, der aber sehr gut Deutsch spricht und viel zu wenig Zeit für Wolfgang Hohlbein hat. Immerhin erkundigte sich Frau Fetting-Benzel der Höflichkeit halber, was wiederum ich so schreibe. Ich druckste herum … ein Musikbuch über Lärm … ein Buch über den künstlichen Menschen in der Kunst … Sprachglossen. Man spürte sofort die konstitutive Überforderung von Botnüs Deutschlehrerin Frau Fetting-Benzel.

Freundlich verabschiedete man sich voneinander.

Selbst in meinem nordhessischen Revier (Stadtgebiet Kassel) durften, statt ich, Franz Hohler, Durs Grünbein und Wolfgang Hohlbein die Palmen davontragen …

Wie endlich einmal Wolfgang Hohlbein mit mir verwechselt wurde: – Buchmesse Frankfurt, Oktober 1998. Am vgs-Stand sah ich Lindenstraßen-Mutter Beimer (die mir zunickte! kannte sie mich etwa?) und WDR-Seelsorger Jürgen Domian. Wolfgang Hohlbein hingegen, obwohl er praktisch nicht anders aussah als auf seinen

Prospekten, sah ich im Getümmel erst, als auf einmal Dr. Pütz zu mir sagte: „Da, das ist übrigens der Wolfgang Hohlbein!"

Dr. Pütz stellte uns vor. Man stand an sommerlich blendweißen Tischchen mit Knabberangebot, mit seiner Ehefrau, Heike Hohlbein, Märchenmond-Co-Autorin. Wunderbarerweise stellte sich heraus: Auch er kannte meinen Namen. Auch er wurde bereits mit mir verwechselt! Wiederholt hatten ihm Jugendliche Bücher von mir zum Signieren vorgelegt. In einer Buchhandlung sah er in einer Hohlbein-Riege, falsch einsortiert, mitten zwischen seinen Büchern, „Knallmasse" stehn, von Ulrich Holbein. Er kaufte und las es. Er fand es nicht schlecht. Hohlbein las Holbein. Dr. Pütz, geistesgegegnwärtig, sprang um uns herum mit Sofortbild-Kamera. Etliche Doppel- und Dreifachporträts lappten hervor: Hohlbein lachend, ich lächelnd, die wir beide uns mit Plastik-Schreiber signierten und gerecht teilten. Ich stand einen Kopf größer als er neben ihm, oder er einen Kopf kleiner? Wer wessen Zeitgenosse? Als Edel-Alt-Hippie schaute ich nur halb so freakig aus wie er. Die Eheleute schauten zwischen dem eher hochzivilisierten Laufpublikum der Buchmesse wie runtergekommene Stadtindianer aus, angejahrte, jedenfalls deutlich unintellektuelle Sozialhilfeempfänger, mit asozialen Zahnlücken, und das als Multimillionäre. Wolfgang Hohlbeins „Druidentor" verkaufte sich mehr als jeder andere seiner Titel, nämlich 600000 mal. „Ich weiß auch nicht warum", kommentierte er das. Immerhin hatte auch er klein angefangen. Die ersten Bücher verkauften sich nämlich bloß dreitausend mal pro Titel. Sein Lieblingsbuch sei „Hagen von Tronje". Seine eigenen fünf Kinder lesen ihn nicht. Ihr Vater scheint ihnen zu hoch zu sein. Sie lesen nämlich überhaupt nicht. Ihr berühmter Vater schreibt nachts. Mittags steht er auf. Tagsüber erledigt er Behördengänge. Abends widmet er sich dem Familienleben und Fernsehen, und schreibt dann von 23 Uhr bis 5 Uhr.

Über den Endspurt pro Roman sagte er: „Auf den Schluß zu wird's immer schneller."

Ich sprach auch mit Frau Hohlbein, die die gesamte Fanpost von ihrer Freundin lesen und beantworten läßt, um alsdann ein „Hohlbein" drunterzusetzen, so als hätte ihr Mann die jeweilige Antwort verfaßt.

Auch mir stellte Hohlbein eine Frage: „Schreiben Sie auch Kochbücher?"

Offenbar existiert noch ein dritter Holbein, dessen Vornamen Wolfgang Hohlbein nicht gegenwärtig hatte und mit dem bisher nur er verwechselt wurde.

Weiteres kleckerte nach: – Eines Tages sandte mir der Verlag Hohlbeins zehn Belegexemplare einer Vorschau auf den neuen Hohlbein und teilte mir mit, er habe in irgendeiner Stadt dies und jenes Hotel für mich gebucht. Ich antwortete nicht.

Alsbald erschein im Fränkischen Tagblatt ein Artikel über mich, die Ankündigung einer Autorenlesung mit mir in Bamberg. Das Foto zeigt aber eindeutig Wolfgang Hohlbein. Journalistische Sorgfaltspflicht buk daraus eine Figur namens „Ulrich Hohlbein".

Dann nahte der 9. Februar 2010: Norbert Niemann hielt in der Villa Concordia ein Seminar für 16jährige über die Zukunft des E-Books. Als die mich außen lauschen sahen, kam eine Schülerin rausgestürmt und bekannte mit leuchtendsten Augen, sie sei eine begeisterte Leserin meiner Bücher und habe alles von mir gelesen, schon als Kind meinen „Märchenmond", und ihre Schwester lese grad meine „Chronik der Unsterblichen" – ich wars leid, schon wieder zu erklären, daß ich nur so ähnlich heiße und beließ sie in ihrem Wahn …

Grossformate auf der Pirsch

Dinos, Denker, Dschungelhelden, anläßlich etlicher gemalter Saurier

Im neuen Antiqariat kann man just zwei Objekte simultan sich zulegen, Sloterdijks „Zeilen und Tage", für 12 Euro, und „Ich, Tarzan. Wie er wurde, was er ist", für 19,95.

Tarzans Credo lautet recht schlicht: „Ich bin Tarzan, Herr des Dschungels, ich töte schnell und sicher." James Bond 007 hat das dezenter ausgedrückt, vielleicht sogar humaner: „Ich habe noch nie einen Zwerg getötet."

Sloterdijk hingegen macht sich, im Gegensatz zu Conan und Onan, den Barbaren, Herkules oder auch Obelix, gar nicht mehr die Hände schmutzig. Er setzt sich meditativ ans Ufer und sieht seine Feinde in den Fluten vorbeitreiben. So bequem hat es nicht jeder. Neben Tarzans muskulösen Aufräumarbeiten schaut das sauber und spirituell aus. Sloterdijk nennt keinen Feind beim Namen. Beobachter rätseln, ob eher Habermas oder der schöne Philosoph Richard David Precht gemeint sein könnte. Tarzan hingegen würgt praktisch alles ab, was so auftaucht im Biotop: reizbare Gorillas, Schlangen, schwarze Panther und farbige Mitmenschen, die damals noch in aller Unschuld als „Neger" herumtrommeln durften.

Tarzan killt; Sloterdijk falsifiziert.

Allenfalls wies er Adorno in dessen Grenzen. Das läßt immerhin das Happy End offen, daß ein Riese auf den Schultern eines Zwerges sitzt. Tarzan kann noch so viele Schlangen würgen und Krokodile kaltmachen, sofort danach füllt schon wieder alles sich mit Reptilien. „Tötet sie, bevor sie Eier legen!" Tarzan hat auch mal einen Golden Lion bei sich. Sloterdijk trägt eine blonde Löwenmähne. Sowohl der dunkle kurzhaarige Typus (Tarzan) wie der blonde Denker pflegen gute Beziehungen zu Haarföhnen. Sloterdijk verehrt Martina Gedeck, umschreibt auch mal eine Erektion oder muß Ursula anrufen, würde aber kaum die Hand auf die Brust von Jane legen wie Tarzan, der sich dafür mit Flitzebogen, aber ganz ohne steifes Glied durch den Jungle schwingt. Nicht jeder Tarzan sah so vorzeigbar wie Lex Barker aus. Es wilderte sich auch manch ein dicklicher Tarzan durch die Technicolor-Wildnis. Hingegen: Tarzans Valley of Gold sublimierte sich bei Sloterdijk zum Sammelsurium von dessen Erkenntnis- und Lesefrüchten.

Apropos Reptilien. Alle, die je Saurier malten und animierten, sitzen als Zwerge auf den Schultern ihres malenden Urahns, des hyperperfekten Sauriermalers Zdenek Burian. Die Hirne der krokodilischen Urahnen blieben ja viel zu klein, als daß irgendein Brachosaurus mitbekommen hätte, wie er bei guter Beleuchtung aussah. Keiner hingegen weiß so hyperexakt wie Saurier aussahen wie einzig Z. Burian. Er hat alle Knochenfunde abgestreift, wenn nicht gar transzendiert. Er hat lange vor den special effects eine Zeitmaschine bestiegen und in authentischer Kreide und Jura eine pinselnde Kamera dabeigehabt. Chopin spielte immer nur Klavier. Z. Burian malte immer nur Dinosaurier. Nie würde er den grandiosen Tunnelblick auch mal auf andere Weltinhalte lenken. Nirgendwo ein Tarzan in Sicht, der seine Pfeile auf Knorpelplatten richtet und einen Velociraptor falsifiziert. Fred Feuerstein basierte optisch auf weniger Talent. Selbst der Schritt in Richtung Obelix betrug noch viele Steinwürfe. Hätten die Dinos ein wuselig tarzanförmiges Zwergengeschlecht hochkommen lassen, hätten sich die Leut an den ledernen Fleischkolossen einüben können auf spätere Mammutdezimierung. Immerhin benutzt Senckenbergmuseumsbesucher Adorno auch mal den

Terminus Triceratops. Sloterdijkadepten müßen lange fahnden, ehe ihr Denker einen Mastodonsaurus erwähnt.

So oder so: Keiner reicht einem Fossilium wie Z. Burian an die weit entfernten Schultern. Als Zeichner wolkiger Schraffagen kann Z. Burian sich, dank seines Maltalents, größer als eine Riesenechse, sogar neben Rembrandts Radiernadel sehen lassen. Als erratischer Findling steht Z. Burian in der Landschaft normaler Künstler und kleiner Lichter, umwuselt wie ein Saurier von Ratten, Wieseln, Halbaffen und Volltrotteln. Seine Flugsaurier mußten 65 Mill. Jahre warten, bis in „Avatar" auf Pandora blaue Ureinwohner das Pteranodon so zwanglos zureiten wie Tarzan auch mal eine Giraffe reitet, möglichst ohne Sattel!

Z. Burian, Tarzan, Sloterdijk – alles voller Naturgeschichte und Wachstumsgesetze – die langen Arme der Vergangenheit – phantastische Ausstattung, geschwungene Pinsel und gefönte Mähnen!

- *„Die verlorenen Welten des Zdenek Burian", Vorwort von Clemens J. Setz, Nachwort von Angela Fischel, herausgegeben von Judith Schalansky; Naturkunden Nr. 8, Matthes & Seitz Verlag, Berlin, 2013.*

Jenseits von Google

Menschen sind komische Leute, z.B. Männer. Ständig müßen sie Umrißvergrößerung betreiben: Erektion, Blitzkarriere, Metastasen; und außenpolitisch Revierausdehnung: Welteroberung (Timur), Weltliteratur (Goethe), Wirtschaftswachstum (Globalistan), Weltformel (Prof. Lesch). Vor Erfindung der Schrift liefen weise Greise als kostenlos anklickbare Googelianer alias: wandelnde Lexika herum. Seit feuchte Hirne ihre lebendigen Memogramme in trockne Papierhirne auslagerten und Folianten mehr wußten als Opas, wuchsen entthronte Sippenältestenräte als Rentnerberge steil an. Homos und Spatzen verdrängten Neandertaler und Nachtigallen. Bernhard Grzimek verdrängte Alfred Brehm. Brehm verdrängte Ulisse Aldrovandi, 1645, und Mittelalter-Bestiarien. Speziallexika lösten Weltchroniken ab. Deren Urknall hieß lange Zeit nur Sündenfall. Das Buch der Bücher sah zunehmend dünner aus, neben Mahabharata, Talmud, Balzac, Proust, Zettels Traum.

Plinius, Lionardo da Vinci, al-Gazzali, Song Yingxing, Leibniz hatten es leicht, universalgelehrt zu sein. Sie brauchten sich noch lang nicht schlau machen in puncto PCs, WCs, ADAC, DNA, VWL, CDU, Strings, Joyce. Populations- und Wissensverdoppelungen flitzten um die Wette: Volumina, ständig umgetopft und umgegossen, Vocabolaria, Abstrusa et Abolita kumulierten in vergrößerbare Sediment- und Destillat-Deltas hinein, vorerst letztinstanzlich in Wikipedia & Google, der (ungesiebt) die (wohlsortierte) Encyclopedia Britannica extensiv abdrängte, samt Brockhaus, Duden, Meyer und deren postcox nachhinkende Supplemente. Dr. Allwissend lief seit Aristoteles allen Alleszermalmern à la Nagarjuna voraus. Kaum maßten einzelne Hirne sich an, polyhistorisch zu brillieren, schimpften Wenigwisser auf jeden „Bildungshuber“ und „999-sassa“. Auch privat wußten Klugscheißer oft ALLES, aber dafür alles mögliche im Zweifelsfall dann doch nicht. Die recht bald nirgendwo mehr durchstiegen, schwangen immer wieder, gestützt von Pallas Athene, der Göttin des Wissens, sich zu Brennspiegeln auf und stemmten für Panorama, die Göttin des Gesamtüberblicks, mehr Masse durchs Nadelöhr eines roten Fadens als vielköpfige Mitarbeiterstäbe, Fachkonferenzen, Festplatten. Uferlose Meilensteine – Athanasius Kirchers Tabelaria und Wissensbäume, „Cosmographey“, Atlanten, Leporelli, Klapptafeln, Speculum naturale, 1476; Ramellis „Schatzkammer mechanischer Künste“, 1588; Robert Fludds „Microkosmi historia“, 1619; Micrographia Nova, 1687, Chr. Gottlieb Jöchers „Compediöses Gelehrten-Lexicon“, 1715 – 20000 Persönlichkeitsporträts! –, Zedlers Universallexicon, das sich mit 64 Bänden (4 x umfänglicher als Diderots Gigantunternehmen und Quartformat!) als Theatrum, Thesaurus, Sammelsurium, Raritätenkammer verstand, Gigantprojekte, von Grimm über Sir Frazer und Bächtold-Stäubli bis „Enzyklopädie des Märchens“, bildeten (kurz bevor deren Regalmeter in Loseblattsammlungen zerfizzelten) in summa nur die Kompilatoren, Zulieferer, Kärrner solcher Turbohirne, die eigenhändig die komplette Welt, manchmal gar „Mehr als Alles“, in ein Buch zu stopfen versuchten, wie Humboldt in seinen „Kosmos“, Bloch in seine „Enzyklopädie der Hoffnungen“, und sich (wie Th. Mann) rühmten, als Einmannbetrieb eine Pyramide gebaut zu haben, und (wie O. Spengler) Kant mathematische Defizite und Nietzsche Unbelesenheit anlasteten. Rudolf Pannwitz, dessen Welterfassung programmatisch vor schlichtweg nichts haltmachte und der, im Gegensatz zu anderen Welterfassern, nicht mal Gynäkologie ausklammerte, pumpte ins Literaturarchiv Marbach einen unsortierbaren, unerforschten Gigantnachlaß.

Doch je octopusartiger, sprich: totalitärer alle Omnivoren, Moloche, Erfassungsbehörden, Volks- und Erbsenzähler um sich griffen und je vermessener die letzten Hochgelahrten den explodierenden Makrokosmos auf gleichbleibende Kopfgröße komprimieren wollten: Jede neue Breitwandwelt bot dann doch nur Schmalspurtotalität (ein Terminus, den Google nicht mitschleppt). Nicht jede Welt paßt voll hinein in jeden Google. Manche Lexika kamen nur bis zum M. Noch breiter angelegte Monstra kamen über A nie hinaus! Sobald einer Unwichtiges wichtigfand, ertrank er im Dünenschutt: Googleprobleme 200 Jahre vor Google, und vorher. Doch kamen dann auch Geier, die in die Masse des Beiseitegelassenen tauchten und Müllberge ausmisteten. Alle häufelten stets Rosinen und „The Best of". Flaubert aber sammelte instruktiven Ausschuß: Nebenbeihuster und Atome von 3003 unersetzlichen Multiversa, Indexbewohnern und Franzosen (obwohl man sich schon immer mal mit Buffon, Veuillot, Proudhon, Bayle, Saint-Simon dringend befassen wollte!), eigentlich für immer abgesunken, wurden von Zugpferd Flaubert, weil er Flaubert hieß, auf einer Arche gerettet, dubiöse, halb ertrunkene Tiere, nun alle wasserdicht einquartiert, im Vier-Sterne-Knast, mit Lesebändchen, abfahrbereit in die ungelüftete Ewigkeit der Bibliothekskadaver. So ein Kienspan lautet dann immerhin z.B. so hier: „Smyrna ist eine Insel!", „Nur Christen sollten Experimentalphysik betreiben." So haushoch Flaubert über seinen wissensdurstigen Karikaturen Bouvard und Pécuchet wandelt: indem er stofflich für sie sammelte, glich er sich ihnen an. Wer das Gigant-Reservoir strotzender Kollektivdummheit kraft I.Q. punktuell merklich aufzulockern vermochte, entragte der inspirierenden Existenz der noch Dümmeren selten für immer, hob sich vom durchschauten Sumpf als Neunmalklug kaum ab, naturgemäß. Alle späteren Welterfasser konnten der Lächerlichkeit von Bouvard und Pécuchet nicht ausweichen.

Barocke Baccalaureen, Scholare, Stubenhocker, Bücherwürmer, Bibliomanen, mit ihrem Globus in gotischer Zelle, depravierten bestenfalls zu renommierten Fachidioten. Jürgen von der Wense ging klüger heran ans Weltwissen der Alterslosen, wahrlich nicht so stoffelig wie Bouvard und Pécuchet, variierte aber durchaus deren Wahn, noch einmal – auf neuer Ebene – ALLES erfassen zu wollen. Mehr Orgelregister als Millionen Zeitgenossen zog dieser Geist, und als hundert Riesenorgeln überhaupt bereithalten, lernte 100 Sprachen, doch der luzide Neocortex bewahrte nicht vor Sortierproblemen, Wahnwitz und Verzettelung, und schon staunte der Weltgeist aufglühend über sein lebenslanges Scheitern in progress.

Auch W. Kempowskys ausgeufertes „Echolot", A. Kluges weiträumige „Chronik der Gefühle" und nicht zuletzt U. Holbeins monströses Passagenwerk „Isis entschleiert" schöpften bloß mit niedlich verzwergenden Fingerhüten im Megaozean. Bücher blieben halt nur Bücher. Google aber ventiliert tatsächlich jene kollektive Bewußtseinswolke, wovon gewisse Bücher seit längerem redeten (science fiction). Google versucht Millionen Bücher zu ersetzen, die vielfach selber schon sich gerühmt hatten, 1000 andere Bücher zu ersetzen. Such „Leidvertreib" & „Krähpaket", und es hagelt hilflos Rückfragen: „Meinten Sie Ledervertrieb & Korkparkett?" Markus Müller wird, im Klumpatsch ozeanischer Namensvetterei, angenehm unauffindbar. Auch der unersetzliche Terminus „Kleinteilgreifer", womit dicke US-Bürger, ohne sich zu bücken, Kinkerlitzchen unterm Tisch hervorangeln, entzog sich lange jedem Google. Übermaß an Treibgut täuscht über Infolükken nicht hinweg. G.F.W. Hegel legte Mappen an, die eindeutig wie Ordner und Dateien sich aufzweigten. Auswahl aus Lichtenbergs Sudelbüchern nervte lang mit Lückenhaftigkeit; kaum kam alles komplett, nervte googleförmig mittelprächtiger Ramsch. Desgleichen Flauberts Universalenzyklopädie: Wärs nur eine

Auswahl, würde Herausgeberhochmut verärgern und Sehnsucht nach Großem-Ganzen entfesselt. Jetzt wühlen Überfütterte im Komplettum nach Highlights und müßen lang stochern.

Google spielt als Nonbook „gußeisernes Gedächtnis der Menschheit“. Er nennt seine Synapsen „Links“, expandiert wie jeder süße Brei, Zauberlehrling-Tsunami und jede Galaxis, läßt weiterhin den silva opinionum (Wald der Meinungen) auf dem abyssus nihilum basieren (Abgrund des Nichts). Bücher beteuern, das Buch ließe sich nicht ersetzen. Selbst in kiloschwerem Kanon steht selten viel drin. Die Zerreißprobe zwischen Buchkultur und Google, die derselben Bulimie frönen, wird aber weniger stattfinden als die zwischen beiderlei Wissensspeichern und den Unmassen Unwissender, die nicht mitwachsen: Hauptschulabgänger, die Nepal mit Neapel verwechseln, sterben ebenso ungern aus wie Bildungskonsumentinnen, die Nabokov mit Nabucco verwechseln. Hauptsache, pro Sekunde weiß die Menschheit noch mehr denn je zuvor, ohne daß abgesunkenes Zedlerwissen proportional verloren gehn müßte. Selbst Hirne, die pausenlos Breschen ins Meer der Pisageschädigten schlagen, würden irgendeinem Textmarker-Merksatz für wenig Fortgeschrittene, innerhalb von D. Schwanitz' rudimentösem Rucksack-ABC, nicht standhalten und, bei Quizmaster G. Jauch, die abverlangten Songtitel und Sportmedaillen weniger am Schnürchen haben als andere schwundköpfige Millionengewinner, die Crème de la Crème des VHS-Levels & Abiwissens, tumbe Nachfahren klassisch Halbgebildeter im Zeitalter immer weiter sich halbierender, klassischer Viertelsbildung – Quiz für überinformierte Legastheniker: „Was versteht man unter einem Multible-choise-System?“ A: Multible Sklerose? B: eine multible Persönlichkeit? C: – usw. Fehlt leider nur das von Mephisto geforderte geistige Band – och wieso, da wehn doch genug BRD-Fahnen.

Enkel fechtens schlechter aus, und Sankt Google wirds schon richten.

- *Ulrich Johannes Schneider (Hrsg.): „Seine Welt wissen. Enzyklopädien in der Frühen Neuzeit", reich bebildert, 240 Seiten, gebunden, Primus Verlag und WBG, 2006, 29,90 Euro.*
- *Alexander Kosenina: „Der gelehrte Narr. Gelehrtensatire seit der Aufklärung", 487 Seiten, gebunden, Wallstein Verlag, Göttingen 2003.*
- *Gustave Flaubert: „Universalenzyklopädie der menschlichen Dummheit. Ein Sottisier", herausgegeben, übersetzt und annotiert von Hans-Horst Henschen, Eichborn Berlin, 731 Seiten, 2004 + Zusatzband: Transkribierte Handschriften und Kommentare.*
- *Gustave Flaubert: „Wörterbuch der gemeinen Phrasen", 207 Seiten, Eichborn Berlin, 2005, 16,90 Euro.*
- *Hans Jürgen von der Wense: „Von Aas bis Zylinder", Werke I/II, 2 Bände + Begleitband, herausgegeben von Reiner Niehoff und Valeska Bertoncini, 1572 S. und 168 Seiten, Verlag Zweitausendeins, Frankfurt, 59,90 Euro, 2005.*

„UND MEINEN SCHLAFSACK AUSROLLTE IN DIE NACHT“

Endlich das Weltganze –
Raoul Schrott blendet Kunst und Wissenschaft opulent ineinander

Das Neueste vom Urknall: Es gab ihn nie. Kosmologen, inklusive Schrott, halten aber noch an ihm fest, vorerst. Um das Weltganze zu umgreifen, brauchts doch wohl 700 Seiten Minimum, mit und ohne Stauraum und Knautschzone. Nur, in welchen Kopf kanns passen? Wenns nicht reingeht, bleibt der Kosmos vor der Tür. Amöben brauchen keinen Kopf. Dann aber lebten sich Oben und Unten auseinander, vom Kragengeissler bis zur Beutelsau. 13,8 Milliarden Jahre Anlauf brauchte der Kosmos (Kinder, wie die Zeit vergeht!), um Rumpfausläufer zu entwikkeln, also Köpfe, und Hirnausstülpungen, also Augen. Köpfe sind PCs, die die Sicherheitskopie eines Kosmos, via 1,5 kg Hirnmasse, dann wieder umformatieren in jene Speichermedien, die zur Zeit noch „Bücher“ heißen.

Kaum schaffte der Gorilla den Sprung zur Madonna, trat 50 v. Chr. Lucretius auf, ein kühler Kopf, der seine Atomtheorie in Verse goß, aber von Einstein und Hiroshima noch wenig ahnte. Weltchroniken kamen über die Käseglocke des Mittelalters kaum hinaus, bloß von Adam & Eva bis 1493. Bevor das Heldenepos den Sprung zum Roman schaffte und ein Trockennasenaffe das Atom spaltete, lebten sich Kunst und Wissenschaft fatal auseinander. Physiker kriegen Sprachkunst nicht reingebeamt in ihre Weltformeln, bis dato. Welterklärer wie Stephen Hawking oder Prof. Harald Lesch entdecken nie den Poeten in sich. Schrotts Vorgänger, Giganten auf den Schultern von Titanen – nicht jeder Dichterphilosoph vermag Dichter und Denker zu fusionieren, geschweige malen und flöten. Dann kam Schrott und setzte eins drauf. Meilensteinen à la Ibn Arabi oder Humboldts astrognostischem „Kosmos" (3636 Seiten) reiht Schrott einen weiteren Wurf an. Selten geht irgendwer so auf's Ganze. Endlich ein Frosch, der über x Brunnen hinaushüpft und wissen will, was den Rest der Welt zusammenhält. Eine Einzelfigur, seßhaft im Fachbereich Poesie, verweist die Familienquerelen üblicher Longlistromanciers in deren Laufställe und umarmt außerliterarische Ganzheit, bis 3000 v.u.Z.! Eine Eintagsfliege, die sich immer schon für Physik begeisterte, drückt dem Weltall ihre Duftmarke auf, mit Goldrand und Lesebändchen. Lukrez fand ein Gehirn, worin er sinnreich reinkarnierte, Wissenszuwachs nachrüstete, auszuprobieren, ob science & arts nochmal zusammenpassen könnten, nachdem Dilettanten und Fachidioten erst recht auseinanderdrifteten, wie Urkontinente. Schrott strebt zwei Mammute mit einer Klappe zu treffen: den klassischen Barden à la Homer (wer Dichtkunst liebt, sollte auch Lyrik tolerieren) fusioniert er mit dem rezenten Sachbuchautor, in eigener Person.

Schrotts Verlag hätte den Stoff lieber als Roman gehabt. Der Stoff schrie nach anderem Gefäß. Eigentlich duften Dichterpriester, die im hohen Ton auf Stelzen wandeln, nach Defizit und Schmalspurtotalität, je nach Kopfumfang. Eigentlich darf man nach Dachau keine affirmativen Kantilenen mehr absondern. Schrott widmete sein größtes Opus seinen kleinen Töchtern. Schrott ließ sich vom Zeitalter, worin Frauen Romane und Männer Sachbücher lesen, nicht schrecken. Die Kulturstiftung des Bundes finanzierte ihm, dem Wanderer zwischen Tunis und Tirol, Expeditionen an die Enden der Welt, in die Atacama-Wüste, auf die Kermadec-Inseln, nach Pilbara, Batumi, Danakil, Island. Sieben Jahre durchdrang er rauchenden Kopfs uferlose Wissensbestände. Google, bulimistisch, omniphag, zerfließt in Datenfülle – Schrott gliedert sein Epos übersichtlich in 28 Canti.

Auf erstes Licht, erste Materie, letztes Bombardement durch Meteoriten, erste Pflanzen folgten erste Gesichter, erste Gehversuche, erste Primaten und erste Ästhetik. Superhaufen brüteten Pilzmücken aus. Gebissfratzen lauerten im Baumschatten. Paläontologie meets Maori-Mythen. Kapitelmottos mobilisieren Rig-Veda bis Rumi, Mark Aurel, Primo Levi. Irre Termini gondeln durch diese „Welt", armleuchteralgen, blattspreite, gondwana, holozän, orion, olivin, obsidian, luziferase, endosymbiose. Normalos haben Ausdrücke wie rippel, hydrothermalschlote, neuralleiste, fleischflosser, schildkerntechnik eigentlich nicht drauf. Durchschnittsgenies besingen stets nur den Gesang der Vögel. Raoul Schott aber bedichtet Zebrafinken, Pirol und Gelbnacken-Laubenvogel und gönnt „uns" illustre Reime: dikika auf omega, quelle auf sexuelle, gott auf gerott (!?), präzision auf erosion und dimension, füsse (Füße) auf einbüsse, basiert auf äußerst neuer Rechtschreibung: gliedmassen. Hinzu gesellen sich Archaismen à la grüsseln, firn, harsch, gewärtig sein, schwalg- und senklöcher, kerbwunde, nachtmahr, aufschürfung. Schöne Adjektive tummeln sich: falsche dämmerung, strahlende suppen, kokelnde materien, pubertäre laboratorien; forensische evidenz, in sich kreisender schrott, minimalste inhomogenitäten, zusammen mit Philosophemen, à la, daß unser Wissen der Hintergrund sei, vor dem wir uns definieren, daß das Leben im Wandel besteht, daß wir Tiere sind und von technologien, mit denen wir den planeten beherrschen, beherrscht werden. Tiefsinn fehlt nicht: „aus allem bricht licht – alles sich in ihm". Kunstfernes Vokabular à la integrieren, manifestieren, plattenbau, symbolisieren, plastikmüll braucht Musengunst nicht zu verkleinern.

Wer kühn über Raum und Zeit zu schweben wagt, könnt es leicht an Emotionen mangeln lassen – nicht so Schrott. Auf daß nicht alles inhuman im Gähnen der Geologie versande, läßt er es in seinem Weltgesang gehörig menscheln. Kein Urknall kracht isoliert in der Gegend herum. Ein Wir läuft pausenlos mit. Schrott, auch um den Chor von Besserwissern kleinzuhalten, ließ alles gegenlesen, befragte Fachwissenschaftler, in 19 vorauslaufenden Hörspielen des Bayrischen Rundfunks. Nicht nur ein Ich-Erzähler – etliche Iche dürfen andocken, ab ovo mitmischen, ihre Privat-Histörchen (Verwitwung, Brustkrebs) gerecht aufs Weltganze verteilen, auch wenn der Kosmos ungerührt drüber wegbügelt. Die namhaften Astronomen, Chemikerinnen, Vulkanologen, Primatologinnen, aus denen Schrott spricht und die alle sprachlich haargenauso ticken und singen wie ihr Einbläser, gibt es alle nicht, im Google nämlich nirgendwo.

Kann man alles haben? Versteht, wer nur den Kosmos versteht, auch diesen nicht? Müßen Gesamtkunstwerke dran leiden, daß ihre Schöpfer Ausführorgane eines inexistenten Weltgeistes bleiben, arg zeitbedingt, arg talentabhängig?

Fanny vom Galgenberg, Väinämöinen, Cyclomedusa, Aspidella, Synapsenknöpfchen, Haftknollen – Zauberworte garantieren eine lumineszierende Klangmagie, derart, daß man auf sie keine Kulturassoziationen (à la „ureigenste weihnacht"), keinen forcierten Mehrwert à la „wie es sich aus dem schatten schwingt in den dingen singt und leben bedingt", keine Poetizismen à la „offnen munds im wind", oder „im blau dieser nacht" mehr draufdrücken müßte, „im zytoplasma unserer ehe", „bibliothek der wellen". Immer, wenn der Wissensvermittler den Dichter a tergo imprägniert, kippen Reimgesang und Infofluss ineinander um. Naturlyrik und Quasipoesie liefern sich Wechselbäder, wie Singen und Denken.

Ob Schrott tatsächlich Evolution & Poesie synthetisierte? Kaum kam es zwischen Epik und Forschung, durch Schrott, zur Symbiose, fallen Gesang und Sachbuch-Appendix wieder auseinander – in doch wieder zweierlei Stiefel!? Hinten rechnen sich

Subjekt samt Stilwille wieder raus. Infofülle, zum Ausgleich, greift nach vorn über und überflutet den Gesang. Erst die Faktentreue, dann die Romantik des Diluviums.

So oder so: Raoul Schrott erinnert den Rest der Welt daran, daß er auch mal wieder kosmoskompatible Bauklötze staunen wollte. Wer nach dieser Lektüre Leute küßt, dem färben Wulstrand, Freßschlitz und Geruchsknospen beim Schleimaal, Gezähn, Höhlenschleimhaut, Zottensaum, Kegelzähner und Urmund der jahrmilliardenlangen Backstory in „Erste Erde" die landesüblichen Aktivitäten befremdlich um.

In 200 Jahren wird alles etwas anders ausschaun, und in 20 Millionen Jahren nochmal ganz anders.

- *Raoul Schrott: „Erste Erde. Epos", gebunden, 846 Seiten, 58.- Euro, C. Hanser Verlag, 26. September 2016.*

Die letzten Wundertiere, die noch ALLES wussten

Müßiggang kam nicht in Frage. Neugier trieb sie rastlos vorwärts, Wissensdurst, Fleiß, Schreibdrang, Denkzwang, explosive Energie. Alexander von Humboldt gönnte sich, um seine Studien nicht zu lang zu unterbrechen, nur vier Stunden Schlaf, Pierre-Daniel Huet bloß drei. Christine von Pizan und Kenneth Boulding schrieben 40, Niklas Luhmann 70, Benedetto Croce 80, Salomon Reinach 90 Bücher. Athanasius Kircher, der Phoenix der Gebildeten, sprach zwölf Sprachen, Wilhelm von Humboldt noch mehr, mehr als Leibniz. Kant nannte diese Spezies „Wundermänner des Gedächtnisses". Etliche Universalgenies übersprangen, zwecks Zeitgewinn, Mahlzeiten und manövrierten sich überarbeitet in Nervenkollaps und Tod hinein. Manche konnten selbst auf dem Sterbebett das Arbeiten nicht lassen. Thomas Young, Charles Darwin u.a. rühmten sich, keinen einzigen Tag im Leben verplempert zu haben. Melvil Dewey verbat sich Smalltalk, ja Grußformeln, da sie keine wissenschaftlichen Infos enthielten. Vierzehn Gelehrte (mindestens) blieben unverheiratet, um nicht durch unkonstruktive Dialoge, Redundanz und Sex Zeit zu verlieren (Burke drückts weniger frivol aus). Alle frönten hingegeben der Göttin Polymatheia bzw. der Ars Magna Sciendi (der großen Kunst des Wissens). Wer fünf Disziplinen beherrschte, durfte Pentathlos heißen.

Fast alle diese Infos stammen von Prof. Burke. Rückfrage an ihn: Wie vermieden Universalgelehrte, die als Bendiktiner, Karmeliter, Zisterziensermönch (wie Juan Caramuel), Dominikaner, Jesuit im Kloster dem Unterkunfts- und Ernährungsproblem entgingen, Zeitverluste durch Gottesdienste?

Endlich hat mal einer fast alle Gelehrsamkeitsmonster hervorgezupft und zusammengekarrt, sympathisch und plausibel eine typologische Phänomenologie anzudenken versucht – aktive und passive Typen differenziert und abgeglichen (da nennt Burke J.L. Borges und H.G. Wells), serielle, simultane, zentrifugale, zentripedale Geister. Sog. limitierte Universalgelehrte hatten sich zu begnügen, nichts Menschheitsrelevantes zu erfinden, sondern bloß „eine erstaunliche Themenvielfalt" aufzuweisen.

Claude Shannon erfand eine Jongliermaschine.

Zauberworte wie Polymathie, Uomo universale, Arbor Scientiae, ingenium ad omnia factum (allseitiger Mann), Doctor Expertus, züngeln und irrlichterieren leuchtfreudig aus Peter Burkes Buch hervor, euphonisch irisierende Fremdworte, zuzüglich braconnage (Wilderei), oder auch etica lavorativa (Arbeitsmoral). Rerum plurimarum heißt in China boxue (breite Studien), auf Arabisch mutafannin, Universalgelehrter alldort tafannun fi al'ulum. Magische Namen wie Eratosthenes von Kyrene, Isidor von Sevilla, Al-Farabi, Avicenna, Averroes, Agrippa von Nettesheim, Caramuel, Filippo Brunelleschi, Mademoiselle de Lespinasse, Uexküll breiten bengalisches Licht über das ganze Buch aus und kompensieren das errötende Eingeständnis, die Komfortzone des intellektuellen Eurozentrismus kaum verlassen und Antike, China, Arabien bloß jeweils drei, vier Seiten eingeräumt zu haben. Leibniz und Athanasius Kircher hingegen kreisten obsessiv um China.

Hiob Ludolf begründete die Äthiopistik – 1661!

Workaholismus kam bereits vorchristlich in Gang, siehe Poseidonios von Rhodos oder Plinius. Beschauliche Zeiten, in denen man als Universalgelehrter späte Disziplinen wie Informatik, Systemtheorie, Statistik, Spieltheorie, Mediävistik, Eugenik, Ethnografie, Nationalökonomie, Ekistik, Kinesik, Ökosophie u.v.a. noch überhaupt nicht antizipieren brauchte.

Im 17. Jahrhundert glühte das Goldene Zeitalter der Universalgelehrtheit. Samuel Hartlib galt als die „Nabe der Radachse des Wissens“. Charles de Sainte-Beuve nannte Pierre-Daniel Huets „den Mann mit der umfassendsten Bildung, der je gelebt hat“. Die Fülle von Einzelgestalten, von Burke aufgelistet, suggeriert den Nachgeborenen, als wär dazumal schier ein jeglicher Stubengelehrter als Ausnahmeerscheinung und Universallexikon herumgelaufen. Prof. Burke fand allein sieben schottische Universalgelehrte. In Lateinamerika fanden sich weniger. Die er nur streift oder aufzählt, kann jede Burkeleserin im Google näher prüfen.

Öfters wurde das Phänomen Universalgelehrtheit von „Krisen des europäischen Geistes“ erfaßt, denen dann doch wieder neue und spätere Universaltalente entstiegen.

Kurz nach Leibniz fiel zuerst Mathematik aus dem Pflichtprogramm jedes Universalgelehrten raus. Megagiganten wie er oder Albertus Magnus erschwerten es allen späteren Normalgiganten enorm, explodierende Wissensstoffe und neu aufschießende Wissenschaften noch einzupflegen in mitwachsende Großhirne und deren buchförmig ausgelagerte Infomassen. Metallurgen avancierten zu Familiensoziologen. Mathematiker mutierten zu Meteorologen. August Comte begründete die Soziologie, Max Weber die Musiksoziologie, Norbert Wiener die Kybernetik, Hans Blumenberg die Metaphorologie. Raymundus Lullius löste den Lullismus aus.

Nicht jeder hielt Schritt mit seinem Ruhm. Wem Bewunderinnen und Bewunderer zuliefen, der fand auch Neiderinnen, Imitatorinnen, Entlarverinnen. Die einen versuchten nichts auszulassen, die anderen kamen kaum mit. Mußte, wer zum Alleserfasser aufstieg, nicht automatisch Flachschürfer bleiben? Wer gedächtnisschwach zurückblieb, schürte den Verdacht, daß Jahrhundertkoryphäen oft auch nur mit Leitungswasser kochten.

Fast alle Leuchttürme wurden ertappt, sich quantitativ zu verzetteln, Teilgebiete zu übersehen oder zu verwässern. Dissoziation ward via Monomanie ausgebremst. Wer nicht manisch vernetzte, sammelte wenigstens manisch. Klagen über Reizüberflutung tönten immer lauter, plus Fragmentarisierung, seit dem 17. Jahrhundert, nein, seit der Antike. Universalgelehrte sortierten die Wissenschaften neu und räsonierten als Pioniere über Spezialisierung.

Pansophen und Naturphilosophen ermäßigten oder ernüchterten sich zu Biologen und Biochemikerinnen, gebildeten Ignoranten, höchstenfalls Generalisten. Lernwütige Weltumseglung zerflockte in interdisziplinäre Teams, Unis, Networks. Spätzeitliche Allwissende wurden als Amateure und Dilettanten verunglimpft. Leonardos Riesenarmbrust funktionierte tatsächlich nicht. Andere Geister hatten den Zwischenkieferknochen schon vorher entdeckt. Heraklit nannte Pythagoras Schwätzer und „Fürsten der Schwindler". Sokrates entlarvte allwissende Sophisten. Warren McCulloch wurde von Alan Turing, Jacques Lacan von Edward Thomson als Scharlatan abgetan, Derrida von Isaiah Berlin, Marshall McLuhan und Buckminster Fuller von Lewis Mumford, fast jeder von fast jedem.

Sobald Bewunderer Kritikaster überrollen, steigt Jürgen Habermas zum „Aristoteles unserer Zeit" auf, Pavel Florenskij zum „russischen Leonardo". William James warf Wilhelm Wundt vor, „eine Art Napoleon der intellektuellen Welt" werden zu wollen. Obwohl Ken Wilber zum „Hegel unserer Zeit" gekürt wurde, fiel er durch Prof. Burkes Maschensieb.

Obwohl – um keine Namen fahrlässig zu überspringen, nahm Burke als eine Art Noah lieber ein paar zu viel mit.

Universalgelehrtinnen kamen nicht zu kurz. Burke zieht sie imposant hervor, von Hildegard von Bingen über die Renaissance-Frauen Isotta Nogarola, Laura Cereta, Cassandra Veronese bis zu den femmes de lettres, bis Susan Sontag, die 10.000 Bücher besaß. Hypatia von Alexandria kommt zugute, daß man fast nichts über sie und ihr Wissen weiß. Heutzutage gibts davon mehr denn je, nur zählt Burke bei jeder bloß drei Disziplinen auf, bei Griselda Polock Kunstgeschichte, Kulturtheorie, Psychoanalyse – mehr nicht? Die liegen halt lang nicht so weit auseinander wie Molekularchemie und Pastoraltheologie. Semiotik-Beiträge, Gender Studies, Medienwissenschaftlerinnen, Ehrendoktorhüteträgerinnen bekamen den Lorbeer der Universalgelehrtheit aufgesetzt. Wer nur mit zwei Bällen jongliert (Joseph Needham mit Sinologie und Biochemie, Thorstein Veblen mit Soziologie und Ökonomie) – werden solche Lehrstuhlinhaber von Burkekritikern nicht schnell wieder ausgesiebt aus der erlauchten, uferlosen Sozietät!? Sein oder Dabeisein!?

Hoffentlich fällt einem da nicht jener Papst ein, der mehr Profanlinge selig und heilig sprach als alle Päpste vorher. Nicht nur bei Adorno könnte man stutzen, wieso er universalgelehrt sein soll, denn über Buddhismus, Hirnphysiologie, Goya schwieg er sich aus.

Gelehrte Giganten wie Gregory Bateson, der immerhin als Ökologe, Anthropologe, Linguist, Erkenntnis-, Kommunikations-, Lerntheoretiker, Biologe, Sozialwissenschaftler u.a. brillierte, verzwergten in der Lawine galaxienartig auseinanderfliegender Wissenswelten. Menschen mutierten zu Knotenpunkten, Sammellinsen, Brennspiegeln, gußeisernen Gedächtnismonstern. Zur französischen Encyclopédie steuerten 139, zur Encyclopedia Britannica 4000 Personen Beiträge bei, also arg wenig gegen die 40 Millionen, die die Wikipedia beliefern. Einzelgestalten zappelten zunehmend sekundär am Fundus und Delta kumulierten Menschheitswissens und Weltwissens.

Gigabyte-Sticks begnügten sich kaum noch mit Terrabyte-Festplatten.

Nicht, daß Burke, zum Ausgleich, daß er schwarze Passagiere und illegitime Fuffziger einschleuste, etliche unverzichtbare Geister übersehen hätte – kaum fällt auf, daß allenfalls Sosipatra, Georg Christoph Lichtenberg, Arnold J. Toynbee, Ernst Fuhrmann, Rudolf Pannwitz u.a. fehlen. A. Huxley, A. Turing, Sir Galton, Huizinga, James Frazer, Max Weber, Umberto Eco, Slavoy Zizek hingegen fehlen nicht. Gern hätte Burke einen Doktor Allwissend gefunden, der nach 1950 geboren wurde – da kam wenig in Sicht. Hungrige Einzelgehirne werden sich, im Kollektivozean der Datendschungel, irgendwann nicht abstoppen lassen, so die berechtigte Hoffnung.

Akademische Füllsel wie „Wie wir im nächsten Kapitel zeigen werden" oder „Wie bereits erwähnt wurde" stören nicht weiter und verdampfen angenehm in der Brisanz und Relevanz des leuchtenden Gesamtthemas.

Dieses Standardwerk bitte jedem Tausendsassa auf den Nachttisch legen, jedem Krankfeierer, jedem Resturlauber, Spätberufenen, Fachidioten, jedem keinseitigen Nulldenker, der nur mit anderthalb Bällen jongliert!

- *Peter Burke: „Giganten der Gelehrsamkeit. Die Geschichte der Universalgenies", Wagenbach Verlag Berlin, 217 Seiten, bebildert, 2021, 29.- Euro.*

Zickzack und Heckmeck

Wer schweifte schräger ab als Tristram Shandy?

Lolita, Dracula, Tarzan und Tristram Shandy sind berühmter als Nabokov, Bram Stoker, Burroughs und Laurence Sterne. Shandy & Sterne wachsen einander ständig über die osmotisch ineinanderspielenden Köpfe. Sie heißen so, wie sie sind und sind so, wie sie aussehn, zehnmal unursprünglicher als Tarzan und Mowgli. So hätten Voltaire und Lichtenberg gern ausgesehn. Cyrano de Bergerac hätte seine Hyperbelnase gern aufs Maß von Laurence Sternes frivolem Riechkolben zurückgefahren. Swift schaut physiognomisch wesentlich manierlicher aus, nur halb so mit sämtlichen Wassern gewaschen (außer mit Weihwasser). Sterne sieht haargenau so nasengesteuert aus, wie er schreibt – wer reitet hier raffitückisch wen? Der Schalk, der ihm im Nacken sitzt, ihn – oder er all jene, die ihn 200 Jahre lang pausenlos bejubelten? Wissenschaft streitet sich, ob seine Rokokoperücke, die seine Mephistohörner zeitgemäß abdeckt, a little bit schief sitzt oder nicht ganz so schief (schräg heißt nicht umsonst shandy, gleichwie ja manch ein Unsterblicher „Lazarus Long" zu heißen pflegt – falls das nicht ein anderes Thema wäre).

Sein Markenzeichen heißt: Digression – abweichen um jeden Preis, nimmermüd als running gag. Das trug ihn durch ein Fünftel Jahrtausend. Alle anderen Romanschreiber bauten plotzentrierte Handlungen aus, bis heut, er aber weicht ab und benimmt sich extra unkonzentriert, wildert um fünfeinhalb Ecken, guckt dem eigenen Hirn beim Herumstromern zu, bei Slalom und Zickzack und Heckmeck und Pingpong – Planlosigkeit als Planziel, vom Stöckchen zum Hölzchen. Goethe und Nietzsche, eingesperrt in Reimzwang und Denkkäfige, rühmten ihn als freiesten Geist.

Kam jemand nach? Don Quixote und Sancho Pansa ritten als Ritter Loriot und Heinz Ehrhardt weiter – wohl bekomms! Olympisches Augurenlächeln, mokante, maliziöse Eleganz blieb auf der Strecke, ungern, aber immer öfter, übertönt von Gewieher. Humor feixt immer knüppeldicker einher, idiotengemäßer, riecht nach Lachkonserve, Pussy-Terror, quäkendem Kabarett. Monti Python muß, um Lachsalven abzuweiden, nicht mehr auf Shandyismus fußen.

Nun könnten alle freien Geister ihn imitieren. Aber alle strukturieren ihre Filme und Romane so dramaturgisch unfrei durch, wie vor Sterne und nach Sterne. Leser, bevor sie von uns gehen, wollens ja auch so, immer schön gesagt bekommen, wos langgeht, politisch wie literarisch wie partnerschaftlich.

Sternes quecksilbrige Wendigkeit ging in der hyperkongenialen, ultimativen Eindeutschung nicht die Spur verloren. Das 18. Jhd. blüht hyperauthentisch auf (sorry für diesen Ausdruck), als wär die luzide Suada und Tiradenflora, samt Parenthesen und Blütenfülle, die subtilere, sublimere Welt gewesen, bevor Autoren nur noch zu asthmatischen, subjektlosen Anhängseln ihrer fast absichtlich verdummenden Zielgruppen depravierten – peinlich! Schwache Leistung! Idiogracy! Schlage nur ad libitum einen einzigen Brief von Laurence Sterne auf – an irgendwen – und du spürst unvermeidlich, dieses eine Blatt ist exakt 98.- Euro wert! Wem es nicht so geht, bleibt denkfaul und kulturlos und Reptilhirn, eingesperrt in Streusalz, Stummelsatz, Benzinpreisvergleiche und Fischdose!

Das Schöne an Sterne bleibt, daß er partout nicht als gängelbarer Otto Normalversager rumdümpelt, auch nicht als Pseudogenie lästig fällt. Hirne, die ihm ähneln, können aufatmen an ihm, in ihm, im Teamwork mit sich selbst, dies aber nur, falls man stellenweise lebendig blieb. Daß so einer als Pfarrer sich betätigte, bleibt ein Gag. Selbst Oscar Wilde, GB Shaw und Mark Twain vermochten diese galante Amphibolik kaum zu potenzieren.

Komisch zudem, daß ihm kaum einer am Kittel zupft. Andere Phenomena polarisieren ihre Schäfchen in Goetheverächter und Proustfans; Sterne schaut sich vergebens nach Neidern und Überbietern um, nach sinnvollen Imitatoren, Antipoden und Beckmessern – warum nur hat keiner was gegen ihn? Was stimmt da nicht? Will keiner ihn als Spinner, Chaot, geistreichelnden Zwangswitzler, ADHS-Patient, Tourettesyndromträger entlarven? Wer verlieh ihm Immunität und Invulnerabilität und dadurch freilich auch ein gerüttelt Maß an Unsterblichkeit? Dann dies Drahtseil-Kunststück, den Parnass (wie P. Süskind – vergiss es) mit nur anderthalb Büchern zu ergattern!

Man muß halt mal gucken, wie Sternes federleichter Spott im Gesamt-Weltvergleich standhält – Rabelais & Jean Paul quellen und strotzen überdosiert bulimistisch; Sterne steigt eher äquibrilistisch aus Barockgetümbel hervor und hinan, alle Derbheit abgestreift. Welch Skandalon, daß er pro forma dieselbe Muttersprache teilen muß, daßelbe Pidgin-Vulgärlatein aller milliardenköpfig unausrottbaren Bush- und Trumpwähler.

Das schreit zum Himmel, nur zu welchem?

Verdacht verdichtet sich, daß Lorenz Sterne selbst als Brite einen Deutschen in sich beherbergt oder kleinhält, der wie Proust seltsam lange, also deutsche Bandwurmsätze bildet, die aber keinem einzigen Leser Atemnot bescheren. Andererseits sind deutsche Nasen berüchtigt, konstitutionell unfähig zu sein, jemals dandyeske Eleganz glaubhaft aufzufächern. Shandyismus reimt sich schönstens auf Dandyismus. Wer aber sowas googelt, bekommt gleich wieder eine kalte Dusche, denn dort wird sowas als Position in der Fülle seiner intermedialen Bezugspunkte thematisiert – na dann. Immerhin Fülle! Bravo!

Kann Sterne wenigstens sein Patent (Abschweifen um jeden Preis) weiterhin auf seinen Namen festlegen? Sobald

Eurozentriertheit abtropft, läßt sich konstatieren, daß bereits Maulana Rumi 500 Jahre vorher ständig abschweift, aber den Faden in der Hand hält und bei Eusebius Hieronymus 1000 Jahre vorher, wenn nicht gar bei Nonnos von Panopolis, finden sich Sätze wie: „Aber jetzt wieder zurück zum Thema". Im Gilgamesch-Epos wimmeln Allusionen und doppeldeutige Wortspiele. Zhuangzi, 450 v. Chr., moussiert glitzernd auf x Subebenen als vorchristlicher Shandyist – jede Wette! Also hat Sterne die Abschweifung partout nicht erfunden, leider (man hätts ihm gegönnt wie manch anderem), sondern sein Irrlichtern und Irisieren hängt selber am Phänomen des querdenkend umhertrudelnden Großhirns, das die Menschheit mit oder ohne Puderperücke vorwärtsträgt, oder gern auch – irgendwohin.

Falls Buchkultur und Zivilisation dann doch noch kollabieren (kann ja mal vorkommen) und ins Neandertal krude zurückkippen, wird zwar Sternes Name verschlampt werden, aber die humanen Restbestände werden dann weiterhin, am Lagerfeuer, wo es Tierhäute zu vernähen gilt, beim Storyerzählen vom Hölzchen aufs Blechle kommen, erst thematisch ausschweifen, dann abschweifen wollen; denn der sprudelnde Neocortex tickt dann immer noch so unverkennbar shandyistisch wie seit eh und je. Diese verrückte Naturtendenz zeigt sich schon bei Vögeln – ihre nasenartigen Schnäbel picken mal hierhin, mal dorthin, auffallend ungezielt – das sieht total gaga aus, oder auch beklemmend.

- *Laurence Sterne: Werkausgabe, Tristram Shandy. Empfindsame Reise, Tagebuch des Brahmanen, Kleine Schriften, Briefe, 3 bibliophile Prachtbände im Schuber, übersetzt von Michael Walter, 1952 Seiten, gebunden, Galiani Verlag, Berlin, 98.- Euro, 2. Auflage 2018.*
- *Hans von Trotha: „A sentimental Journey. Laurence Sterne in Shandy Hall", 140 Seiten, gebunden, Wagenbach Verlag, 2018.*
- *Zhuangzi: Gesamtwerk, chinesisch-deutsch, erstmals komplett deutsch, mit Materialien, von Vikor Kalinke, 897 Seiten, gebunden, 124.- Euro, Leipziger Literaturverlag, 2018.*

Liebenswerte Artgenossen – zwischen Überhöhung und Verhöhnung

Idealporträts klassischer Komponisten, versus Promi-Massaker durch ein Satire-Magazin

Wer ihnen ausweicht, gehört dazu.
Wer zu gut ist für diese Welt, ähnelt ihnen fatal.
Wer ihnen nichts tut, kommt mitunter ungeschoren davon.
Tu ihnen Gutes – du bekommst eins drauf.
Wer sich über sie erhebt, wird abgesägt, vorher immerhin gepusht.
Wer auf Schußwaffen verzichtet, will wenigstens knipsen.
Wer wenig tötet, will mindestens lachen.
Menschen sind komische Leute.

Indische Mystiker erkannten in benachteiligten Schicksalsgenossen sich selber wieder, vor allem auch in Gegnern, haargenau, und verschonten einander weise. Wer erstmals auf die Idee kam, seine Feinde, statt sie zu essen, küssen zu wollen, stieg – auf Fittichen des Vergottens – zum Halbgott auf. Als Göttern dann aber nichts einfiel, als allzu menschenähnlich zu ticken, mußten vaterkomplexbasierte Verehrungsbedürfnisse andere Kanäle und Idole suchen. So entstand – auf der Naturbasis von Verwandtenliebe – Ahnenverehrung, Personenkult, Lottospiel, kurz: Superstarsuche. Orpheus, Buddha, Jesus stünden, wenn man sie plötzlich rückwirkend filmen könnte, arg realistisch da und könnten ihren Job kaum noch füllen. 325 Persönlichkeiten der Goethezeit sahen im Bilde unfaßbar edel bis ideal aus.

Physiognomen um 1750, dank Empfindsamkeit, kraft Humanität, vermieden unselige Vokabeln à la Doppelkinn. Wer als Mann seine Gefühle nicht zeigen konnte, weil er keine hatte, konnte seiner Empathie mit Bier und Wein auf die Sprünge helfen. Verliebtheit und Verklärung halfen die Menschheit wundersam zu verschönern, auch die oft nicht so vorzeigbare. Maler ließen, sobald göttliche Tonsetzer und Dichterfürsten wie Haydn, Goethe, Beethoven Modell saßen, deren Blatternnarben wohltätig weg. Glatzen wölbten sich positiv zur Denkerstirn. Franz Liszts Warzen, mitten im Antlitz, gelangten nicht ins Medaillon hinein.

Knallharte Photografie wußte sie nicht hinwegzuretouchieren.

Ideale Musikerporträts zelebrierten elegische Schwermut, Höhenflüge über Tiefendimensionen hinweg, geniale Himmelsstürmerei, nicht zuletzt ethische Vermächtnisse hoher Kunst, Darstellung der Geistseele schöpferischer Hochtalente, höhere Wahrheit.

Der Blick des Virtuosen beim Pianofortespiel, statt an Noten zu kleben, verlor sich in metaphysischen Fernen, umflort von Lichtaureolen. Richard Wagner, wie das prachtvolle Standardwerk der Rezeptionsästhetikerin Prof. Dr. Ute Jung-Kaiser uns zeigt, widmete sich der mystischen Transformation durch Liebeserfüllung und der Hoffnung auf ein wie immer geartetes Jenseits.

Teufelsgeiger Paganini verbarg sein vereinsamtes Burnout hinter dämonischer Veitstanzkulisse.

Weber, Schumann, Bruckner, amorettenumflügelt, kamen als Scherenschnitte in Elysium und Pantheon an.

Noch um 1900 konnten Wissenschaftler gesichtet werden (Röntgen, Haeckel), die wie Weltweise aussahen, à la Rabindranath Tagore oder Gandalf.

Nirgendwo schienen Gesichter herumzulaufen, die in die Hose gehören.

Dann aber schlichen in die objektive Anatomie sich Schwachstellen ein, auf breiter Basis. Völker der Dichter und Denker mutierten zu Völkern der Richter und Henker, die sich dann zu Gesellschaften der Untertanen, Bürohengste, Müllproduzenten, Steuerzahler verharmlosten. Anmut und Würde depravierten zu Anorexie und pausenlos angetasteter, nein: zerbombter Menschenwürde.

Yin rief nach Yang. Apotheosen sehnten sich nach Gegenmelodien. Aus Lächeln züngelte Lachlust hervor. Spott reimte sich gar zu gern auf Pott und Schrott und Komplott und Gott. Humpelnde Karikaturen, rund um Gipsbüsten, sprossen auf. Denkmäler brüllten steif nach Wadenpissern. Die einen setzten vor lauter Philanthropie rosa Brillen auf. Die anderen, bösen Blicks, stülpten unbestechliche Zerrspiegel hervor.

Die einen sangen: „Dies Bildnis ist bezaubernd schön, wie noch kein Auge je gesehn" und küßten hingegeben Goethebüsten, glitschig vom Touristenspeichel. Die anderen mußten immer alles entlarven, plattmachen. Fotos und Filme verbargen nicht, wie unrettbar kleingeistig beliebige Stars und Koryphäen 1:1 ausschauen. Steigerbarem Personenkult verabreichte dies keinen Handkantenschlag. Beatlemania, Gorbimania, Kaisermania (Roland) ließ sich nicht abbremsen. Kleinvieh, das nie einer gut fand, sah sich plötzlich zu Anstecknadelträgern, Poptitanen, Präsidenten erhoben.

Leute stehn Menschen halt ambivalent gegenüber, und vice versa. Haushunde werden gefüttert, Hausschweine gefuttert, Heiligenbilder runtergerissen, Satiriker massakriert. Gottliebende Mystiker lieben über den Umweg geistlich Ärmster sich selbst. Entgötternde Spötter lachen sich krumm über sich selbst, über den Umweg im Fleische wandelnder Witzfiguren. Von beiden Seiten zupfen sie am Kittel gnostischer Zumutung, auf dubiöse, rätselvolle Manier die Schmach, Mensch sein zu müßen, wacker zu erdulden, am eigenen lächerlich drangehängten Leib.

Keiner aber foppt so inhuman wie das Satiremagazin TITANIC. Pardon bekommt keiner. Genauso alt wie die taz, vergackeiert

TITANIC seit 40 Jahren alle und jedes. Von Anfang an verkaufte diese TITANIC ihre Seele, um keinen Seitenhieb auszulassen, aber auch nicht einen. Gott verzeiht vieles, selbst Allah manches, TITANIC nichts. Eulenspiegel, Stupidedia, Pussy-Terror, Lisa Eckhart, Dieter Nuhr, Volker Pispers, Oliver Welkes sticheln kaum beißfreudiger oder bezahnter als TITANIC. Jeden Maulkorb speit TITANIC von sich. Ein Promi-Massaker nach dem andern spendiert sie sich, unstillbar. Birne mußte Kanzler bleiben und schwoll auf bis zu Airbag und Arschbombe. „Wer Schröder wählt, wählt Stoiber."

TITANIC reimte Pillenknick auf Bolschewik. Aus offenem Schoß marschierten Soldaten hervor. „Bundespräsident Blanco: Warum nicht mal ein Neger?", „Darf das Kanzler werden?", „Wo beginnt menschliches Leben?", „Der Papst ist tot (fast). Was macht Gott nun?"

TITANIC leidet – bewußt oder überbewußt – an einem Lachreflex, den sie an unterschätzte Politiker koppelt. Ihre zähnefletschende Zielgruppe sammelt ahnungsvoll Angela-Merkel-Sammelbildchen und kündigt wie blöd auf Befehl ihre ZEIT-Abos.

Bisweilen gehts auch, über fehlbare Einzelfiguren hinaus, ums große Ganze. „Volksgeissel Tod: Müßen wir alle sterben?" Fast jeder muß vorher schnell noch zur Bank. Mythische Wucht läßt grüßen!

Lieber ginge dies Flaggschiff unter als einmal in sich zu gehn. Statt für eine nettere Welt zu kämpfen, als Yellow Submarine, rankt sie sich an der Lächerlichkeit unmündiger Menschheit hinan, aber wohin?

So eine Kotschleuder schießt programmatisch übers Ziel hinaus. Nicht mal „Fridolin Hölderlin" ist ihr heilig. „Knut Tucholskys" Diktum, daß Hitler sich der Satire entzöge, da man so tief nicht schießen könne, und daß Buddha zu hoch residiere für jede

Satire, muß inzwischen revidiert werden – siehe die TITANIC-Titel: „Schrecklicher Verdacht: War Hitler Antisemit?"

Übergreifende Entwicklungslinien zeichnen sich ab: 1989 freute sich Zonen-Gaby im Glück über ihre erste Banane. Später freute sich ein ausdrücklich sogenannter Neger über seine erste Zonen-Gaby. Später: Putin im Glück: Mein erster Weltkrieg!

Erst meldete TITANIC, die Mauer wachse nach. Dann aber wuchs sie ihr wohl doch nicht schnell genug nach.

Kurz nach dem Charlie-Hebdo-Massaker 2015 hielten alle den Atem an, wie TITANIC ans heikle Thema herangeht. Unter einem Wimmelbild stand: „Wo ist Mohammed?", „Integration gelungen: Erste FKK-Moschee eröffnet, auf Usedom!"

TITANIC infiziert sogar stilbildend die seriösesten Blätter – weiß man das? Die taz ließ Spotlights auf Kai Diekmanns Penisvergrößerung los und titelt pro Papstwahl: „Wenn das Gott hätte noch erleben dürfen!" BILD titelte bei Guido Westerwelle: „Sein Mann macht ihn so stark!" TITANIC is everywehre, auch wo anderes draufsteht. Wohl jenem Immunsystem (z.B. dem meinigen), das vom Virus Titanicus sich nicht infizieren läßt!

TITANIC sickert zudem in jede Vergangenheit ein, bis hinab zu: „Reformation ungültig: Luther war gedopt!" Bereits im Alten Testament saß TITANIC rechtzeitig dort, wo die Spötter sitzen. Schon in der Steinzeit schleuderte sie Steine aus Glashäusern heraus. Viele Promis wurden erst durch sie populär. Ocean Steamer wurden nach TITANIC benannt. VIPS – im systematischen Dauergemetzel – überlebten nur als Schießbudenfiguren. Karikaturen überformten ihre Auslaufmodelle. Satireopfer, Kläger, Staatsanwälte bissen sich an der Freiheit der Kunst und Satire die Zähne aus.

Vernichtung und Verewigung koinzidierten kusanisch in zähnefletschend lustvoller coinzidentia oppositorum. X Berühmtheiten treten selber bereits derart a priori als Karikatur ihrer selbst auf, als wollten sie allen Satirikerinnen und Satirikern jeden Weg abschneiden, der Lächerlichkeit noch was hinzuzufügen.

Wie aber sehen die redaktionellen Gesichter, die pausenlos Unflat über Päpste und Kanzlerinnen ausgießen, selber aus? TITANIC, extensiv infiziert von Spaßvogelgrippe, kann ihren Opfern nicht verzeihen, daß sie selber so kleinteilig auf Erden rumkreuchen wie sie selber. Adornos universalem Verblendungszusammenhang entfleuchten weder TITANIC-Kunden noch TITANIC-Macher. Sind Spötter und Spottgeburten mit sich selbst nicht bereits genug gestraft? Bereits Karl Kraus laborierte unerlöst am Faktum, mit der Menschheit, über der er als Weltenrichter und Dämon den Stab brach, somatisch verwandt sein zu müßen. Ätsch, sie sind alle selber Menschen! Sie teilen deren Gebrechen, also deren Defekt, unzureichendste Nasen mitten auf ihrem gottgewollten Menschenantlitz tragen zu dürfen, plus semi-bedepperte Gesichtsausdrücke. Manche TITANIC-Leute sehen anatomisch eher wie Parteichefs aus, und dann werden sie sogar zu einem solchen. Nirgendwo eine Hose, aus der keine Gesichter hervorguckten, die in die Hose gehören! Allesamt ahnen garantiert arg wenig von transzendenten Choralstimmen, Streichquartetten und Spätwerken in cis-Moll. Anmut, Innigkeit und Gemütstiefe, die auratische Aussagedichte Schubertscher Liedkunst, musikpädagogisches Ethos, Gedenktafeln und Porzellanbüsten höheren Menschentums, sausen jeder TITANIC komplett am Sack vorbei. Barbarei hoch 3! Doch halt – einmal bildete TITANIC zum Mozartjahr Bach ab, veräppelte also doch wohl fremde und eigene Impo- und Inkompetenz, diesseits schier überirdischer Metamorphosen und Apotheosen (vixi, scripsi, dixi).

Wann aber naht ein Fest der Versöhnung? Nikolaus, Christmann & Osterkaninchen fusionierten längst in überfreundlichen

Übernahmen – TITANIC aber sonnt sich im Irrtum, anders zu sein als BILD, ADAC, CSU, AFD, LSD & FKK.

Jeder Realitätsvergötzer spürt irgendwann mal den liebevollen Wunsch, sich mit allen, die man immer nur verhöhnte, umfassend zu versöhnen. Jede spürt das, jede und jeder, alle, spätestens am Wochenende, allerspätestens auf dem Sterbebett, alle, jeder – außer Kampfhund TITANIC (Beißreflexpflege im Streichelzoo).

Quer durch Lachsalvenproduktion schimmert unverwandt – mal das Entsetzen, mal die Einsamkeit; dann wieder Finanzlöcher und andere Löcher. Zwischen untergehendem Venedig und Abendland darf TITANIC, zwischen 3. Reich und nachwachsender Mauer, ein wenig oben schwimmen, im scheinbaren Licht, bevor der Stöpsel der Erosion, der Entropie und nicht zuletzt des Showdowns gezogen wird.

Selbst im Todesröcheln wird da via Blechtrompete weitergemobbt und weitergefoppt, nonstop. Wer jetzt noch lacht, wird bald nicht mehr lachen.

Tagsüber gewinnt TITANIC glorios Schauprozesse gegen Gummibärchenfirmen und Päpste, die was gegen gekreuzigte Vierbeiner haben oder sich die Kutte braun-gelb-rot beflecken. Nachts aber, wenn beißender Humor im Kukidentglas perlt, träumt garantiert auch der weiche Kern der TITANIC vom Eiapopeia echten Miteinanders in einer schöneren, kaum noch verspottbaren Welt!

„Titanic-Friedensplan greift: Endlich Ruhe im Karton“: Yassir Arafat (†) und Ariel Sharon (†) stoned!

Vorher hätt man Hitler und Stalin brüderlich zusammen einen Joint schmauchen lassen können, später Obama und Osama, noch später Trump und Kim, noch später Putin und Nato, kurz Trumputinato. In schwacher stiller heiliger Minute, ein echtes Versöhnungsangebot! Oder macht TITANIC sich nur lustig, daß die Kontrahenten es nie hinkriegen? Nein – bitte nicht! Sondern: Endlich ein steigendes Venedig! Eine unversehrt aufwärtsschwebende Titanic!

Andererseits – nein, kein Andererseits!

Sondern: Versöhnung! Zusammenlegung now!

- *Ute Jung-Kaiser: „Das ideale Musikerporträt. Von Luther bis Schönberg", gebunden, 528 Seiten, viele Abbildungen, Georg Olms Verlag Hildesheim-Zürich-New York, 82.- Euro, 2019.*
- *„Titanic. Das endgültige Titel-Buch. 40 Jahre nur verarscht!", herausgegeben von Tim Wolff, Martina Werner, Hardy Burmeier und Leonard Riegel, gebunden, 414 Seiten, viele Abbildungen, Kunstmann Verlag, München, 40.- Euro, 2019, parallel zur gleichnamigen Ausstellung im Caricatura Museum Frankfurt, Museum für komische Kunst, Februar 2020.*

Bibliografische Information der Deutschen Nationalbibliothek
Die Deutsche Nationalbibliothek verzeichnet diese Publikation in der Deutschen Nationalbibliografie; detaillierte bibliografische Daten sind im Internet über http://www.dnb.de abrufbar.

ISBN: 978-3-96258-182-4

Umschlagabbild (Ausschnitt): Ulrich Holbein
Gestaltung: Catharine J. Nicely
Layout/Satz: NicelyMedia
Druck: JBconcept
Hergestellt in Europa

Ganz im Sinne der Nachhaltigkeit wurde diese Publikation auf FSC-zertifiziertem Papier klimaneutral gedruckt.

PalmArtPress
Verlegerin: Catharine J. Nicely
Pfalzburger Str. 69, 10719 Berlin
www.palmartpress.com

Aus dem Programm von PalmArtPress

Wolf Christian Schröder
Tapirgebein
ISBN: 978-3-96258-183-1
Roman, 270 Seiten, Hardcover, Deutsch

Cornelia Becker
Nächte der Füchsin
ISBN: 978-3-96258-184-8
Lyrik, 100 Seiten, Hardcover, Deutsch

Wolfgang Heyder
Senf zum Dessert
ISBN: 978-3-96258-174-9
Fast ein Heimatroman, 180 Seiten, Hardcover, Deutsch

Johannes Balve
Kirschblüte in Fukushima
ISBN: 978-3-96258-175-6
Roman, 342 Seiten, Hardcover, Deutsch

Schirin Zareh
Sieben Knöpfe
ISBN: 978-3-96258-177-0
Kurzgeschichten, 350 Seiten, Hardcover, Deutsch

Volker Kaminski
RUA 17
ISBN: 978-3-96258-144-2
Roman, 342 Seiten, Hardcover, Deutsch

Elisabeth Schneider
Nach dem Wassertag
ISBN: 978-3-96258-145-9
Roman, 348 Seiten, Hardcover, Deutsch

Matthias Buth
Wo Worte Brot waren und warme Milch
ISBN: 978-3-96258-167-1
Lyrik, 280 Seiten, Hardcover, Deutsch

Gad Kaynar-Kissinger
Höchste Gefahr
ISBN: 978-3-96258-165-7
Lyrik, 90 Seiten, Hardcover, Deutsch
Aus dem Hebräischen: Liliane Meilinger

Klaus Ferentschik
Ebenbild - ***Agenturthriller mit tiefenpsychologischer Bedeutung***
ISBN: 978-3-96258-132-9
Roman, 186 Seiten, Hardcover, Deutsch

Cornelia Becker
Nächte der Füchsin
ISBN: 978-3-96258-184-8
Roman, 350 Seiten, Hardcover, Deutsch

Ulrich Horstmann
Nach Auffinden des Flugschreibers - Eine Auslese
ISBN: 978-3-96258-146-6
Gedichte/Aphorismen, 178 Seiten, Hardcover, Deutsch

Jörg Rubbert
ITALY - Street Photographs 1978-1986
ISBN: 978-3-96258-192-3
192 Seiten, 110 analoge farb. Fotos, Hardcover, Deutsch/Englisch

Ingolf Brökel
Kleine Fühlosophie oder *Hannah Habil III*
ISBN: 978-3-96258-190-9
Aphorism, 162 Seiten, Hardcover, Deutsch

Wolfgang Kubin
102 Sonette
ISBN: 978-3-96258-104-6
Gedichte, 132 Seiten, Hardcover, Deutsch

Carmen-Francesca Banciu
Mutters Tag - ***Das Lied der traurigen Mutter***
ISBN: 978-3-96258-196-1
Roman, 248Seiten, Klappenbroschur, Deutsch

Ulrich Holbein in Erfurt geboren, studierte in Darmstadt, Kassel, Tübingen, wohnt im hessischen Knüllgebirge. 40 Buchwerke, 300 Radiosendungen, 700 äußerst überregionale Zeitungsartikel, also Kolumnen, Glossen, Buchrezensionen, Themenpakete, Leitfäden. Themenschwerpunkte: Kulturkuriosa, Subkultur versus Hochkultur, Asien, Musikgeschichte, zwischen Erleuchtungsfimmel und Spottlust, Mystik und Zoologie, Kosmologie, Jokologie. Besondere Stilmerkmale: symphonisches Denken, leichtfüßige Doppelbödigkeit, zumutbare Bildungsfülle, wohldosierte Überfrachtung, getragen von wohltuendem Kulturdünkel.